Stefan Baron
Guangyan Yin-Baron

Die Chinesen

Stefan Baron
Guangyan Yin-Baron

Die Chinesen

Psychogramm einer Weltmacht

Econ

Econ ist ein Verlag
der Ullstein Buchverlage GmbH

3. Auflage 2018
ISBN 978-3-430-20241-1
© der deutschsprachigen Ausgabe
Ullstein Buchverlage GmbH, Berlin 2018
© Karten: Peter Palm, Berlin
Alle Rechte vorbehalten
Gesetzt aus der Aldus nova Pro
Satz: L42 AG, Berlin
Druck und Bindearbeiten: GGP Media GmbH, Pößneck
Printed in Germany

Für Lea Bowen

»Lies nicht um zu widersprechen und zu widerlegen, auch nicht um zu glauben und für selbstverständlich zu halten, noch um Stoff für Gespräche und Diskurse zu finden, sondern um zu wägen und zu bedenken.«

Francis Bacon

Inhalt

Einführung
Die chinesische Herausforderung 11

Teil I
Zur Psychologie eines Volkes
Vielfalt und kollektives (Unter-)Bewusstsein 33
Das westliche China-Bild im Wandel der Zeiten
Zwischen Faszination, Furcht und Verachtung 48
Geistes- und kulturgeschichtliche Grundlagen
Von Konfuzius und Laotse bis Mao und Deng 63

Teil II
Erziehung und Sozialisation
Familie, Hierarchie, Bildung 109
Denken und Wahrnehmung
Praktisch, ganzheitlich, dialektisch 143
Sprache und Kommunikation
Vieldeutig, indirekt, distanziert 164
Moral und Gesellschaft
Nächstenliebe, Netzwerk, Gesicht 177
Mann und Frau
Sachlich, nüchtern, partnerschaftlich 212
Lebenseinstellung und Temperament
Vital, gewieft, gleichmütig 230

Teil III
Wirtschaft und Arbeitswelt
Paternalismus, Merkantilismus, Modernisierung 259
Staat und Herrschaft
Zwischen Meta-Konfuzianismus und Sino-Marxismus . 302
China und die Welt
Frieden, Stärke, Multipolarität 346

Ausblick
Konvergenz, Koexistenz oder Kampf der Kulturen? 404

Danksagung 423
Bibliographie 425
Personenregister 440

Schreibweise chinesischer Namen und Wörter

Um chinesische Namen und Wörter in unser Alphabet zu transkribieren, haben wir die in der Volksrepublik China übliche Pinyin-Umschrift benutzt. Ausnahmen wurden bei Namen gemacht, die in der zuvor lange Zeit gebräuchlichen Umschrift nach Wade-Giles dem Leser geläufiger sein dürften.

Einführung

Die chinesische Herausforderung

Weltgeschichte ist nicht zuletzt, vielleicht sogar vor allem, die Geschichte großer Kulturen. Die vergangenen beiden Jahrhunderte und besonders die zurückliegenden Jahrzehnte der Globalisierung wurden entscheidend von der westlichen, christlich-abendländischen Kultur geprägt. Im 21. Jahrhundert wird diese jedoch nicht mehr die Richtschnur sein, an der sich alle mehr oder weniger orientieren. Die Welt wird zunehmend multipolar. Vor 20 Jahren stellten die in der Gruppe der G-7 zusammengeschlossenen großen westlichen Industriestaaten plus Japan noch 44 Prozent der globalen Wirtschaftsleistung (in Kaufkraft gemessen). Heute sind es nur noch etwa 30 Prozent. Gleichzeitig hat der Anteil der sogenannten BRICS-Staaten (Brasilien, Russland, Indien, China und Südafrika) von 18 auf über 30 Prozent zugenommen.

Die ökonomischen und politischen Gewichte haben sich von Nord nach Süd und mehr noch von West nach Ost verschoben und verschieben sich weiter. Die Globalisierung frisst ihre Kinder. Der Schwerpunkt der Weltpolitik verlagert sich vom Abendland (zurück) nach Eurasien und vom atlantischen in den pazifischen Raum.

Eine zentrale Rolle spielt dabei China, das volkreichste Land der Erde. In den vergangenen vier Jahrzehnten ist das »Reich der Mitte« (*Zhongguo*), wie es sich selbst nennt, von einem der ärmsten Entwicklungsländer zur größten Handelsnation und nach Kaufkraft gemessen bereits auch größten Volkswirtschaft der Erde aufgestiegen, zu einer Weltmacht, die an Bedeutung nur noch von den USA übertroffen wird. Trotz zuletzt deutlich geringerer Dynamik entfallen auf das Land rund 40 Prozent des Wachstums der globalen Wirtschaft. Somit ist bereits jetzt das Wohlergehen der gesamten Menschheit eng mit dem des fernöstlichen Riesenreichs verknüpft. Und in der Zukunft wird dies noch mehr der Fall sein.

China ist in seiner Entwicklung an einer entscheidenden Schwelle angekommen: Gelingt es ihm, über sie hinwegzukommen, seine Wirtschaft tiefgreifend umzustrukturieren und auf das Niveau führender Industriestaaten anzuheben? Oder scheitert es daran, wie schon so viele andere Länder vor ihm, bricht die einzigartige Erfolgsgeschichte ab und die Wirtschaft stagniert bzw. verfällt oder kollabiert sogar?

Eng verbunden damit ist auch die Frage, welchen politischen Weg China künftig gehen wird. Bleibt es bei dem autoritären Herrschaftssystem, verhärtet sich dieses vielleicht sogar, oder nimmt es allmählich weichere Formen an und ist eines nicht allzu fernen Tages womöglich eine demokratische Verfassung denkbar? Und nicht zuletzt: Welche geopolitischen Ambitionen hegt die Führung in Peking? Strebt sie für das Land die Vorherrschaft in Asien an oder will sie sogar den Platz der USA als Welt-Hegemon einnehmen und eine eigene Weltordnung etablieren?

Wegen Chinas schon heute enormen wirtschaftlichen und politischen Gewichts und seiner tiefen Verflechtung in die internationale Arbeitsteilung sind diese Fragen für die gesamte Welt und nicht zuletzt für Deutschland von größter Bedeutung. David Shambaugh, renommierter Politik-Professor an der George Washington Universität, betrachtet die künftige Entwicklung Chinas als »die wichtigste Frage der Weltpolitik«. Auf dem Spiel steht dabei nicht nur unser Wohlstand, sondern auch unsere Identität – und der Weltfrieden. Hierzulande bisher weithin unbeachtet ist zwischen den USA und China seit Jahren ein geopolitischer Wettbewerb im Gange, den Liu Mingfu, ehemals Dozent an der Nationalen Verteidigungsuniversität in Peking, als das »größte globale Machtspiel der Menschheitsgeschichte« bezeichnet.

Historisch betrachtet hat die Rivalität zwischen einer alten Führungsmacht und einer aufstrebenden Macht immer wieder zu Kriegen geführt. Graham Allison, Politik-Professor an der Harvard-Universität, hat 16 Fälle untersucht, in denen eine aufsteigende Nation eine etablierte Macht herausforderte. In zwölf davon kam es zum Krieg.

Bekanntestes Beispiel für diese brisante Konstellation ist die Rivalität zwischen dem vorwärtsdrängenden Athen und dem um seine Vormachtstellung fürchtenden Sparta im Altertum. Sie endete im Peloponnesischen Krieg. Dieser führte nicht nur zur Zerstörung Athens, sondern ruinierte am Ende ganz Griechenland. »Was den Krieg unvermeidlich machte, war der Aufstieg Athens und die Angst, die das in Sparta hervorrief«, so der griechische Geschichtsschreiber Thukydides. Die Konstellation wird daher allgemein als »**Thukydides-Falle**« bezeichnet.

Heute beunruhigt das aufsteigende China die dominierende Weltmacht USA. Im Weißen Haus in Washington wird Thukydides' Werk über den Peloponnesischen Krieg als eine Art Menetekel betrachtet. Nicht nur Stephen Bannon, der Donald Trump als Wahlkampfmanager zuerst zum Präsidenten machte und ihm in den ersten Monaten im Amt dann als oberster strategischer Berater diente, auch Sicherheitsberater H.R. McMaster sowie Verteidigungsminister James Mattis zählen es zu ihren Lieblingsbüchern. Bannon sieht die USA schon seit längerem in einem »Wirtschaftskrieg« mit China, auf Sicht von fünf bis zehn Jahren hält er sogar einen Schießkrieg zwischen beiden Ländern im Südchinesischen Meer für »unvermeidlich«.

Wenige Wochen nach Trumps Amtsantritt ließ McMaster zwei Dutzend Exemplare von Allisons Buch über die Thukydides-Falle bestellen und empfahl sie seinen Mitarbeitern zur

Lektüre. Wenig später wurde der Autor selbst eingeladen, den Nationalen Sicherheitsrat zu dem Thema zu briefen, ob es auch zwischen den USA und China zum Krieg kommen werde wie zwischen Sparta und Athen.

Allisons Antwort: Ein solcher Krieg sei zwar »nicht unvermeidlich«, aber »sehr viel wahrscheinlicher als derzeit wahrgenommen«. Aus »übersteigerten Gefühlen der eigenen Bedeutung« werde auf der Seite der aufsteigenden Macht leicht »Hybris«; aus »unvernünftiger Furcht« entwickle sich auf Seiten der vorherrschenden Macht schnell »Paranoia«. Gerade in Zeiten moderner Cybertechnologie, die es ermöglicht, den Kontrahenten blind zu machen und seine Befehlsstrukturen lahmzulegen, ergibt sich aus einer solchen Gemütsverfassung ein besonders hohes Eskalations- und Kriegsrisiko.

Auch der Politikwissenschaftler Aaron Friedberg von der Princeton-Universität sieht die Zukunft der amerikanisch-chinesischen Beziehungen düster: »Wenn China immer reicher und stärker wird, ohne sich zu einer liberalen Demokratie zu entwickeln, wird die gegenwärtig noch zurückgenommene Rivalität offener zutage treten und zu etwas Gefährlichem aufblühen.«

Für Professor John Mearsheimer von der Universität Chicago, der sich ebenso wie Allison intensiv mit dem Problem der Thukydides-Falle beschäftigt hat, gibt es gar kein Wenn mehr. Die Frage, ob China »friedlich aufsteigen« kann, beantwortet der einflussreiche Politikwissenschaftler mit einem klaren »Nein«.

Derselben Meinung ist offensichtlich auch Shinzo Abe, Regierungschef von Chinas Nachbar Japan. Schon 2014 verglich er auf dem Weltwirtschaftsforum in Davos Pekings zunehmendes Selbstbewusstsein und seine territorialen Besitzansprüche im Süd- und Ostchinesischen Meer mit der Situation vor Ausbruch des Ersten Weltkriegs. Damals sah sich die etablierte Seemacht England durch das große Flottenbauprogramm des deutschen Kaiserreichs herausgefordert.

Eine Studie der RAND-Corporation im Auftrag der US-Armee (Titel: »War with China: Thinking Through the Unthinkable«) kam 2016 zu dem Ergebnis, ein Krieg zwischen den USA und China sei schon in den kommenden zehn Jahren »nicht unvorstellbar« und jedenfalls »realistisch genug, um eine umsichtige Politik zu verfolgen und effektive Vermeidungsmaßnahmen zu ergreifen«. Das Pentagon hat seine strategische Planung für Asien bereits entsprechend angepasst, spielt seit längerem mögliche Eskalationsszenarien durch und veranstaltet regelmäßig dazu passende Kriegsspiele. Genauso wie das Verteidigungsministerium in Peking.

Mit Donald Trumps Einzug ins Weiße Haus hat sich die Lage zwischen den beiden Großmächten weiter zugespitzt. Trump beklagt schon seit vielen Jahren, die USA würden von China »ausgeplündert«. Der Präsident denkt ähnlich wie sein ehemaliger Berater Bannon, der das christlich-jüdische Amerika in einem »globalen Existenzkampf« mit dem islamistischen Terrorismus einerseits und dem gottlosen Kommunismus in Gestalt von China andererseits sieht. »Die fundamentale Frage unserer Zeit«, so Trump in einer Grundsatzrede bei seinem Staatsbesuch in Polen im Juli 2017, sei die Frage, »ob der Westen den Willen hat zu überleben«.

Auch nach Bannons Ausscheiden aus dem Präsidententeam gibt es im Weißen Haus eine Reihe führender Mitarbeiter, die ihren Chef in seiner Haltung zu China bestärken. Zu ihnen zählen vor allem der Handelsbeauftragte Robert Lighthizer sowie Peter Navarro, Chef des Büros für Handel und Industrie.

Lighthizer, ein erklärter Wirtschaftsnationalist, macht China für »die Krise der US-Industrie« verantwortlich. Der Wirtschaftsprofessor Navarro hat in Büchern wie »The Coming China Wars«, »Death by China« und zuletzt »Crouching Tiger – What Chinas Militarism Means for the World« seit Jahren einen konfrontativen Kurs gegen den fernöstlichen Rivalen vertreten. Peking ist für ihn »das neue Herz der Finsternis«.

Wenngleich ein heißer Krieg zwischen den USA und China zumindest in absehbarer Zukunft eher unwahrscheinlich ist – ein neuer Kalter Krieg wie einst zwischen Washington und Moskau, zumindest aber ein Handelskrieg zwischen den beiden größten Volkswirtschaften der Welt steht ernsthaft zu befürchten. Trotz intensiver ökonomischer Verbindungen, so der Buchautor und China-Kenner James Bradley, führe über den Pazifik »nur eine schmale und wacklige Brücke der Gemeinschaft«. Die Landbrücke der Gemeinschaft von Europa nach China ist leider kaum breiter und stabiler. Das bilaterale Klima hat sich hier zuletzt ebenfalls deutlich eingetrübt. Die chinakritischen Stimmen nehmen auch auf diesem Kontinent ständig zu. Wegen heftiger Meinungsverschiedenheiten über Handels- und Investitionsfragen endete der jährliche EU-China-Gipfel im Juni 2017 schon zum zweiten Mal in Folge ohne eine gemeinsame Abschlusserklärung.

Obwohl China nun seit über anderthalb Jahrzehnten der Welthandelsorganisation WTO angehört, verweigern ihm EU und USA nach wie vor den einst versprochenen Status einer Marktwirtschaft und damit verbundene Handelserleichterungen. China hat bei der WTO dagegen Klage erhoben und wird wohl auch recht bekommen.

Die Europäische Kommission wirft China vor, Kosten und Preise einzelner Güter durch staatliche Eingriffe zu verzerren, und hat ein neues Anti-Dumping-Regelwerk beschlossen, das an diesem Verdacht ansetzt. Daneben will sie ähnlich wie die USA chinesischen Investoren, die sie als staatsnah betrachtet, die Übernahme von Hightech- und sicherheitsrelevanten Unternehmen in Europa verwehren.

Die Aversion gegenüber China beschränkt sich auch in Europa nicht nur auf Fragen des wirtschaftlichen Wettbewerbs, sondern reicht tiefer. Eine Bemerkung des deutschen EU-Kommissars und ehemaligen baden-württembergischen Ministerpräsidenten Günther Oettinger hat dies 2016 schlaglichtartig sichtbar gemacht. Oettinger bezeichnete Chinesen öffentlich als »Schlitzaugen« und spottete über Gesprächspartner aus Peking, alle hätten »die Haare mit schwarzer Schuhcreme von links nach rechts gekämmt«.

Oettingers Chinesenbild ist, bewusst oder unbewusst, offenbar durch die Gestalt des Dr. Fu Manchu aus der vielfach verfilmten gleichnamigen Romanserie geprägt, in der der chinesische Finsterling mit teuflischen Methoden versucht, die Weltherrschaft an sich zu reißen. Und wie Oettinger geht es vielen im Westen.

Bahnt sich zwischen dem in die Defensive geratenen Westen und dem vorwärtsstürmenden China also ein »Zusammenprall der Kulturen« an, vor dem der Politikwissenschaftler Samuel Huntington in seinem gleichnamigen Bestseller schon 1996 gewarnt hat und den wir in anderer Form mit Teilen der islamischen Kultur bereits heute erleben?

In den vergangenen Jahren, so Stephen Schwarzman, Eigentümer der amerikanischen Investmentgesellschaft Blackstone Group, seien ihm »die großen Kulturunterschiede« zwischen dem Westen und China immer »bewusster geworden« und hätten ihn zunehmend »beunruhigt«. Es gelte »eine **Kluft des Verstehens** zu überbrücken, um die Welt sicherer zu machen«, so Schwarzman – und spendete Hunderte Millionen seines Vermögens für ein hochkarätiges Stipendiaten-Programm, bei dem künftige Führungskräfte aus aller Welt China besser kennenlernen sollen.

Auch wenn der Zusammenprall des Westens mit dem fernöstlichen Riesenreich anders als der mit dem islamistischen Terrorismus – bisher zumindest – vor allem auf dem Feld der Wirtschaft ausgetragen wird, stellt er für die bestehende Weltordnung doch die weitaus größere Herausforderung dar. »Der Westen hat keine Ahnung, was ihn mit Chinas Aufstieg erwartet«, so Kevin Rudd, ehemals Regierungschef von Australien und einer der besten China-Kenner in der internationalen Politik. Die USA, als globaler Hegemon und Hüter der *Pax Americana* an erster Stelle von diesem Aufstieg betroffen, werden sich der Herausforderung zunehmend bewusst. Hierzulande lassen die Aufmerksamkeit für und Beschäftigung mit dem »Reich der Mitte« und dem epochalen Zeitenwandel, den es erfährt, dagegen weiter sehr zu wünschen übrig. Gerade heute, da China den Westen »zum ersten Mal real bedrängt«, konstatiert Mark Siemons, langjähriger Feuilleton-Korrespondent der »F.A.Z.« in dem Lande, wirke sich »dieser blinde Fleck besonders fatal aus«.

Deutschland kann es jedoch nicht gleichgültig sein, wenn die zunehmende Rivalität zwischen den USA und China um Platz eins in der Hierachie der Weltmächte auf einen Handelskrieg oder gar eine militärische Auseinandersetzung zutreibt. Unser Wohlstand hängt in besonderem Maße von Frieden, freiem Handel und einer florierenden Weltwirtschaft ab.

Mehr noch als der islamistische Terror droht ein **Fernost-West-Konflikt** die gesamte Welt ins Chaos zu stürzen. Ein Krieg, selbst wenn nur regional und auf konventionelle Waffen begrenzt, würde einer Studie der RAND-Corporation zufolge eine globale wirtschaftliche Depression wie in den dreißiger Jahren des vorigen Jahrhunderts auslösen. Schon ein Handelskrieg der USA mit China zöge eine schwere Rezession nach sich.

Nach Jahrzehnten der Globalisierung ist die Weltwirtschaft bereits viel zu stark verflochten, als dass ein Konflikt zwischen zwei so großen Ländern sich auf diese begrenzen ließe. China und die USA stellen zusammen rund 40 Prozent des globalen Sozialprodukts, fast ein Drittel aller Auslandsinvestitionen und ein Viertel aller Exporte.

25 Prozent der gesamten amerikanischen Importe kommen aus China. Höhere Zölle, Steuern oder Abgaben darauf würden die Inflation in den USA anfachen, die Notenbank müsste die Zinsen erhöhen, der Dollar stiege auf neue Höhen, die Ausfuhr des Landes ginge – nicht zuletzt durch entsprechende Vergeltungsmaßnahmen Pekings – spürbar zurück. Und mit ihm

das Wachstum der amerikanischen Wirtschaft. Das wiederum ließe auch die US-Einfuhr aus anderen Ländern einbrechen, allen voran aus Deutschland. Auch China käme ins Schlingern. 15 Prozent seiner wirtschaftlichen Wertschöpfung entfallen auf den Export. Das größte Abnehmerland sind die Vereinigten Staaten, die größte Abnehmerregion ist Südostasien. Diese ist zum Teil stark in US-Dollar verschuldet. Ein hoher Dollarkurs würde ihre Wirtschaft und mit ihr den chinesischen Export dorthin schwächen.

Ein Rückgang des Wachstums in den beiden größten Volkswirtschaften und der wachstumstärksten Region der Welt ließe zudem die Rohstoffpreise verfallen und brächte damit auch die rohstoffproduzierenden Länder in Bedrängnis. Die Schleifspur zöge sich so immer weiter durch die Weltwirtschaft und würde nicht zuletzt den Exportweltmeister Deutschland hart treffen.

Nie zuvor war unsere Zukunft daher mehr mit der von China verbunden als heute. In den Augen des chinesischen Staats- und Parteichefs Xi Jinping sind Deutschland und China ökonomisch sogar bereits »unverzichtbar« füreinander geworden.

Zumindest sind sie füreinander die größten Handelspartner in ihrer jeweiligen Weltregion. Tag für Tag tauschen sie Waren im Wert von fast einer halben Milliarde Euro aus. Im Hamburger Hafen werden sieben Mal so viele Container aus China umgeschlagen wie aus den USA. Für Deutschlands Unternehmen ist das fernöstliche Riesenreich inzwischen der wichtigste Absatzmarkt überhaupt. Der VW-Konzern etwa verkauft dort allein 40 Prozent seiner gesamten Automobile.

Mehr als 8000 deutsche Unternehmen mit über 30 000 deutschen Experten sind in China tätig. Umgekehrt sind es bereits über 1000 chinesische Unternehmen bei uns, und ihre Zahl nimmt rapide zu.

In Deutschland leben inzwischen rund 150 000 Chinesen. Ihre Zahl wächst von Jahr zu Jahr. 2016 schnellte allein in Frankfurt die Zahl der beim Einwohnermeldeamt mit Erstwohnsitz registrierten Chinesen von zehn- auf vierzehntausend in die Höhe.

Über 8000 Deutsche studieren in China. Fast 50 000 Chinesen studieren bei uns – die größte Gruppe unter den ausländischen Hochschülern. Hinzu kommen Tausende Internatsschüler. Ihre Zahl steigt so schnell, dass immer mehr Schulen sich gezwungen sehen, eine Obergrenze einzuführen.

Pro Jahr besuchen gut anderthalb Millionen Chinesen Deutschland als Touristen und umgekehrt über eine Million Bundesbürger das »Reich der Mitte«. Allein die Lufthansa fliegt mehr als 70 Mal in der Woche chinesische Metropolen an. Die meisten Flüge sind ausgebucht.

Regierungsvertreter und Abgeordnete aus Berlin und Peking reisen regelmäßig zu Konsultationen hin und her. Über 90 deutsche Städte und Bundesländer unterhalten Partnerschaften mit chinesischen Kommunen und Provinzen. Inzwischen gibt es hierzulande bereits 19 Konfuzius-Institute.

Die Deutschen haben – ob als Politiker oder Geschäftsleute, Kunden oder Touristen, Kommilitonen oder Kollegen, Freunde oder Nachbarn – mit Chinesen heute also mehr zu tun als je zuvor. Nie zuvor war es daher für sie so wichtig zu wissen, wie diese denken und fühlen, salopp ausgedrückt: wie sie ticken. Denn nur so lassen sich die politischen, ökonomischen und menschlichen Chancen der Zusammenarbeit und des Zusammenlebens optimal nutzen und schädliche, ja womöglich zerstörerische Irrtümer und Missverständnisse vermeiden.

Chinas Geschichte und Kultur sind den meisten Menschen hierzulande jedoch nach wie vor unbekannt, das Denken, Fühlen und Handeln seiner Bürger ein Rätsel: irgendwie faszinierend, aber fremd, undurchsichtig und unbegreiflich. Der Ausdruck »**Fachchinesisch**« spricht für sich.

Im Geschichtsunterricht und in anderen Fächern spielt China an deutschen Schulen so gut wie keine Rolle. Selbst rudimentäre Kenntnisse über das älteste und volkreichste Land der

Welt fehlen – bis in die Spitzen der Gesellschaft. Chinesisch als Fremdsprache wird immer noch viel zu selten angeboten. Im Vergleich etwa zu den USA fristet Sinologie an unseren Universitäten nur ein Schattendasein. Während sich amerikanische China-Forscher auf praktische Probleme der Gegenwart und Zukunft konzentrieren, vertiefen sich ihre deutschen Kollegen vielfach in esoterische Themen aus oft ferner Vergangenheit.

Wenn der renommierte amerikanische Geschichtsprofessor und China-Kenner Arthur Waldron angesichts der aktuellen Diskussion in außenpolitischen Zirkeln seines Landes einen »tiefgreifenden Mangel an Wissen über China« beklagt, ja von einem »schwarzen Loch« spricht, müsste er Deutschland einen schwarzen Krater bescheinigen.

In unserem öffentlichen Diskurs nimmt China immer noch kaum mehr Platz ein als ein Dritte-Welt-Land. Während sich in den USA ein gutes Dutzend angesehener Forschungsinstitute und Denkfabriken intensiv mit dem zeitgenössischen China beschäftigen, tut dies hierzulande nur das Mercator Institut für China-Studien (Merics). Erst 2017 hat das Auswärtige Amt in Berlin eine eigene Asien-Abteilung eingerichtet. Die China-Wahrnehmung und -Expertise in unseren Medien ist zum großen Teil atemberaubend mangelhaft.

Sprecher und Moderatoren der Hauptnachrichtensendungen im deutschen Fernsehen können meist nicht einmal chinesische Vor- und Nachnamen auseinanderhalten. Anders als bei anderen Sprachen geben sie sich auch kaum Mühe, sie richtig auszusprechen.

Der angesehene britische »Economist« hat 2012 für China eine eigene Rubrik eingeführt, die erste und einzige feste Länderrubrik neben der für die USA seit 1942. Die »New York Times« und das »Wall Street Journal« beschäftigen rund ein Dutzend, die Nachrichtenagentur »Bloomberg« sogar an die 50 Mitarbeiter vor Ort; deutsche Medien sind – wenn überhaupt – höchstens mit zwei bis drei Journalisten in China vertreten.

Mit ganz wenigen Ausnahmen ist ihre Berichterstattung aus dem »Reich der Mitte« gemessen an dessen wirtschaftlicher und geopolitischer Relevanz denn auch spärlich und dünn. Während jeder Tweet von US-Präsident Donald Trump seit dessen Amtsantritt hin und her gewendet wird, fand etwa die fast dreieinhalbstündige Rede des chinesischen Staats- und Parteichefs Xi Jinping auf dem 19. Parteitag der KP Chinas im Oktober 2017 in deutschen Medien weithin nur oberflächliche Beachtung. Dabei stellt sie das wichtigste politische Dokument von Xis erster fünfjähriger Amtsperiode dar und gibt detailliert Aufschluss darüber, was das Land, das die Zukunft der Welt bereits heute wesentlich mitbestimmt, in den kommenden fünf Jahren und darüber hinaus vorhat. Nur der »Spiegel« hat in einer Titelgeschichte (»Xing lai – Aufwachen!«) einige Wochen danach prominent auf die chinesische Herausforderung aufmerksam gemacht und dies selbst als »Weckruf für den Westen« bezeichnet.

Meist bleibt die Berichterstattung der deutschen Medien über China aber nicht nur seicht – in der Regel ist sie auch einseitig und stereotyp. Die Themen sind immer wieder dieselben: Demokratie, Menschenrechte, Umweltverschmutzung, Technologieklau und neuerdings auch Aufrüstung. Und natürlich: Absonderliches. Oder besser, was man dafür hält.

Im Umfeld der Olympischen Spiele 2008 in Peking ließ die Heinrich-Böll-Stiftung rund 4000 Artikel deutscher Medien über China auswerten. Fazit: Die Journalisten hätten weithin »Klischees über China unreflektiert kolportiert«. Daran hat sich seitdem nichts geändert.

So kann es kaum verwundern, wenn das Bild, das die Deutschen insgesamt von China haben, große Lücken aufweist und mehrheitlich negativ ist. Konfuzius, der wichtigste Denker des Landes und einer der bedeutendsten der Weltgeschichte, gilt den meisten, wenn sie denn überhaupt je von ihm gehört haben, als eine Art Spruchbeutel.

Kaum ein Bundesbürger weiß auch, dass China die längste Zeit der Geschichte die Weltmacht Nummer eins war. So gut wie niemandem sagt der Name Zheng He etwas, ein kaiserlicher Eunuch muslimischen Glaubens und Admiral, der in der ersten Hälfte des 15. Jahrhunderts, also lange vor Kolumbus und Vasco da Gama, die halbe Welt umsegelte; mit einer Flotte von über 300 Schiffen, darunter über 60 Riesenschiffe mit neun Masten, 135 Metern Länge, über 55 Metern Breite. Mit seinen 25 Metern Länge nahm sich dagegen der Dreimaster Santa Maria, in dem Kolumbus über 100 Jahre später Amerika entdeckte, wie eine Schaluppe aus.

In seinem 1620 erschienenen wissenschaftshistorischen Werk »Novum organum« schrieb der Philosoph Francis Bacon, »kein Reich, keine Religion oder Philosophie, kein Stern« habe »größeren Einfluss auf die Entwicklung der Menschheit ausgeübt als die drei Erfindungen Buchdruck, Schießpulver und Magnet«. Bacon wusste damals nicht, dass alle drei in China erfunden worden waren (*siehe Tafel, S. 24*). Die meisten Deutschen wissen es bis heute nicht. Sie denken, China verstehe sich nur aufs Kopieren.

In der Schule lernen unsere Kinder immer noch, dass Johannes Gensfleisch aus Mainz, allgemein als Johannes Gutenberg bekannt, um das Jahr 1440 herum den Buchdruck mit beweglichen Lettern erfunden habe, obwohl dies in Wahrheit der chinesische Druckarbeiter Bi Sheng bereits vier Jahrhunderte zuvor getan hatte. Nur blieb der schon 200 Jahre früher erfundene Blockdruck wegen der vielen Zeichen in der chinesischen Sprache lange Zeit effizienter und deshalb überwiegend weiter in Gebrauch. Fest steht: In China erschienen bereits Bücher in Millionenauflage, als in Europa Manuskripte noch per Hand kopiert wurden.

Große Kreativität
Die wichtigsten chinesischen Erfindungen

Papier (inkl. Tapeten, Toiletten- und Fensterpapier) 2. Jahrhundert vor unserer Zeitrechnung. Europa im 13. Jahrhundert.

Buchdruck 11. Jahrhundert. Europa im 15. Jahrhundert.

Schwarzpulver Um 250 nach unserer Zeitrechnung. Kanonen erst um 1250. In Europa Schwarzpulver erstmals 1285. Kanonen dagegen keine 100 Jahre später.

Kompass In seiner Grundform bereits im 4. Jahrhundert vor unserer Zeitrechnung. In verbesserter Form als Sextant im 11. Jahrhundert. In Europa erstmals 1190 erwähnt.

Mechanische Uhr Im Jahr 1086. Allerdings nur in Form großer Turmuhren. Die erste tragbare Uhr, die auf dem Schwingungsprinzip beruht, stammt aus Europa und wurde von den Jesuiten Ende des 16. Jahrhunderts nach China gebracht.

Papiergeld Kam zuerst 1024 in Umlauf. Seit dem 14. Jahrhundert bereits in ungedeckter Form. Erste Geldscheine in Europa 1483.

Seide 3. Jahrtausend vor unserer Zeitrechnung. In Europa etwa im Jahr 550 unserer Zeitrechnung.

Porzellan 620 unserer Zeitrechnung. In Europa 1708.

Spinnrad Im 13. Jahrhundert. Im 15. Jahrhundert nach Europa importiert.

(Eiserner) Pflug 6. Jahrhundert vor unserer Zeitrechnung. In Europa fast 2000 Jahre später. Die landwirtschaftliche Revolution im 18. Jahrhundert in Europa wurde durch Übernahme chinesischer Agrartechniken ausgelöst. Den Entwicklungsstand, auf dem China in der Agrartechnik auch im Hinblick auf Saatgut und chemische Insektizide bereits im 12. Jahrhundert angekommen war, erreichte Europa erst im 20. Jahrhundert.

Hochofen (für Eisenschmelze) 200 Jahre vor unserer Zeitrechnung. Erste eiserne Hängebrücke im Jahr 65 unserer Zeitrechnung. Seit dem 5. Jahrhundert Verfahren zur Stahlproduktion, welches das Siemens-Martin-Verfahren vom 19. Jahrhundert vorwegnahm. Stahlproduktion in China zu Beginn des 11. Jahrhunderts schon so hoch wie in England zu Beginn der industriellen Revolution im 18. Jahrhundert.

Wasserbau Erste Flussumleitung ohne Stauwehr 256 vor unserer Zeitrechnung in Dujiangyan bei Chengdu.

Dezimalsystem Bereits 300 Jahre vor unserer Zeitrechnung in China im Gebrauch, bevor es über Indien und Arabien im 15. Jahrhundert nach Europa kam.

Viele Deutsche halten China auch nach wie vor für eine Art große DDR und die Chinesen für ein konformistisches Ameisenvolk. Die Bilder von uniformen Volksmassen im sogenannten Mao-Look haben bei ihnen offenbar einen unauslöschlichen Eindruck hinterlassen. Dabei macht der Staatssektor in dem Land heute nur noch gut ein Viertel der Wirtschaft aus, der Sozialstaat ist erheblich kleiner als der deutsche, die Ungleichheit bei Einkommen und Vermögen um vieles größer, der Wettbewerb wesentlich härter. Dass inzwischen Millionen Deutsche China auf Urlaubs- oder Geschäftsreisen besucht haben, konnte an dem schiefen Bild über das Land seltsamerweise kaum etwas ändern. Reisen sei »fatal für Vorurteile«, sagte einst Mark Twain. In Bezug auf China trifft dies bisher nicht zu.

Selbst die meisten sogenannten Expats, die für ein deutsches Unternehmen im »Reich der Mitte« gearbeitet haben, legen oft ein erstaunliches Unverständnis darüber an den Tag, wie Chinesen denken, fühlen und handeln. Ihre Zeit verbringen sie meist in Mega-Städten wie Schanghai, die für das Riesenland so wenig typisch sind, wie Berlin es für Deutschland ist. Zudem verlassen sie China in der Regel schon nach wenigen Jahren wieder – wenn sie gerade beginnen, es ein bisschen zu verstehen. Die wenigsten dieser Gastarbeiter sprechen, geschweige denn lesen oder schreiben Chinesisch.

Wie einst die imperialistischen Eindringlinge in ihren Konzessionsgebieten leben sie meist abgesondert von der einheimischen Bevölkerung in Ausländerghettos. Am öffentlichen Leben des Landes nehmen sie kaum teil. Einheimische lernen sie oft nur als Chauffeur oder Dienstmädchen persönlich kennen. In einer Befragung von Expats in 67 Ländern rund um die Welt, wie sie sich in ihrem jeweiligen Gastland »akklimatisiert« hätten, kam China auf Platz 60. Soll heißen: Das Land bleibt ihnen fremd, ein Einleben findet kaum statt. Auch viele sogenannte »Old China Hands«, die länger in China gelebt haben und deshalb die Chinesen in- und auswendig zu kennen glauben, wissen in Wirklichkeit verblüffend wenig über sie, weil sie China nur nach ihren eigenen Maßstäben beurteilen.

Für einen Mann mit einem Hammer, so Mark Twain, sei »jedes Problem ein Nagel«. Die Maßstäbe zur Beurteilung anderer Gesellschaften liefere uns »stets die eigene Gesellschaft«. Unser Gehirn sucht bevorzugt nach einer Bestätigung der eigenen Weltsicht, weil so Botenstoffe ausgeschüttet werden, die uns glücklich machen. Was dem eigenen Vorurteil widerspricht, wird dagegen gern in Zweifel gezogen oder gleich abgelehnt.

Wo es aber an Wissen und Verständnis fehlt, blühen nicht nur **Vorurteile und Stereotype**, sondern auch Unsicherheit und Ängste. Chinas wirtschaftlicher Erfolg ist den meisten Deutschen unheimlich, ihre Einstellung zu dem Land schwankt seltsam hin und her: Einmal bestaunen sie die imposanten Skylines der Großstädte, die hochmodernen Einkaufszentren, Flughäfen, Eisenbahnlinien, Autobahnen, Brücken und Staudämme, bewundern den rapiden Fortschritt und die ungeheure Dynamik des Landes und fürchten sich vor der »gelben Gefahr«.

Dann wieder betrachten sie China als Scheinriesen, verweisen auf das gesunkene Wirtschaftswachstum, die hohe Verschuldung und sagen den baldigen Kollaps der chinesischen Wirtschaft samt politischem Regime voraus. Wobei oft nicht klar ist, was überwiegt: die Furcht vor den Folgen für den eigenen Wohlstand oder die Genugtuung, weil einfach nicht sein kann, was nicht sein darf.

Meine Frau Guangyan, gebürtige Chinesin, aber schon seit über 20 Jahren in Deutschland zu Hause und längst deutsche Staatsbürgerin, hat dieser Zustand ebenso wie mich schon lange beschäftigt. Immer wieder fiel uns auf, wie fremd den Deutschen die Chinesen trotz der zunehmenden gegenseitigen Kontakte und wachsenden Bedeutung füreinander geblieben sind; wie sie abwechselnd einmal verächtlich auf sie herabschauen und dann wieder angstvoll vor ihnen zurückschrecken, sie einmal idealisieren und ein anderes Mal dämonisieren.

So sprechen etwa deutsche Mitbürger meine Frau meist wie selbstverständlich auf Englisch an. Was in der wohlmeinenden Absicht geschehen mag, ihr entgegenzukommen, ist zugleich doch auch verräterisch, denn es zeigt, dass man zuerst und vor allem das Fremde an ihr sieht. Dazu bleibt die Konversation fast immer kurz und nichtssagend, weil ihre Gesprächspartner nicht wissen, was sie interessiert oder langweilt, erfreut oder verärgert.

Unsere Tochter Lea Bowen musste sich die gesamte Schulzeit hindurch mit verächtlichen, beleidigenden und diskriminierenden Bemerkungen von Mitschülerinnen und Mitschülern über Chinesen auseinandersetzen. Neben der großen und bisher weithin unverstandenen Herausforderung, die China für Deutschland und den Westen darstellt, haben solche Alltagserfahrungen den Anstoß für dieses Buch gegeben.

Zwar gibt es bereits eine Vielzahl von China-Büchern auf dem deutschsprachigen Markt: Reiseberichte, Erfahrungen von Expats und Journalisten, Benimm- und Geschäftsratgeber für den Umgang mit Chinesen, Fibeln über Tai Chi und Feng Shui, Kochbücher usw. Hinzu kommen Übersetzungen chinesischer Belletristik sowie eine beachtliche, aber für den Laien meist schwer verdauliche wissenschaftliche Literatur zu Einzelaspekten der chinesischen Kultur.

Ein Buch über die geistesgeschichtlichen, kulturellen und (sozial-)psychologischen Voraussetzungen zum Verständnis der Chinesen, eine zugleich fundierte und doch leicht verständliche Erklärung, wie diese denken und fühlen, fehlt jedoch bisher.

Eine Ausnahme davon ist lediglich Lin Yutangs Charakterstudie »Mein Land und mein Volk«. Die China-Kennerin und Literaturnobelpreisträgerin Pearl S. Buck nannte es das »echteste, tiefste, umfassendste und bedeutendste Buch, das bis jetzt über China geschrieben wurde«. Allerdings liegt das nun schon fast ein Jahrhundert zurück.

Vor 50 Jahren veröffentlichte der französische Publizist Jean-Jacques Servan-Schreiber ein Buch mit dem Titel »Die amerikanische Herausforderung«. Es hat viel dazu beigetragen, Europa wachzurütteln und zu erkennen, dass es gegen Amerika nur eigenständig bestehen kann, wenn es sich zusammenschließt.

Mit dem vorliegenden Buch, das meine Frau und ich gemeinsam verfasst haben, wollen wir die **chinesische Herausforderung** beschreiben. Diese besteht, gerade für uns Deutsche, vor allem anderen zunächst einmal darin zu verstehen, wie die Chinesen denken und fühlen. Denn erst dann können wir ermessen, wie sehr wir politisch, ökonomisch und kulturell tatsächlich gefordert sind und darauf angemessen reagieren. »Die Chinesen zu verstehen«, so der China-Kenner Evan Osnos, »verlangt nicht nur, das Licht und die Hitze zu ermessen, die von seiner hellleuchtenden neuen Macht ausgehen, sondern auch die Quelle seiner Energie – die Männer und Frauen im Zentrum von Chinas Werden«.

Interkulturelle Kompetenz ist in einer globalisierten und multipolaren Welt so wichtig wie nie zuvor. Denn erst in der Begegnung mit dem Fremden erleben wir die volle Wucht kultureller Differenz. Fremdes, das unverstanden bleibt, verunsichert, führt zu Abwehr und dysfunktionalem Verhalten. Nicht nur unser Wohlstand, sondern auch der Frieden auf diesem Globus hängen mehr denn je von dem Willen und der Fähigkeit ab, den psychischen Code anderer Völker zu entschlüsseln, sich in andere Kulturen hineinzudenken und hineinzufühlen. Dabei spielt das Verständnis der chinesischen Kultur eine herausragende Rolle.

Seit rund 30 Jahren beschäftige ich mich selbst intensiv mit China. Als Chefredakteur des Magazins »WirtschaftsWoche« habe ich schon in den 90er Jahren des vergangenen Jahrhunderts einen Schwerpunkt auf die Berichterstattung über das Land und seinen Wiederaufstieg zur Weltmacht gelegt, zahlreiche Interviews mit führenden chinesischen Politikern und Unternehmenschefs geführt, bilinguale Sonderausgaben produziert sowie deutsch-chinesische Wirtschaftskongresse und Manager-Reisen veranstaltet.

Nicht nur beruflich, auch privat bin ich seitdem mit einer Vielzahl von Chinesen aus allen Bereichen der Gesellschaft zusammengekommen. Daraus ist eine Reihe enger Beziehungen und Freundschaften hervorgegangen. Zusammen mit meiner Frau Guangyan habe ich im Laufe der Jahre das gesamte Land bereist. Von der Insel Hainan im Südosten bis Xinjiang im Nordwesten, von der Mandschurei im Nordosten bis Tibet im Südwesten.

Guangyan, eine Chinesin aus einer alten Familie von Gelehrten und Staatsdienern, hat an der Jinan-Universität im südchinesischen Kanton Journalismus und Kommunikation studiert und danach einige Jahre als Redakteurin bei der »Kanton-Tageszeitung« gearbeitet, einer der größten Zeitungen des Landes. In den 1990er Jahren kam sie zum Studium der Ökonomie an die private Hochschule in Witten-Herdecke. Seidem lebt sie in Deutschland und arbeitet als Beraterin für Unternehmen aus beiden Ländern, reist ständig zwischen diesen hin und her, wirkt bei der Umsetzung zahlreicher deutsch-chinesischer Projekte mit und ist dabei nahezu täglich mit Verständnisproblemen zwischen beiden Kulturen konfrontiert.

Im Zusammenleben mit ihr, in zahllosen gemeinsamen Gesprächen, auf unseren vielen Reisen durch das Land, durch die regelmäßigen ausgedehnten Besuche bei ihrer Familie und Treffen mit Verwandten und Freunden habe ich einen tiefen Einblick in das Denken und Fühlen der Chinesen, ihre Kultur und Mentalität gewonnen.

So wertvoll persönliche Erfahrungen sind, so können sie doch keine Allgemeingültigkeit beanspruchen. »Jede Wirklichkeit besteht aus zwei Hälften, dem Subjekt und dem Objekt«, so der Philosoph Arthur Schopenhauer in seinen »Aphorismen zur Lebensweisheit«. »Bei völlig gleicher objektiver Hälfte, aber verschiedener subjektiver ist daher die gegenwärtige Wirklichkeit eine ganz andere.«

Dieses Problem und mit ihm das des Ethnozentrismus wollen Guangyan und ich zum einen durch die Doppel-Autorenschaft überwinden. Um unser beider Wirklichkeiten aber auf eine noch breitere Grundlage zu stellen, haben wir zusätzlich die für das Thema relevante Literatur und dabei besonders das vorhandene empirische Wissen zur Psychologie der Chinesen aufgearbeitet.

Meine Frau hat dabei die einschlägige chinesischsprachige Fachliteratur ausgewertet. Als deutscher Muttersprachler habe ich es übernommen, die gemeinsamen Erkenntnisse nach intensiver Diskussion mit ihr niederzuschreiben.

Indem wir uns darum bemühen, andere Kulturen kennenzulernen und zu verstehen, lernen wir nicht nur, besser mit ihnen umzugehen und Missverständnisse mit möglicherweise gravierenden Folgen zu vermeiden – wir lernen auch viel über uns selbst. Denn meist wissen wir erst richtig, wer wir sind, wenn wir wissen, wer wir n i c h t sind. Das Fremde hilft uns, das Vertraute zu verstehen. So gesehen ist dieses Buch über die Chinesen **zugleich ein Buch über uns**.

Anders als wir haben die Chinesen längst verstanden, wie wichtig es für sie ist, uns – und sich selbst – zu verstehen. Sie schicken viel mehr Schüler und Studenten in den Westen als wir umgekehrt zu ihnen. Ihre Diplomaten und Wirtschaftsvertreter bleiben hier deutlich länger auf Posten als ihre deutschen Kollegen in China. Ihre Eliten kennen unsere Kultur wesentlich besser als unsere die chinesische. Sie halten sich an den Ratschlag ihres großen strategischen Denkers Sunzi: »Wenn Du Dich selbst kennst und den anderen, gewinnst Du jede Schlacht.«

Dass sie diesen Rat einst missachteten, hat für sie zu über einem Jahrhundert der Demütigung geführt, die sie nun ein für alle Mal wieder abschütteln wollen. Dagegen sind wir heute drauf und dran, denselben Fehler zu begehen. Mit unabsehbaren Folgen nicht nur für Deutschland, sondern für Europa und die gesamte Welt.

Auch dafür, dass es dazu nicht kommt, will dieses Buch einen bescheidenen Beitrag leisten.

Köln, im November 2017   *Stefan Baron*

TEIL I

Zur Psychologie eines Volkes
Vielfalt und kollektives (Unter-)Bewusstsein

Ein Buch über die Psychologie des größten Volkes der Erde kommt nicht ohne Verallgemeinerungen aus. Das chinesische Volk, mit an die 1,4 Milliarden Menschen, fast doppelt so viele wie ganz Europa, ist zwangsläufig komplex, hybrid und pluralistisch. »China ist ein so großes Land und sein Leben hat so viele Facetten«, schickte bereits Lin Yutang dem Porträt seiner Landsleute voraus, »dass es sich notwendig die verschiedenartigsten und wohl auch einander widersprechende Deutungen gefallen lassen muss.«

Allein die geographische Ausdehnung ihres Landes legt nahe, dass die Chinesen nicht aus einem Guss sein können. China ist eigentlich schon kein Land mehr, sondern ein Kontinent. Der Kaiser herrsche über »alle unter dem Himmel« (*Tianxia*), sagten die alten Chinesen. Mao Zedong berühmte sich, sein Land könne aufgrund seiner großen Ausdehnung und Bevölkerung als Einziges ein nukleares Armageddon überleben.

China hat eine 22 000 Kilometer lange Grenze. Von Norden nach Süden erstreckt sich das chinesische Territorium vom 54. bis zum 18. Breitengrad – insgesamt über 4000 Kilometer. Das entspricht einer Entfernung von Deutschland bis in den Sudan. In ost-westlicher Richtung sind es fast 4500 Kilometer, eine Strecke vom Atlantik bis zum Ural.

Zwar gilt in ganz China (einschließlich Taiwan) eine einheitliche Uhrzeit (Greenwich Mean Time plus acht Stunden); zwischen dem Osten und dem Westen liegen jedoch fünf Zeitzonen. In dem riesigen Land sind alle Landschafts- und Klimazonen vertreten. Vom eisigen Hochgebirge des Himalaya bis zur Tropeninsel Hainan. Von der Sandwüste Taklamakan bis zu den fruchtbaren Ufern des Jangtse-Flusses.

Wenn in diesem Buch von den Chinesen die Rede ist, sind vor allem die **Han** gemeint. Zwar machen diese mehr als 90 Prozent der Bevölkerung aus. Daneben gibt es aber 56 offiziell anerkannte ethnische Minderheiten, die zusammen deutlich über 100 Millionen Menschen zählen. Ihr Anteil ist in den zurückliegenden Jahrzehnten noch gestiegen, weil Minderheiten nicht dem lange gültigen staatlichen Gebot der Ein-Kind-Politik unterlagen.

Mit den verschiedenen Ethnien verbinden sich unterschiedliche Glaubensbekenntnisse. Die große Mehrzahl der Han gehört keiner Religion an. Ganze 50 bis 60 Millionen von ihnen bekennen sich zum Christentum. Die weitaus meisten davon sind Mitglieder verschiedener protestantischer Gemeinden, etwa zwölf Millionen sind Katholiken. Diese teilen sich in eine inoffizielle papsttreue Kirche und eine offiziell anerkannte chinesische katholische Kirche, die ihre Bischöfe nicht vom Vatikan bestimmen lässt.

Weit über 100 Millionen Chinesen sind Anhänger des Buddhismus. Dazu zählt besonders die Minderheit der Tibeter. Etwa 20 Millionen Chinesen sind (sunnitische) Moslems. Mindestens zehn Millionen davon stellt die über das ganze Land verteilte Hui-Nationalität, die sich ansonsten jedoch kulturell stark der Mehrheitsbevölkerung der Han angenähert hat. Die andere Hälfte kommt von der regionalen Minderheit der Uiguren, eines Turk-Volkes in der Provinz Xinjiang im äußersten Nordwesten des Landes.

Alle Han haben eine Reihe genetisch bedingter Merkmale gemeinsam: Mandelform und dunkle Farbe der Augen, schwarze Haare und eine bestimmte Haarstruktur, spärliche Körperbehaarung, feine Hautporen und schwache Schweißabsonderung, ausgeprägter Geruchssinn und eine relativ hohe Stimmlage. Aber es gibt auch Unterschiede: So haben Südchinesen im Schnitt eine dunklere Hautfarbe, sind kleiner, schlanker und feingliedriger als ihre Landsleute im Norden.

Die Grenze zwischen Nord- und Südchina verläuft ungefähr auf Höhe des Jangtse-Flusses. Sie trennt den Teil des Landes mit (Fern-)Heizung von dem ohne und vor allem den mit Getreide- von dem mit Reisanbau.

Südchinesen unterscheiden sich von Nordchinesen in punkto Temperament und Lebenseinstellung. Eine 2014 im Wissenschaftsmagazin »Science« veröffentlichte empirische Studie der Universität von Virginia, bei der über 1000 Studenten aus dem Norden und Süden Chinas befragt wurden, kam zu dem Ergebnis, dass die Nordchinesen aggressiver und individualistischer sind als ihre Landsleute im Süden.

Als Begründung führten die Forscher vor allem an, dass im Süden Reis und im Norden Getreide angebaut wird. Der Anbau von Reis erfordere gemeinsame Deiche und Bewässerungskanäle, Reisbauern müssten daher stärker zusammenarbeiten als Getreidebauern. Vielleicht sind Nordchinesen deshalb auch die besseren Krieger, Südchinesen dagegen die gewitzteren Händler und regsameren Kaufleute.

In der langen chinesischen Geschichte hat jedenfalls kein einziger »Reisesser« aus dem Süden eine kaiserliche Dynastie begründen können. Dies haben ausschließlich »Nudelesser« aus dem Norden geschafft. Die Republik hingegen wurde 1912 von dem Kantonesen Sun Yatsen begründet. Auch dessen Nachfolger Tschiang Kaishek und der Begründer der Volksrepublik, Mao Zedong, stammten aus dem Süden.

Während den Menschen im Norden nachgesagt wird, nach Macht zu streben, um dadurch zu Reichtum zu gelangen, ist es bei ihren Landsleuten im Süden eher umgekehrt. Vor allem entlang der Küste sind sie stets wohlhabender gewesen als Nordchinesen – und wurden von diesen in der Geschichte oft ausgeplündert. Zum einen erfreut sich der Süden eines günstigeren Klimas und seine Böden sind fruchtbarer; zum anderen wurde er stets weniger von Überschwemmungen und Missernten geplagt. Hinzu kommt eine lange Tradition im Überseehandel.

Das alles hat die Menschen dort weltoffener und liberaler, dem Wandel gegenüber aufgeschlossener und leichtlebiger werden lassen als die im Norden. Und auch experimentierfreudiger und abenteuerlustiger. Der große Reformer Deng Xiaoping wusste schon, warum er die Öffnung des Landes und seine marktwirtschaftlichen Pläne in der südlichen Provinz Guangdong und nicht im nördlichen Peking verkündete.

Während die Einwohner der Hauptstadt sich besonders für Politik interessieren und sich vergleichsweise wenig aus Äußerlichkeiten machen (an warmen Sommerabenden sind in der 20-Millionen-Stadt heute noch Menschen im Schlafanzug auf der Straße anzutreffen), erwärmen sich die Schanghaier vor allem für Wirtschaft und legen viel Wert auf Äußeres. Zudem gelten sie als besonders trickreich und auf ihren Vorteil bedacht und sind bei ihren Landsleuten deshalb nicht sonderlich beliebt. Allerdings stellen sie einen Großteil der Unternehmerelite des Landes.

Die Kantonesen, wie die Bewohner der Provinz Guangdong mit deren Hauptstadt Kanton (*Guangzhou*) genannt werden, machen sich von allen Chinesen am wenigsten aus Politik. Die Hauptstadt ist weit weg. Für Kantonesen zählt vor allem ein angenehmes Leben, und das heißt in ihren Augen in erster Linie gutes Essen. Während die Schanghaier gute Unternehmer sind, denken sie kurzfristiger und sind besonders geschickte Händler. Schon im Jahr 880 unserer Zeitrechnung zählte Kanton 120 000 ausländische Einwohner – die meisten von ihnen arabische, persische und indische Kaufleute.

Zwischen Schanghaiern und Kantonesen sind die Einwohner der Provinz Zhejiang angesiedelt – und das nicht nur geographisch. Sie sind extrem fleißig und Kleinstunternehmer par excellence. Neben den Provinzen Guangdong und der benachbarten Provinz Fujian stammt der größte Teil der Überseechinesen von dort.

Auch sprachlich unterscheiden sich die Einwohner Chinas deutlich voneinander. Neben den nichtchinesischen Sprachen Tibetanisch, Uigurisch, Mongolisch und Mandschurisch gibt es in dem Land acht größere chinesische Sprachgruppen mit jeweils Dutzenden von Untergruppen. Das im Südosten des Landes gesprochene Kantonesisch etwa ist von Mandarin mindestens so weit entfernt wie Holländisch von Deutsch.

Alle Sprachgruppen haben mit der Hochsprache Mandarin (*Putonghua*) jedoch die Schrift gemeinsam. Deren Zeichen bedeuten stets dasselbe wie etwa in Hongkong (Kantonesisch) und Xianggang (Mandarin) die Zeichen für »Duft« und »Hafen«. In Taiwan und Hongkong gilt allerdings noch die traditionelle Langschrift, in der Volksrepublik und in Singapur seit 1956 dagegen eine vereinfachte Schrift, die weniger Striche enthält und deshalb leichter zu schreiben, aber schwerer zu lesen ist, weil sich die Zeichen schlechter auseinanderhalten lassen. In Taiwan und Hongkong werden Bücher auch traditionell von hinten nach vorne und von oben nach unten geschrieben, in der Volksrepublik dagegen wie im Westen von vorne nach hinten und links nach rechts.

Im Hinblick auf die Sprache und auch sonst ist China in den zurückliegenden Jahrzehnten wesentlich einheitlicher geworden. Wenn in den achtziger und neunziger Jahren der damalige Parteichef Deng Xiaoping im Fernsehen auftrat, mussten wegen seines starken Sichuan-Dialekts Untertitel eingeblendet werden. Heute beherrschen außer alten Leuten nahezu alle Chinesen die Hochsprache Mandarin.

Auch der rapide Ausbau der Infrastruktur (Straßen, Flughäfen, Eisenbahnen, Telekommunikation und Internet), die Millionen Wanderarbeiter sowie die zunehmende Verstädterung haben die Einheitlichkeit (und Einheit) des Landes beträchtlich gestärkt – inklusive ursprünglich einmal kulturfremder Gebiete wie der Inneren Mongolei, der Mandschurei, Xinjiangs und Tibets. Dauerte eine Fahrt mit der Eisenbahn von Peking nach Kanton 1957 noch rund 50 Stunden, braucht der Schnellzug für die über 2100 Kilometer lange Strecke heute keine zehn Stunden mehr.

Gleichwohl bestehen zwischen **Stadt und Land** sowie den entwickelten Küstenregionen im Osten und dem weniger entwickelten Landesinneren immer noch enorme Unterschiede. Die Durchschnittseinkommen in den Metropolen an der Ostküste sind etwa dreimal so hoch wie in den ländlichen Regionen des Westens. Hier sind auch die traditionellen Werte der chinesischen Kultur wie Familiensinn oder Paternalismus stärker ausgeprägt. Hinzu kommen die üblichen Unterschiede zwischen Jung und Alt sowie Bildungs- und Herkunftsunterschiede. Und nicht zuletzt die Unterschiede zwischen Festlands- und Auslandschinesen, *Zhonguoren* und *Huaren*.

Denn neben den Einwohnern der Volksrepublik gibt es rund um die Welt weitere gut 60 Millionen Chinesen. Zehn Millionen davon haben einen volksrepublikanischen Pass. Allein Taiwan zählt 24 Millionen Einwohner; in Indonesien leben weitere über acht Millionen ethnische Chinesen; über sieben Millionen sind es in Thailand, weitere fast sieben Millionen in Malaysia, über vier Millionen in Singapur, weit über drei Millionen in den USA (vor allem in Kalifornien), fast zwei in Kanada (vor allem an der Westküste um Vancouver), über eine Million in der EU (fast die Hälfte davon in Großbritannien), und rund eine weitere Million in Australien.

Taiwan wurde schon vor Jahrhunderten von Bewohnern der gegenüberliegenden Küstenprovinz Fujian besiedelt. 1945 kamen Millionen Anhänger der im Bürgerkrieg gegen die Kommunisten unterlegenen Guomindang-Partei und ihres Anführers Tschiang Kaishek aus ganz China hinzu. Seit der Zeit des ersten Kaisers, also dem 3. Jahrhundert vor unserer Zeitrechnung, trieben die Einwohner der Küstenorte Südchinas Handel mit Südostasien. Viele von ihnen ließen sich dort irgendwann nieder und wurden in ihrer neuen Heimat nach und nach zur dominierenden wirtschaftlichen Kraft. Das Seegebiet zwischen Südostasien und der alten Heimat wurde für sie zu einer Art Binnenmeer. Daher auch der Name »Südchinesisches Meer«.

Im agrarisch geprägten kaiserlichen China rangierten Geschäftsleute im Ansehen meist weit unter Bauern und Handwerkern. Regierende und Mandarine entledigten sich ihrer Schulden oder der Verantwortung für Misswirtschaft oft kurzerhand dadurch, dass sie Kaufleute aus dem Kernland im Norden in die Gebiete südlich des Jangtse-Flusses vertrieben. So entwickelte sich Südchina im Laufe der Zeit zu einer Hochburg von Kaufleuten und zur Heimatbasis der heutigen Auslandschinesen.

Deren sogenanntes »Bambus-Netzwerk« wächst von Jahr zu Jahr beständig weiter. Heute kommen viele seiner Mitglieder auch aus dem Norden. Nahezu die Hälfte der reichen Chinesen (mit Vermögen über zwölf Millionen Euro) schließen es laut einer Umfrage der China Merchants Bank nicht aus zu emigrieren. Mehr als ein Viertel von ihnen hat bereits ein Domizil im Ausland. Oft leben dort schon Frau und Kinder. Viele wohlhabende Chinesen zeugen sogar mit Hilfe amerikanischer Leihmütter Kinder, um diesen einen amerikanischen Pass zu sichern.

Da Einstellungen und Verhalten nicht nur von gemeinsamer Geschichte und gemeinsamen Werten geprägt werden, sondern auch vom politischen und sozialen System mit seinen spezifischen Belohnungs- bzw. Sanktionsmechanismen, unterscheiden sich die Chinesen in unterschiedlichen sozio-kulturellen

Umgebungen voneinander. Chinesen aus Taiwan, Hongkong oder Macau und mehr noch Auslandschinesen in Südostasien oder Einwanderer in westlichen Ländern wie den USA, Kanada, Australien oder Deutschland sind in mancherlei Hinsicht anders als sogenannte »Festlandschinesen« aus der Volksrepublik. D i e Chinesen gibt es so gesehen also noch viel weniger als d i e Deutschen. Menschen sind ohnedies keine homogenen Wesen, sie werden von einer Vielzahl von Zugehörigkeiten geprägt und unterscheiden sich schon deshalb von ihren Mitmenschen – auch solchen derselben Volksgruppe, Kultur und Nationalität. Das gilt zumal für das größte Volk auf Erden. Dennoch ist Chinesen insgesamt gesehen ein Fundus an Gemeinsamkeiten im Denken, Fühlen und Handeln eigen, der sie von Nicht-Chinesen deutlich abhebt.

Erleben und Verhalten des Menschen ist mehr ein Produkt der Kultur als der Natur. Unterschiede in Psyche, Mentalität und Charakter zwischen den einzelnen Völkern sind nicht genetisch zu erklären. In den vergangenen Jahrzehnten haben Wissenschaftler zwar mehr und mehr genetische Prädispositionen entdeckt, die den Einzelnen etwa hinsichtlich Intelligenz, Emotionalität oder sogar moralischer Aspekte prägen. Diese führen sie jedoch wiederum auf kulturelle Prägung zurück.

Wie die Genomforschung zeigt, ist die Variabilität zwischen Ethnien geringer als innerhalb derselben. Das heißt, ein Chinese kann einem Deutschen genetisch ähnlicher sein als dieser seinem deutschen Nachbarn. Die Varianz des Erbguts innerhalb einer Ethnie erklärt zu über 80 Prozent auch die gesamte genetische Varianz unter Menschen.

Genetisch bedingt sind die Unterschiede beim Haar, bei Form und Farbe der Augen, bei der Gestalt der Nase, der Pigmentierung der Haut oder auch beim Auftreten bestimmter Krankheiten. Auch lässt sich offenbar ein Zusammenhang zwischen dem Vorkommen eines bestimmten Gens und tonalen Sprachen wie etwa Mandarin nachweisen.

Die Analyse von DNA-Sequenzen hat zudem starke Indizien dafür ergeben, dass der *Homo sapiens* auch in China aus dem ursprünglich in Ostafrika beheimateten *Homo erectus* hervorgegangen ist und nicht unabhängig davon, wie zuvor auf der Basis von Schädelfunden angenommen worden war. Und dass die Chinesen im Norden des Landes, der Wiege der chinesischen Tradition und Kultur, ursprünglich von Südchinesen abstammen, deren Erbgut wiederum sehr viel mit anderen Bewohnern Südostasiens gemeinsam hat.

Insgesamt konnte die Genetik bisher keinen starken Zusammenhang zwischen Genotyp und Phänotyp feststellen. Menschen eines bestimmten Kulturkreises weisen dagegen über das allgemein Menschliche hinaus eine Reihe typischer Eigenschaften auf. So hat der Philosoph Arthur Schopenhauer zwar recht, wenn er sagt, die »Individualität eines Menschen« überwiege »bei weitem die Nationalität«. Allerdings überwiegt die Kultur meist die Individualität.

Jeder Mensch wird zu einem bestimmten Zeitpunkt und an einem bestimmten Ort in eine bestimmte Gesellschaft mit gemeinsamer Geschichte, Philosophie, Tradition, Sitten und Gebräuchen, Werten und Symbolen hineingeboren. Diese Faktoren prägen ihn psychisch ebenso wie die Physis seiner Vorfahren. Die Menschen sind »zugleich Produkte einer biologischen und einer kulturellen Evolution«, so der Hirnforscher Wolf Singer. Die genetische Ausstattung eines Menschen aus der Steinzeit sei von unserer heutigen »nicht sehr verschieden. Sein Verhalten, sein Denken, seine Vorstellungen von Raum und Zeit dürften jedoch ganz anders gewesen sein.« Daran könne man »den **dominanten Einfluss der Kultur**« ablesen. Das Wesen des Menschen wird also weniger von seinen Genen als durch Umwelteinflüsse, vornehmlich Erziehung, Sozialisation und Bildung, geformt, die wiederum selbst kulturabhängig sind.

Nach Gustave LeBon, dem Begründer der Massenpsychologie, ist unser Verhalten, auch wenn es aus eigenem Antrieb zu kommen scheint, vom »Geist der Toten« mitbestimmt. Der berühmte Soziologe Emile Durkheim sprach von einem »kollektiven Bewusstsein, das unabhängig vom individuellen Bewusstsein existiert«; der Kulturwissenschaftler Geert Hofstede von Kultur als »kollektiver geistiger Programmierung«. Für den Orientalisten Edward Said sind Nationen »Narrative«. Um eine Nation zu verstehen, so der Philosoph Bertrand Russell, »müssen wir seine Philosophie verstehen«. Und der bekannte Wirtschaftshistoriker David Landes kam zu dem Schluss, dass Kultur »fast den ganzen Unterschied« bei der wirtschaftlichen Entwicklung von Völkern erklärt. In der modernen Psychologie werden Denken, Fühlen und Handeln eines Volkes, sein kollektives Bewusstsein und Unterbewusstsein, denn auch als Teil seiner Kultur betrachtet.

Durch die über Jahrtausende ungebrochene gemeinsame Kultur ist die kollektive seelisch-geistige Prägung wohl in kaum einem anderen Land der Erde so stark wie in China. Zugleich ist sie jedoch wissenschaftlich vergleichsweise wenig untersucht. Dies liegt zum einen an den methodischen Schwierigkeiten der Völkerpsychologie. Forscher sind hier der Gefahr ausgesetzt, fremde Verhaltensweisen durch die eigene kulturelle Brille zu beurteilen, also einem »**Perspektivismus**« zu erliegen, wie der Psychologe Heinz Remplein es nannte. So ist es mehr als fraglich, ob die vornehmlich in den USA entwickelten Methoden der Psychologie geeignet sind, die Psyche von Menschen aus völlig andersartigen Kulturen wie der chinesischen zu ergründen.

Die psychologische Erforschung fremder Völker setzt zudem intimste Kenntnis von deren Kultur und Philosophie, Sprache und Lebensformen voraus. Um das innerste Wesen eines fremden Volkes zu erfassen, sind daher viele Jahre umfassenden Studiums und Zusammenlebens vor Ort unerlässlich – Bedingungen, die nicht leicht zu erfüllen sind.

Die Völkerpsychologie ist so in besonderem Maße auf die sogenannte indigene Erforschung durch einheimische Wissenschaftler angewiesen. Doch daran hapert es im Falle Chinas bis heute. Die psychologische Wissenschaft ist ein Produkt der westlichen Kultur und fand – wie andere Diziplinen der Sozialwissenschaften – erst spät Eingang in das Land. Dort konnte sie sich dann überdies nur schwer entwickeln.

Schon als 1899 das erste Psychologie-Buch in chinesischer Übersetzung erschien, Joseph Havens »Mental Philosophy«, traten die Probleme offen zutage: Für die Begriffe und Konzepte der westlichen Disziplin gab es kein chinesisches Äquivalent. So wurde der Titel des Buches mit »Untersuchung des G e i s - t e s« übersetzt. Als dann 1907 eine Übersetzung von Harold Hoffdings »Outline of Psychology« erschien, hieß Psychologie auf Chinesisch auf einmal »Wissen des H e r z e n s«.

Mit Gründung der Republik im Jahr 1912 erlebte die Disziplin eine kurze Blüte. In der ersten Ausgabe von »Xin Li«, der Zeitschrift der 1921 gegründeten Chinesischen Psychologischen Gesellschaft, bezeichnete ihr Herausgeber die Psychologie als »die nützlichste aller Wissenschaften«. Der Bürgerkrieg setzte dem Aufschwung jedoch schon bald wieder ein Ende.

Nach der Machtübernahme der Kommunisten im Jahr 1949 wurde Psychologie in Anlehnung an die Praxis in der damaligen Sowjetunion erneut anders definiert – jetzt galt sie als »Erforschung des B e w u s s t s e i n s«. Und getreu dem materialistischen Grundsatz »Das Sein bestimmt das Bewusstsein« wurden psychische Phänomene fortan als klassenbedingt und bloße Reflexion des Gehirns auf äußere Realitäten und Aktivitäten betrachtet. Die chinesischen Lehrbücher waren jetzt Übersetzungen aus dem Russischen, nicht mehr aus dem Amerikanischen.

Die Disziplin hatte es weiter schwer. Für Mao Zedong war sie »zu 90 Prozent nutzlos«. Mit Beginn der Kulturrevolution 1966 kamen alle einschlägigen Bücher und Zeitschriften auf den Index und die Lehrtätigkeit zum Erliegen. Erst 1978, nach Maos Tod, regte sich wieder neues Leben. Bis heute genießt das Fach in China vergleichsweise wenig Ansehen. In dem riesigen Land studieren es nur gut 10 000 junge Menschen. Die Chinesische Psychologische Gesellschaft zählt nur einige Tausend Mitglieder mit Diplomexamen oder Doktortitel.

Die Disziplin ist zudem weiterhin politischer Einflussnahme ausgesetzt und beschränkt sich vornehmlich auf Bereiche mit direkter Verwertbarkeit: Erziehungs- und Entwicklungspsychologie; Testen und Messen von bestimmten Eigenschaften zu Rekrutierungs- und Ausbildungszwecken und für die Anwendung im Gesundheitssektor. In den angesehenen internationalen Wissenschaftsjournalen sind nur wenige Beiträge chinesischer Psychologen aus der Volksrepublik zu finden.

Mit dem Thema Nationalcharakter haben sich in China daher bis heute fast mehr Politiker und Schriftsteller als Psychologen befasst. Als die letzte kaiserliche Dynastie sich als unfähig erwies, dem Vordringen westlicher Kolonialisten und Japans Einhalt zu gebieten, suchten viele die Schuld in der konfuzianischen Kultur. Der prominenteste Vertreter der Bewegung, der Schriftsteller Lu Xun (1881-1936), bezeichnete den Konfuzianismus damals als »Menschenfresserreligion«, die den Charakter der Menschen schwäche. China müsse sie über Bord werfen, wenn es seine Rückständigkeit überwinden, die westlichen Kolonialisten abschütteln und in der modernen Welt bestehen wolle.

Mit der Kunstfigur des Ah Q in seinem wohl bekanntesten Werk »Die wahre Geschichte des Ah Q« schuf der Schriftsteller eine Symbolfigur, die alle Defizite des chinesischen Nationalcharakters aus seiner Sicht verkörpert, allen voran die materialistische Selbstsucht und das Desinteresse am Wohl der Allgemeinheit, den Gehorsam gegenüber Autoritäten, das Streben nach »Gesicht«, also Ansehen, und die Neigung zum Selbsttrost.

Von einem Ausländer getreten zu werden, so verspottete Lu etwa seine Landsleute, sei für diese zwar nicht gerade ein Gesichtsgewinn, aber auch kein großer Gesichtsverlust, da der

Übeltäter ja ein »Barbar« sei. Ein besonders böser seiner Witze handelt von einem Obdachlosen, der prahlt, mit einem allseits hochverehrten Meister gesprochen zu haben. Als man ihn fragt, was dieser denn gesagt habe, habe der Bettler erwidert: »Ich stand vor seinem Tor, er kam heraus und sagte: ›Hau ab!‹«

Neben Lu Xun hat sich vor allem der Schriftsteller Lin Yutang (1895-1976) mit dem chinesischen Nationalcharakter beschäftigt. Er tat dies ebenfalls kritisch, aber deutlich sachlicher.

Systematische wissenschaftliche Forschung zur Psychologie der Chinesen, zu ihrem Denken, Fühlen und Handeln, gibt es in der Volksrepublik erst seit wenigen Jahrzehnten. Die indigene Kulturpsychologie des Landes, vor allem empirischer und nicht nur deskriptiver Art, steckt immer noch in den Kinderschuhen. Mit chinesischem Denken ist es schwer vereinbar, Menschen unter experimentellen Laborbedingungen in mentale Einzelteile zu zerlegen und daraus abstrakte Schlussfolgerungen zu ziehen.

Die wichtigsten Studien zur Psychologie der Chinesen ebenso wie interkulturelle Vergleiche mit China stammen daher bis heute meist entweder aus den USA und Australien oder aus Taiwan, Hongkong und Singapur, die stärker von den westlichen empirischen Wissenschaften durchdrungen wurden. In der Regel werden Chinesen in interkulturellen Vergleichen daher mit US-Amerikanern verglichen, von denen sie sich besonders stark unterscheiden. Inwieweit sie anderen (westlichen) Völkern vielleicht ähnlicher sind – im Hinblick auf Familiensinn, Esskultur und Lebensfreude etwa den Italienern –, darauf gibt es bisher nur wenige gesicherte Antworten.

Michael Harris Bond, einer der führenden Wissenschaftler auf dem Gebiet der chinesischen Psychologie und Herausgeber des »Oxford Handbook of Chinese Psychology«, der umfassendsten Darstellung der theoretischen wie vor allem auch empirischen Forschungen in dem Feld, zeigt sich bezüglich des gesicherten Wissensstandes seines Fachgebiets denn auch eher bescheiden.

Es sei »prekär«, so Bond, bei »unserem gegenwärtigen Wissen« abschließende Urteile über »d i e Chinesen« zu fällen.

Allen methodischen Schwächen zum Trotz lassen die bisher vorliegenden empirischen Studien zu dem Thema aber auch für Bond den Befund zu, dass die Chinesen sich von westlichen Völkern in vielem grundsätzlich unterscheiden. Es gibt also etwas, was für »d i e Chinesen« typisch ist.

Obwohl in ihrem Mutterland gelegentlich als »Bananen« verspottet (außen gelb, innen weiß) sind auch die Überseechinesen ihrer Heimat stets eng verbunden geblieben. Viele gehören Namens- und Herkunftsortsvereinigungen, Wohltätigkeitsvereinen oder Gilden an, reisen oft nach China, um Familie und Freunde zu besuchen, verbringen dort ihren Ruhestand und haben sich Grabstätten in der Heimaterde reserviert. Ob Bewohner der Volksrepublik, Taiwans oder Überseechinesen – alle eint das starke Bewusstsein einer gemeinsamen Identität als »Kinder des Gelben Kaisers«, des mystischen Urvaters Chinas, alle fühlen sich durch eine gemeinsame Kultur verbunden, bilden also im wahrsten Sinne des Wortes eine **Kulturnation**.

Als China 1964 in der Wüste von Xinjiang seine erste Atombombe zündete, freuten sich darüber Chinesen in aller Welt – auch wenn sie das Regime in Peking ablehnten. Genauso war es beim Einzug des Landes als festes Mitglied in den UN-Sicherheitsrat, beim ersten Weltraumflug eines Chinesen, bei der Wiedervereinigung mit Hongkong und Macau oder den Olympischen Spielen 2008 in Peking.

Viele Chinesen in Übersee wissen um die Defizite ihres Mutterlands und können zwischen dem Land und seiner Regierung sehr wohl unterscheiden. Deshalb haben sie bei der wirtschaftlichen Entwicklung Chinas in den vergangenen Jahrzehnten gerne geholfen. Und zugleich, auch das lässt sich als typisch bezeichnen, sahen sie vielfach auch die Chance, dabei selbst etwas zu verdienen. Das Startkapital für den fulminanten Aufstieg des

Landes, der in der Menschheitsgeschichte seinesgleichen sucht, kam hauptsächlich aus ihrem weltumspannenden Netzwerk. Bis heute bilden Überseechinesen die größte Investorengruppe in China. Seit der Öffnung des Landes unter Deng Xiaoping waren alle Regierungen in Peking stets klug genug, dieses Netzwerk zu nutzen. Und das zunehmend nicht nur wirtschaftlich.

Seit dem vergangenen Jahr sind etwa chinesischstämmige Spitzensportler in aller Welt auch ohne Pass der Volksrepublik eingeladen, an den Nationalen Spielen des Landes teilzunehmen. Und um bei den Olympischen Winterspielen 2022 in Peking und Zhangjiakou besser abzuschneiden, hat das Eishockey-Entwicklungsland China im kanadischen Vancouver ein Team mit Überseechinesen zusammengestellt, von dem es schneller lernen kann.

Volks- oder Nationalcharakter sind Geschichte und Kultur unterworfen und ändern sich mit den Lebensumständen. Außerhalb Chinas und in der städtisch-industriell dominierten Gesellschaft des Landes, das Teil einer globalisierten Welt geworden ist, wirken andere Kräfte als in der ländlich-agrarischen, auf sich selbst fixierten Gesellschaft, die das Wesen der Chinesen über Jahrtausende geprägt hat.

Jahrtausendealte Prägungen sind jedoch sehr langlebig. Kulturelle Veränderungen vollziehen sich nur langsam. Wer zur Psyche der Chinesen vordringen will, kommt daher nicht umhin, zunächst ihr historisches Erbe zu studieren. Dazu gehören auch die Beziehungen und Einstellungen des Westens zu dem Land.

Das westliche China-Bild im Wandel der Zeiten

Zwischen Faszination, Furcht und Verachtung

Seit der Antike hat China die Phantasie des Westens beschäftigt. Der griechische Geschichtsschreiber Herodot bezeichnete es als »Land der Seide«. Erzählungen von seinen fabelhaften Reichtümern machten die Runde und weckten den Wunsch, daran teilzuhaben. Der Seeweg nach China jedoch war unbekannt, der Landweg über Zentralasien lang, beschwerlich und gefährlich. Zudem wurde er von den Arabern kontrolliert, deren Expansion nach Westen abzuwehren das christliche Abendland lange voll in Anspruch nahm. Danach waren die zahlreichen Staaten des europäischen Kontinents über Jahrhunderte vornehmlich mit Streitigkeiten untereinander beschäftigt.

Erst im 13. Jahrhundert kamen Kaufleute aus Europa nach China. Einer von ihnen war Marco Polo aus Venedig, der mit rund 50 000 Einwohnern damals größten und prächtigsten Stadt des alten Kontinents. Sein Reisebericht prägte das China-Bild des Westens bis in die erste Hälfte des 16. Jahrhunderts hinein.

Marco Polo schwärmte von der Fortschrittlichkeit des Landes; von unvorstellbarem Reichtum und riesigen Städten. Kublai Khan auf dem Kaiserthron der mongolischen Yuan-Dynastie in Khanbalik, dem heutigen Peking, residiere im größten Palast der Welt. Die Mauer um seine Hauptstadt sei über 30 Kilometer lang; er gebiete »über einen größeren Schatz als irgendein anderer Monarch«.

Hangzhou, die Hauptstadt der südlichen Song-Dynastie, zähle über eine Million Einwohner, diese seien »wohlhabend,

gesittet, friedlich und weltoffen«. Auf dem nahen Jangtse-Fluss, so der Venezianer voller Staunen,»kommen und gehen mehr wertvolle Waren als auf allen christlichen Flüssen und Meeren zusammen«. Überall würden Banknoten als Zahlungsmittel anerkannt. Wären die Chinesen eine kriegerische Nation, so Marco Polos Fazit,»würden sie die gesamte Welt erobern. Aber das sind sie nicht, sondern sie sind fähige Händler und Kaufleute sowie geschickte Handwerker.«
Die selbstgewissen Lagunenstädter daheim wollten die Berichte ihres Landsmanns nicht glauben. Sie hielten ihn für einen Aufschneider und gaben ihm den Spott- und Spitznamen »Il milione«, der »Millionen-Mann«. Den italienischen Seefahrer in spanischen Diensten Christopher Kolumbus hingegen bestärkte er in seiner Absicht, über den Atlantik einen Seeweg nach Asien zu finden und so endlich das Handelsmonopol der Araber mit China zu brechen.

Dieses Monopol, dazu ständige Überfälle von Banditen und die Wegezölle der örtlichen Herrscher entlang der Seidenstraße in den Orient hatten die begehrten Waren aus Fernost, allen voran Seide, Porzellan und Tee, im Laufe der Jahrhunderte in Europa immer teurer werden lassen. Schon Plinius der Ältere, ein hoher römischer Verwaltungsbeamter, hatte wegen des damit verbundenen hohen Goldbedarfs über die Vorliebe der Römerinnen für Kleider aus chinesischer Seide geklagt.

Ein direkter Zugang nach China über den Seeweg war so immer begehrter geworden. Bei seinem Versuch, ihn zu finden, entdeckte Kolumbus 1492 Amerika. Sechs Jahre später fand der Portugiese Vasco da Gama dann den Seeweg nach Asien ums Kap der Guten Hoffnung. Es dauerte aber noch bis 1530, bevor portugiesische Seefahrer die südchinesische Küste erreichten, und weitere fast drei Jahrzehnte, ehe es ihnen gelang, dort an Land zu gehen. Auf einer dem Festland vorgelagerten Insel, dem heutigen Macau, richteten sie 1557 den ersten westlichen Außenposten für den Handel mit China ein.

Mit ihnen nahmen die ersten christlichen Missionare dort die Arbeit auf. Ihr Pionier war Francisco de Xavier. »Der Teufel wird sicher großes Missvergnügen darüber verspüren, dass die Mitglieder dieser Gesellschaft China betreten können«, so der Mitbegründer des Jesuitenordens. 1601 schaffte es sein Ordensbruder **Matteo Ricci**, Zugang zum Hof des Ming-Kaisers Wanli zu erhalten. Ricci beherrschte Mandarin in Wort wie Schrift nahezu perfekt, war mit den konfuzianischen Klassikern bestens vertraut und trat wie ein Chinese auf. Dazu wusste er mit besonderen Mathematik-Kenntnissen zu beeindrucken.

Seine Berichte und die seines deutschen Nachfolgers und Ordensbruders **Adam Schall von Bell** aus Köln, der 1630 von Kaiser Kangxi sogar zum Mandarin der höchsten Klasse und Leiter des astronomischen Amts ernannt worden war, prägten das Denken des Westens über China für die folgenden 100 Jahre. Sie beschreiben eine chinesische Gesellschaft ohne Kirche und Adel, die sich von der Europas stark unterscheidet.

Im heraufziehenden Zeitalter der Aufklärung fand das fernöstliche Land deshalb zunehmend Beachtung im Westen. Allein in der ersten Dekade des 18. Jahrhunderts erschienen in Europa rund 600 Bücher über China, doppelt so viele wie im gesamten Jahrhundert zuvor.

Schon in seinem 1697 veröffentlichten Werk »Novissima Sinica« hatte der Vordenker der Aufklärung, **Gottfried Wilhelm Leibniz**, die Europäer aufgefordert, von den Chinesen zu lernen. Leibniz sah Europa dem »Reich der Mitte« zwar wissenschaftlich-technisch, in Logik und Mathematik, den Naturwissenschaften und der Militärtechnik voraus; hinsichtlich der Vorschriften »über den Verkehr unter den Menschen« werde es von diesem aber »übertroffen«. Europa, so der Universalgelehrte, brauche daher »Missionare aus China, die uns den Gebrauch und die Praxis einer Naturreligion lehren«.

Bei Leibniz' geistigen Nachfolgern **Jean-Jacques Rousseau** und Voltaire, den Wegbereitern der Französischen Revolution, erfreute sich China denn auch höchster Wertschätzung. Wie Leibniz war Rousseau fasziniert von dem naturgesetzlich fundierten und nicht auf göttlichem Gesetz beruhenden Konfuzianismus und der taoistischen Idee der Entfremdung des Menschen von der Natur. **Voltaire** soll sich sogar zweimal täglich vor einem Konfuzius-Bildnis verbeugt haben. In seinem 1759 erschienenen »Essai sur les moeurs« (»Essay über die Sitten«) bezeichnete er das chinesische Kaiserreich als idealen Vertreter eines aufgeklärten Absolutismus und forderte Europas Monarchen auf, sich daran ein Beispiel zu nehmen.

Voltaire sah in Chinas Mandarinat Platons Ideal von der Herrschaft der Philosophen verwirklicht: Der menschliche Geist könne, so schrieb er, »keine bessere Regierung als die chinesische ersinnen«, es sei »das Beste, was die Welt je gesehen hat«. Während mit dem Römischen Reich auch seine Kultur untergegangen sei, hätten Regierungssystem und Morallehre Chinas die zeitweilige Eroberung durch fremde Völker überstanden. Friedrich der Große von Preußen, ein Schüler Voltaires, verglich den chinesischen Rationalismus positiv mit der Glaubenslehre der römisch-katholischen Kirche.

Auch der Physiokrat **François Quesnay** beschäftigte sich intensiv mit dem »Reich der Mitte«. Er pries es als ein Gemeinwesen, in dem die Landwirtschaft dominiere und die Besteuerung des Bodens die Haupteinnahmequelle bilde; seine Herrscher hätten sich zudem zu einem vorbildlichen Leben verpflichtet. »Niemand kann bestreiten«, so Quesnay, »dass dieser Staat der schönste auf der Welt ist.« China komme dem gleich, »was Europa vereint unter einem einzigen Herrscher wäre«.

Immanuel Kant, der große Moralist und »Prophet der Aufklärung«, sah in Konfuzius einen »chinesischen Sokrates«. Wie Konfuzius betonte er mehr die Pflichten des Menschen als seine Rechte und stellte die praktische Vernunft über die theoretische.

Das 18. Jahrhundert war das Jahrhundert einer westlichen

Sinophilie, die einen bedeutenden Beitrag zum Zusammenbruch des Ancien Régime, der Herrschaft von Adel und Kirche und zur Modernisierung des Westens leistete. Es war auch die Epoche der Chinoiserie: Meißner Porzellan mit chinesischen Motiven bemalt, chinesische Lackarbeiten, Möbel, Paravents, Pagoden und Teehäuser in chinesischen Gärten, China-Salons in Schlössern und Herrenhäusern kamen in Mode und beeinflussten den Stil des Rokoko.

In der zweiten Hälfte des Jahrhunderts drehte der westliche Zeitgeist bezüglich China dann jedoch zunehmend ins Gegenteil. Den entscheidenden intellektuellen Beitrag dazu lieferte der berühmte Staatstheoretiker Charles-Louis de Secondat, Baron de **Montesquieu**, der in seinem 1748 erschienenen Hauptwerk »L'esprit des lois« (»Der Geist der Gesetze«) China als »orientalische Despotie« charakterisierte. Mit zunehmender Herausbildung von Demokratie und Rechtsstaat im Westen ging die lange Zeit der Hochachtung, ja Bewunderung für das fernöstliche Reich allmählich in Missachtung über und machte einem geistig-moralischen Überlegenheitsgefühl Platz, das bis auf den heutigen Tag zu spüren ist.

Der Geschichts- und Kulturphilosoph **Johann Gottfried Herder** bescheinigte den Chinesen, ihnen fehle es »am geistigen Fortgang und am Trieb zur Verbesserung«. Der Ökonom **Adam Smith** kritisierte Chinas Abgeschlossenheit gegenüber der Welt. Das Land habe »wahrscheinlich schon vor langer Zeit den Grad an Wohlstand erreicht, den die Natur seiner Gesetze und Institutionen zulässt«, schrieb er in seinem 1776 veröffentlichten Hauptwerk »The Wealth of Nations«. Damit bleibe es »vermutlich weit unter den Möglichkeiten dessen, was bei anderen Gesetzen und Institutionen Boden, Klima und Lage möglich machen«.

Auch **Georg Wilhelm Friedrich Hegel** geißelte die »Immobilität« Chinas, »das Statarische, das ewig wiedererscheint, das ersetzt, was wir das Geschichtliche nennen würden«. Das

Land sei gewissermaßen im »Kindesalter der Geschichte« steckengeblieben.

Friedrich Nietzsche warnte Europa sogar vor dem Niedergang, weil es im Gefolge Kants »chinesischer«, sprich: moralischer, geworden sei und ihm der »Wille zur Macht« fehle. Kants kategorischen Imperativ, wonach jeder so handeln solle, dass dieses Handeln als Vorlage für ein allgemeines Sittengesetz dienen könne, bezeichnete er als »lebensgefährlich«: »Die ›Tugend‹, die ›Pflicht‹, das ›Gute‹ an sich«, das seien, so Nietzsche, alles »Hirngespinste, in denen sich der Niedergang, die letzte Entkräftung des Lebens, das Königsberger Chinesentum ausdrückt.«

Die zunehmende geistige Geringschätzung des Westens für China schlug sich bald auch in der politischen Praxis nieder. Schon 1793 hatte der englische König George III. versucht, am Kaiserhof in Peking eine diplomatische Vertretung zu etablieren und die Seehäfen des Landes für die eigene Handelsmarine zu öffnen. Die Chinesen hatten dies brüsk abgelehnt. Brauchte es noch eines weiteren Beweises für deren Rückständigkeit? In London reifte der Entschluss heran, Chinas Markt notfalls gewaltsam für den internationalen Handel zu öffnen.

Die napoleonischen Kriege schoben das Vorhaben noch einige Jahrzehnte hinaus, Mitte des 19. Jahrhunderts war es dann aber so weit. In den Opiumkriegen und mit der Einrichtung von exterritorialen Gebieten in sogenannten Vertragshäfen verschaffte sich der Westen endlich den lange ersehnten direkten Zugang zu den Schätzen Chinas. Die Zahlungsmittel dafür stammten aus dem Verkauf von Opium.

England übernahm dabei die Führung. Mit dem Segen des Königshauses wurde die britische Ostindien-Gesellschaft zum größten Drogendealer der Weltgeschichte. Auch die Amerikaner beteiligten sich an der Bonanza. Einer der prominentesten Opiumhändler etwa war Warren Delano, der Großvater des späteren US-Präsidenten Franklin Delano Roosevelt.

Mit einiger Verspätung, aber dann umso größerer Wucht wurde auch das kaiserliche Deutschland in China aktiv. Als Bauern 1897 in der Provinz Shandong zwei evangelische Missionare aus Deutschland töteten, bot sich der schon länger gesuchte Anlass zum Eingreifen. **Kaiser Wilhelm II.** entsandte ein Flottengeschwader und ließ den Hafenort Qingdao samt Umgebung besetzen. Im Jahr darauf erzwang Berlin von Peking nach dem Vorbild Hongkongs einen Pachtvertrag über 99 Jahre für einen Handels- und Flottenstützpunkt samt exklusiver Bergbaurechte in der umliegenden Provinz Shandong. Aus dem einstigen Fischerdorf Qingdao erwuchs binnen weniger Jahre eine deutsche Modellkolonie mit Dom und Fachwerkhäusern, Wasser- und Stromleitungen, Kanalisation und elektrischer Straßenbeleuchtung, Bahnhof, Post- und Zollamt, Polizei und Gefängnis, Bank, Schule, Schlachthof, Lokalzeitung, Ratskeller und Brauerei – ganz wie zu Hause.

Doch die Idylle täuschte. Die deutschen Kolonialherren gingen mit den Chinesen besonders ruppig um. So war es denn auch kein Zufall, dass 1898 der berühmte »Boxeraufstand«, eine nationale Befreiungsbewegung mit dem Ziel die ausländischen Eindringlinge zu vertreiben, in Shandong ausbrach.

Wie tief China in der Achtung des Westens mittlerweile gesunken war, zeigt die Darstellung dieses Aufstands in westlichen Medien. Ihre Machart und Folgen wirken bis heute nach. Sie verdient daher etwas näher betrachtet zu werden.

Eine besonders unrühmliche Rolle in der Berichterstattung über die Ereignisse spielte **George Ernest Morrison**, Korrespondent der Londoner »Times«, der damals angesehensten Zeitung der Welt. Morrison lebte bereits seit über 20 Jahren in China und war als einziger Auslandskorrespondent das ganze Jahr vor Ort in Peking präsent. Deswegen besaßen seine Berichte besonderes Gewicht. Trotz seines jahrzehntelangen Aufenthalts im Lande sprach Morrison kein Chinesisch und war deshalb stark von einem Gehilfen namens **Edmund Backhouse** abhängig. Dieser sollte sich später als skrupelloser Schwindler entpuppen. Das 1910 von ihm und dem Schanghai-Korrespondenten der »Times«, John Ottoway Percy Bland, veröffentlichte Buch über die Herrschaft der Kaiserwitwe Cixi etwa wurde 1974 von dem Historiker Hugh Trevor-Roper als üble Fälschung entlarvt.

Wie Morrisons eigenes Tagebuch zeigte, waren auch seine mit Hilfe von Backhouse verfassten Berichte über Massaker der Boxer an den westlichen Diplomaten in Peking frei erfunden. Die Berichte bestätigten damals alle im Westen bestehenden Vorurteile gegenüber China und trugen entscheidend zu der ausländischen Strafexpedition bei, die sich tief in das kollektive Bewusstsein der Chinesen eingegraben hat.

Für den Rachefeldzug der westlichen Alliierten plus Japan wegen des angeblichen Massakers der Boxer stellte Kaiser Wilhelm II. mit 10 000 Soldaten das größte Kontingent. Die Operation stand unter dem Oberbefehl des preußischen Generalfeldmarschalls Alfred Graf von Waldersee. Wilhelm Zwo verabschiedete seine Soldaten vor dem Einschiffen in Bremerhaven höchstpersönlich mit einer Ansprache, die als »**Hunnenrede**« Berühmtheit erlangte.

»Kommt Ihr vor den Feind, so wird er geschlagen! Pardon wird nicht gegeben!«, gab der deutsche Monarch den Soldaten mit auf den Weg. »Wie vor 1000 Jahren die Hunnen unter ihrem König Etzel sich einen Namen gemacht haben, der sie noch jetzt in der Überlieferung gewaltig erscheinen lässt, so möge der Name Deutschland in China in einer solchen Weise bekannt werden, dass nie wieder ein Chinese es wagt, etwa einen Deutschen auch nur scheel anzusehen! ... Peking muss dem Erdboden gleichgemacht werden ... Ihr schützt Europa vor der gelben Gefahr ... Keine Gnade, keine Gefangenen!«

Am 14. August 1900 marschierten die alliierten Truppen aus acht Ländern (Deutschland, Österreich-Ungarn, England, Frankreich, Italien, USA, Russland und Japan) in Peking ein und mähten die meist nur mit Schwertern und Lanzen bewaffneten Boxer mit Maschinengewehren nieder. Auch viele an dem Aufstand völlig unbeteiligte Chinesen mussten ihr Leben lassen. Und dies, obwohl sich die Nachrichten über das Massaker der Boxer bereits als Fälschung erwiesen hatten.»Nun stellt sich heraus«, so die angesehene »New York Times« schon zu Anfang des Monats, »dass beinahe alle Informationen, die aus China ... verbreitet wurden, im Wesentlichen falsch und die Einzelheiten ausnahmslos erfunden waren.« Zwei Wochen zuvor hatte das Blatt noch aus Peking gemeldet: »Alle Ausländer nach standhafter Verteidigung ermordet. Köpfe auf Bajonette aufgespießt.«

Zudem waren westliche Gesandte, allen voran der deutsche Botschafter **Clemens August Freiherr von Ketteler**, an der Belagerung des Gesandtschaftsviertels durch die Boxer anscheinend nicht ganz unschuldig. Dem 1992 erschienenen Buch von Sterling Seagrave »Dragon Lady – The Life and Legend of the Last Empress of China« zufolge habe von Ketteler deutschen Marinesoldaten aus der Schutztruppe der Botschaft befohlen, hinterrücks auf Boxer in der benachbarten Chinesenstadt zu schießen. Erst daraufhin seien die Aufständischen in die sogenannte Tatarenstadt eingedrungen, in der sich auch das Viertel mit den ausländischen Gesandtschaften befand.

Seagrave schildert detailliert, wie die Alliierten nach ihrem Einmarsch in Peking wüteten. So hätten sie etwa die fast 2000 Jahre alte Hanlin-Akademie niedergebrannt. Mit ihren vielen Tausend Bänden historischer Literatur und Aufzeichnungen stellte sie ein Herzstück chinesischer Kultur dar. Der damalige erste Sekretär der US-Gesandschaft, Herbert Squiers, so Seagrave, habe zudem mehrere Eisenbahnwaggons voll wertvoller Kunstgegenstände geraubt und dem Metropolitan Museum of Art in New York angeboten. Britische Truppen hätten die Ahnentafeln der Qing-Kaiser aus dem Himmelstempel herausgebrochen und sie ins British Museum nach London schaffen lassen.

Nie zuvor und nie mehr seitdem, die schlimmen Zeiten unter Mao Zedong eingeschlossen, standen die Chinesen in den Augen des Westens schlechter da als damals. Es war der Tiefpunkt der Beziehungen zwischen beiden Kulturen. Am Eingang zum Park in der britischen Konzession an der Uferstraße »Bund« in Schanghai hing ein Schild: »Für Hunde und Chinesen verboten«.

In traditionellen Einwanderungsländern wie den USA, Kanada oder Australien wurden Chinesen schon seit Jahren diskriminiert. 1882, kurz nach Vollendung der Eisenbahnstrecke von der amerikanischen Ost- an die Westküste, deren mit Abstand schwierigsten Abschnitt durch die Sierra Nevada chinesische Arbeiter übernommen hatten, waren Chinesen für fast ein halbes Jahrhundert von der Einwanderung in die USA ausgeschlossen worden. Man brauchte sie nicht mehr, sie wurden nur noch als lästige Konkurrenten angesehen, die die Löhne drückten. Bereits im Land lebende Chinesen konnten ähnlich wie früher die Juden in Europas Ghettos außerhalb ihrer Chinatowns lange Zeit kein Eigentum erwerben. Zudem waren sie von vielen Berufen ausgeschlossen, und ihre Kinder durften nicht auf »weiße« Schulen gehen.

In zahllosen Berichten aus dieser Zeit hoben westliche Missionare, Diplomaten, Offiziere, Kolonialbeamte und Chinareisende mit herablassendem bis verächtlichem Unterton immer wieder die grundlegende Andersartigkeit der Chinesen hervor. In seinem Buch »British Life in China« verglich der Artillerieoffizier Henry Knollys in China lebende Europäer mit »Lachsen in einem Fluss voller Elritzen«. Chinesen würden, so der amerikanische Missionar Arthur Smith in dem Buch »Chinese Characteristics«, »nie dazu gebracht werden, dieselben Dinge im selben Licht zu sehen« wie die Menschen Europas oder Amerikas.

Dem Bild einer fremden, minderwertigen Kultur, das die christlichen Missionare und westlichen Kolonialherren über

China verbreiteten, verlieh der berühmte Soziologe **Max Weber** schließlich wissenschaftliche Weihen. In seiner 1915 erschienenen Untersuchung über Konfuzianismus und Taoismus, die beiden prägenden Philosophien des Landes, bekräftigte Weber das Urteil von Herder und Hegel und konstatierte eine »Erstarrung des Geisteslebens« im »Reich der Mitte«. Chinesisches Denken bezeichnete er als »Zaubergarten«, in dem »Chronomanten, Geomanten, Hydromanten und Meteoromanten« das Sagen hätten und eine »rationale Wirtschaft und Technik moderner okzidentalischer Prägung einfach ausgeschlossen« seien.

Die Geschehnisse der Mao-Ära, allen voran die sogenannte Kulturrevolution, haben das Bild eines rückständigen, absonderlichen, unbegreiflichen, ja unheimlichen Landes weiter verfestigt. Als Mao 1978 starb und unter seinem Nachfolger Deng Xiaoping endlich die lange überfällige Modernisierung Chinas einsetzte, waren die über zwei Jahrhunderte hinweg gepflegten Stereotype so fest im kollektiven Bewusstsein des Westens verankert, dass sie bis heute nachwirken. Es gebe einen »Kulturimperialismus«, so einst der Philosoph Bertrand Russell, »der schwerer zu überwinden ist als der Machtimperialismus«.

Die Chinesen ihrerseits haben das Jahrhundert der Demütigung und Erniedrigung nicht vergessen. Vielmehr beziehen sie daraus einen Großteil ihrer heutigen Entschlossenheit und Energie. Sie wollen die damals erlittene Schmach tilgen und wieder die mächtigste Nation auf dem Globus werden, die sie jahrtausendelang gewesen waren.

Nach dem phänomenalen wirtschaftlichen Aufstieg Chinas in den zurückliegenden Jahrzehnten spüren auch die Menschen im Westen: Der schlafende Riese ist erwacht. Und es beschleicht sie ein Gefühl der Angst. Es ist die »Angst vor der eigenen Abwertung«, wie die Böll-Stiftung aus ihrer Analyse deutscher Medienberichte über China schlussfolgert.

Als der chinesische Hausgerätehersteller Midea den deutschen Roboterproduzenten Kuka kaufte, war schnell von einem drohenden Ausverkauf der deutschen Wirtschaft die Rede. Vor allem EU-Kommissar Oettinger läutete die Alarmglocke. Auch Sigmar Gabriel, damals Wirtschaftsminister, warnte vor einer »technologischen Plünderung« Deutschlands; die Zeitung »Die Welt« sah »Pekings Heuschrecken« am Werk, und der »Focus« titelte »Chinesen greifen den Mittelstand an«.

Von einem Ausverkauf der deutschen Wirtschaft an China kann jedoch keine Rede sein. 2016 investierten die Chinesen hierzulande zwar so viel wie in allen Jahren zuvor zusammen. Dennoch machen die Direktinvestitionen aus dem »Reich der Mitte« immer noch kaum mehr als ein Prozent der gesamten ausländischen Direktinvestitionen bei uns aus; außerdem hat sich der Volumenzuwachs 2017 schon fast wieder halbiert.

Doch das hinderte Gabriel nicht daran, eiligst bei der EU-Kommission in Brüssel mit einer Forderung vorstellig zu werden: Allen EU-Mitgliedern solle künftig erlaubt werden, chinesischen Unternehmensübernahmen in technologisch wichtigen Branchen einen Riegel vorzuschieben – zumal wenn diese »nicht marktkonform« finanziert würden, sprich: staatliche Unterstützung im Spiel sei. Zwei Drittel der Deutschen, so eine Umfrage, befürworteten den Vorstoß, dem die EU-Kommission inzwischen auch gefolgt ist.

Mahnungen zu Augenmaß und Behutsamkeit wie etwa die von Hubert Lienhard, dem Vorsitzenden des Asien-Pazifik-Ausschusses der deutschen Wirtschaft, fanden dagegen wenig Gehör. »Sollte Deutschland Hürden hochziehen«, so der Chef des schwäbischen Maschinenbauers Voith, »dann nähmen wir uns das stärkste Argument in unserem Kampf gegen Diskriminierungen, die uns in China begegnen.«

Das »Reich der Mitte« ist für die Menschen im Westen seit jeher vor allem **Projektionsfläche** für die eigenen Befindlichkeiten gewesen und bis heute geblieben. Das China-Bild schillert und schwankt zwischen Bewunderung und Verachtung, Hochmut und Horror, Idealisierung und Dämonisierung. Die

Einschätzungen Chinas und der Chinesen, so der Sinologe Jonathan Spence, seien mindestens ebenso das »Produkt von Phantasie und Vorurteilen wie Kenntnissen und Intellekt«. Seltsamerweise tun sich ausgerechnet die Deutschen dabei besonders unrühmlich hervor. 59 Prozent von ihnen, mehr als jedes andere Volk in Europa, so eine Studie des Umfrageinstituts Pew Research vom Juli 2011, sind China gegenüber negativ eingestellt. Und das, obwohl sie vor allem über die stattlichen Exporte ihrer Unternehmen in das Land am meisten von dessen wiedergewonnener Wirtschaftsstärke profitieren und von allen Völkern unseres Kontinents umgekehrt den Chinesen am sympathischsten sind.

Wer sich hierzulande über Chinesen erkundigt, bekommt in der Tat meist wenig Schmeichelhaftes zu hören: Keine Manieren, laut und schmutzig, unehrlich und verschlagen, schamlos und betrügerisch, essen Hunde und ertränken weibliche Babys – so oder so ähnlich lassen sich die Kommentare zugespitzt zusammenfassen. Von der politischen Einschätzung des Regimes in Peking und dessen Rechtsverständnis ganz zu schweigen.

Da ist etwa der Leipziger Online-Händler Spreadshirt. Auf ihrer Website berühmte sich die Firma, die vor allem personalisierte T-Shirts verkauft, ganz politisch korrekt, keine Designs anzubieten, »die Menschen beleidigen« oder »Hass und Missachtung anderer zum Ausdruck bringen«. 2017 präsentierte dieselbe Firma T-Shirts mit der Aufschrift »Save a dog, eat a Chinese«. Die Aufregung in den hiesigen Medien, die mit Rassismus-Vorwürfen sonst immer schnell zur Hand sind, hielt sich in Grenzen. Der sonst übliche öffentliche Aufschrei blieb auch aus, als der Leiter der LKW-Sparte von Daimler-Benz in China beim Streit um einen Parkplatz mit einer Chinesin in Peking seinen Gefühlen freien Lauf ließ: Er lebe nun seit einem Jahr in dem Land, »das Erste«, was er gelernt habe, so soll er Umstehenden entgegengeschleudert haben, sei: »Ihr Chinesen seid alle Bastarde.«

Trotz der vielen Kontakte, guten Geschäfte und der 2014 geschlossenen »umfassenden strategischen Partnerschaft« zwischen beiden Ländern hat sich an der überwiegend negativen Einstellung der Deutschen zu China wenig geändert. Sein Land könne man »nur lieben oder hassen«, hat der Schriftsteller Lin Yutang einst gesagt. Doch das ist nicht richtig. Viele Sinologen und viele, wenn nicht die meisten, die etwas länger in China gelebt oder näher mit Chinesen zu tun gehabt haben, verbindet mit ihnen eine Hassliebe. Sie lieben eine idealisierte, um nicht zu sagen romantische Vorstellung von dem Land und hassen es aufgrund der harten Realitäten vor Ort.

Zugleich sind viele der Deutschen, die generell eine schlechte Meinung von den Chinesen haben, dem Zauber alter chinesischer Lebensweisheiten, Glücksvorstellungen, Wohlfühlpraktiken und Naturheilmethoden verfallen. Traditionelle Chinesische Medizin (TCM), Akupunktur, Tai Chi, Qi Gong und Feng Shui haben hierzulande Hochkonjunktur. Mit Blick auf die zahlreichen Naturfreunde in der Bundesökorepublik Deutschland bauen immer mehr Bauträger nach den Regeln der ältesten Ökologielehre der Welt: begrünte, in die Natur eingebettete, möglichst schadstoffarme Wohnhäuser, Bürogebäude, Hotels oder Einkaufszentren, die für positive Energie sorgen sollen.

So ist China einmal Vorbild, dann wieder Feindbild, oder beides zugleich – immer aber **Zerrbild**. Denn immer sehen wir China nur mit unseren Augen und bewerten es nach unseren Maßstäben, aus unserer ethnozentrischen Perspektive – und verkennen darüber, wie es wirklich ist. Und so sind in der westlichen Welt auch heute weithin mehr oder weniger immer noch dieselben Stereotype über die Chinesen im Schwange, die der Schriftsteller Lin Yutang als »Dreigroschenvorstellung« und »Matrosenlatein aus der Portugiesenzeit« charakterisiert hat. Althergebrachte Vorurteile, sagte Albert Einstein einmal, sind »schwerer zu zertrümmern als Atome«.

Dieses Buch will es dennoch versuchen. »Die wahre Entdeckungsreise«, so der Schriftsteller Marcel Proust, »besteht nicht darin, neue Landstriche zu suchen, sondern mit neuen Augen zu sehen.« Jede Entdeckungsreise auf der Suche nach dem Wesen der Chinesen muss mit einem wenigstens kurzen Streifzug durch ihre lange Geistes- und Kulturgeschichte beginnen.

Geistes- und kulturgeschichtliche Grundlagen
Von Konfuzius und Laotse bis Mao und Deng

Die Gegenwart schließt die Vergangenheit in sich ein. »Geschichte«, so schrieb der ehemalige US-Außenminister Henry Kissinger, »ist das Gedächtnis von Staaten.« Wer traditionsbestimmte Aspekte menschlichen Denkens, Fühlens und Verhaltens ignoriert, kann Psychologie und Charakter eines Volkes nicht verstehen.

Wie kaum ein anderes Volk sind die Chinesen sich ihrer Geschichte und Kultur bewusst, von ihr geprägt und nur aus ihrer langen und ungebrochenen geistig-kulturellen Tradition heraus zu begreifen. Diese ist auch der Klebstoff, der das riesige »Reich der Mitte« über Jahrtausende zusammengehalten hat.

Geschichte spielt im Schulunterricht des Landes seit jeher eine besondere Rolle. In den Medien sind historische Verweise omnipräsent. Das Sprichwort »Die Vorfahren pflanzen die Bäume, die Enkel genießen den Schatten« ist jedem Chinesen geläufig. Was sich für westliche Ohren wie eine Plattitüde anhört, bringt für ihn das tiefe Bewusstsein seiner Existenz als Glied einer langen Kette zum Ausdruck. Selbst der Kulturrevolutionär Mao Zedong zitierte in seinen Schriften mehr aus alten chinesischen Werken als aus denen von Marx und Engels.

Das »Reich der Mitte« ist vor mindestens fünf Jahrtausenden auf dem Löss-Plateau im Quellgebiet des Gelben Flusses in der Gegend um die heutigen Städte Xian und Luoyang entstanden. Dort lebte damals angeblich der legendäre »Gelbe Kaiser« Huang Di, von dem sich alle Han herleiten. Und dort, tief im nordwestlichen Landesinneren, entstand auch die chinesische

Kultur. Sie hat sich seitdem nicht mehr grundlegend verändert, obwohl das Reich sich bis an die Pazifikküste und Tausende von Kilometern nach Süden ausgedehnt hat.

Während die Wiege der europäischen Kultur in Griechenland, einem Land von Seefahrern und Handelsleuten, stand, blieb China trotz einer über 5000 Kilometer langen Meeresküste bis in die Neuzeit vorwiegend ein Agrarland. Als großer Flächenstaat war sein Blick zudem immer stark **nach innen gerichtet**. Konfuzius, der Chinas Kultur wie kein Zweiter geprägt hat, lebte zwar in der heutigen Provinz Shandong nicht weit vom Meer entfernt. In seinem Hauptwerk, den »Gesprächen«, taucht das Wort »Meer« aber nur ein einziges Mal auf.

Seefahrer kommen mit fremden Völkern in Kontakt, sie leben vom Neuen und sind deswegen weniger konservativ als Bauern. Bis zur Invasion der westlichen Kolonialisten im 19. Jahrhundert waren die Chinesen, wenn überhaupt, mit fremden Völkern vornehmlich in den dünnbesiedelten Steppen- und Wüstenlandschaften der zentralasiatischen Landmasse konfrontiert.

Dies hatte tiefgreifende Folgen für ihre Kultur und damit auch Denken und Fühlen, Charakter und Mentalität. Für die Chinesen stand stets die Landwirtschaft im Vordergrund, der Handel blieb Nebensache. Chinas Volkscharakter basiert auf einer **Agrargesellschaft**, den »Sehnsüchten und Eingebungen von Bauern«, wie der Philosoph Fung Yu-lan es ausdrückte.

Während die Griechen ihre Gesellschaft großteils um Städte herum organisierten und so ihre demokratisch strukturierten Stadtstaaten entstanden, ist die chinesische Gesellschaft eine Nachbildung der ländlichen Familienstruktur und paternalistisch geprägt. Auch der hohe Stellenwert, den die Familie in der konfuzianischen Philosophie und im chinesischen Denken bis heute einnimmt, resultiert aus der landwirtschaftlichen Ordnung, in der die Familienmitglieder schon allein aus existenziellen Gründen zusammenbleiben und ihr Land gemeinsam bestellen mussten.

Die verbürgte politische Geschichte Chinas beginnt gut 2200 Jahre vor unserer Zeitrechnung in der Bronzezeit. Über die erste Herrscherdynastie der **Xia** ist allerdings nur relativ wenig bekannt. Die Periode markiert den Anfang des Ackerbaus.

Wesentlich besser dokumentiert ist bereits die nachfolgende Dynastie der **Shang** (1766-1122), aus der die Vorläufer der heutigen Schriftzeichen stammen. In ihr dehnen die Han ihr Siedlungsgebiet weit nach Süden aus. Anfangs sind die Shang-Herrscher streng und diszipliniert. Mit den Jahrhunderten geben sie sich jedoch zunehmend dem Wohlleben hin und verweichlichen. Schließlich werden sie von Nachbarn im Nordwesten verdrängt, die sich ständigen Angriffen von Steppenvölkern erwehren mussten und deshalb agiler geblieben waren.

Diese errichten 1122 die **Zhou-Dynastie**. Es ist die erste Dynastie, die ihre Machtübernahme mit dem Argument legitimiert, der »Himmel« habe der unfähigen und ungerechten Vorgängerdynastie »das Mandat entzogen«. Diese Begründung wurde bei Machtwechseln später immer wieder herangezogen.

Unter Zhou dehnt sich das Reich der Han weiter aus. Die Herrschersippe in der Hauptstadt Luoyang teilt es in Lehnsherrschaften auf und vergibt diese an Verwandte, verdienstvolle Beamte und kooperative Nachfahren aus dem Adel früherer Epochen.

Die Zhou etablieren ein strenges Regime von Recht und Ordnung. Selbst kleine Verfehlungen werden hart bestraft, um so vor Verbrechen abzuschrecken. Söhne etwa, die gegenüber ihren Vätern keinen Respekt zeigen, oder Väter, die ihren familiären Verpflichtungen nicht nachkommen, droht wie Räubern und Hochverrätern die Hinrichtung. Ordnung und Höflichkeit werden zur Voraussetzung für das Überleben. Nach einigen Jahrzehnten zeigen die drakonischen Maßnahmen Wirkung, und in dem Land setzt ein großer Friede ein.

Er währt etwa drei Jahrhunderte lang. Etwa von 770 vor unserer Zeitrechnung an ist es mit Ruhe und Prosperität dann allerdings vorbei. Es beginnt die sogenannte **Frühlings- und Herbstperiode**. Die Zentralmacht wird immer schwächer, Vasallen intrigieren und konspirieren, die Sitten verfallen, Bestechung wird zum Bestandteil der gesellschaftlichen Ordnung. Das Zhou-Reich löst sich langsam auf. Aus Lehnsherrschaften werden erbliche Fürstentümer. Diese kämpfen miteinander um die Vorherrschaft. Von ursprünglich rund 2000 schrumpft ihre Zahl immer weiter zusammen.

Die lange Zerfallsperiode von Zhou setzt sich in der Zeit der sogenannten **Streitenden Staaten** (481–221) fort. Es ist eine Epoche ständiger Kriege und wechselnder Loyalitäten. Oft rebellieren Staatsdiener gegen ihre Herren, übernehmen selbst die Regierung und plündern anschließend die Bevölkerung aus. Trotz des Chaos oder vielmehr gerade deswegen wird diese Periode zwischen dem fünften und dritten Jahrhundert vor unserer Zeitrechnung zum goldenen Zeitalter der chinesischen Geistesgeschichte. Es ist die Zeit der »100 Denkschulen« (*Zhuzibaijia*), darunter der bis heute einflussreichsten Denker des Landes, Konfuzius und Laotse.

Auch Han Fei Zi (Meister Han Fei), der Begründer des Legalismus, einer weiteren wichtigen Ideenschule, Sunzi, der Verfasser des ältesten Militärtraktats der Welt, und Mo Zi, der Begründer des Mohismus, leben in dieser Epoche. Aus ihren Lehren, zu denen später noch der Buddhismus kommt, erwächst im Laufe der Jahrhunderte eine Art Alltagsreligion, die Denken, Fühlen und Handeln der Chinesen charakterisiert.

Nach 300 Jahren Krieg, Chaos und Unmoral, ständiger Angst vor Misshandlung oder Tod sehnen sich die Menschen nach Frieden, Ordnung und Sicherheit. Konfuzius, Laotse und die anderen zeitgenössischen Philosophen des Landes widmen sich denn auch vorrangig der Frage, wie sich das Zusammenleben der Menschen am besten organisieren lässt. Die chinesische Philosophie wird so vor allem zu einer politischen Ordnungs- und Moralphilosophie.

Den mit Abstand größten Einfluss hat dabei **Konfuzius**, chinesisch: *Kong Zi* für Meister Kong (551-479). Cheng Hanbang, ehemals Rektor der Pädagogischen Akademie in Qufu, dem Geburtsort von Konfuzius, und als solcher Gralshüter von dessen Lehren, bescheinigt diesem »große und tiefgreifende Einflüsse auf die Psyche des Volkes, das ethische Bewusstsein, die moralischen Normen, die Sitten und Gebräuche, die Lebensweise, die Wertvorstellungen, die Denkweise und darüber hinaus auf die Entstehung und Entwicklung des Nationalcharakters des chinesischen Volkes«. Der führende chinesische Kulturpsychologe, Hwang Kwang-Kuo, schreibt seinen Landsleuten kurzerhand eine »konfuzianische Mentalität« zu. In einer repräsentativen Umfrage aus dem Jahr 2016, wer chinesische Werte draußen in der Welt am besten vermitteln könne, nannten chinesische Studenten an erster Stelle Konfuzius. Mao Zedong kam nur auf Platz 30.

Konfuzius selbst sagte, er habe gar nichts Neues erfunden, sondern nur versucht, Prinzipien wiederzubeleben, die im »goldenen Zeitalter« der frühen Zhou-Dynastie gegolten hatten, als Friede, Ordnung und Sicherheit im Land herrschten. Der bekannte Sinologe Richard Wilhelm nannte Konfuzius deshalb auch den »Herausgeber der heiligen Schriften« Chinas und »Retter der Baupläne der alten Kultur«.

Tatsächlich lehrt und interpretiert die Schule der Konfuzianer, chinesisch: *Rujia* für »Schule der Gelehrten«, vor allem das kulturelle Erbe der Vorfahren und die überlieferten klassischen Textsammlungen. Zu diesen gehören das »Buch der Urkunden« (*Shujing*), eine Sammlung von Gesetzen und Erlassen samt Kommentaren, das »Buch der Riten« (*Lijing*), das die Sitten und Gebräuche für den Umgang mit der Familie, den Ahnen und dem Herrscher beschreibt, und das besonders alte und in seiner Bedeutung oft mit der Bibel verglichene »Buch der Wandlungen« (*Ijing*), das dem Menschen in einer Welt des ständigen Wandels den richtigen Weg weisen soll.

Konfuzius' Hauptwerk »Gespräche« (*Lunyu*) ist nur eine Sammlung von Zitaten des Meisters, die Schüler nach seinem Tode aufgeschrieben haben. Sie drehen sich vornehmlich um die (moralische) Bildung des Menschen und dessen soziales Verhalten.

Zentrales Ziel der konfuzianischen Lehre ist es, das Zusammenleben so zu regeln, dass die Menschen in Harmonie miteinander und mit der Natur leben können. Konfuzius sieht den Menschen dabei nicht wie das Christentum als ein nach dem Ebenbild Gottes geschaffenes autonomes Individuum, sondern als Teil eines gesellschaftlichen Gesamtorganismus, in dem jeder Einzelne seinen festen Platz hat. Die angestrebte Harmonie will er durch ständige Selbstkultivierung herstellen. Sie ist in seinen Augen der Lebenszweck des Menschen. Damit werde dieser zum Herrn seines eigenen Schicksals.

Konfuzius und die anderen beiden wichtigen Vertreter seiner Lehre Menzius, chinesisch: *Meng Zi* (390–305), sowie Xunzi (298–238) eint der Glaube daran, dass der Mensch, egal ob von Natur aus gut oder böse, sich selbst zum Guten verbessern oder durch Erziehung und Bildung verbessert werden kann. Und dass damit zugleich auch die Gesellschaft besser wird.

Der Weg dahin ist der »Weg der Mitte«, *Zhongyong*. Das Wahren von Maß und Mitte bedeutet, keinen alleinigen Wahrheitsanspruch zu erheben, extremen Meinungen oder Handlungen zu entsagen und in Konflikten Verständnis für die andere Seite aufzubringen. Den »Weg der Mitte« leitet Konfuzius aus seinem Verständnis des Menschen ab. Dieser unterscheide sich vom Tier nicht in erster Linie wegen seiner Geistesfähigkeiten, sondern wegen seiner Fähigkeit zur Mitmenschlichkeit. Damit ist weniger Mitgefühl gemeint als die Erkenntnis, dass die menschliche Existenz vom Geflecht seiner sozialen Beziehungen geprägt ist.

Deren Kern bildet die Familie. Wie die Verehrung der Ahnen, hatte diese bereits in der Shang-Zeit, 1000 Jahre zuvor, einen hohen Stellenwert. Konfuzius lieferte dafür nun eine kohärente geistig-moralische Begründung.

Jeden Menschen sieht er in bestimmte soziale Rollen und Verpflichtungen einer hierarchisch geordneten Gesellschaft hineingeboren. Ihnen muss er auf angemessene Weise nachkommen. Sei es als gehorsamer Sohn oder fürsorglicher Vater, als loyaler Untertan oder verantwortungsbewusster Herrscher.

Keiner der streitenden Fürsten seiner Zeit, denen Konfuzius wie »ein streunender Hund«, so der Historiker Li Ling von der Peking-Universität, seine Morallehre nahelegt, will diese jedoch übernehmen. Die Herrscher sorgen sich weniger um das Wohlergehen des Volkes, wie Konfuzius es verlangt, ihnen geht es vor allem um die eigene Macht und Herrlichkeit. Dafür ist Konfuzius der falsche Ratgeber.

Von den Streitenden Staaten erweist sich am Ende das Fürstentum **Qin** (in alter Umschrift: *Chin*) als das stärkste. Sein Führer hatte schon als Heranwachsender im Alter von 13 Jahren den heimischen Thron bestiegen und im Laufe der Zeit sechs andere Königreiche unter seine Herrschaft gebracht. Im Jahr 221 vor unserer Zeitrechnung eint er das ganze Land und lässt sich unter dem Namen Qin Shi Huang Di zu dessen Kaiser ausrufen. Damit stellt er den Zustand wieder her, den es im Gründungsmythos vom Gelben Kaiser schon einmal gegeben hat, und verschafft dem Reich den Namen, den es im Westen trägt: China.

Der neue Herrscher hat sich gegenüber allen anderen Fürsten deshalb durchsetzen können, weil er sich ständigen Angriffen von Nomaden aus dem Nordwesten ausgesetzt sah und deshalb über das am meisten kampferprobte Militär verfügte. Zudem hatte er die Lehren der Legalisten-Schule übernommen und konsequent umgesetzt.

Für Han Fei Zi, den Begründer des **Legalismus,** ist der Mensch von Natur aus schlecht und bleibt es auch. Die Geschichte ist für ihn daher eine ständige Abfolge von Konflikten und Verteilungskämpfen. Um ein gedeihliches Zusammenleben zu erreichen, setzt Han Fei Zi denn auch nicht auf Bildung, Tugend- und Moralregeln wie Konfuzius, sondern auf Kontrolle und Zwang, auf Herrschaft durch F u r c h t, nicht durch E h r f u r c h t: »Der Weise regiert den Staat nicht, indem er sich darauf verlässt, dass die Menschen Gutes tun, sondern indem er dafür sorgt, dass sie nichts Unrechtes tun.« Für Ruhe und Ordnung können nach Han Fei Zi allein Gesetze sorgen, die klarstellen, was erlaubt und was verboten ist. Die Legalisten bauen auf eine Regierung durch Institutionen, nicht durch Personen; auf Streitverhinderung und -beilegung mittels juristischer Methoden, nicht durch anständiges Verhalten.

Unter Qin Shi Huang Di dehnt sich China zu einem Riesenreich aus. In west-östlicher Richtung erstreckt es sich von Sichuan bis nach Korea, von der Mongolei im Norden über das frühere Königreich Yueh südlich des Jangtse entlang der Küste der heutigen Provinzen Zhejiang, Fujian und Guangdong bis nach Vietnam im Süden.

Der Kaiser schafft das Feudalsystem ab, entmachtet alle früheren Fürsten und ihren adligen Anhang und verbannt sie in die Paläste der Hauptstadt Changan, heute Xian, wo er sie streng überwachen lässt. Er führt landesweit einheitliche Maße, Gewichte und Normen ein und lässt in wenigen Jahren insgesamt 6800 Kilometer Straßen bauen, fast die doppelte Länge des Verkehrsnetzes des Römischen Reiches. Dem Land gibt er eine straffe zentralistische Verwaltungsstruktur und teilt es in Provinzen auf. Diese werden von einem Triumvirat aus einem zivilen Gouverneur, einem Militärkommandanten und einem kaiserlichen Inspekteur regiert, der beide überwachen soll. Die Posten sind nicht erblich.

Qin Shi Huang Di verkörpert das Gegenteil dessen, was sich Konfuzius unter einem Philosophenkönig vorstellte. Er ist ein skrupelloser Realpolitiker und grausamer Tyrann. Sein Ziel ist eine umfassende, auch geistige Kontrolle des Landes.

Konfuzianische Gelehrte werden wegen ihrer Opposition gnadenlos verfolgt, Tausende von ihnen lebendig begraben. Außer historischen Bänden über Medizin, Pharmazie und Landwirtschaft muss die Bevölkerung alle Bücher abgeben. Sie werden verbrannt. Wer weiter verbotene Bücher liest, riskiert die Hinrichtung – zusammen mit all seinen Verwandten.

Die blutige und totalitäre Herrschaft dauert 15 Jahre. Dann stirbt der Kaiser. Er hinterlässt zwei der großartigsten Baudenkmäler der Weltgeschichte: die Anfänge der Großen Mauer und eine Tausende lebensgroße Terrakotta-Figuren starke Armee zur Bewachung seines Grabmals.

Seine Staatsideologie, den Legalismus, kann Qin Shi Huang Di jedoch nicht als prägende Philosophie des Landes etablieren, auch wenn sie dort stets weiter virulent bleibt; erst unter Mao Zedong, dem Gründer der Volksrepublik über 2000 Jahre später, kommt sie wieder richtig zu Ehren.

Enteignete Bauern, zu Frondiensten versklavte Handwerker, ruinierte Kaufleute, entlassene Beamte, entmachtete Adlige und unzählige Sträflinge tun sich zusammen, um Rache an dem grausamen Regime zu nehmen, und stürzen den schwachen Nachfolger von Qin Shi Huang Di. Im Jahr 206 vor unserer Zeitrechnung begründet Liu Bang (Kaisername: Han Gaozu), der erste Bauern-Kaiser Chinas, die **Han-Dynastie**. Sie wendet sich vom Legalismus ab und zunehmend der konfuzianischen Lehre zu.

Zehn Jahre nach seiner Machtübernahme, 195 vor unserer Zeitrechnung, lässt Gaozu im Konfuzius-Tempel in Qufu, dem Heimatort des Philosophen, zu dessen Ehren eine große Opferfeier abhalten. Auch später pilgern viele andere Herrscher immer wieder dahin. Im Laufe der Jahrhunderte wird die Tempelanlage auf drei Höfe und neun Tore erweitert – wie der Kaiserpalast in Peking.

In den ersten Jahrzehnten von Han dominiert allerdings zunächst die von Laotse begründete Philosophie des Taoismus.

Denn sie ist vom Legalismus noch weiter entfernt als der Konfuzianismus. Nach dem Terrorregime der Qin-Ära suchen die meisten Chinesen daher zunächst Zuflucht in ihr.

Laotse (wahrscheinlich 571-471), und auch sein Schüler Zhuangzi (369-286) waren Einsiedler. Das Laotse zugeschriebene Hauptwerk »Dao de Jing« (»Die Kraft des Weges«) ist erst lange nach seinem Tod erschienen und eine Sammlung taoistischer Weisheiten – nicht nur vom Meister selbst.

»Dao« (wörtlich: der Weg), der Begriff, der dem Taoismus seinen Namen gab, bezeichnet das kosmische Gesetz und den tiefsten Seinsgrund, das Entdecken des wahren Ich und Einswerden mit dem Universum durch die richtige Lebensführung, die Rückkehr zum natürlichen Ursprung, das Wiederfinden der Spontaneität, die durch Erziehung und Sozialisation verlorengehen, ein zurückgezogenes, unpolitisches, naturnahes, kontemplatives Leben fern des gesellschaftlichen Getriebes.

Anders als der Konfuzianismus betrachtet der Taoismus den Menschen nicht nur als Teil der Gesellschaft, sondern auch und vor allem als Individuum. Deshalb dient er bis heute all jenen Chinesen als philosophische Richtschnur, die nicht so leben wollen, wie andere es von ihnen erwarten, nicht unbedingt der herrschenden Sitte und Moral folgen, nicht nach Ansehen, Rang und Reichtum streben und ihr Leben von Äußerlichkeiten abhängig machen, sondern allein ihrer inneren Natur gehorchen wollen.

Anders als im christlich geprägten Westen ist das Individuum der Taoisten ganz weltlich-diesseitig – wie der Mensch bei Konfuzius. Im Unterschied zu diesem sieht Laotse in der Gesellschaft jedoch eine Entfremdung des Menschen von seinem ursprünglichen Wesen, in Harmonie mit der Natur und dem ganzen Kosmos zu leben. Naturkatastrophen sind für ihn eine Rebellion der Natur gegen den Umgang mit ihr, eine Reaktion auf einen Verstoß gegen die kosmische Ordnung.

Ohne den Taoismus ist weder die chinesische Dichtkunst

denkbar, die sich vor allem mit der Natur beschäftigt, noch die Malerei, die vor allem Landschaftsmalerei ist. Außer gelegentlichen Porträts hat sie fast nur Blumen, Pflanzen, Tiere, Landschaften und dörfliche Milieus zum Gegenstand. Ihr Stil ist allerdings nicht naturalistisch, sondern symbolisch. Sie will Stimmungen von einem einfachen Leben abseits der Zivilisation vermitteln. Typisch für sie ist der Mann, der in die Betrachtung der Natur versunken allein am Ufer eines Flusses sitzt.

Die taoistische Naturverbundenheit hat im 3. Jahrhundert unserer Zeitrechnung auch eine Ausdrucksform hervorgebracht, die Naturfreunde im Westen heute eher als widernatürlich betrachten. Sie wurde im 14. Jahrhundert von Japan aus China übernommen und wegen der Beengtheit des Inselstaates dort besonders gepflegt. Deswegen ist sie im Westen auch nur unter ihrem japanischen Namen bekannt: Bonsai. Die Chinesen sagen dazu *Penjing*, was so viel heißt wie: »Landschaft im Topf«.

Oberste Handlungsmaxime des Taoismus ist das »Nicht-Handeln«, chinesisch: *Wuwei*. Es bedeutet nicht Nichtstun, sondern nicht unnötig, übermäßig und hektisch zu handeln. Es will sagen: Weniger ist mehr. Oder: In der Ruhe liegt die Kraft.

Als Vorbild dafür dient den Taoisten das Wasser. »Auf der ganzen Welt gibt es nichts Weicheres und Schwächeres als das Wasser«, heißt es im »Dao de Jing«, aber weil es stets im Einklang mit der Natur fließe, »kommt ihm in der Art, wie es dem Harten zusetzt, nichts gleich. Das Weiche siegt über das Harte, das Schwache über das Starke.«

Der Philosophie des »Wuwei« folgen sowohl die chinesische Kriegskunst, die sich mit dem Namen Sunzi verbindet, als auch Tai Chi, Qi Gong, Kung Fu oder Wu Shu, die als Bewegungsübung, Sport oder Kampfkunst praktiziert werden können. Und ebenso die Traditionelle Chinesische Medizin (TCM). Immer geht es dabei darum, einen ruhigen Geist zu bewahren und möglichst wirkungsvoll mit seiner Energie und seinen Kräften umzugehen.

Nur wer das Vorübergehende, Vorläufige allen Seins respektiert, kann nach taoistischer Lehre im Einklang mit der Natur leben. »Umkehr ist die Bewegungsart des Dao«, lautet das fundamentale Naturgesetz des Taoismus. Und so sieht es auch Konfuzius in seiner Interpretation des alten »Buchs der Wandlungen«. Yin und Yang, Hart und Weich, Hell und Dunkel, Heiß und Kalt, Männlich und Weiblich sind die Kräfte des Universums, auf die sich alle Erscheinungen zurückführen lassen. Sie sind zwei gegensätzliche Pole, aber schließen sich nicht aus, sondern erzeugen sich gegenseitig, lösen sich ständig miteinander ab wie Sonne und Mond und die vier Jahreszeiten, ergänzen sich wie Licht und Schatten. Beide bestehen nebeneinander, einmal dominiert das eine, dann das andere Prinzip.

Das Leben eines Konfuzianers ist korrekt, sittenstreng, anständig, realistisch und vernunftgesteuert. Für das Spielerische, Romantische, Phantasie- und Genussvolle lässt es wenig Platz. Hier sorgt der Taoismus für Ausgleich. Zudem bietet er auch eine gute Methode, Problemen aus dem Weg zu gehen. Deswegen hat er vor allem in Krisenzeiten Zulauf.

Mit Konfuzianismus und Taoismus wohnen zwei Seelen in der Brust eines Chinesen. Wie mit Yin und Yang ist einmal die eine stärker, mal die andere, mal das Individualistische, mal die Gemeinschaftsorientierung. Während das öffentliche Leben der Chinesen zwischen Konfuzianismus und Legalismus schwankt, pendelt das private zwischen den beiden Polen des Konfuzianismus und Taoismus. Taoismus sei »Balsam« für die chinesische Seele, so Lin Yutang, »betäubend und besänftigend«. Er mache das »spartanische Leben« nach den konfuzianischen Tugendregeln »erträglich«.

Je mehr die Gräueltaten von Qin mit der Zeit verblassen, desto mehr lässt der Einfluss des Taoismus nach und es setzt sich wieder realpolitisches Denken durch. Unter Kaiser Han Wu Di steigt der Konfuzianismus 163 vor unserer Zeitrechnung zur Staatsideologie auf. Aus konfuzianischer Morallehre und Elementen der Herrschaftstechnik des Legalismus entwickelt sich allmählich ein Synkretismus, der sich später unter der Tang- und Song-Dynastie zu einer geistigen Orthodoxie verfestigt und über 2000 Jahre lang bis ins vergangene Jahrhundert Bestand hat.

Seine tragende Schicht sind die sogenanten Mandarine. Da das Riesenreich, das schon damals in etwa so groß ist wie das heutige China (ohne Tibet), seine Staatsdiener nicht mehr aus dem in jahrhundertelangen Kriegen und zuletzt unter Qin arg dezimierten Adel rekrutieren kann, beginnt es schon vor unserer Zeitrechnung, sich vom A d e l d e r G e b u r t zu lösen und diesen zunehmend durch einen A d e l d e r B i l d u n g zu ersetzen. Mit der Zeit entsteht ein Auslesesystem für kaiserliche Beamte, das während der Tang-Dynastie im 7. Jahrhundert schließlich in ein streng formalisiertes mehrstufiges Examenssystem (*Keju*) mündet. Aus dem »Adligen« wird der »Edle«. Beides heißt auf Chinesisch: *Junzi*. Auf die Aristokratie folgt eine Meritokratie. »In der Erziehung«, so Konfuzius, »gibt es keine Standesunterschiede.«

Unter den Han öffnet sich China zudem erstmals der Außenwelt. 139 vor unserer Zeitrechnung bricht der kaiserliche Beauftragte Chang Chien auf, um die zentralasiatischen Gebiete im Westen jenseits der Wüsten Gobi und Taklamakan zu erkunden. In Persien begegnet er Händlern aus Mesopotamien, die ihm vom Römischen Reich berichten.

Nach 13 Jahren kehrt Chang von seiner Erkundungsreise zurück und erstattet dem Kaiser Bericht. Der schließt daraufhin ein Bündnis mit den Völkern Zentralasiens und besiegt mit ihnen die hunnischen Nomaden an der Nordwestgrenze, die China immer wieder attackiert hatten. Danach blüht erstmals der Handel mit Europa über die Seidenstraße auf. Hinzu kommt die sogenannte Jade-Route nach Burma, Siam (heute Thailand) und Indien. Erste islamische, hellenistische, buddhistische und auch christlich-nestorianische Einflüsse machen sich im Land bemerkbar.

Auf die Dauer werden Chinas Herrschern die zur Sicherung der langen Handelswege nötigen Bestechungsgeschenke jedoch zu kostspielig. Sie wenden sich zunehmend wieder nach innen. Bis das Land sich erneut öffnet, vergehen Jahrhunderte.

Im Jahr 220 nach Beginn unserer Zeitrechnung bricht die Han-Dynastie und mit ihr nach über 400 Jahren der Einheit auch China wieder auseinander. Den Zerfall und die nachfolgende Epoche der **Drei Reiche** Wei, Wu und Shu hat Luo Guanzhong in Chinas wohl berühmtestem Roman »Die Geschichte der drei Reiche« (*Sanguo Yanyi*) viele Jahrhunderte später beschrieben. »Das Reich, das lange geteilt war, muss sich wieder vereinigen, das lange vereint war, muss sich teilen«, so lautet sein erster Satz. »So ist es immer gewesen.« Das homerische Epos ist zu zwei Dritteln Fakt, zu einem Drittel Fiktion und beeinflusst bis heute Denken und Handeln der Chinesen.

Mit der **Chin-Dynastie** wird China im Jahr 280 erneut geeint. Aber nur für kurze Zeit. Schon bald folgen 300 weitere Jahre der Instabilität und ständiger Kriege, bekannt als Zeit der **Nördlichen und Südlichen Dynastien**. Es ist eine dunkle Epoche. Nord- und Südchina sind wieder voneinander getrennt. Millionen, vor allem wohlhabende Chinesen, fliehen vor dem Chaos, das infolge ständiger Nomadeninvasionen vor allem den Norden heimsucht, in den Süden des Landes.

Erst im Jahr 589 stellt die **Sui-Dynastie** erneut die nationale Einheit her. Ihre Herrschaft währt zwar nur 30 Jahre. In diese Zeit fällt jedoch der Bau des Großen Kanals (*Dayunhe*), der Hangzhou mit Peking verbindet. Der mit fast 1500 Kilometern bis heute längste künstliche Wasserweg der Welt sorgt für eine größere nationale Arbeitsteilung und mehr Binnenhandel zwischen Nord und Süd und leistet so einen wichtigen Beitrag zum Zusammenhalt Chinas.

Mit der nachfolgenden **Tang-Dynastie** (618 bis 906) erlebt das Land nach vielen Jahrhunderten erstmals wieder eine lange Periode der Einheit, Stabilität und Prosperität, ein neues goldenes Zeitalter. Das »Reich der Mitte« dehnt sich in alle Himmelsrichtungen weiter aus. Japan, Korea und Vietnam übernehmen die chinesische Schrift und viele Elemente der chinesischen Kultur. Diese erfährt eine neue Hochzeit – in der Architektur ebenso wie in der Malerei, Musik und Lyrik. Die Tang-Dynastie ist eine kosmopolitische Dynastie. Der Handel über die Seidenstraße blüht neu auf. An deren Beginn im heutigen Xian lassen sich über 100 000 ausländische Kaufleute und Vertreter aller Religionen nieder.

Der **Buddhismus**, der bereits im 1. Jahrhundert unserer Zeitrechnung von Indien über Zentralasien nach China eingesickert war, breitet sich zunehmend aus. Karma und Wiedergeburt werden unter den Chinesen populär. Zu Geburt und Hochzeit sowie im Todesfall befolgen viele von ihnen buddhistische Rituale.

Im Unterschied zum Konfuzianismus und Taoismus ist der Buddhismus nicht nur eine Lebensphilosophie, sondern eine Religion. Wie der Taoismus lehrt er, nicht an weltlichen Dingen und überhaupt am Leben zu hängen. Anders als die Taoisten, die Unsterblichkeit in der Auflösung des eigenen Ich in der kosmischen Ordnung suchen, glauben Buddhisten allerdings an eine Wiederkehr des Menschen in einem anderen Leben, das durch das Verhalten des Menschen in diesem Leben bestimmt wird.

Die Konfuzianer beäugen die Verbreitung des Buddhismus misstrauisch, nicht zuletzt, weil auch immer mehr Herrscher sich zu dem Glauben bekennen. Dennoch dienen sie auch buddhistischen Kaisern weiter treu als Verwaltungsbeamte und stellen so ihre Loyalität und Unersetzlichkeit bei der Führung des Reiches unter Beweis. In der zweiten Hälfte des 9. Jahrhunderts sehen sie schließlich die Zeit zum Gegenschlag gekommen. Gemeinsam mit den Taoisten bringen sie den amtierenden Kaiser dazu, alle ausländischen Religionen zu verbieten. Tausende buddhistische Klöster werden daraufhin zerstört.

Der Buddhismus lebt in China zwar fort, aber in sinisierter

Form. Er nimmt viele taoistische Elemente in sich auf, es ist mehr ein auf Meditation fokussierter Chan-Buddhismus, den wir über den Umweg Japan unter dem Namen Zen-Buddhismus kennen. Dieser verkörpert gewissermaßen die Rückkehr aus der jenseitigen Welt des indischen Buddhismus in die chinesische Diesseitigkeit. Um Nirwana zu erreichen, gebe es nur einen Weg, so der bekannte chinesische Zen-Meister Yi Hsüan: »Darm und Blase zu entleeren, sich anzuziehen, zu essen und zu schlafen«, kurz: das reine, diesseitige Sein.

Der Konfuzianismus feiert derweil einen Wiederaufstieg als Neo-Konfuzianismus. Um gegen Religionen künftig besser bestehen zu können, macht er metaphysische Anleihen bei Taoismus und Chan-Buddhismus, ergänzt damit die traditionelle konfuzianische Ethik und Staatslehre und wird für die nächsten 1000 Jahre gewissermaßen von der Staatsideologie zur Staatsreligion Chinas. Alle Staatsbeamten müssen in ihren Zugangsprüfungen fortan eine tiefe Kenntnis der neuen Lehre nachweisen.

In Nanjing lässt sich bis heute ein Prüfungszentrum mit Tausenden von etwa ein Quadratmeter großen, 170 Zentimeter hohen Zellen besichtigen. Dort waren die Examensteilnehmer drei Tage lang eingesperrt, um unter der Aufsicht von Soldaten ihre Arbeiten zu schreiben.

Die Auslese ist streng. Die Prüfung auf der untersten Stufe des mehrstufigen Systems bestehen nur rund anderthalb Prozent der Bewerber. An ihr kann jeder teilnehmen, der die Zeit und das Geld für die lange Vorbereitung aufzubringen vermag oder einen finanziellen Förderer dafür findet. Während der späteren Ming-Dynastie kommt fast die Hälfte, unter Qing ein Drittel derer, die die höchste Examensstufe absolvieren, aus Familien mit niedrigem Bildungsstand. Die zumindest im Grundsatz für jeden Chinesen vorhandene Chance zum sozialen Aufstieg erweist sich als wesentliches Stabilisierungselement der Gesellschaft.

Wie so viele Dynastien zuvor geht auch die Tang-Dynastie an der Unmäßigkeit der Herrschenden und Palastintrigen zugrunde. So lässt sich etwa die kaiserliche Lieblingskonkubine Yang Kueifei täglich frische Lichee-Früchte aus dem über 2000 Kilometer entfernten Kanton in die Hauptstadt Changan bringen. Eunuchen, die den kaiserlichen Hof verwalten sollen, planen Komplotte, ermorden zwei Herrscher und setzen Strohmänner an ihre Stelle. Im Land brechen immer mehr Rebellionen aus. Warlords errichten ihre eigenen Staaten. Die Zeit der **Fünf Dynastien** bricht an.

Dieses immer wiederkehrende Muster von Zerfall der Ordnung und der Einheit des Landes gefolgt von gewaltsamer Wiedervereinigung ist ein zentraler Grund für die bis heute tiefsitzende Furcht der Chinesen vor Chaos und ihren ausgeprägten Wunsch nach einer starken Hand, die für Einheit, Stabilität und Ordnung sorgt.

Das neuerliche Chaos hält diesmal nur ein halbes Jahrhundert an. Im Jahr 960 unterwirft General Zhao Kuangyin alle anderen Warlords und etabliert die **Song-Dynastie**. Sie dauert insgesamt gut 300 Jahre bis 1279.

Der neo-konfuzianische Dogmatismus, der bereits unter den Tang seinen Anfang nahm, vertieft sich. Der Blick Chinas richtet sich wieder stärker nach innen. Bei den neuen Herrschern dominiert das Bewusstsein der eigenen kulturellen und moralischen Überlegenheit über die Bedeutung militärischer Macht. Sie machen keine Anstalten, die in den vorausgegangenen Wirren verlorenen Eroberungen der Tang-Zeit in Zentralasien zurückzugewinnen, kürzen die Militärausgaben, erkaufen sich Ruhe an den Grenzen mit großzügigen Geldgeschenken und konzentrieren sich ganz auf die Entwicklung der Wirtschaft.

Papiergeld, das schon in der Tang-Zeit eingeführt wurde, findet immer größere Verbreitung. Bankgeschäfte mit Schecks, Wechseln und Überweisungen kommen in Mode. Händler, die in der gesellschaftlichen Hierarchie traditionell immer hinter Beamten, Bauern und Handwerkern rangierten, steigen im gesellschaftlichen Ansehen. Das Handwerk erlebt einen Aufschwung. Der Zentralstaat erlässt den Provinzen die Abgabenpflicht und finanziert seine Ausgaben fortan durch den Handel vor allem mit Seide und Porzellan. Die Kultur blüht. Unter den Song erscheinen die ersten gedruckten Bücher.

Doch nach einem guten Jahrhundert halten die Einnahmen des Zentralstaats mit den Ausgaben nicht mehr Schritt. Er wird finanziell immer schwächer. Die Grenzen sind mit Geld nicht mehr zu sichern. 1127 erobern die Dschurdschen, ein kriegerisches Nomadenvolk aus der Mandschurei, die Hauptstadt Kaifeng, setzen Kaiser Qinzong fest und gründen die **Jin-Dynastie**.

Diese beherrscht allerdings nur den Norden Chinas. Auf ihren Pferden können die Dschurdschen in dem mit vielen Wasserläufen und Reisfeldern durchzogenen Süden militärisch wenig ausrichten. Gaozong, ein jüngerer Bruder von Qinzong, führt dort deshalb die alte Dynastie als **Südliche Song** mit der Hauptstadt Hangzhou fort. China ist wieder einmal geteilt.

Der Süden erlebt eine neue Zeit des Wohlstands und der kulturellen Blüte. Die Bauern können zweimal im Jahr Reis ernten. Handel und Handwerk gedeihen. Zahlreiche Meisterwerke der chinesischen Malerei, Lyrik und Porzellan-Manufaktur entstehen.

1211–1215 fällt das Reitervolk der Mongolen unter Dschingis Khan in Nordchina ein, verdrängt die Dschurdschen und etabliert die **Yuan-Dynastie**. Südchina kann auch den Mongolen noch einige Jahrzehnte standhalten. Doch infolge des Verrats eines reichen arabischen Händlers, der nahezu den gesamten Handel mit Südostasien kontrolliert, fällt Hangzhou 1278 in die Hände von Kublai Khan, einem Enkel Dschingis Khans. Im darauffolgenden Jahr wird die Flotte der südlichen Song vor Kanton vernichtend geschlagen. Der erst neunjährige Kaiser stürzt sich ins Meer und begeht samt Familie und dem engsten Hofstaat Selbstmord.

Die fremden Herren aus der Mongolei vereinigen China wieder. Anfangs versuchen sie, dem Land ihre eigene Kultur überzustülpen, doch schon bald geben sie dieses Unterfangen auf. Nicht die Steppe setzt sich durch, sondern die Zivilisation. Die Mongolen regieren ihr Riesenreich jetzt von Peking aus. Zwar beherrschen sie China politisch, aber dieses beherrscht sie kulturell.

Die Chinesen sehen in der Fremdherrschaft daher auch keinen historischen Bruch. In der offiziellen Geschichtsschreibung des Landes figurieren die Mongolen ebenso als legitime Herrscher wie die Mandschuren der späteren Qing-Dynastie.

Das Mongolenreich ist das größte Imperium der Weltgeschichte. Es reicht vom südchinesischen Perlfluss-Delta bis zur Donau. Ein solches Territorium lässt sich nicht lange zusammenhalten, zumal sich die einst kriegerischen Reiterfürsten am Kaiserhof in Peking zunehmend den Segnungen der chinesischen Kultur hingeben und verweichlichen.

Um die Mitte des 14. Jahrhunderts bricht in China erneut eine Bauernrevolte aus. 1368 stürzt ihr Anführer Zhu Yuanzhang die Yuan-Dynastie und gründet die **Ming-Dynastie** mit der Hauptstadt Nanking, heute Nanjing. Die Veränderungen gegenüber Tang, Song und auch Yuan sind radikal. Der Außenhandel wird eingeschränkt und zum staatlichen Monopol. Händler rutschen auf der gesellschaftlichen Prestigeskala wieder ganz nach unten. Der Zentralstaat plündert den reichen Süden aus. Immer mehr Menschen emigrieren von dort in überseeische chinesische Gemeinden wie etwa nach Palembang auf Sumatra am östlichen Eingang der Straße von Malakka oder Penang an deren westlichem Eingang. Um den Aderlass zu stoppen, erklärt das Ming-Regime es schließlich sogar zu einem Verbrechen, das Land zu verlassen.

Als der alte Kaiser einen Enkel zu seinem Nachfolger ernennt, rebelliert einer seiner Söhne dagegen, belagert jahrelang die Hauptstadt, erobert sie schließlich, brennt den Palast samt Bewohnern nieder und macht sich selbst zum Kaiser. Sein Name: Yongle.

Da Thron-Usurpation und Kaisermord in der konfuzianischen Morallehre einem Herrscher nicht gut zu Gesicht stehen, lässt Yongle das Gerücht verbreiten, sein Neffe sei nicht in seinem Palast verbrannt, sondern mitsamt den kaiserlichen Stempeln, den Insignien der Herrscher-Legitimation, ins Ausland geflohen. Angeblich um ihn zu suchen, tatsächlich aber wohl in der Absicht, den in den vergangenen Jahrzehnten abgeflossenen Reichtum wenigstens teilweise wieder zu repatriieren, lässt er eine riesige Flotte bauen.

Mit 317 Schiffen und über 30 000 Mann ist sie eine der größten der Geschichte und größer als die damaligen Flotten aller Staaten Europas zusammengenommen. Mit Flammenwerfern, Katapulten und riesigen Klauen, die feindliche Schiffe auf Distanz halten und das Entern verhindern, ist sie auch in der Bewaffnung allen anderen weit voraus.

Kommandeur wird Zheng He, auch Ma Sanbao genannt, Chef der in die Tausende zählenden Palasteunuchen. *San Bao* bedeutet auf Chinesisch »drei Schätze« und spielt darauf an, dass der Admiral weder Penis noch Hoden hat. Manche Historiker sehen in ihm Sindbad den Seefahrer, von dem die arabischen Märchenbücher erzählen.

Zheng He kommt aus einer armen Familie der ethnischen Minderheit der Hui, die von Turkvölkern und Mongolen abstammt und muslimischen Glaubens ist. Von seinem Vater, der einst nach Mekka gepilgert war, hat er viel über das Ausland gehört. Er hat die Schriften des Strategielehrers Sunzi gelesen und sich als Berater von Yongle bei der Eroberung von Nanking große Verdienste erworben. Jetzt wird er zu einem der bedeutendsten Seefahrer der Weltgeschichte.

Vollbepackt mit Geschenken für ausländische Herrscher

sticht Zheng He zwischen 1405 und 1425 nacheinander zu sechs Reisen in See. Sie führen ihn bis auf die arabische Halbinsel sowie nach Mogadischu, Malindi, Mombasa und Sansibar an der afrikanischen Ostküste in insgesamt 37 verschiedene Länder.

Der bekannte Autor Niall Ferguson stellt die Seereisen Zheng Hes auf dieselbe Stufe wie die amerikanische Apollo-Mission über ein halbes Jahrtausend später: »1416 einen chinesischen Eunuchen an der Ostküste Afrikas landen zu lassen«, so Ferguson, »war in vielerlei Hinsicht mit der Leistung vergleichbar, 1969 einen amerikanischen Astronauten auf dem Mond landen zu lassen.«

Wichtigstes Ergebnis der Reisen von Zheng He ist die chinesische Kontrolle über die Straße von Malakka, die wichtigste Handelsroute der damaligen und auch heutigen Zeit. Spätestens seitdem gilt den Chinesen das Südchinesische Meer als *Mare Nostrum*.

China ist dem Westen damals nicht nur auf See weit voraus. Die Armee des Kaisers zählt rund eine Million mit Flinten ausgestattete Soldaten. Im Vergleich dazu verfügt etwa der britische König Henry V. nur über 5000 mit Schwertern und Piken bewaffnete Männer. Und während dessen Bibliothek ganze sechs handgeschriebene Werke umfasst, enthält die chinesische Hof-Bibliothek eine Enzyklopädie (*Yongle Da Dian*) mit fast 12 000 gedruckten Bänden. In ihnen haben über 2000 Gelehrte das gesamte bekannte Wissen der damaligen Zeit zusammengetragen. Ihr Umfang wird erst viele Jahrhunderte später von Wikipedia übertroffen.

Der Kaiserpalast, den Yongle sich in der neugewählten Hauptstadt Peking bauen lässt, umschließt ein Areal von fast einem Quadratkilometer und ist von einem 50 Meter breiten Wassergraben sowie einer zehn Meter hohen Mauer umgeben. Zur Eröffnungsfeier sind 26 000 Gäste geladen. Ihnen wird ein Zehn-Gänge-Menü auf feinstem Porzellan serviert. Die 600

Geladenen hingegen, die der Hochzeit Henrys V. mit Catherine von Valois beiwohnen, bekommen im Vergleich dazu nur ein sehr bescheidenes Mahl aufgetischt: Stockfisch auf Brot, das zugleich als Teller dient.

1424 stirbt der große Ming-Kaiser. Wie Yin auf Yang, so folgt seiner Öffnung zur Welt die erneute Abschottung. Das kurze goldene Zeitalter der chinesischen Seefahrt ist zu Ende. Bereits am Tag der Thronbesteigung verkündet Yongles Sohn und Nachfolger, Kaiser Hongxi, einen Erlass, dem gemäß »alle Reisen« mit den großen Schiffen von Zheng He »aufhören müssen«. Diese hätten fortan im Hafen von Nanjing zu bleiben. Der Bau neuer Schiffe wird verboten. Bald darauf erfolgt sogar das Edikt, die Reise-Aufzeichnungen des Admirals, die Schiffe seiner Flotte sowie deren Baupläne zu zerstören. Der Außenhandel wird erneut zum staatlichen Monopol. Innerhalb von nur zwei Generationen geht in China mehr seefahrerisches Wissen und Können verloren, als im Westen bis dahin überhaupt vorhanden war.

Bereits nach einem Jahr auf dem Thron stirbt Hongxi. Sein 27-jähriger ältester Sohn Xuande übernimmt die Herrschaft und verschärft den Abschottungskurs noch. Das Einkommen aus dem Außenhandel sinkt bald unter ein Prozent des Staatshaushalts. Doch auch Xuande regiert nur kurz. Nach seinem Tod 1435 kommt der offizielle Außenhandel vollständig zum Erliegen. Dagegen blühen Schmuggel, Bestechung und Piraterie umso mehr, vor allem entlang der schwer zugänglichen Küste von Fujian.

Just als europäische Seefahrer erste Handelsposten in Ostasien begründen – die Holländer auf Formosa, dem heutigen Taiwan, die Spanier auf den Philippinen, die Portugiesen in Macau –, muss in China jeder die Todesstrafe gewärtigen, der ein Schiff mit mehr als zwei Masten baut. 1525 werden die Hafenbehörden des Landes gar angewiesen, alle hochseetauglichen Schiffe zu vernichten. Von 1551 an gilt jeder, der dem nicht nachkommt, als Pirat und wird mit dem Tod bestraft.

Die Kehrtwende ist von welthistorischem Ausmaß. Denn während sich die allen anderen Staaten haushoch überlegene Seemacht China auf sich selbst zurückzieht, dämmert in Europa das Zeitalter der Renaissance herauf; es hat einen enormen Aufschwung der Wissenschaften zur Folge und legt den Grundstein für den Aufstieg des Kontinents und mit ihm des Westens. Unter Kaiser Yongle seien die Chinesen nahe daran gewesen, einen »kontinuierlichen, selbsttragenden Prozess des wissenschaftlichen und technologischen Fortschritts in Gang zu setzen«, so der Wirtschaftshistoriker David Landes von der Universität Harvard. Doch seine Nachfolger verspielen die Chance. Die Chinesen verpassen die gesamte wissenschaftliche Revolution, die mit Namen wie Paracelsus, Kopernikus, Galileo, Descartes, Pascal oder Newton verknüpft ist.

Der Hauptgrund dafür ist der zu Dogmatismus erstarrte Neo-Konfuzianismus der gesellschaftlichen Elite des Landes. Im Austausch mit der Welt sieht diese eine Gefahr für ihre Monopolstellung. Um ihren exklusiven gesellschaftlichen Status zu verteidigen, verhindern die kaiserlichen Mandarine den politischen Aufstieg von Kaufleuten und Händlern – und damit auch das Aufblühen der modernen Wissenschaften in China. Als die Jesuiten im 17. Jahrhundert deren Erkenntnisse ins Land bringen, werden sie von den kaiserlichen Mandarinen mit allen Mitteln bekämpft – am Ende mit Erfolg.

Ein weiterer Grund für die Abkehr Chinas von der Welt ist die Verlagerung des Regierungssitzes von Nanking nach Peking. Anders als der Süden ist Peking, obwohl gar nicht weit vom Meer entfernt, traditionell nach innen und auf die Abwehr der feindlichen Nomadenstämme aus den nahen Steppen und Wüsten ausgerichtet. Den Rest besorgt die nach spätestens zwei Jahrhunderten Herrschaftsdauer üblicherweise einsetzende Dekadenz am Kaiserhof. Die Herrscher werden oft bis zur Pubertät von wechselnden Ammen gestillt. Ein schwacher Kaiser wechselt sich mit dem nächsten ab. Intrigen nehmen überhand. Eunuchen und Hofstaat regieren das Land. So übernimmt 1620 etwa der 15-jährige Kaiser Tianqi nur formal die Throngewalt. In Wahrheit herrscht der Großeunuch Wei Zhongxian zusammen mit der Amme des Kaisers. Wei betätigt sich für Tianqi vor allem als Zuhälter. Bereits mit 21 Jahren stirbt der Kaiser an Syphilis.

Ein Jahr später entzieht der Himmel nach fast 300 Jahren der Ming-Dynastie sein Mandat. Im Land bricht eine große Dürre aus. Die Bauern rebellieren. Ihr Anführer Li Zicheng erobert mit seinen Truppen Peking. Der Kaiser nimmt sich auf dem Kohlehügel nördlich seines Palastes in der für gewöhnliche Bürger gesperrten sogenannten »Verbotenen Stadt« das Leben.

Seine Streitkräfte sind so geschwächt, dass sie den schon seit längerer Zeit auf die Hauptstadt vordrängenden Mandschuren, Nachfahren der Dschurdschen, nichts mehr entgegenzusetzen haben. Einige kaiserliche Generäle ziehen die Mandschuren den einheimischen Rebellen vor und lassen ihnen die Tore der Großen Mauer öffnen. 1644 ziehen die Nachbarn aus dem Norden in Peking ein und errichten die **Qing-Dynastie**, eine weitere Fremdherrschaft. Wie Ming dauert auch sie fast 300 Jahre. Sie ist die letzte kaiserliche Epoche Chinas.

Südchina bleibt auch den Mandschuren wie einst schon den Mongolen anfangs noch für einige Jahrzehnte verwehrt. Kuo Hsing-Yeh, im Westen besser bekannt als Coxinga, Sohn eines Chinesen und einer Japanerin, dessen Vater die Küste von Fujian um die Stadt Amoy (heute Xiamen) gegenüber von Taiwan beherrscht hatte, leistet lange erfolgreich Widerstand. 1661 vertreibt er sogar die Holländer von der Insel Formosa (Taiwan). Ein Jahr darauf stirbt er jedoch an Malaria. Danach fällt auch Südchina an die Qing.

Die Mandschuren achten zunächst auf eine strikte Trennung beider Völker. Peking teilen sie in eine Mandschuren-Stadt im Norden und eine Chinesen-Stadt im Süden des Kaiserpalastes. Die Han-Bevölkerung muss sich den Schädel kahl rasieren und einen langen Zopf tragen, damit man sie sofort erkennen kann. Ehen zwischen Angehörigen beider Völker sind verboten.

Mit der Zeit nehmen aber auch die neuen fremden Herren die Kultur der Han an, benutzen ihre Sprache und stützen sich auf das Mandarinat, um das riesige Reich zu regieren. Schon zu Zeiten von Kaiser Kangxi (1662–1722) wird die Hälfte der Dokumente des Hofes in Mandarin verfasst und nicht mehr in Mandschu, das eine alphabetische Sprache ist. Kaiser Qianlong (1736–1796) schreibt später über 6000 Gedichte in Mandarin. Während die Mandschuren sich immer mehr sinisieren, nutzen die Han deren kriegerisches Können und dehnen das chinesische Territorium auf die Mongolei, Xinjiang und Tibet aus.

Das erste Jahrhundert der Qing-Dynastie verläuft glanzvoll. China erreicht seine bisher größte Ausdehnung, Wirtschaft und Kultur blühen. Doch dann wird dem Land schließlich zum Verhängnis, dass es just in der Zeit, als die erste große Epoche des Welthandels beginnt, von einem Steppenvolk und einer erstarrten Bürokratie regiert wird, sich von der übrigen Welt und dem wissenschaftlichen und technologischen Fortschritt abschottet und in einem überholten kulturellen Überlegenheitsgefühl gefangen bleibt. Die berühmte **Macartney-Delegation** legt das Problem offen zutage.

Im Sommer 1793 reist Earl George Macartney, »außerordentlicher und bevollmächtigter Botschafter seiner Majestät« des Königs George III. von England, ein kultivierter und erfahrener Diplomat, mit einer großen Delegation und den modernsten Produkten der englischen Wirtschaft wie Teleskopen, Uhren und Kanonen als Gastgeschenke für den dortigen Herrscher nach Peking. Er soll Kaiser Qianlong versichern, England erhebe anders als in Indien keine territorialen Ansprüche, es gehe ihm nur darum, Gesandte auszutauschen und vor allem auch über andere Häfen in China außer dem bis dahin einzigen für Ausländer offenen Hafen im südlichen Kanton »zum beiderseitigen Vorteil« Handel treiben zu können.

Die Briten beziehen über Kanton schon viel Seide, Tee und Porzellan, die Chinesen umgekehrt dagegen kaum etwas aus dem Königreich. Entsprechend groß ist dessen bilaterales Handelsdefizit, was London durch entsprechende Silberlieferungen ausgleichen muss. Diesen Zustand will der englische König beenden und mehr Waren in China absetzen.

So logisch das Begehren für die Briten ist, so uninteressant erscheint es den Chinesen. Ihr Land hat einen großen Binnenhandel und ist deshalb aus ihrer Sicht nicht auf einen großen Außenhandel angewiesen. »Die Chinesen«, so Sir Robert Hart, der spätere britische Chef der chinesischen Zollverwaltung in seinen Tagebüchern, »haben das beste Essen der Welt: Reis, das beste Getränk: Tee und die beste Bekleidung: Baumwolle, Seide und Pelz. Da sie diese Waren besitzen, müssen sie keinen Penny ausgeben, um im Ausland etwas zu kaufen.«

In Peking verhandeln die kaiserlichen Mandarine mit dem englischen Abgesandten erst einmal lange über die Formalitäten einer Audienz beim Kaiser. Macartney weigert sich, dem üblichen Kotau zuzustimmen. Er besteht darin, sich drei Mal nacheinander vor dem Kaiser auf die Erde zu werfen und dabei jeweils drei Mal mit der Stirn den Boden zu berühren. Stattdessen will der Brite sich wie vor seinem eigenen König nur mit einem Knie auf dem Boden kurz verbeugen.

Um die »rothaarigen Barbaren«, wie sie die Delegation aus England nennen, mürbe zu machen, kürzen die Chinesen die anfänglichen Essensrationen um die Hälfte. Bis heute ist ungeklärt, ob Macartney den Kotau vor dem Kaiser am Ende gemacht hat oder nicht. Die englischen Aufzeichnungen sagen: nein, die chinesischen: ja. Wie auch immer – Macartney hat jedenfalls seine Audienz beim Kaiser bekommen. Dieser hält sich zu der Zeit in seiner Sommerresidenz Jehol, heute Chengde, in den Bergen etwa 200 Kilometer nordöstlich von Peking auf.

Anfang September wird der englische Abgesandte mitten in der Nacht einbestellt, muss anschließend drei Stunden warten, ehe ihn Qianlong schließlich morgens um 6 Uhr empfängt. Der alte Herrscher zeigt sich äußerst zuvorkommend, schickt den Gästen Speisen von seinem Tisch und reicht ihnen persönlich warmen Reiswein, was diese hoffnungsvoll stimmt, aber schon in der Han-Dynastie als »Köder für Barbaren« bekannt war.

Ebenso überreicht Qianlong Macartney als Geschenk für George III. eine Schatulle mit Edelsteinen, die sich angeblich bereits seit 800 Jahren im Besitz seiner Familie befanden. Zudem lädt er ihn zu dem Staatsbankett aus Anlass seines 83. Geburtstags am folgenden Tag ein. Über das Anliegen der Engländer verliert er allerdings kein Wort. Nach chinesischer Sitte kommt dies einer höflichen Ablehnung gleich.

Doch Macartney versteht das nicht. Die Gastfreundschaft des alten Kaisers erfüllt ihn mit Optimismus. Er kehrt nach Peking zurück und wartet dort weiter auf eine Antwort des Herrschers. Dessen Hofbeamten liefert er damit den endgültigen Beweis dafür, es mit einem Barbaren zu tun zu haben.

Um ihn endlich loszuwerden, sehen sie sich gezwungen, Macartney die Abfuhr schriftlich zu erteilen. Am 3. Oktober kündigen sie ihm mitten in der Nacht eine Audienz im Kaiserpalast an. Wieder muss er stundenlang bis zum frühen Morgen warten, ehe er in einen Raum gebeten wird, in dem er statt des Kaisers aber nur einen an seinen König adressierten Brief Qianlongs vorfindet.

Dieser ist offensichtlich schon vor dem Aufeinandertreffen in Jehol ausgearbeitet worden. Im Namen des »himmlischen Reiches« schreibt der »Herr des Himmels«, wie der Kaiser in China genannt wird, an den englischen König: »Seltsame und teure Gegenstände interessieren mich nicht. Wie Ihr Gesandter selbst sehen kann, haben wir alles. Uns fehlt es an nichts. Wir haben nicht den geringsten Bedarf für die Produkte Ihres Landes.«

Auch der Austausch von Gesandten bringe nichts. Die chinesische Kultur sei von der englischen so »grundverschieden«, dass »selbst wenn Ihr Gesandter in der Lage wäre, die Grundzüge unserer Zivilisation zu erfassen, Sie unsere Sitten und Gebräuche unmöglich auf Ihre fremde Erde übertragen könnten«. Im Übrigen bestehe Europa »aus vielen anderen Nationen. Wenn jede davon an unserem Hofe vertreten sein wollte, wie könnten wir dem zustimmen?« Die Sache sei »höchst unpraktisch«.

Der anmaßenden Zusicherung Macartneys, England verfolge in China keine territorialen Ansprüche, begegnet Qianlong mit einer noch größeren Anmaßung. Ihm sei die »einsame Abgelegenheit der britischen Insel, von der Welt durch Wasser getrennt, bekannt«, so der Kaiser. Peking hingegen sei »der Mittelpunkt der Welt«, daher sei es die »Pflicht« des britischen Königs, seine »Instruktionen fortan für alle Zeiten zu befolgen«, wenn er sich »der Vorzüge ewigen Friedens erfreuen« wolle.

Eine schärfere Abfuhr lässt sich kaum vorstellen. Eine größere Verkennung der machtpolitischen Realitäten allerdings auch nicht. Das »Reich der Mitte« ist längst zu einem »Reich der Mittelmäßigkeit« geworden, wie der Historiker Niall Ferguson von der Harvard-Universität es formuliert, weltfremd und selbstgenügsam, ja geradezu autistisch.

Kaiser Qianlong, in seinen Anfangsjahren noch ein guter Herrscher, hat zu diesem Zeitpunkt seinen Zenit längst überschritten, die Macht im Lande übt faktisch seine intrigante Lieblingskonkubine Ho Shen aus. Die einstigen kriegerischen Tugenden der Mandschuren sind schon unter Qianlongs Vater verlorengegangen. Die Militärtechnologie des Landes stagniert seit Jahrzehnten, die Bewaffnung der kaiserlichen Armee ist hoffnungslos veraltet. China besitzt zu der Zeit so gut wie keine Flotte. In einer feindlichen Auseinandersetzung wäre das Riesenreich dem kleinen England hoffnungslos unterlegen.

Doch die napoleonischen Kriege gewähren Peking noch einmal einen Aufschub. Es dauert bis 1816, ehe die Briten in Person von Lord Amherst einen zweiten Anlauf am chinesischen Kaiserhof unternehmen. Erneut vergeblich. London hat es inzwischen nicht mehr so eilig mit der Öffnung Chinas. Durch den zunehmenden Verkauf von Opium aus Indien ist aus dem bilateralen Handelsdefizit mit China in der Zwischenzeit ein Überschuss geworden.

Die Mandschu-Herrscher sehen dem illegalen Verkauf der Droge über den Hafen Kanton über Jahrzehnte zu, ohne einzugreifen. In ihren Augen vermindert der Drogengenuss in der reichen und immer schon zur Unbotmäßigkeit gegenüber dem fernen Peking neigenden Provinz nur die Gefahr einer Revolte gegen ihre Herrschaft. Erst als sich die Sucht immer weiter ins Land hinein verbreitet, wird der Kaiserhof unruhig.

1834 entsendet Außenminister Lord Palmerston den schottischen Marineoffizier Lord Napier zu einer dritten Mission nach Peking. Schon bei seiner Ankunft in Kanton bekommt er Ärger mit dem örtlichen Gouverneur. Dieser akzeptiert ihn nicht als Emissär, weil zu niedrig im Rang. Napier ist drauf und dran, sich mit Gewalt seinen Weg in die Hauptstadt zu bahnen, als er an Malaria erkrankt und stirbt. China erhält erneut Aufschub. Doch auch diese Zeit verstreicht ungenutzt.

1839 schickt der Kaiser schließlich den Mandarin Lin Zexu mit dem Auftrag nach Kanton, den illegalen Opiumhandel zu unterbinden. Lin lässt den Hafen blockieren und die Opiumvorräte in den Lagerhäusern der Briten verbrennen. Zudem schreibt er der britischen Königin Victoria einen Brief, der belegt, dass die chinesische Führung in dem halben Jahrhundert, das seit der Macartney-Mission vergangen ist, nichts dazugelernt hat. Der kaiserliche Beamte fordert das britische Staatsoberhaupt ultimativ und in drohendem Unterton auf, den Export von Opium nach China »sofort und ein für alle Mal« zu stoppen, »um den Frieden Ihrer Nation zu sichern und dazu unter Beweis zu stellen, dass Ihre Ehrerbietung und Unterordnung ehrlich gemeint sind«. Wenn nicht, werde der Handel mit England völlig eingestellt. Sein Land brauche dessen Produkte nicht, anders als umgekehrt. Importe seien für China »nur Spielzeug«.

Die Briten wissen zwar, dass sie mit dem Opiumhandel moralisch im Unrecht sind, aber sie wissen auch schon seit geraumer Zeit um ihre Überlegenheit gegenüber dem »Reich der Mitte«, das bis ins 15. Jahrhundert hinein der übrigen Welt technologisch noch weit voraus gewesen war. Während dieses seit Jahrhunderten in selbstgewählter Isolation selbstgefällig vor sich hin lebte und stagnierte, hat Europa große Fortschritte gemacht und war längst an ihm vorbeigezogen.

Seit der Reformation ist Geldleihe gegen Zinsen dort keine Sünde mehr, dem Reichwerden haftet nicht länger ein ethischer Makel an, es gilt nun im Gegenteil als gottgefällig. Dies löste einen gesellschaftlichen Motivationsschub aus, der seinerseits einen Quantensprung in der wissenschaftlichen und technologischen Entwicklung nach sich zog.

Durch die zahllosen Kriege der einzelnen europäischen Fürstentümer und Staaten miteinander sind diese China auch in der Kriegstechnik enteilt. Die chinesische Marine besitzt dagegen nur Segel- und keine Dampfschiffe. Die Kanonen des Heeres stammen noch aus der Ming-Zeit und haben keine drehbaren Lafetten. Die Kommandeure sind keine speziell geschulten und kampferprobten Soldaten, sondern Literaten und Beamte.

Lins Brief an den britischen König löst 1840 den **ersten Opiumkrieg** aus. 1842 muss das Große Kaiserreich, dessen Bruttoinlandsprodukt in Kaufkraft gemessen damals immer noch mehr als ein Viertel der Weltwirtschaft ausmachte, gegenüber dem kleinen britischen Königreich bedingungslos kapitulieren und den Vertrag von Nanjing unterzeichnen. Darin verpflichtet es sich, London für seine Kriegskosten voll zu entschädigen, die Insel Hongkong im Süden des Landes abzutreten, die Einfuhr von Opium offiziell zu akzeptieren und neben Kanton vier weitere Häfen zu öffnen: Schanghai, Ningbo, Fuzhou und Xiamen – samt exterritorialer Gebiete für britische Bürger. Die Exterritorialität gibt London erst 100 Jahre später, im Zweiten Weltkrieg, wieder auf.

Der Vertrag von Nanjing ist eine Schande und Demütigung für das stolze »Reich der Mitte«. Die Einwohner der britischen Konzession in Schanghai bezeichnen sich selbst bald wie Kolonialherren als »Shanghailander«. Britische Unternehmen wie Jardine Matheson forcieren den Opiumhandel. Ende des 19. Jahrhunderts ist fast jeder zwanzigste Chinese opiumsüchtig. Der Herrscher auf dem Kaiserthron hatte das »Mandat des Himmels« verloren. Aber weil es den Briten in China nicht um Territorial-, sondern um Handelsgewinne geht und die Präsenz der Ausländer vorerst mehr oder weniger auf den Rand des Riesenreichs beschränkt bleibt, kann sich die marode Qing-Dynastie noch mehr als ein halbes Jahrhundert halten.

Für 1850 ist eine Neuverhandlung des Vertrags von Nanjing vereinbart. Als die Chinesen mauern, beginnen die Briten, diesmal gemeinsam mit den Franzosen, 1856 den **zweiten Opiumkrieg**. Zwei Jahre später sieht sich Peking erneut zu einem schmachvollen Friedensschluss gezwungen. Der Vertrag von Tianjin bringt die Öffnung weiterer Seehäfen an der Küste, freien Zugang für Ausländer den Jangtse-Fluss hinauf ins Landesinnere hinein, Arbeits- und Bewegungsfreiheit für christliche Missionare sowie ständige diplomatische Vertretungen am Kaiserhof.

Dennoch haben die dortigen Herrscher offenbar immer noch nicht verstanden. Im darauffolgenden Jahr wollen sie den Gesandten Londons mit Gewalt daran hindern, nach Peking zu reisen. Briten und Franzosen greifen daraufhin 1860 erstmals die Hauptstadt an und brennen dort den Sommerpalast des Kaisers nieder. China muss eine Art Außenministerium einrichten und auf diese Weise anerkennen, dass andere Staaten mit ihm gleichberechtigt sind. Um das Gesicht zu wahren, wird es verschämt »Büro für die Verwaltung der Angelegenheiten aller Nationen« genannt.

Immerhin kann sich der Qing-Kaiser jetzt voll der inneren Gefahr zuwenden, die seine Herrschaft akut bedroht. Seit

1850 haben die Rebellen der **Taiping-Bewegung** eine große Zahl mit dem Qing-Regime Unzufriedener um sich geschart und fast den gesamten Süden des Landes unter ihre Kontrolle gebracht. Ihr Anführer Hong Xiuquan war beim Mandarin-Examen der ersten Stufe durchgefallen, hatte aus Wut darüber Rache geschworen, sich kurzerhand zum jüngeren Bruder von Jesus erklärt und gegen die Qing-Herrschaft Front gemacht.

Um die weitere Verbreitung der christlichen Lehre zu sichern und die vielen Missionare im Lande vor dem Häretiker zu schützen, entsenden die »fremden Teufel«, wie die ausländischen Besatzer von den Chinesen genannt werden, Freikorpssoldaten und versorgen die kaiserlichen Truppen mit modernen Waffen. So gelingt es diesen 1864, schließlich, Nanjing zurückzuerobern, das die Taiping-Rebellen inzwischen zu ihrer Hauptstadt gemacht hatten. Deren Anführer Hong kommt dabei ums Leben. Der Kaiser lässt dessen Urne ausgraben und mit einer Kanone die Asche in alle Winde verstreuen. Dennoch kann die Rebellion erst 1871 vollständig niedergeschlagen werden. Mit schätzungsweise 20 Millionen Toten, mehr als doppelt so vielen wie im Ersten Weltkrieg, gilt sie bis heute als größter Bürgerkrieg der Weltgeschichte.

Das Vordringen der Taiping-Rebellen bis Nanjing und der Ausländer bis Peking setzt ein Umdenken in der Führungsschicht des Landes in Gang. Die sogenannte »Bewegung zur Selbsterstarkung« entsteht, und eine Modernisierungsdebatte entbrennt. Doch sie geht nicht an die Wurzel des Übels. »Chinesisches Lernen für die Essenz, westliches Lernen für den praktischen Zweck«, lautet zwar ihre Parole; das westliche Lernen beschränkt sich allerdings im Wesentlichen auf den Einkauf moderner Waffen.

Dass dies nicht reicht, macht der Krieg mit Japan 1894/95 deutlich. Er endet mit einer weiteren schmachvollen Niederlage für China. Trotz westlicher Ausrüstung erweisen sich dessen Seestreitkräfte als hoffnungslos unterlegen. Es fehlt an

Training, Organisation und Granaten für die Schiffskanonen. Viele Geschosse explodieren zudem erst gar nicht. Sie sind mit Sand statt mit Sprengstoff gefüllt. Riesige Summen für die Aufrüstung der kaiserlichen Marine sind offenkundig veruntreut worden.

Erst jetzt greift auch am Kaiserhof die Erkenntnis um sich, dass das Land tiefgreifende Reformen braucht. 1898 gibt der erst 23 Jahre alte Throninhaber Guangxu grünes Licht für ein Reformprogramm nach dem Vorbild der Meji-Restauration und der Abschaffung des Shogunats in Japan. Ausgearbeitet haben es Kang Youwei und sein Schüler Liang Qichao, zwei Modernisierungsverfechter aus der traditionell weltoffenen Provinz Guangdong im Süden des Landes.

Kang will den durch Scholastiker verfälschten Konfuzianismus auf seine Ursprünge zurückführen. Sein politisches Reformprogramm sieht unter anderem eine allgemeine Schulpflicht, den Hochschulzugang für breitere Schichten, zeitgemäße Inhalte für die akademischen Prüfungen, eine Neuorganisation des Staates sowie die Industrialisierung des Landes vor.

Doch die Kaiserin-Mutter Cixi vermutet dahinter einen Trick der Han, die unbeliebt gewordene Mandschuren-Dynastie loszuwerden. Sie ist stärker als der junge Herrscher auf dem Thron und macht den sogenannten »Reformen der 100 Tage« ein Ende. Zu Hilfe kommt ihr dabei der Geheimbund der **Boxer**. Dieser rekrutiert sich vornehmlich aus tief in der chinesischen Tradition verhafteten Bauern, die den fremden Einflüssen aus dem Westen feindlich gegenüberstehen und die christlichen Missionare aus dem Land vertreiben wollen. Im Jahr 1898 beginnen die Boxer einen Aufstand, attackieren fremde Prediger und zum Christentum konvertierte Landsleute.

Als sie im Jahr 1900 das Gesandtschaftsviertel in Peking belagern, marschieren erneut ausländische Truppen, diesmal mit Kontingenten aus den USA, Japan, Russland, Großbritannien, Frankreich, Italien, Österreich und nicht zuletzt Deutschland, in der Hauptstadt ein, schlagen den Aufstand blutig nieder, plündern und brandschatzen. China wird zudem zu hohen Reparationszahlungen gezwungen. Im letzten Jahr der Qing-Dynastie machen Zins und Tilgung für die finanziellen Lasten daraus allein die Hälfte des Staatshaushalts aus.

Der Zusammenbruch der Dynastie, der sich bereits vor über einem halben Jahrhundert angekündigt hat, ist nun unausweichlich geworden. Nach den wiederholten Demütigungen durch ausländische Mächte, dem Verlust der Region um Wladiwostok in der äußeren Mandschurei und der äußeren Mongolei an Russland sowie der inneren Mandschurei und Taiwans an Japan ist für die Chinesen offenkundig: Der Himmel hat dem Regime das Mandat entzogen.

Hinzu kommt der anhaltende wirtschaftliche Niedergang. Während in Europa die Reallöhne im 18. und 19. Jahrhundert deutlich gestiegen waren, sind sie in China ebenso deutlich verfallen. Schon im 18. Jahrhundert war der Lebensstandard in London doppelt so hoch wie in Peking. Im 19. Jahrhundert stieg er dann sogar auf das Sechsfache.

Der Sieg Japans über die westliche Großmacht Russland im Jahr 1905 veranlasst den amtierenden Qing-Kaiser zu einem letzten verzweifelten Modernisierungsversuch: Er schafft die konfuzianischen Staatsexamen ab und erklärt sich zu einer konstitutionellen Monarchie bereit. Doch es ist zu wenig und zu spät. Mit wachsender Unterstützung des Volkes kämpfen vor allem aus dem Ausland, speziell Japan, zurückgekehrte Studenten bereits für das Ende des Kaisertums und für die Republik.

Ihr Anführer ist ein anglikanischer Christ und zum Arzt ausgebildeter Bauernsohn aus der Nähe von Kanton mit Namen **Sun Yatsen** (Pinyin: Sun Yixian). Als sich Teile der kaiserlichen Armee den Revolutionären anschließen, fällt innerhalb weniger Wochen bis auf die Umgebung von Peking ganz China von der Dynastie ab.

Am 1. Januar 1912 wird die **Republik China** ausgerufen,

Sun Yatsen zu ihrem ersten provisorischen Präsidenten ernannt und Nanjing zur neuen Hauptstadt erklärt. Kaum zwei Monate später schließt sich gegen das Versprechen, ihm das Präsidentenamt zu überlassen, auch General Yuan Shikai, der Kommandeur der letzten kaiserlichen Streitkräfte in und um Peking, der Revolution an. Yuan ist jedoch alles andere als ein Anhänger republikanischer Ideen. Insgeheim will er die Monarchie wiederherstellen und sich selbst zum neuen Kaiser ausrufen lassen. Aber ehe er sein Vorhaben in die Tat umsetzen kann, stirbt er 1916. Sun Yatsen wird nun endgültig Präsident.

Er will ein demokratisches, starkes und wohlhabendes China und plant tiefgreifende gesellschaftliche Reformen. Es gelingt ihm und der von ihm gegründeten Nationalen Volkspartei (*Guomindang*) jedoch nicht, ihr Programm umzusetzen. Der republikanische Gedanke ist in China offensichtlich noch zu schwach. Wie schon so oft in seiner langen Geschichte versinkt das Riesenreich wieder einmal in Chaos und Bürgerkrieg. Bereits seit dem Ende der Taiping-Rebellion haben sich Militärmachthaber, sogenannte Warlords, regional im Lande festgesetzt. Sie sind nicht bereit, sich der neuen republikanischen Zentralgewalt zu fügen, und bekriegen sich auch gegenseitig.

Japan, das es nach seinem Sieg über die chinesische Flotte 1895 dem Westen nachgemacht und sich die Insel Taiwan einverleibt hat, nutzt die Gelegenheit. Um China weiter schwach und zerstritten zu halten, unterstützt es die Warlords. Mit dem Ziel, seinen Rohstoff- und Nahrungsmittelnachschub auszuweiten, siedelt es 800 000 Landsleute in der Mandschurei an.

1917 tritt die chinesische Republik auf Seiten der Alliierten in den Ersten Weltkrieg ein. Über 200 000 Chinesen helfen an der Front in Frankreich, Schützengräben gegen die Deutschen auszuheben, Tausende kommen dabei ums Leben. China setzt darauf, dass es als Lohn dafür bei einem Sieg über das deutsche Kaiserreich dessen Kolonie Qingdao zurückbekommt. Die chinesische Delegation bei den Friedensvertragsverhandlungen in Versailles und mit ihr das ganze Land erleben jedoch eine bittere Enttäuschung: Die westlichen Alliierten hatten Qingdao längst Japan versprochen. Und dabei bleibt es am Ende auch.

China wird sich erneut schmerzhaft seiner Schwäche bewusst. Die Folge davon ist die sogenannte **Bewegung des 4. Mai.** An diesem Tag im Jahr 1919 demonstrieren Studenten auf dem Tianmen-Platz in Peking gegen das Ergebnis von Versailles. Die Demonstration gilt als Startschuss für die Radikalisierung der Modernisierer und ihre Hinwendung zum Sozialismus.

Die Gegner der konfuzianischen Kultur, die das Land nach wie vor prägt, auch wenn sie nicht mehr Staatsreligion ist, machen mobil. »Die Babylonier sind verschwunden«, so Chen Duxiu, damals Leiter der philosophischen Fakultät der Peking-Universität, »was nutzt ihnen jetzt ihre Zivilisation?« Statt des Unterrichts in den klassischen Schriften fordern die Reformer mehr Allgemeinbildung und praktische Ausbildung.

Prominentester intellektueller Vertreter der Abkehr von der überlieferten Kultur ist der Schriftsteller Lu Xun (1881–1936). Seine Texte spiegeln einen regelrechten kulturellen Selbsthass. Er verdammt den Konfuzianismus als »Müll«, der weggeworfen werden müsse, weil er die Menschen schwach und passiv mache und damit ein starkes China verhindere, das fremden Mächten Paroli bieten könne.

Auch der herrschenden Guomindang-Partei ist unter dem Eindruck des Chaos im Lande zunehmend weniger an Parteienpluralismus und stattdessen immer mehr an einem starken Staat gelegen. Als Sun Yatsen 1925 stirbt, übernimmt Armee-Chef **Tschiang Kaishek** (Pinyin: Jiang Jieshi) die Kontrolle in der Partei und damit auch in der Republik. Er hat eine schillernde Vergangenheit. Als junger Mann war Tschiang Mitglied der sogenannten Grünen Bande, eines mächtigen Gangstersyndikats in Schanghai, das den Drogenhandel in der Stadt kontrollierte. Später heiratete er die in den USA ausgebildete evangelische Christin Soong Mailing aus der damals reichsten und mächtigsten Familie Schanghais und trat selbst zum Christentum über.

Als Staatschef paktiert er nun mit den durch Schmuggel reich gewordenen Bankern seiner Geburtsstadt Ningbo und kassiert von ihnen Schutzgeld. Wegen Tschiangs korrupten Wesens bricht Sun Yatsens Witwe Soong Chingling, eine Schwester von Soong Mailing, schließlich sogar mit ihrer Familie und wendet sich Tschiangs Gegnern, den Kommunisten, zu.

Während der Generalissimo sich die Taschen füllt, besetzt Japan 1931 die Mandschurei und gründet die Vasallen-Republik Mandschukuo. Es ist der Auftakt zu einem Krieg mit China, in dessen Verlauf später auch Peking, Schanghai, Nanjing und Kanton besetzt werden und in dem erneut bis zu 20 Millionen Chinesen ihr Leben verlieren.

Tschiang zieht sich mit seiner Regierung aus Nanjing nach Chongqing weiter ins Landesinnere zurück. Er nutzt die japanische Aggression, um sich diktatorische Vollmachten einräumen zu lassen. Die Republik von Sun Yatsen hat endgültig ausgespielt. Doch Tschiang gelingt es nicht, die Probleme zu lösen, die das Volk drücken. Zwar unterstützt ihn der amerikanische Präsident Franklin Delano Roosevelt, der unter tätiger Mithilfe zahlreicher amerikanischer Missionare China zu einem christlichen Land machen will. Gleichwohl schafft es Tschiang weder die Japaner zu vertreiben noch die darniederliegende Wirtschaft in Gang zu bringen und das Leben der Bevölkerung zu verbessern.

Die Kommunisten, die 1935 von ihm schon einmal nahezu bis zur Bedeutungslosigkeit dezimiert worden waren, nutzen den Kampf gegen die japanischen Invasoren dagegen geschickt, um sich als die besseren Patrioten zu zeigen. Zudem machen sie sich zum Schutzpatron der vernachlässigten Landbevölkerung und bekommen von dort immer stärkeren Zulauf. Vor allem viele Menschen in traditionell besonders armen Provinzen des Landesinneren wie in Maos Heimat Hunan, in Guizhou, Sichuan und Shaanxi sowie Angehörige gesellschaftlicher Randgruppen schließen sich ihnen an.

Am Ende haben die Kommunisten die große Mehrheit der Chinesen und sogar einen Großteil der intellektuellen Elite des Landes hinter sich. Sie sind von dem korrupten und verderbten Regime Tschiangs angeekelt. Aus dem langen, blutigen Bürgerkrieg geht Revolutionsführer **Mao Zedong** schließlich als Sieger hervor. Am 1. Oktober 1949 ruft er die Volksrepublik China aus. Tschiang und seine Gefolgsleute fliehen nach Taiwan und begründen dort die Republik China neu.

Bald zeigt sich, dass der »Große Steuermann«, wie Mao genannt wird, sein Land von Grund auf verändern und sein jahrtausendealtes Wertesystem ausradieren will. China, so Mao, sei »wie ein leeres Blatt Papier, auf das sich die schönsten Schriftzeichen malen lassen«.

Sein Vorbild ist Kaiser Qin Shi Huang Di. Ihn will er an Brutalität sogar noch übertreffen. So rühmt er sich während der von ihm später ausgerufenen Kulturrevolution, er habe »hundert Mal so viele Gelehrte bei lebendigem Leibe begraben lassen« wie der Qin-Kaiser. Und wie dieser setzt er nicht auf Konfuzius, sondern auf die Legalisten, nicht auf Überzeugung, sondern Indokrination und Kontrolle.

Nach Jahrzehnten des Kriegs und Bürgerkriegs kommen die Chinesen für weitere drei Jahrzehnte nicht zur Ruhe. Maos Maschinerie der ideologischen Indoktrination arbeitet ohne Pause, eine Politkampagne löst die andere ab. Volkskommunen sollen das Fundament der Familie aushöhlen, die Kampagne »Lasst 100 Blumen blühen« die alten Intellektuellen vernichten, der »Große Sprung« das Agrarland China über Nacht zum Industriestaat machen, die »Große proletarische Kulturrevolution« das konfuzianische Denken endgültig ausrotten und einen neuen Menschen schaffen, der sich nicht mehr an seinen Familienbindungen orientiert, sondern allein an der Kommunistischen Partei. Die alte Kultur, die alten Sitten, Gewohnheiten und Ideen werden als »die vier Alten« verfemt. Maos Fußsoldaten, die Roten Garden, verbrennen unzählige Familienstammbücher.

Alle Chinesen sollen so werden wie der Soldat Lei Feng: Tag und Nacht selbstlos und aufopferungsvoll im Dienste der Parteiziele tätig. Er wolle, so hat Lei in seinem Tagebuch seinen Lebensinhalt definiert, »eine nie rostende Schraube in der revolutionären Maschinerie der Partei« sein.

Ein besonders augenfälliges und symbolträchtiges Beispiel für Maos permanente Revolution gegen die überlieferte chinesische Kultur und für den gedankenlosen Modernisierungsfuror seiner Genossen ist die weitgehende Zerstörung der von dem Ming-Kaiser Yongle Anfang des 15. Jahrhunderts errichteten Hauptstadt Peking.

Yongle hatte die Stadt von Geomanten nach kosmisch-spirituellen Maßstäben entlang einer auf den neuen Kaiserpalast ausgerichteten Nord-Süd-Achse bauen und von einer riesigen Stadtmauer umschließen lassen. Um die prachtvolle Nord-Süd-Achse herum entstanden wie Kapillaren um eine Hauptschlagader einzigartige Wohnviertel. Mit ihren schmalen Gassen (*Hutongs*) und ihren in sich abgeschlossenen Hofhäusern (*Siheyuan*) bildeten sie das dörfliche Leben nach. Die hohen Mauern um das Grundstück herum boten Ruhe- und Rückzugsraum für die Familie und Schutz vor fremden Einblicken; der Innenhof die Möglichkeit, einen kleinen Obst- und Gemüsegarten anzulegen und draußen in der Natur zu verweilen. Peking war so ein Spiegelbild der chinesischen Kultur, eine städtebauliche und architektonische Rarität erster Güte, die größte nahezu vollständig erhaltene Altstadt der Welt. Von diesem einmaligen Kulturdenkmal sind heute nur noch kleine Reste übrig.

Obwohl ihm Architekten und Stadtplaner raten, das alte Peking zu erhalten und an seiner westlichen Peripherie eine neue, moderne Hauptstadt zu errichten, bleibt der rote Kaiser bei seinem Plan. Statt Pagodendächern will er Schornsteine, statt schmalen Gassen breite Boulevards und große Plätze, statt H o f häusern H o c h häuser sehen. In den 50er Jahren lässt Mao den Platz des Himmlischen Friedens (*Tiananmen*) im Süden des alten Kaiserpalastes erweitern und bis auf wenige Tore die gesamte historische Stadtmauer einreißen; in den Jahren danach fällt nach und nach auch ein Großteil der historischen Denkmäler, der Hutongs und Hofhäuser der Abrissbirne zum Opfer. Heute, über ein halbes Jahrhundert später, planen seine Nachfolger im Süden der Metropole eine Art Hilfshauptstadt namens Xiongan mit Unternehmens- und Bankzentralen, weil Peking trotz der in die Stadt geschlagenen Schneisen am Verkehr buchstäblich zu ersticken droht.

Übertroffen wird Maos Barbarei am kulturellen Erbe des Landes aber noch bei weitem von den Menschenopfern, die das chinesische Volk dem egomanischen Gestaltungswillen des »Großen Steuermanns« bringen muss. Der »Große Sprung« löst die größte menschengemachte Hungersnot der gesamten Weltgeschichte aus und kostet zwischen 1958 und 1961 etwa 35 Millionen Chinesen das Leben. So hat es jedenfalls Yang Jisheng, ehemals Journalist bei der staatlichen Nachrichtenagentur Xinhua, in seinem 2008 erschienenen Buch »Tombstone« im Detail vorgerechnet.

Um die Stahlproduktion zu steigern, müssen Bauern beim »Großen Sprung« primitive Schmelzöfen bauen und bedienen. Währenddessen verrottet ein Großteil ihrer Ernte auf den Feldern oder wird von Heuschrecken vertilgt. Die können sich ungehindert vermehren und ihr Zerstörungswerk verrichten, weil Mao zu Beginn des »**Großen Sprungs**« auch dazu aufgerufen hatte, alle Spatzen im Lande zu vernichten, da diese jedes Jahr angeblich Tausende Tonnen an Getreide fressen.

Obwohl das Volk hungert und zig Millionen sterben, bleiben die vollen staatlichen Getreidespeicher geschlossen. Denn die kommunistischen Politkommissare melden weiter normale

Erträge nach oben. Mao liefert in der Zeit sieben Millionen Tonnen Getreide nach Russland, um damit Waffenkäufe zu bezahlen. Viele Chinesen müssen derweil nicht nur ihre Haustiere verzehren, es gibt sogar Berichte von Kannibalismus.

Nur wenige Jahre später bringt die **Kulturrevolution** mit ihrer Gewalt gegen Eltern, Familienmitglieder, Lehrer und Professoren den endgültigen GAU für die konfuzianisch geprägte Gesellschaft Chinas. Sie wird zu einem moralischen Trauma, das bis heute nachwirkt. Viele Chinesen hätten sich in dieser Zeit »wie Tiere benommen«, so Bo Yang, Autor der Schmähschrift »Der hässliche Chinese«. Er brandmarkt die Kulturrevolution als »chinesischen Holocaust« und wirft die Frage auf, ob »eine ganze Nation moralisch Degenerierter« überhaupt noch zu retten sei.

Doch wie immer in der chinesischen Geschichte erweist sich die kulturelle Tradition des Landes am Ende als stärker. Alle Versuche Maos, das überlieferte Wertesystem von Grund auf zu ändern, scheitern. »Der Abstand zwischen der Hierarchie ungleicher Beziehungen von Konfuzius und Maos auf die Volksmassen gestützter Politik« sei »viel größer« gewesen als der »zwischen dem europäischen Feudalismus und moderner pluralistischer Demokratie«, so der amerikanische Sinologe John King Fairbank. Der Abstand erweist sich als zu groß.

Nach Maos Tod besinnt sich China wieder auf sich selbst. Die Ära der Massenbewegungen, des Kultur- und Klassenkampfs ist vorbei. Zum ersten Mal seit vielen Jahrzehnten kehren Ruhe und Ordnung im Lande ein, und die Bevölkerung kann sich ihren privaten Angelegenheiten widmen. Aber in der Psyche der Chinesen haben die Mao-Jahre tiefe Schleifspuren hinterlassen.

Der Gründer der Volksrepublik, der so unendlich viel Leid und Tod, physische und psychische Zerstörung über sein Land und Volk gebracht hat, wird von diesem gleichwohl bis heute nicht verdammt. Die Chinesen rechnen ihm im Gegenteil nach wie vor und wohl für alle Zeiten hoch an, dass er die Schmach der japanischen Besetzung beendet, dem Land seine Unabhängigkeit wiedergegeben und China von einem Objekt wieder zu einem Subjekt der Geschichte gemacht hat.

Maos Nachfolger **Deng Xiaoping** ersetzt die E r z i e -
h u n g s diktatur seines Vorgängers durch eine E n t w i c k -
l u n g s diktatur. Und er orientiert sich dabei an Konfuzius. Von einem seiner Schüler nach dem Wichtigsten gefragt, das eine Regierung für ihre Bürger tun müsse, hatte dieser einst den Rat erteilt: »Bereichere Sie!« Und als der Schüler fragt, was danach komme: »Belehre sie!« In dieser Reihenfolge.

Deng weiß, dass China nur als wirtschaftlich entwickeltes Land seine Unabhängigkeit und Einheit bewahren und seine Partei die Macht nur erhalten kann, wenn sie den Chinesen mehr Wohlstand beschert. Dazu müssen diese wieder privatwirtschaftlich tätig werden, ihr Land eigenständig bewirtschaften und ihre Erzeugnisse auf dem Markt verkaufen können.

Hatte Mao mangels Kapitalismus und Arbeiterklasse in China die Bauern zum revolutionären Subjekt erklärt und so den Marxismus selbst schon ein gutes Stück weit sinisiert, geht Deng noch einen Schritt weiter. Er überträgt die »Entwicklung der Produktivkräfte«, die Karl Marx als Aufgabe des Kapitalismus betrachtet hat, in China dem Sozialismus und veranschlagt als Zeitraum dafür 100 Jahre – bis 2049.

Sozialismus bedeutet fortan einfach »Wohlstand für alle«. Erfolgreiche Kapitalisten werden so zu guten Sozialisten. Es sei »egal, ob eine Katze schwarz oder weiß« sei, so Dengs berühmtes Diktum, »Hauptsache, sie fängt Mäuse«. Kurz: Deng führt einen durch ein autoritäres Ein-Parteien-System staatlich gelenkten Kapitalismus ein und bezeichnet diesen als »Sozialismus chinesischer Prägung«. Seine Nachfolger haben diesen Kurs bis heute beibehalten.

Das Machtmonopol der Kommunistischen Partei (KP) gründet Deng auf die in der geschichtlichen Erfahrung seiner Landsleute tiefverwurzelte Angst vor Chaos. Sein Verweis darauf, dass wirtschaftliche Entwicklung zwingend Ordnung und Stabiliät voraussetze, leuchtet ihnen unmittelbar ein. Als Vorbilder dienen die erfolgreichen »Tigerstaaten« Taiwan, Südkorea und Singapur – damals allesamt noch autoritäre Ein-Parteien-Regime.

Wie einst der Buddhismus, so wird auch der zweite große Ideologie-Import Chinas, der Marxismus, den nationalen Verhältnissen angepasst. Die KP kann dabei auch auf alte chinesische Denkschulen wie den Legalismus und Mohismus zurückgreifen, die eine Reihe von Berührungspunkten mit sozialistischem Gedankengut aufweisen. Die Anhänger von Mo Zi haben bereits im späten 5. Jahrhundert vor unserer Zeitrechnung sowohl den Gleichheitsgedanken wie auch einen über die Familie hinausgehenden Gemeinschaftssinn und eine stärkere materielle Fortschrittsorientierung propagiert als Konfuzianer und mehr noch Taoisten. Wer anderen helfe, so ihre Lehre, helfe sich selbst und steigere die allgemeine Wohlfahrt.

Aber auch die über Jahrtausende dominierende Denkschule, der Konfuzianismus, bietet der Partei ideologische Anknüpfungspunkte. Deng und seine Nachfolger nutzen insbesondere sein Harmonie- und Ordnungsstreben sowie hierarchisches Denken und lassen so die fremdländische Lehre des Sozialismus in der geistig-kulturellen Tradition Chinas aufgehen.

Zugleich öffnet Deng das Land zur Welt. »Kein Land, das sich entwickeln will«, so der Reformer, »kann eine Politik der verschlossenen Tür verfolgen. Wir haben diese bittere Erfahrung gemacht, und unsere Vorfahren haben sie ebenso gemacht.« Damit China vorankommt, müsse es »seine Fenster öffnen – auch wenn einige Fliegen hereinkommen«. Dort, wo China immer am weltoffensten gewesen und traditionell der chinesische Unternehmergeist beheimatet ist, im Süden, richtet Deng mit Shenzhen, Zhuhai und Shantou in Guangdong sowie Xiamen in Fujian vier Sonderwirtschaftszonen ein, die über zahlreiche im übrigen Land unbekannte Freiheiten verfügen.

Dabei hat er nicht zuletzt die vielen Überseechinesen im Auge, die mehrheitlich aus Guangdong und Fujian kommen. Sie hatten schon Mao in den 50er Jahren angeboten, sich in der alten Heimat wirtschaftlich zu engagieren. Doch der hatte abgelehnt. Sein Nachfolger hingegen umwirbt sie aktiv. Und seine Rechnung geht auf. Über 80 Prozent der Auslandsinvestitionen in China kommen in den Anfangsjahren von Überseechinesen. Sie lösen einen Wirtschaftsboom aus, der in der Weltgeschichte einmalig ist. Binnen einer einzigen Dekade verdoppelt sich das Sozialprodukt des Landes. Die USA etwa haben dafür einst fast ein halbes Jahrhundert gebraucht. Mehr als drei Jahrzehnte lang wächst die chinesische Wirtschaft mit zweistelligen Zuwachsraten.

Kein anderes Land hat jemals in so kurzer Zeit so viele Menschen aus der Armut befreit – auch wenn dies mit hohen Kosten vor allem für Umwelt und Gesundheit verbunden ist. Das Milliardenvolk der Chinesen scheint wie losgelassen und nur noch ein Ziel zu kennen: Wohlstand. Deng Xiaoping hat die Richtung vorgegeben: »Reichwerden ist ruhmreich.«

Insgesamt haben Marxismus und Maoismus, trotz aller Massenkampagnen und Indoktrination, das Denken und Fühlen der Chinesen nur peripher beeinflusst. Im Kern bleibt es bis heute von seinen alten Philosophien geprägt, die bereits vor über 2000 Jahren entstanden sind. »Schaffen es ausländische Konzepte, ins Land zu kommen«, so hatte schon Lu Xun geklagt, »verändern sie sofort ihre Beschaffenheit – und die Chinesen sind auch noch stolz darauf.«

Mit der 4.-Mai-Bewegung wollte Lu ebenso wie später sein Bewunderer Mao Zedong den Konfuzianismus auf den Müllhaufen der Geschichte werfen. Doch sie scheitern, woran auch schon die fremden Eroberer des Landes gescheitert sind. Während die USA ihre Gründerväter immer mehr in Zweifel ziehen, besinnt sich China immer stärker auf seine Wurzeln.

Zusammen mit Taoismus, Buddhismus, Legalismus und Mohismus bildet der Konfuzianismus ein Substrat von Denk-, Gefühls- und Verhaltensmustern, das sich auch als **Volks-**

konfuzianismus oder mit dem Sinologen Oskar Weggel als »Meta-Konfuzianismus« bezeichnen lässt. Dieses Substrat, zu dem zuletzt noch der Sino-Sozialismus gekommen ist, hat sich über Jahrtausende in den Tiefenschichten der chinesischen Psyche abgelagert und verleiht den Chinesen bis heute ihren unverwechselbaren Charakter.

Er soll nachfolgend im Einzelnen beschrieben werden.

TEIL II

Erziehung und Sozialisation
Familie, Hierarchie, Bildung

Kultur ist die Summe aller Werte, Überzeugungen, Denkweisen, Sitten und Gebräuche, die den Angehörigen eines Volkes durch Erziehung und Sozialisation vermittelt werden und die diese ihrerseits wieder an die nächste Generation weitergeben.

Im Mittelpunkt des Wertesystems der westlichen Kultur steht das Individuum. Die christliche Religion betrachtet den Menschen als ein von Gott nach seinem Ebenbild geschaffenes, autonomes Wesen mit einem freien Willen. Renaissance und Reformation, Aufklärung und Liberalismus haben die zentrale Rolle des Individuums in unserer Kultur weiter gefestigt. Seine möglichst freie Entfaltung und Befähigung, die ihm von Gott gegebenen bzw. als natürlich und bedingungslos betrachteten Rechte wahrzunehmen, sind Ziel westlicher Erziehung und Sozialisation.

Chinesen haben ein grundlegend anderes Verständnis vom Menschen und verfolgen deshalb auch andere Ziele bei Erziehung und Sozialisation. Der Mensch existiert für sie nur in und durch die Beziehungen zu seinen Mitmenschen. Im konfuzianischen Denken ist das Ich keine autonome Größe, es schließt das Wir von vornherein mit ein. »Man kann nicht mit einer Hand klatschen«, so der Legalist Han Fei Zi. Bis fast ins Jahr 1000 unserer Zeitrechnung unterschieden Chinesen in ihrer Sprache nicht einmal klar zwischen Ich und Wir.

Das chinesische Ich ist ein »großes Ich« (*Dawo*), das Individuum gewissermaßen ein **erweitertes Individuum,** ein interdependentes im Unterschied zum independenten westlichen Ich. Der Psychologe Hwang Kwang-Kuo spricht von einem »relationalen Ich«. Chinesen betrachten sich als Teil eines Netzwerks, eines interpersonellen Geflechts aus Zuneigung, Pflicht und Verantwortung. »Von Geburt an«, so der Soziologe Sun Longji, »ist ein Chinese definiert durch eine bilaterale Beziehung zu einer anderen Person.«

Allein auf weiter Flur fühlen sich Menschen mit einem relationalen Ich noch weniger wohl als individualistisch erzogene Menschen. Wo e i n Chinese ist, ist denn auch der nächste gewöhnlich nicht weit. Meine Frau folgte ihrer älteren Schwester zum Studium nach Deutschland, und bald kam auch die jüngste Schwester noch nach. Von den rund fünf Prozent Einwohnern Panamas chinesischer Abstammung stammen mehr als die Hälfte aus einem einzigen ländlichen Bezirk in der Nähe von Kanton.

Das ausgeprägte Gruppendenken der Chinesen zeigt sich besonders augenfällig daran, dass diese runde Tische vorziehen, am liebsten zu sechst oder acht essen gehen und dabei nicht jeder für sich ein Gericht bestellt und isst, sondern alle zusammen verschiedene Gerichte auswählen, von denen sich jeder bedienen kann. Aufschlussreich sind auch die Produktbezeichnungen WeChat oder WeGame der Internetfirma Tencent im Unterschied zu iPhone oder iPad bei Apple-Produkten. Bei der Einführung des iMac hat Steve Jobs selbst erklärt, dass das »i« nicht nur für »Internet« steht, sondern auch für »Individuum«.

Chinesen haben einen anderen Begriff vom Individuum als wir, weil Konfuzianern die persönliche Beziehung des Christenmenschen zu seinem Gott fremd ist. Diese hat die westliche Kultur entscheidend geprägt – auch wenn heute viele Menschen dort nicht mehr religiös sind.

Der Konfuzianismus ist keine Religion, er kennt keinen Gott. Zwar ist in der Lehre viel vom Himmel (*Tian*) die Rede, aber darin wohnt kein Gott. Auf die Frage seines Schülers Zi Gong, ob es im Himmel Götter gebe, antwortet Konfuzius, dort gebe es die Sonne, den Mond und die Sterne. »Davon abgesehen, nehme ich an, muss der Himmel leer sein.« Als Zi weiterbohrt und fragt, warum die Menschen »dem Himmel dann so gottesfürchtig« opferten, erwidert der Meister: »Die Menschen brauchen etwas, worauf sie hoffen können.« Was den Schüler wiederum zu der Frage veranlasst, ob die Seele des Menschen weiterlebe, nachdem dieser gestorben sei. Die Antwort seines Lehrers: »Ein toter Mensch kann mit einer Lampe verglichen werden, der das Öl ausgegangen ist. Von ihm bleibt nichts außer dem Körper.« Auf Zi Gongs neuerliche Rückfrage, warum die Menschen denn dann den Ahnen opferten, sagt Konfuzius: »Wenn ich den Ahnen opfere, dann fühle ich mich so, als stünden sie vor mir und gäben mir Anweisungen, wie ich mich richtig verhalten soll.«

Für Konfuzianer ist der Mensch nicht Kind Gottes, sondern Produkt und Fortsetzung seiner Eltern und Vorfahren. Ihnen und ihrem Vorbild ist er verpflichtet und nicht einem Gott. »Respekt und Gehorsam gegenüber den Eltern sind die Wurzeln des Menschseins«, lautet ein Schlüsselsatz der konfuzianischen Philosophie. In wohl keinem Volk ist die eigene Herkunft daher so fest im Bewusstsein der Menschen verankert wie in China.

Basiseinheit der chinesischen Gesellschaft ist denn auch nicht das Individuum, sondern die **Familie**. »Kratzt man lange und tief genug am Chinesen«, so Lin Yutang, »stößt man immer auf seine Familiengesinnung.«

Chinesischen Kindern wird von Geburt an beigebracht, die Familie als wichtigste Größe in ihrem Leben zu betrachten, als einzigen Ort des Vertrauens und der Sicherheit, als Festung gegen eine gleichgültige, wenn nicht feindliche Umwelt. »Tausend Tage zu Hause Friede, ein Moment draußen Schwierigkeiten«, lautet ein chinesisches Sprichwort. Im Familienkreis bedanken sich Chinesen denn auch so gut wie nie für etwas. Sie betrachten es schlicht als selbstverständlich.

Nicht von ungefähr setzen Chinesen den Familiennamen dem Vornamen voran. Und das, obwohl es in dem Land mit seinen fast 1,4 Milliarden Einwohnern insgesamt nur etwa 700 Familiennamen gibt und eine Mehrheit sich rund 20 Namen teilt. Zig Millionen Chinesen heißen Wang oder Zhang, Chen oder Wen, Li oder Lin, Zhao oder Zhou. Zur Unterscheidung von anderen mit demselben Nachnamen greifen Chinesen deshalb gerne zu besonders bunten und phantasievollen Vornamen. »Bowen« etwa, der chinesische Vorname unserer Tochter Lea, bedeutet so viel wie »große weiße Wolke«. Zur weiteren Abgrenzung kommt dann noch ein Kindername, der nur innerhalb der Familie benutzt wird.

Chinesen werden nicht kollektivistisch erzogen, wie im Westen oft fälschlicherweise angenommen, sondern relationalistisch, genauer: familistisch. Die Qin-Dynastie hat ebenso wie zwei Jahrtausende später Mao Zedong versucht, die Menschen in einem kollektiven Geist zu erziehen. Beide sind damit gescheitert. Die Familie erwies sich immer als stärker.

Mit Familie sind dabei nicht allein Eltern und Kinder gemeint, sondern die Sippe, also ein größerer Kreis, der sich auf eine gemeinsame Abstammung berufen kann. Manchmal (wie etwa auch bei meiner Frau) umfasst dieser ein ganzes Dorf, in dem alle denselben Nachnamen tragen und einen gemeinsamen Ahnenschrein unterhalten. In der Familienüberlieferung und Ahnenverehrung leben die Verstorbenen auch nach dem Tode fort. Familienchroniken werden in China deshalb besonders gepflegt und reichen oft über viele Jahrhunderte zurück (die meiner Frau etwa bis in die Zeit der Südlichen Song-Dynastie). Die Ahnenverehrung im Familientempel ist eine quasireligiöse Betätigung. Familie ist für Chinesen Religionsersatz, Schutzraum und Sozialsystem in einem.

Das »große Ich«, das gemeinschaftliche Denken der Chinesen, endet jedoch an den Grenzen der eigenen Sippe. Sosehr es nach innen, in den Kreis von Familie (und guten Freunden) hinein Rücksichtnahme und Hilfsbereitschaft erzeugt, so sehr weckt es nach außen den Willen, sich von niemandem übertreffen zu lassen. Der Individualismus der Chinesen ist auf den Bereich jenseits von Familie (und guten Freunden) beschränkt, dort fällt er dann allerdings umso ausgeprägter aus.

»Nachdem er sich eine kleine Gemeinschaft geschaffen hat, überlässt er die große Gesellschaft gern sich selbst«, so charakterisierte Alexis de Tocqueville einst den Egoisten. In diesem Sinne sind Chinesen jenseits der Familie (und guten Freunden) Egoisten par excellence, wettbewerbsorientiert, ehrgeizig, ja rücksichtslos wie kaum ein anderes Volk.

Überall auf der Welt ist die Familie der Ort der primären Sozialisation. In ihr wird das Selbstwertgefühl des Einzelnen geprägt, wachsen Menschen in eine Kultur hinein, werden die Werte und Einstellungen einer Gesellschaft an die nächste Generation übertragen. »Nichts ist wichtiger«, so der Hirnforscher Wolf Singer, »als der erzieherische Prägungsprozess unserer Kinder.« Nirgendwo wird diese Erkenntnis ernster genommen und nirgendwo spielt die Familie bis heute dabei eine größere Rolle als in China. In den meisten westlichen Ländern hat sie dagegen durch immer individuellere Lebensentwürfe und alternative Familienmodelle in den vergangenen Jahrzehnten zunehmend an Bedeutung verloren.

Mit Hilfe der Hirnforschung lässt sich nachvollziehen, wie sich die kognitiven Strukturen des Kleinkindes an die Umwelt anpassen und von ihr geprägt werden. Bei der Geburt hat das Gehirn das Vorwissen aus der Erfahrung der phylogenetischen Entwicklung des Menschen. In der Zeit danach, bis in die Pubertät hinein, vollziehen sich durch Lernen und Erfahrung dann jedoch wesentliche Strukturveränderungen. Mit anderen Worten: In den ersten 15 Jahren entscheidet sich, wie wir die Welt wahrnehmen. Frühe Lernerfahrungen haben dabei besonders nachhaltige, ja irreversible Auswirkungen auf die Persönlichkeit.

Lange wurde angenommen, dass frühkindliche Prozesse universell sind. »Diese Vorstellung«, so Daniel Haun, Leiter des Leipziger Forschungszentrums für frühkindliche Entwicklung, »erweist sich zunehmend als falsch.« Bei Untersuchungen an kaukasisch- und chinesischstämmigen Neugeborenen in den USA etwa zeigten sich Letztere als weniger aktiv und reizbar. Sie hatten nicht so große Stimmungsschwankungen, fingen nicht so schnell an zu schreien und waren leichter zu beruhigen. Die Ursache dafür verorten die Wissenschaftler in der Erziehung zur **Zurückhaltung und Kontrolle der Emotionen,** die in China seit Jahrtausenden gepflegt und inzwischen offenbar vererbt wird.

Während Eltern und Erzieher im Westen Kinder zumindest bis ins Vorschulalter hinein dazu ermuntern, sich auszutoben, wird in China Zurückhaltung belohnt. Chinesen sagen ihren Kindern etwa nur selten, dass sie sie lieben. Liebe zeigen sich Chinesen gegenseitig generell weniger mit zärtlichen Worten oder Umarmungen als durch handfeste Taten; Kinder ihren Eltern gegenüber zum Beispiel durch fleißiges Lernen in der Schule.

Wer sich derart in die Gemeinschaft eingebunden sieht wie die Chinesen, tut gut daran, sich grundsätzlich zurückzuhalten. Schon Konfuzius lobte seinen Lieblingsschüler Yan Hui mit den Worten: »Hui gab seinen Ärger nicht weiter.« Meine Frau mag es bis heute nicht, dass ich im Restaurant protestiere, wenn das Essen lange auf sich warten lässt, oder ich mich im Straßenverkehr über Rowdys aufrege. Sie empfindet in solchen Situationen zwar ganz genauso, sieht im offenen Ausdruck dieser Empfindung jedoch einen Mangel an Selbstkontrolle.

Wenn Chinesen vor allem in der Öffentlichkeit kaum Emotionen zeigen, heißt das also keineswegs, dass es ihnen an Gefühlen fehlt. Sie haben dafür nur andere Ausdrucksweisen und wollen sich von ihnen – zumal vor Außenstehenden – nicht überwältigen lassen. Was uns im Westen bei Chinesen oft als Duldsamkeit, Gefühlsarmut oder Kälte erscheint, ist für diese eine anerzogene Tugend. Menschen, die ihre Emotionen nicht im Griff haben, gelten ihnen traditionell als »Barbaren«.

Zuwendung und Kontrolle sind die zentralen Dimensionen jeder Kindererziehung. Erfahren Kinder viel Zuwendung und Unterstützung von ihren Eltern, setzen diese mehr auf Überzeugung als auf Zwang und geben ihnen Bewegungsspielraum, reifen sie in der Regel zu optimistischen und selbstsicheren Erwachsenen heran. Fühlen sie sich dagegen ständig kontrolliert, gegängelt, häufig bestraft oder gar zurückgewiesen, werden sie unsicher und verschlossen, argwöhnisch und pessimistisch. So sehen es jedenfalls westliche Psychologen.

Im Vergleich mit anderen Kulturen sind chinesische Eltern gegenüber ihren Kindern zwar aufs Ganze gesehen nur gemäßigt warmherzig und setzen stark auf Kontrolle. Allerdings sind dabei verschiedene zeitliche Abschnitte zu unterscheiden.

Gegenüber Kleinkindern, also in dem besonders prägenden Alter, in dem Kinder noch kein Ich-Bewusstsein haben, sind chinesische im Vergleich zu westlichen Eltern eher liebevoller und permissiver. So werden Babys meist getragen und nicht im Kinderwagen herumgefahren, schlafen bei den Eltern und nicht in einem eigenen Bett. Zudem erfahren sie, wie die Psychologen sagen, kaum orale Deprivation. Das heißt: Sobald sie anfangen zu schreien, bekommen sie sofort etwas zu essen. Vielleicht erklärt das auch, warum die Chinesen, die ansonsten keinen gesteigerten Wert auf Pünktlichkeit legen, die Essenszeiten fast schon obsessiv genau einhalten.

Empirische Studien mit chinesischen Kindern im Alter von zwei Jahren zeigen, dass sie sich näher bei ihrer Mutter aufhalten, weniger herumkrabbeln, um die Umgebung zu erkunden, und Fremden gegenüber ängstlicher sind als westliche

Kleinkinder. Von der gesamten Familie und Verwandtschaft, besonders vonseiten der Mutter mit viel Nähe, Wärme und Zuneigung umhegt, erfahren sie den Familienkreis in ihren ersten besonders prägenden Lebensjahren so als Raum des Vertrauens, der Gegenseitigkeit und Geborgenheit. Diese Zeit endet nach zwei bis höchstens drei Jahren, also noch bevor das Kind ein Bewusstsein von sich selbst und einen eigenen Willen entwickelt. Dann beginnt die körperliche Abnabelung von der Mutter; Kontrolle, Einschränkung und Sanktionen treten zunehmend an die Stelle von Wärme und Zärtlichkeit.

Die Kinder besuchen nun ganztägig den Kindergarten. Nach westlichen Maßstäben ist dieser eine Vorschule. Dort steht das Einüben von Höflichkeit, (Selbst-)Disziplin und Wettbewerbsgeist auf dem Programm. Dazu lernen die Kinder erste Schriftzeichen und den Umgang mit Zahlen. Motivation erfolgt hauptsächlich über Tadel, weniger über Lob. Chinesische Lehrer und Erzieher kritisieren ihre Schüler vor den Mitschülern. Fleißiges und gewissenhaftes Lernen bekommt den Vorzug vor spielerischem Lernen, Autorität vor Überzeugungskraft, Einordnung vor Unabhängigkeit, Gehorsam vor Selbständigkeit. So lernen Chinesen früh, ihre eigenen Wünsche und Vorlieben zurückzustellen, Ärger runterzuschlucken, die Zähne zusammenzubeißen.

Junge Chinesen, die Schulen und Universitäten im Westen besuchen, können deshalb auch oft mit der Freiheit nicht gut umgehen, die ihnen dort eingeräumt wird. Ohne die gewohnte enge Führung durch Eltern und Lehrer geraten viele auf Abwege.

Selbstverwirklichung vollzieht sich für Chinesen weniger in der Wahrnehmung von Rechten als durch das Erfüllen ihrer Pflichten vor allem gegenüber Eltern und Familie. Sie darauf vorzubereiten, ihren Platz in der Gemeinschaft kennen, sich diesem gemäß verhalten und dabei die eigene Persönlichkeit weiterentwickeln zu lernen, das ist die Aufgabe von Erziehung,

Bildung und Sozialisation in China nach den ersten Kindheitsjahren. Im Schulunterricht, der mit sechs Jahren beginnt und sich in eine sechsjährige Grund- sowie eine jeweils dreijährige Mittel- und Oberschule unterteilt, werden die zuvor zu Hause und in der Vorschule eingeübten Verhaltensweisen systematisch verstärkt und das Wissen erweitert. An fünf Tagen in der Woche büffeln chinesische Schüler jeweils mindestens acht Stunden lang vor allem Schriftzeichen und Mathematik. Der Samstag ist weitgehend mit Nachhilfe belegt. Zeit zur freien Verfügung bleibt kaum.

Während Schulen im Westen im Allgemeinen darauf bedacht sind, keinen Schüler zurückzulassen, dienen sie in China dazu, die **Spreu vom Weizen** zu trennen. Der Wettbewerb der Schüler untereinander ist beinhart.

An Grund- und Mittelschule sind gut 50 Kinder und mehr pro Klasse keine Seltenheit. Dies macht einen diskursiven Unterricht praktisch unmöglich und lässt wenig Raum für individuelle Betreuung. Auch Arbeit im Team ist selten. Lehrerzentrierter Frontalunterricht herrscht vor. Chinesische Schüler (und später auch Studenten) hören ruhig und aufmerksam zu. Lehrer und Professoren werden nicht hinterfragt oder gar herausgefordert. Disziplinprobleme gibt es kaum.

»Kulturen, die etwas auf sich halten«, so der Hirnforscher Wolf Singer, »weisen jenen, die das Wissen an die Jüngeren weitergeben, eine sehr hohe gesellschaftliche Position zu.« Während im Westen die Meinung weit verbreitet ist: »Wer kann, macht, wer nicht kann, lehrt«, genießen Lehrer in China nahezu dieselbe Ehrerbietung wie die eigenen Eltern. In der konfuzianischen Tradition sind Lehrer nicht nur Wissensvermittler, sondern auch moralische Autoritäten. Die Schüler sprechen sie nicht mit »Herr oder Frau X« an, sondern mit »Lehrer oder Lehrerin (*Laoshi*) X«. Lehrer waren in China jahrtausendelang synonym mit der konfuzianischen »Schule der Gelehrten«, der es gerade auch um Tugendbildung ging. Wenn meine Frau Dritten von ihrem Vater erzählt, erwähnt sie nicht seinen hohen Offiziersdienstgrad, sondern seine ehemalige Funktion als Professor an einer Militärakademie.

Wie die Eltern schätzen chinesische Lehrer das brave, angepasste Kind: leise, zurückhaltend, höflich, diszipliniert, fleißig und leistungsorientiert. Chinesische Kinder kommen uns im Westen deswegen oft als introvertiert bis schüchtern, ja manchmal geradezu gehemmt vor. Internationale Vergleichstests zeigen, dass sie verbal weniger ausdrucksstark und im Beisein von Fremden angespannter, passiver und weniger offen sind als Kinder im Westen.

Außerhalb von Familie und Freundeskreis zeigen sich auch erwachsene Chinesen oft wenig gesellig und kommunikativ. Smalltalk ist nicht ihre Sache, als Redner und Podiumsteilnehmer bleiben sie fast immer blass. Kaum ein Herrscher in China hat das Instrument der Volksrede gerne genutzt.

Rednerische Fähigkeiten, seit der Athener Demokratie im Westen hochgeschätzt und vor allem in angelsächsischen Ländern auch in Schule und Universität gezielt gefördert, genießen in der konfuzianischen Bildung kein besonderes Ansehen. Public Relations ist keine chinesische Disziplin. »Der Edle schämt sich dafür«, so Konfuzius, »dass seine Worte seine Taten übertreffen.«

Für Chinesen ist **Schweigen Gold** und Reden nicht einmal Silber. Sich gegenüber Fremden reserviert zu verhalten, sehen sie als Beleg für gute Erziehung, Reife und Umsicht. Sie sprechen nicht gern über sich, sondern hören lieber zu. »Je stiller du bist, desto mehr kannst du hören«, so ein Sprichwort.

Das hohe Maß an Selbstkontrolle ist vor allem dem harten Daseinskampf in einem Agrarstaat geschuldet, der im Verhältnis zu seiner großen Bevölkerung nur über eine sehr geringe landwirtschaftliche Nutzfläche verfügt. Daraus ergab sich stets der Zwang zu einer intensiven Bodennutzung. Und diese wiederum verlangt ein möglichst harmonisches Zusammenleben in Familienverband, Nachbarschaft und Dorfgemeinschaft.

Chinesen sind es seit jeher auch gewohnt, eng aufeinander zu leben und wenig Privatsphäre zu haben. 95 Prozent der Bevölkerung wohnen auf nur einem Drittel der Fläche des Landes östlich der sogenannten Hu-Linie, benannt nach dem Demographen Hu Huanyong. Sie verläuft von Tengchong an der Grenze zu Burma im Südwesten nach Heihe an der Grenze zu Sibirien im Nordosten. »Die chinesische Kultur«, so der Psychologe Michael Harris Bond, »ist kein Ort für Leute, die allein sein wollen.«

Ich werde nie vergessen, wie ich mir bei einer Wanderung auf dem Baiyun-Berg in der Millionen-Metropole Kanton vor vielen Jahren einmal den Knöchel verstauchte und die Ambulanz eines Krankenhauses aufsuchen musste. Im Behandlungsraum wurden der Arzt und ich wie selbstverständlich von einer Schar neugieriger anderer Patienten umringt. Damals fing ich an zu begreifen, warum China kein Land für Individualisten und Selbstkontrolle dort eine zentrale Tugend ist. Internet, moderne Kommunikations- und Überwachungsmittel haben die Privatsphäre weiter reduziert.

Weil sich in China so vieles unter den Augen und Ohren von Nachbarn, Öffentlichkeit und Behörden abspielt, ist es besonders wichtig, sich möglichst kontrolliert, unauffällig und bescheiden zu verhalten und bestimmte Regeln im Umgang miteinander zu beachten. Zurückhaltung und Höflichkeit werden unter diesen Umständen zu einer Frage der Klugheit. Deswegen machen sich Chinesen auch gern klein. Gastgeber bezeichnen selbst ein raffiniertes Essen als »einfach« und wertvolle Gastgeschenke nur als »Kleinigkeit«. Und beim Anstoßen versucht jeder, sein Glas niedriger zu halten als sein Gegenüber.

Die althergebrachten Rituale dienen der **Harmonie** der Gesellschaft. Sie stellt ein Kernelement der chinesischen Kultur dar. Für Konfuzius war sie »von höchster Bedeutung«.

Monumentaler Ausdruck des Harmoniedenkens der Chinesen ist der in der Ming-Zeit erbaute Kaiserpalast in Peking, im Westen besser bekannt als »Verbotene Stadt«. Den Haupteingang zu der riesigen Anlage am »Platz des Himmlischen Friedens« bildet das »Tor der höchsten Harmonie«. Die drei großen Hallen in ihrem Zentrum sind erstens die »Halle der höchsten Harmonie«; dort wurden wichtige Staatsakte wie die Inthronisation des Kaisers vollzogen. Es folgt die »Halle der vollkommenen Harmonie«; sie diente dem Herrscher als Ort der Vorbereitung auf große Zeremonien. Den Abschluss bildet schließlich die »Halle zur Erhaltung der Harmonie«; in ihr wurden Bankette gefeiert, Abordnungen von tributpflichtigen Staaten empfangen und die kaiserliche Beamtenprüfung abgehalten.

Anders als im Westen vielfach angenommen, verstehen Chinesen unter gesellschaftlicher Harmonie nicht etwa Uniformität, Konformität oder Gleichmacherei. Ihnen geht es dabei vielmehr um die friedliche Koexistenz bzw. Bewältigung von Differenzen, die sich aus der natürlichen Ungleichheit der Menschen und einer in der Folge hierarchisch strukturierten Gesellschaft ergeben. »Ein Edler strebt nach Harmonie, nicht nach Uniformität«, so Konfuzius.

Mit **Ungleichheit** haben Chinesen viel weniger Probleme als die Menschen in westlichen Ländern und gerade auch in Deutschland. Sie gilt ihnen als unvermeidliche Begleiterscheinung des Lebens. Und sie haben schmerzvoll am eigenen Leibe erfahren, dass sich (Ergebnis-)Gleichheit, wenn überhaupt, nur durch Nivellierung nach unten erreichen lässt. Maos Egalitarismus war ein geistiger Import aus dem Westen und ist den konfuzianisch geprägten Chinesen stets fremd geblieben.

Noch heute erinnere ich mich lebhaft daran, wie sich meine Frau, gerade frisch aus der Volksrepublik China zum Studium nach Deutschland gekommen, über die »Gleichmacherei« hierzulande wunderte. Und wie erstaunt ich damals über sie war. Kam sie nicht aus einem kommunistischen Land?

In den Augen von Konfuzianern sorgt nicht (Ergebnis-) Gleichheit für gesellschaftliche Harmonie, sondern das Anerkennen von natürlicher Ungleichheit der Talente und Leistungsfähigkeiten auf der Basis prinzipieller Chancengleichheit und der Möglichkeit des Aufstiegs verbunden mit Ordnung und gegenseitigem Respekt.

In Form der kaiserlichen Beamtenprüfungen boten sich begabten und fleißigen Chinesen schon von alters her Aufstiegschancen, die im Westen erst sehr viel später mühsam erkämpft werden mussten. Die Herkunft spielte dabei, zumindest im Prinzip, keine Rolle. Zwar blieben Abkömmlinge von Bettlern und Huren, Musikern und Schauspielern von der Prüfung ausgeschlossen, und einfache Leute vermochten in der Regel weder die Zeit noch das Geld für die langwierige Examensvorbereitung aufzubringen; sie waren auf einen wohlhabenden Förderer aus der Verwandschaft angewiesen. Außerdem gab es zeitweise das sogenannte Yin-Privileg, das Söhnen von verdienten Beamten ohne Prüfung den Beamtenstatus erlaubte.

Insgesamt sorgte das strenge Examenssystem jedoch für eine beachtliche soziale Durchlässigkeit und Mobilität. Manche Chinaforscher sehen darin sogar den Hauptgrund dafür, dass sich in China keine demokratischen Strukturen wie im Westen entwickelt haben. Durch das frühe Verschwinden des Feudalismus und prinzipielle Eröffnen von Aufstiegschancen auch für untere Gesellschaftsschichten sei der Wunsch, ungerechtfertigte Privilegien zu beseitigen, für weite Teile der Bevölkerung weniger dringlich geworden.

Chinesen streben also nach Harmonie innerhalb von **Hierarchie**. Konfuzius spricht zwar von der »Würde« eines jeden Menschen, aber diese mache nicht alle gleich. Vielmehr falle sie für jeden Einzelnen anders aus, je nachdem, welche gesellschaftliche Rolle er wahrzunehmen habe: »Der Fürst sei Fürst, der Diener sei Diener, der Vater sei Vater, der Sohn sei Sohn.«

In Deutschland gilt es beispielsweise als ungehörig und herablassend, einen Taxifahrer mit »Fahrer« anzusprechen. Der Betroffene wäre wohl beleidigt. Wenn chinesische Taxifahrer mit »Shifou« angesprochen werden, fühlen sie sich dagegen in ihrer gesellschaftlichen Rolle gewürdigt.

Chinas Gesellschaft war seit jeher sehr stark durchhierarchisiert. Größe und Ausführung der Eingangstüren zu den alten, hinter hohen Mauern verborgenen Pekinger Wohnhöfen verrieten den sozialen Status ihrer Bewohner. Es gab Tore für einfache Leute, Tore, die Prinzenresidenzen vorbehalten waren, Tore für hohe Beamte und für wohlhabende Kaufleute.

Die kaiserlichen Mandarine hoben sich durch die Farbe ihrer Gewänder und das Material ihrer Kleidung voneinander ab. Eine Gürtelschnalle aus Elfenbein oder Silber, die Zahl der Drachenklauen auf den Schultermedaillons, ein Achat, Jadestein oder Federbusch auf dem Seidenhut – jedes Detail entschied über Rang und Ansehen mit.

Auch zu Zeiten der »blauen Ameisen«, als alle Chinesen den sogenannten Mao-Anzug trugen, der in Wirklichkeit jedoch auf Sun Yatsen zurückgeht, lebten unter der Uniform stets die alten Hierarchien weiter. Bis heute gelten für Partei, Staat und Militär zahlreiche Rangstufen, die über Gehalt, Pension, Größe und Qualität der Wohnung sowie eine Reihe von Privilegien bestimmen. Die herrschenden Führer der Kommunistischen Partei legen fast so viel Wert auf Symbolik, Zeremoniell und Protokoll wie einst die Kaiser.

Die Partei- und Staatsspitze hat sich in Zhongnanhai, den früheren kaiserlichen Gärten gleich neben dem ehemaligen Kaiserpalast, hinter ebenso hohen und zinnoberroten Mauern eine eigene »Verbotene Stadt« geschaffen. Wenn der Kaiser diese verließ, musste der Verkehr in Peking ruhen; wenn Partei- und Staatsführer heute zum Flughafen wollen, werden die Ausfallstraßen dahin für sie gesperrt.

Wie frühere Dynastien hat sich auch die rote Dynastie ihre

eigenen Symbolbauten auf der historischen Nord-Süd-Achse direkt vor den Toren des Kaiserpalastes errichtet: die Große Halle des Volkes, das Museum der Geschichte, das Revolutionsdenkmal und das Mao-Mausoleum. Wurden die Kaiser früher vor den Toren der Hauptstadt begraben, liegt die Ruhestätte des ersten roten Kaisers mitten in ihrem Zentrum.

Das Hierarchiedenken in den Reihen der kommunistischen Elite hat teilweise schon groteske Züge angenommen. So gibt es für hohe Kader nicht nur eigene Krankenhäuser, sondern auch deutlich komfortablere Gefängnisse. Chinesische Diplomaten müssen im Ausland einen Großteil ihrer Zeit damit verbringen, Delegationen aus der Heimat zu begrüßen und zu bewirten, selbst wenn diese nur auf der Durchreise sind. Kommen zwei Delegationen am selben Tag an, können auch schon mal zwei Mittagessen nacheinander nötig werden, weil die Delegationsleiter nicht auf den Ehrenplatz rechts neben dem Gastgeber verzichten wollen. Um dem ausufernden Statusdenken in den eigenen Reihen Einhalt zu gebieten, hat Parteichef Xi Jinping angeordnet, dass sich alle Kader wieder nur noch mit »Genosse« (*Tongzhi*) anreden.

So bescheiden sie sich normalerweise gerne geben – wenn es darum geht, den eigenen Platz in der gesellschaftlichen Hierarchie klarzumachen, stellen Chinesen ihr Licht nicht unter den Scheffel. Entsprechend opulent fallen etwa Lebensläufe und Visitenkarten aus. Und entsprechend großen Wert legen Chinesen auf Sitzordnung und Zeremoniell.

Hierarchische Kriterien bestimmen auch die Umgangsformen. Jemanden im Geschäftsleben beispielsweise ohne weitere positive Qualifikation mit »Herr X« anzusprechen gilt als unhöflich. Andere sind dementsprechend zu behandeln und zu respektieren, wer sie sind. Seit eh und je taxieren Chinesen ihr Gegenüber nach dessen Status. Je höher sein Rang, desto ausgesuchter die Höflichkeitsformel und desto ausgeprägter die Bescheidenheitsbekundungen.

Legalisten und Mohisten dachten in dieser Hinsicht nicht anders als die Konfuzianer. Die Taoisten taten dies zwar, aber sie erfanden keine eigene horizontale gesellschaftliche Ordnung, sondern stellten sich nur außerhalb der vertikalen, boten gewissermaßen nur eine eskapistische Alternative. Aus dieser Tradition heraus ist es auch zu erklären, dass die Chinesen die in den vergangenen Jahrzehnten dramatisch gewachsene soziale Ungleichheit im Lande bisher ohne größere Unruhen hingenommen haben.

Der sogenannte Gini-Koeffizient misst die Ungleichheit der Einkommen. Dabei steht 0 für vollkommene Gleichheit, 1 für maximale Ungleichheit. Ab 0,40 gehen Ökonomen im Allgemeinen von einer gesellschaftlich destabilisierenden Wirkung aus. Von 0,15 zum Ende der Mao-Ära ist der Koeffizient in China bis auf 0,474 im Jahr 2012 angestiegen. Erst seit einigen Jahren geht er wieder leicht zurück. 2016 stand er bei 0,465. Ein bemerkenswertes Resultat für ein Land, das sein politisches System selbst als »Sozialismus« bezeichnet, wenn auch erst als »Anfangsstadium« desselben. Der Gini-Koeffizient für das angeblich kapitalistische Deutschland beträgt 0,29, was von vielen hierzulande bereits als skandalöse Ungerechtigkeit betrachtet wird.

Zur Ungleichheit in China trägt nicht zuletzt das System der Wohnsitzkontrolle bei. Es erlaubt den Bürgern zwar, die angestammte Heimat zu verlassen, ihren Wohnort frei zu wählen und in die Stadt zu ziehen, wo sie mehr verdienen. Dort haben sie jedoch nicht denselben Zugang zu Schulen, Krankenhäusern und anderen sozialen Einrichtungen wie die Einheimischen mit entsprechender Meldebescheinigung (*Hukou*). Dieses System benachteiligt vor allem Landbewohner.

Chinas Bruttoinlandsprodukt pro Kopf ist von etwa 2700 US-Dollar im Jahr 2007 auf rund 8500 Dollar im Jahr 2017 angewachsen. Rund 80 Millionen Menschen vor allem auf dem Land müssen jedoch immer noch mit weniger als einem

Dollar pro Tag auskommen. Viel von dem schon bisher von der Regierung für die Armutsbekämpfung ausgegebenen Geld ist offensichtlich in den falschen Taschen gelandet. Um bis 2021, dem 100. Jahrestag der Gründung der KP, die schon seit 1949 das Land regiert, die Armut im Lande endlich zu beseitigen, hat die Führung in Peking die Karriere lokaler und regionaler Kader an deren erfolgreiche Bekämpfung geknüpft. Diese wird neuerdings zudem von unabhängigen Stellen kontrolliert. Außerdem fließen die Hilfen jetzt direkt an die Betroffenen.

Dem Ziel der Armutsbekämpfung und dem Abbau von Ungleichheit zwischen Stadt und Land dient auch eine Reform, die – typisch chinesisch – zunächst jahrelang als Pilotprojekt regional ausprobiert wurde, seit November 2016 aber in ganz China gilt: die Erlaubnis für Landbewohner, landwirtschaftliche Flächen in ihrem Besitz für eine landwirtschaftliche Nutzung zu vermieten.

Grund und Boden gehören in China dem Staat, ihre Besitzer haben jeweils nur ein Nutzungsrecht. Durch die Reform können Landbewohner dieses Recht jetzt erstmals auf andere übertragen. In manchen Regionen ist es ihnen auch möglich, es als Sicherheit für Kredite einzusetzen.

Soweit auf meritokratische Weise, also durch Fleiß, Intelligenz und Bildung zustande gekommen, betrachten Chinesen Ungleichheit und hierarchische Ordnung der Gesellschaft als gerecht und erstrebenswert. In Tests zeigen sie sich daher grundsätzlich eher bereit, diese zu respektieren, als Angehörige westlicher Völker.

Dem reichsten Prozent der Chinesen gehört mehr als ein Viertel des gesamten Vermögens, dem ärmsten Viertel umgekehrt nur ein Prozent. Bei einer Befragung der Pekinger Renmin-Universität im Jahr 2013 bezeichneten fast drei Viertel der Chinesen die großen Vermögensunterschiede im Land zwar als »unvernünftig«, aber nicht einmal ein Drittel auch als »unannehmbar«.

Zuletzt wurde die gesellschaftliche Ungleichheit und Hierarchie jedoch immer mehr als unverdient empfunden. Menschen ohne Geld oder Beziehungen hatten kaum noch eine Chance, zu ihrem Recht zu kommen oder gesellschaftlich aufzusteigen. Als Folge davon und des zunehmend harten Wettbewerbs nahmen Gewalt und Selbstjustiz spürbar zu. Die gesellschaftliche Harmonie, wir würden sagen: der soziale Friede, war bedroht. Die Regierung in Peking sah sich gezwungen, die rudimentären staatlichen Sozialleistungen besonders in der Versorgung von Kranken auszuweiten. Krank zu werden ist für die Chinesen das größte finanzielle Risiko, Krankheit immer noch weithin reine Privatsache.

Vor allem aber musste der Staat die grassierende Korruption eindämmen. Diese hatte teilweise Ausmaße wie in der Zeit des Guomindang-Regimes angenommen. So fanden Korruptionsjäger im Keller des Generals und ehemaligen Politbüro-Mitglieds Xu Caihou beispielsweise neben diversem Jadeschmuck und Antiquitäten über eine Tonne Geld in Scheinen. Zu deren Abtransport brauchten sie zehn LKW.

Die gesellschaftliche Hierarchie beginnt in China in der Familie. Auf sie beziehen sich drei der fünf kardinalen Beziehungen, mit denen Konfuzius das Zusammenleben der Menschen geregelt sehen wollte. Alles bestimmend ist die Rangordnung zwischen Vater und Sohn: Dieser schuldet jenem Respekt und Gehorsam. Eltern steht das Recht zu, ihre Kinder zu züchtigen. Ein Aufbegehren gegen die elterliche Autorität wie im Westen als eine Art Reifeprüfung zu betrachten ist in China ein Unding.

Die Hierarchie setzt sich fort unter den Kindern und umfasst die gesamte Sippe. So gibt es etwa nicht einfach Brüder und Schwestern, sondern nur ältere und jüngere Brüder und Schwestern; nicht einfach Schwiegertöchter, sondern erste, zweite Schwiegertochter usw. oder erster, zweiter Onkel usw. Das mit über 2000 Jahren älteste Wörterbuch der chinesischen Sprache enthält über 100 Bezeichnungen für verschiedene Verwandschaftsgrade, die im Deutschen kein Äquivalent haben.

Chinesen bleiben ihr Leben lang vor allem Kinder ihrer Eltern, erst danach sind sie Ehemann oder Ehefrau, Vater oder Mutter. Wenn Eltern, Ehefrau oder Ehemann, Tochter oder Sohn ins Wasser fallen und zu ertrinken drohen, würden Chinesen immer zuerst ihren Vater und dann ihre Mutter retten.

Diesen schulden sie auch als Erwachsene noch Gehorsam. Sie müssen ihnen Enkel schenken und so die gemeinsame Ahnenreihe fortsetzen, sie im Alter unterstützen und notfalls pflegen, nach ihrem Tod ihr Andenken ehren und regelmäßig ihr Grab besuchen.

Ein mit meiner Frau und mir befreundetes Ehepaar hat jahrelang versucht, die Eltern des Ehemannes auf sanfte Weise zum Auszug aus der eigenen Wohnung zu bewegen, indem sie für diese immer neue Zweitwohnungen kaufte. Vergeblich. Die Ehefrau, die sich beruflich eigentlich schon zur Ruhe gesetzt hatte, geht jetzt wieder arbeiten, nur um die Schwiegermutter nicht den ganzen Tag um sich zu haben. Ein Machtwort gegenüber seinen Eltern zu sprechen ist dem Ehemann nicht in den Sinn gekommen. Und seiner Frau schon gar nicht.

Die Autorität des Vaters rangiert nach Konfuzius auch über der des Herrschers. Der Graf von She rühmte sich vor dem Weisen einst, in seinem Bereich seien die Menschen »durch und durch anständig«, denn als ein Vater ein Schaf gestohlen hatte, seien seine Söhne »gegen ihn als Zeugen« aufgetreten. Konfuzius war jedoch ganz anderer Ansicht: »In unserem Teil des Landes verhalten sich die Anständigen ganz anders«, erwiderte er: »Ein Vater deckt seinen Sohn und ein Sohn deckt seinen Vater. Das ist anständiges Verhalten.«

Später, in der Han-Dynastie und mit der zunehmenden Politisierung der konfuzianischen Lehre, wurde das Konzept des kindlichen Respekts gegenüber dem Vater auf das Verhältnis zum Herrscher ausgedehnt und als Teil kindlicher Pflichterfüllung gegenüber dem Vater interpretiert. So heißt es etwa im »Buch des kindlichen Respekts«: »Wie man seinem Vater dient, so dient man auch seinem Herrscher, und man respektiert beide gleichermaßen.«

Noch später wurden die ursprünglichen Verhältnisse zeitweise sogar regelrecht auf den Kopf gestellt und der kindliche Respekt gegenüber dem Vater nur noch als Resultante der Loyalitätspflicht gegenüber dem Staat propagiert. Mao Zedong wollte das ausgeprägte chinesische Familienbewusstsein schließlich vollständig durch Staatsbewusstsein ersetzen. Was zur Legitimation autoritärer oder despotischer Herrschaft dienen sollte, hat sich jedoch nie nachhaltig durchgesetzt. Am Ende erwies sich die Familie immer als stärker.

So groß die Achtung vor den Eltern und der Respekt vor Autoritäten in China aber auch sein mögen – sie sind keineswegs mit blindem Gehorsam gleichzusetzen. Nach der konfuzianischen Lehre sollen Kinder ihren Eltern, Schüler ihren Lehrern oder Untergebene ihren Vorgesetzten durchaus widersprechen, wenn diese sich rechtswidrig und vor allem unmoralisch verhalten. Allerdings nicht vor anderen.

Über seinen eifrigsten Schüler sagte Konfuzius: »Yan Hui äußerte niemals eine andere Meinung als ich, er kann mir damit nicht helfen.« Und Xunzi, neben Konfuzius und Menzius die dritte prägende Figur des Konfuzianismus, schrieb: »Als wahrhaft groß können wir den kindlichen Respekt eines Menschen bezeichnen, der sich genau bewusst ist, wann er seinem Vater zu gehorchen hat und wann nicht.«

Vor allem gegenüber staatlichen Autoritäten sind Vertrauen und Gehorsam der Chinesen alles andere als unbedingt. Als Konfuzius von einem seiner Schüler gefragt wurde, wie man dem Herrscher am besten diene, antwortete er: »Ihn nicht betrügen und ihm widerstehen.«

Aufgrund der Prädominanz der Familie hat China allerdings nie einen Regelungsmechanismus für Interessenkonflikte von

Gleich zu Gleich auf gesellschaftlicher Ebene entwickelt. So konnte in dem Land bis heute keine lebendige Zivilgesellschaft entstehen, die ein zentrales Merkmal jedes demokratischen Gemeinwesens darstellt.

Ein wichtiger Hierarchie-Faktor ist für Chinesen das **Alter**. »Denen, die am meisten erfahren haben, den Alten, die Möglichkeit« zu geben, »ihr selbsterworbenes Erfahrungswissen an die Jungen weiterzugeben«, so der Hirnforscher Wolf Singer, sei neben der Wertschätzung von Lehrern das zweite zentrale Merkmal von »Kulturen, die etwas auf sich halten.«

Der Respekt der Chinesen vor dem Alter hat seine Ursache in dem konfuzianischen Verständnis vom Leben als einem Prozess des Reifens und der Selbstverbesserung. Mit zunehmendem Alter wächst in China daher grundsätzlich das Ansehen.

Während es bei uns für Jüngere ungehörig oder albern wäre, einen älteren Herrn mit dem Nachnamen Schmidt als »alter Schmidt« oder »Onkel Schmidt« anzusprechen, ist dies in China ein Zeichen der Ehrerbietung. Jüngere sind dort aufgefordert, für ältere Menschen in Bus und U-Bahn ihren Sitzplatz zu räumen und ihnen grundsätzlich überall den Vortritt zu lassen. Am Grenzübergang zur Sonderverwaltungszone Macau in Zhuhai gibt es für Personen über 65 Jahre eigene Abfertigungsschalter wie für Diplomaten.

Vor einigen Jahren sorgte ein Vorfall in der zentralchinesischen Stadt Zhengzhou für großes Aufsehen im ganzen Land. Ein alter Mann hatte einen Jugendlichen im Bus aufgefordert, ihm seinen Sitzplatz zu überlassen. Der junge Mann ignorierte die Bitte jedoch, woraufhin der alte Mann sich furchtbar aufregte und ihm mehrmals ins Gesicht schlug. Der Junge wehrte sich nicht, sondern verließ an der nächsten Haltestelle den Bus. Der Alte erlitt vor Aufregung einen Herzinfarkt und starb.

Viele junge Chinesen empörten sich damals über die Selbstverständlichkeit, mit der der alte Mann seinen Anspruch durchsetzen wollte. Und die Mehrheit verurteilte seine Gewaltanwendung. Aber zugleich waren sich alle darin einig, dass der junge Mann ihm seinen Platz hätte anbieten sollen.

Es fällt denn auch auf, wie fröhlich und gutgelaunt alte Menschen in China meist sind. Und das nicht nur in der Werbung. Sie fühlen sich nicht alleingelassen, geachtet, geschätzt und gebraucht. Wenn möglich leben sie mit ihren Kindern zusammen und passen auf die Enkel auf.

Ins Altenheim zu gehen war für Chinesen traditionell eine Schande. Denn es hieß entweder, dass sie keine Kinder haben oder dass diese sich nicht gebührend um sie kümmern. Erst als Folge der Ein-Kind-Politik hat sich diese Einstellung in jüngster Zeit zu wandeln begonnen.

Immer mehr junge Leute zieht es allein schon aus beruflichen Gründen vom Land in die Stadt. Bei weitem nicht alle können sich dort jedoch eine Wohnung leisten, die auch ihren alten Eltern und womöglich auch noch den Großeltern Platz bietet.

Gleichzeitig sind Altenheime in China trotz eines Baubooms in den vergangenen Jahren nach wie vor rar. Auf 1000 alte Menschen über 60 kommen derzeit nur etwa 30 Plätze. Und bis 2030 wird die Zahl der über 60-Jährigen von heute über 200 auf über 300 Millionen ansteigen. Trotz zunehmender staatlicher Anstrengungen muss die Altersvorsorge daher auch in Zukunft im Wesentlichen privat erfolgen und auf dem traditionellen Prinzip beruhen, dass Kinder für ihre Eltern bis zu deren Tod sorgen.

Ehrerbietung gegenüber älteren Menschen zu zeigen ist nach Konfuzius für die Stabilität der gesamten Gesellschaft wichtig: »Unter denen, die die Alten achten«, so der Meister, »gibt es selten Menschen, die gegen die Obrigkeit rebellieren.«

Im Dienste gesellschaftlicher Harmonie erziehen chinesische Eltern ihre Kinder nicht nur zu Respekt gegenüber dem Alter, sondern auch dazu, eigene Aggressionen möglichst zu unterdrücken und die anderer nicht mit gleicher Münze heimzuzahlen. Nach einer Rauferei mit einem Nachbarkind neigen viele

Eltern daher etwa anders als im Westen dazu, das eigene Kind zu bestrafen, ohne sich zuvor nach den konkreten Umständen zu erkundigen.

Prügeleien, aber auch Diebstahl oder Vandalismus sind an chinesischen Schulen denn auch selten, Sportarten, die einen starken Körpereinsatz gegenüber anderen verlangen, wie etwa Boxen oder Ringen, traditionell verpönt. Die Schüler sollen sich lieber beim Tischtennis und Turnen, Schwimmen und Federball physisch verausgaben.

Seit geraumer Zeit diskutieren die Chinesen allerdings über eine »Verweichlichung« und »Verweiblichung« ihrer männlichen Jugend. Zumal auch deren körperliche Fitness in den zurückliegenden Jahrzehnten deutlich nachgelassen hat. Aufzeichnungen von Schulsportwettkämpfen belegen, dass die Rekorde in einzelnen Disziplinen teilweise bis zu 30 Jahre alt sind.

Die Schuld daran wird weniger überfürsorglichen Eltern und Großeltern gegeben, die ihr einziges Kind oder Enkelkind verhätscheln, als dem hohen Anteil von Frauen am Lehrpersonal der Schulen. Mit vier von fünf Lehrkräften ist dieser in der Tat nirgendwo auf der Welt höher als in China. Durch bessere Bezahlung will der Staat seit einigen Jahren mehr Männer als Lehrer gewinnen. Zudem fördert er auch den Schulsport wieder stärker.

Im Vordergrund steht dabei neuerdings Fußball. In punkto Körpereinsatz gilt die Sportart offenbar als gesunde Mitte zwischen Federball und (American) Football. Überdies ist Staats- und Parteichef Xi Jinping ein großer Fußballfan.

In den kommenden Jahren will das Land 20 000 Fußballinternate einrichten. Der deutsche Sportschuhhersteller adidas hat sich angeboten, 50 000 Lehrkräfte dafür auszubilden. Wie sich das alles auf das Verhalten der männlichen Jugend des Landes auswirkt, bleibt abzwarten.

Direkter Körpereinsatz gegenüber anderen, offene Konfrontation stoßen sich mit dem Ideal der gesellschaftlichen Harmonie. Chinesen ziehen deshalb im Allgemeinen passive, verdeckte und indirekte Formen der Auseinandersetzung vor. Generell greifen sie lieber zu List und Tücke, spielen auf Zeit oder stellen sich dumm oder hilflos, biegen die Regeln lieber, als dass sie sie brechen.

Ein typisches Beispiel dafür ist der selbsterlebte Fall eines Wohnungseigentümers, dessen Hunde mit ihrem Gebell die Nachbarn nervten. Statt ihn darauf anzusprechen und um Abhilfe zu ersuchen oder sich beim Hausverwalter zu beschweren, zogen sie es vor, die Tiere zu vergiften.

Allen Harmoniegeboten zum Trotz – im täglichen Umgang mit Fremden, die nicht zur Familie und Sippe gehören, sind Chinesen so streitlustig wie kaum ein anderes Volk. Das liegt zum einen daran, dass sie sich stets ihres Ranges und Platzes in der Gesellschaft vergewissern müssen; zum anderen und vor allem, dass Mitmenschen, die nicht zur eigenen Sippe gehören, für sie eine andere, nicht gleichrangige Kategorie Mensch sind.

Gott, so kommentiert der Autor Bo Yang in seiner Schmähschrift »Der hässliche Chinese« die Streitlust seiner Landsleute sarkastisch, habe es mit der Welt »gut gemeint«; die könnte mit so vielen Chinesen nämlich »nicht fertig werden, wenn diese untereinander auch noch eng zusammenhalten würden«.

Meist erschöpft sich die chinesische Streitlust in Worten, darin, »Intelligenz und Zungenfertigkeit zu vergleichen«, so der Schriftsteller Qian Zhongshu. Aber aus einem Wortgefecht unter Fremden kann schnell auch mal eine unflätige Beschimpfung oder handfeste Schlägerei werden. Von dem konfuzianischen Gebot der Selbstkultivierung ist in solchen Situationen nichts zu spüren.

Selbstvervollkommnung ist für Konfuzianer das, was bei uns im Westen Selbstverwirklichung ist. Chinesen betrachten das Leben als eine Art Pilgerreise mit dem Ziel der Selbstkultivierung. Das Gute im Menschen muss nach ihrer Überzeugung erst herausgebildet werden. Bildung und Erziehung werden so zur unerlässlichen Voraussetzung für ein gelingendes Leben und gesellschaftliche Harmonie. Und zu einer Frage der Moral. Wohl kein Volk hat denn auch von alters her größeren Wert auf **Bildung** und Erziehung gelegt als die Chinesen. In den »Gesprächen« von Konfuzius kommt das Wort Lernen so häufig vor, dass manche es auch als »Buch des Lernens« bezeichnen. »Zu lernen und das Erlernte immer wieder einzuüben – ist das nicht die größte Freude?«, so lautet der erste Satz der »Gespräche«. Seinem Sohn Kong Li gibt der Meister mit auf den Weg: »Außergewöhnliche Schönheit in der äußeren Erscheinung ist nicht erwähnenswert; große Stärke braucht niemand zu fürchten und ein berühmter Familienname ist kein Grund zu prahlen. Selbst großer Ruhm kommt nicht an Wissensdurst heran.«

Geist, nicht Mut, Kraft, Aussehen oder Herkunft, rangiert auch bei Menzius an erster Stelle. Bildung geht sogar vor Alter. Bildung war in China von jeher der sicherste Weg zu Wohlstand und sozialem Aufstieg. Wer nicht (mehr) körperlich arbeiten musste, trug dies oft sogar demonstrativ zur Schau, indem er den Nagel des kleinen Fingers an der rechten Hand wachsen ließ. Bis heute ist dies bei manchen Snobs zu beobachten.

Neben der groben Missachtung der überlieferten Familienwerte und gesellschaftlichen Harmonievorstellungen zählt der jahrelange Unterrichtsausfall in den Augen der Chinesen denn auch zu den schlimmsten Auswüchsen der Kulturrevolution. Er hat eine ganze Generation ihrer Zukunft beraubt. Nicht zuletzt deshalb hat sie der frühere Staats- und Parteichef Jiang Zemin schließlich offiziell als »schweren Fehler« bezeichnet.

Oberstes Ziel chinesischer Eltern ist die bestmögliche Erziehung und Ausbildung ihrer Kinder. Dafür sind sie bereit, nahezu jedes Opfer zu bringen. So beobachten sie etwa genau, welche Schulen den besten Ruf haben und die meisten Schüler für Elite-Universitäten qualifizieren. Um ihr Kind auf eine solche Schule zu bringen, kaufen viele eine Wohnung in den betreffenden Bezirken. Die Immobilienpreise kletterten dort deshalb zuletzt in teilweise schwindelerregende Höhen. Im März 2016 berichtete die chinesische Nachrichtenagentur Xinhua von einem Ehepaar, das für ein elf Quadratmeter großes Zimmer im Bezirk einer der renommiertesten Grundschulen in Peking umgerechnet fast 800 000 US-Dollar gezahlt hatte.

Um dem Wahnsinn Einhalt zu gebieten, sind inzwischen die Aufnahmekriterien in zahlreichen Gemeinden neu gefasst worden. So müssen die Kinder mit ihren Familien etwa schon längere Zeit in dem betreffenden Schulbezirk wohnen.

Chinesische Eltern geben mindestens ein Drittel des Familieneinkommens für die Ausbildung ihres Kindes aus, mehr als die Deutschen für das Wohnen. Und dabei sind die höheren Immobilienkosten in guten Schulbezirken noch gar nicht eingerechnet. Im beinharten Wettbewerb um einen guten Schulplatz zahlen sie oft viel Schulgeld – und das nicht etwa nur in privaten, sondern auch in staatlichen Schulen. Daneben wird meist noch ein kleines Vermögen für Nachhilfe fällig. New Oriental, Chinas größter Anbieter von Fremdsprachkursen etwa, macht damit über 1,2 Milliarden Euro Umsatz im Jahr.

Um sicherzustellen, dass das viele Geld nicht verschwendet ist, kontrollieren chinesische Eltern die Hausaufgaben ihrer Kinder und achten streng darauf, welchen Umgang diese pflegen. Für sie gibt es keine schönere Belohnung, als dass ihr Kind bei der Hochschulzulassungsprüfung (*Gaokao*, wörtlich: »höheres Examen«) eine Punktzahl erzielt, die ihm die Aufnahme an einer angesehenen Universität sichert.

Die Prüfung ist vielleicht der wichtigste Tag im Leben eines Chinesen, denn sie entscheidet über seine gesamte Zukunft; über Einkommen, gesellschaftlichen Status, ja sogar Heiratschancen. Für die drei Tage im Juni lässt der Staat jedes Jahr Bauarbeiten in der Umgebung der Prüfungsorte stoppen und Straßen sperren, um störenden Lärm von den Probanden fernzuhalten.

Weil es um so viel geht, unternehmen die Behörden auch

größte Anstrengungen, um Betrügereien zu verhindern. Prüflinge müssen sich per Fingerabdruck oder Iris-Kontrolle identifizieren, Aufgabenblätter werden mit GPS-Trackern versehen, Drohnen kreisen über dem Prüfungsort, um unzulässigen Funkverkehr zu entdecken. Wer beim Schummeln erwischt wird, muss im schlimmsten Fall mit bis zu sechs Jahren Gefängnis rechnen.

Die Prüfungsanforderungen sind hoch. An Spitzenuniversitäten wie Beida oder Tsinghua in Peking schafft es manchmal nur einer von 50 000 Prüflingen. Auch deswegen gehen so viele junge Chinesen zum Studium ins Ausland.

Fleißiges Lernen ist in China Kindespflicht. Chinesische Kinder lernen nicht nur für sich selbst und ihr Leben, sondern immer auch für den Status und das Ansehen ihrer Familie. Ihre Motivation zur Leistung ist stark extrinsisch, sie streben vor allem danach, die Ziele zu erreichen, die die Eltern für sie gesteckt haben. Denn das bringt ihnen deren Anerkennung und die der gesamten Familie ein und erhöht ihre Selbstachtung. Folgerichtig schreiben sie auch ihre Erfolge nie nur allein sich selbst, sondern immer zugleich den Eltern zu.

Chinesen sehen **Leistung** ohnehin mehr als Ergebnis von Fleiß und Anstrengung als von Intelligenz und Talent. Schon in d e m chinesischen Wirtschaftsklassiker, der von Huan Kuan aufgezeichneten »Debatte über Salz und Eisen« zwischen Konfuzianern und Legalisten im Jahre 81 vor unserer Zeitrechnung, heißt es: »Bereits im Altertum galt und es gilt noch immer: Wer nichts leistet, bekommt nichts, und wer keine Anstrengung zeigt, bringt es zu nichts.«

Der Fleiß der Chinesen entspringt nicht zuletzt ihrer Sprache. Allein um Zeitung lesen zu können, ist die Kenntnis von etwa 4000 Zeichen nötig. Jedes Wort besteht aus ein oder zwei, manchmal auch drei Zeichen. Jedes Zeichen wiederum setzt sich aus zwei Teilen zusammen, der Wurzel für die Bedeutung und dem Stamm, der die Aussprache bestimmt.

Die über 200 Wurzeln erkennen und schreiben zu lernen erfordert viel mehr Zeit, als die 26 Buchstaben unseres Alphabets verlangen. Hinzu kommt dann die Kombination von Wurzeln und Stämmen. Schon beim Erlernen ihrer Sprache im Kindesalter erfahren Chinesen so den Wert von Übung und Ausdauer.

Bei Misserfolgen werfen sie sich denn auch meist vor, sich nicht genug angestrengt zu haben. Aus empirischen Untersuchungen geht sogar hervor, dass chinesische Studenten Kommilitonen, die nicht fleißig lernen, nicht als gute Studenten betrachten, selbst wenn diese gute Noten erzielen. Fleißiges Lernen und ständiges Üben sind so mehr als nur Mittel zum Zweck, sie werden zum Selbstzweck, der Weg wird zum Ziel. »Wenn andere mit einer Anstrengung ihr Ziel erreichen, werde ich hundert Anstrengungen machen«, so Konfuzius, »wenn sie es mit zehn erreichen, werde ich 1000 machen.«

Bereits im Alter von zwei Jahren rückt Lernen für chinesische Kinder in den Vordergrund und verdrängt das Spielen. Neben dem Einprägen von Schriftzeichen stehen im Kindergarten Addieren und Subtrahieren, oft auch Multiplizieren und Dividieren auf dem Programm. Bei der Einschulung in die Grundschule können chinesische Kinder daher meist bis 100 zählen und im Bereich 0 bis 20 problemlos addieren und subtrahieren. Damit sind sie ihren westlichen Altersgenossen in der Regel weit voraus.

In der Schule vergrößert sich dieser Vorsprung dann weiter: Es gibt mehr Unterrichtsstunden in Mathematik, und die Lehrpläne in dem Fach sind meist anspruchsvoller als im Westen. Auf der Oberstufe weiterführender Schulen entsprechen sie oft dem Niveau, das bei uns erst an der Universität erreicht wird. Als Folge davon schneiden Chinesen in internationalen Vergleichstests wie der Mathematik-Olympiade mit als Beste ab.

Mathematik fällt ihnen offenbar schon aus linguistischen Gründen leichter: Die Wörter für Zahlen sind im Chinesischen systematischer als in anderen Sprachen. Elf, zwölf usw.

heißen zehn-eins, zehn-zwei usw. 20 heißt zwei-zehn und 93 etwa neun-zehn-drei. Das erleichtert es, Zahlen abzuspeichern und zu verarbeiten. Meine Frau kann auch mit großen Zahlen schneller im Kopf rechnen als ich auf dem Papier.

Lassen sich im Hinblick auf den Grad der Intelligenz insgesamt keine bedeutenden Unterschiede zu Kaukasiern feststellen, so ist doch die Struktur der Intelligenz eine andere. Kaukasier liegen bei der verbalen, Chinesen bei der nicht-verbalen, räumlichen und numerischen Intelligenz vorn. In Fächern, in denen es weniger auf Gedächtnisleistung und Wissen ankommt als auf Bedeutung, weniger auf Beschreibung als auf Erklärung, schneiden chinesische Schüler und Studenten dagegen im Allgemeinen schwächer ab als Schüler und Studenten im Westen. So gut sie im Lösen von Routineaufgaben und im Beantworten von Multiple-Choice-Fragen sind, so schwer tun sie sich etwa beim Schreiben von freien Aufsätzen.

Schon wegen ihrer komplexen Sprache werden Chinesen von Kindesbeinen an ans Auswendiglernen gewöhnt und in Gedächtnisleistung trainiert, weniger im Entwickeln von Gedanken, Interpretieren und Argumentieren. Wer Staatsbeamter werden wollte, musste über Jahrhunderte die Schriften der neoklassischen Orthodoxie auswendig lernen und spezielle Essays nach streng formalen Kriterien schreiben.

Ohne fleißiges Büffeln schafft es niemand von den jährlich fast zehn Millionen Prüflingen – und sei er noch so intelligent –, die nationale Zulassungsprüfung zu den Universitäten zu bestehen oder gar eine Spitzennote zu bekommen, die eine Chance auf einen der wenigen Plätze an den besten Hochschulen des Landes gibt. In drei der vier Prüfungsfächer (Chinesisch, Englisch, Mathematik und einem natur- oder geisteswissenschaftlichen Wahlfach) ist weniger selbständiges Denken als abrufbares Wissen gefragt. Im Fach Chinesisch wird ein Aufsatz zu einem vorgegebenen Thema verlangt. Davor haben die Schulabgänger in der Regel die meiste Angst.

So kommt es, dass Chinesen mit Zahlen und Daten, allem Mess-, Quantifizier- und exakt Nachvollziehbaren gut umgehen können. Ihre Tuschmalerei auf Papier und mehr noch Seide erlaubt kaum Korrekturen oder Übermalen wie mit Ölfarben und Leinwand. Der Maler muss daher das Bild, das er malen will, vorher bis ins Detail im Kopf haben.

Chinesen sind deshalb ausgezeichnete Kaufleute, Buchhalter, Rechnungsprüfer, Ingenieure, Statiker, IT-Fachleute oder auch technisch virtuose Musiker. In Disziplinen, in denen es besonders auf Einfühlungsvermögen, Phantasie, Kreativität und unabhängiges Denken oder Querdenken ankommt, schneiden sie dagegen schwächer ab. So finden sich unter ihnen nur wenig große Komponisten, Romanciers, Architekten oder Psychologen.

Dass jedoch auch Chinesen mehr als nur referieren und kopieren können, zeigen sowohl die vielen bahnbrechenden Erfindungen, die sie im Laufe ihrer Geschichte gemacht haben als auch die Alltagserfahrung. Wenn es um den eigenen Vorteil, ums Geldverdienen und Geschäftemachen geht, sind sie schon immer höchst einfallsreich gewesen. »Die Chinesen verstehen sich aufs Erfinden«, so der US-Ökonom David Goldman, »wenn sie kreativ sein wollen, können sie es auch.«

Bezeichnend dafür ist eine Geschichte, die vor einiger Zeit in den sozialen Medien des Landes kursierte. Infolge einer Absatzkrise war der Lagerbestand eines Geflügelproduzenten an tiefgefrorenen Hähnchen über die Maßen angestiegen. Um ihn abzubauen, senkte der Unternehmer jedoch nicht den Preis, sondern vermietete den Fischteich auf seiner Farm gegen eine stattliche Gebühr an Angler und lockte diese mit dem Versprechen an, jedem für den Fall, dass ihm kein Fisch an die Angel geht, ein Hähnchen zu schenken. Bald war der Teich leergefischt und die Angler gingen nur noch mit Hähnchen nach Hause. Bis es sich herumgesprochen hatte, dass es nichts mehr zu angeln gibt, waren die hohen Lagerbestände mit Gewinn abgebaut.

Angesichts solcher Anekdoten stellt sich die Frage, wie innovativ sich die Chinesen wohl erst erweisen werden, wenn sie in ihrer Erziehung und Sozialisation mehr Freiräume und Mitsprache erhalten und unabhängiges, kritisches und kreatives Denken systematische Förderung erfahren. Harte Arbeit und fleißiges Lernen stehen Innovationskraft per se jedenfalls nicht im Wege. Ganz im Gegenteil. »Genie ist ein Prozent Inspiration und 99 Prozent Transpiration«, meinte Thomas A. Edison, der Erfinder der Glühbirne.

Schon für Konfuzius war Bildung mehr als nur »Enten stopfen«, wie die Chinesen die Vermittlung abrufbaren Wissens nennen. Zwar hielt er »Nachdenken ohne Lernen« für »gefährlich«, »Lernen ohne Nachdenken« aber für »zwecklos«. Ohne unabhängiges Denken kann das China von heute nur schwer über den Status eines Schwellenlandes hinauskommen und seine ehrgeizigen Entwicklungsziele erreichen. Die Regierung arbeitet denn auch bereits an entsprechenden Reformen. Die Universitätszulassungsprüfung wurde schon durch neue Elemente ergänzt, die mehr verlangen als reines Pauken. Auch aus Angst, damit der Korruption in der Ausbildung Tür und Tor zu öffnen, scheuen die Behörden bisher jedoch noch davor zurück, den Prüfungsstoff allzu stark in Richtung nicht objektiv und exakt zu beurteilender Inhalte zu verschieben.

Um einem mit der Erziehung zu mehr selbständigem und kritischem Denken verbundenen Kontrollverlust vorzubeugen, hat Peking zugleich auch die politischen Zügel strammer angezogen und etwa die Kontrolle des Internets deutlich verschärft. Die neue Balance, die das Regime herzustellen versucht, ist prekär und wohl das spannendste soziale Großexperiment unserer Zeit. Sein Ausgang wird nicht nur die Zukunft Chinas, sondern die der ganzen Welt prägen.

Kulturell erworbene Einstellungen sind zäh. Aber wenn eine neue Wahrnehmung der Realität entsteht, lange anhält und sich weit verbreitet, verändern sich auch alte Einstellungen allmählich. Für eine solche neue Wahrnehmung hat etwa die Ein-Kind-Politik in den vergangenen dreißig Jahren gesorgt. Einzelkinder, gerade auch Mädchen, erfahren vonseiten der Eltern (und Großeltern) mehr Aufmerksamkeit, Wärme und Unterstützung als Kinder früher. Ihre Erziehung ist weniger autoritär, sie erhalten mehr Freiraum und mehr Möglichkeiten in der Ausbildung inklusive Schule und/oder Studium im Ausland. Nie zuvor in der Geschichte des Landes sind mehr junge Chinesen im westlichen Ausland zur Schule oder Universität gegangen. Sei 2004 hat sich ihre Zahl auf fast eine Million nahezu verzehnfacht.

Einerseits sind junge Chinesen dadurch emotional noch stärker auf die Eltern fixiert und spüren diesen gegenüber eine noch größere Verpflichtung zu guten Leistungen. Andererseits müssen sie keine Rücksicht auf Geschwister nehmen und werden sich ihrer individuellen Bedeutung stärker bewusst. Das macht sie Ich-bezogener und Ich-stärker. Sie sind weniger reserviert und passiv als die Vorgängergenerationen, kommunikativer, extrovertierter, weltoffener und ergreifen eher die Initiative. Zugleich hat jedoch die Höflichkeit etwa, nach Arthur Schopenhauer »die Kardinaltugend« der Chinesen, spürbar gelitten. Dasselbe gilt für Selbstdisziplin, Zurückhaltung, Respekt vor dem Alter sowie Fleiß und Ehrgeiz. Neuerdings weigern sich beispielsweise Kinder aus Unternehmerfamilien immer öfter, den elterlichen Betrieb zu übernehmen, und folgen lieber ihren persönlichen Vorlieben.

Der Wandel in Erziehung und Sozialisation der Chinesen wird jedoch vor allem durch den rapiden und tiefgreifenden sozio-ökonomischen Wandel des Landes vorangetrieben. Die Entwicklung von einer homogenen Agrar- zu einer hochgradig arbeitsteiligen und komplexen Industriegesellschaft als Teil einer globalisierten Weltwirtschaft sowie die damit verbundene Verstädterung haben mehr noch als die Ein-Kind-Politik traditionelle Bindungen und Verpflichtungen gelockert.

So führt etwa die Abwanderung junger Landbewohner in die Stadt dazu, dass Kinder seltener mit ihren Eltern unter einem Dach und damit mehr ihr eigenes Leben leben. Um den Familienzusammenhalt zu bewahren, sah sich der Staat deswegen bereits veranlasst, Kindern gesetzlich vorzuschreiben, ihre Eltern öfter zu besuchen. Weil die Bevölkerung immer mehr altert, machten einige Provinzen den Unternehmen in ihrem Zuständigkeitsgebiet sogar zur Pflicht, Einzelkindern bis zu 20 Tagen zusätzlichen Urlaub pro Jahr zu gewähren, damit diese sich besser um ihre Eltern kümmern können.

Empirische Studien zeigen, dass etwa seit der Jahrtausendwende auch die traditionelle Zurückhaltung in der chinesischen Gesellschaft nicht mehr wie zuvor durchweg positiv betrachtet wird, sondern zumindest für den beruflichen Erfolg vielfach als schädlich gilt. Immer mehr Lehrer ermutigen ihre Schüler daher heute zu mehr Offenheit und Diskussionsfreude, einem selbstbewussteren Auftreten, mehr Selbständigkeit, Eigeninitiative und kreativem Denken. Das gilt zumal für Professoren an den Universitäten.

China hat sich so kulturell ein Stück weit auf den Westen zubewegt. Zugleich sind die Gesellschaften des Westens jedoch noch viel weiter von der chinesischen Kultur weggerückt. Während die brachiale Kulturrevolution Mao Zedongs in China gescheitert ist, war die schleichende Kulturrevolution der sogenannten 68er im Westen erfolgreich und hat zu einer weitreichenden Umwertung traditioneller Werte geführt. Die Anhänger dieser Bewegung haben ihren angekündigten »Marsch durch die Institutionen« vollzogen, und ihr Gedankengut bestimmt heute weitgehend die öffentliche Meinung und Gesetzgebung.

Das Ergebnis ist eine teilweise schon extreme Individualisierung der Gesellschaft, der Zerfall der traditionellen Familie sowie ein weitreichender Respektverlust gegenüber Autoritäten. Während China vor allem damit beschäftigt ist, wieder Weltmacht Nummer Eins zu werden, diskutiert der Westen über die Einrichtung von Transgender-Toiletten. Die Kluft zwischen beiden Kulturen ist in den vergangenen Jahrzehnten so nicht kleiner, sondern eher größer geworden.

Denken und Wahrnehmung
Praktisch, ganzheitlich, dialektisch

Chinesen haben eine andere Kultur und historische Erfahrung als wir, und sie werden anders erzogen und sozialisiert. Die Folge davon ist eine eigene Art, zu denken und die Welt wahrzunehmen. »Die Ausbildung von Hirnfunktionen«, so der Hirnforscher Wolf Singer, werde »ganz wesentlich von Kultur und Erfahrung mitbestimmt«. Neurowissenschaftler haben bei Chinesen andere Hirnstrukturen entdeckt als bei Kaukasiern.

Die griechischen Philosophen Platon und Aristoteles, die die westliche Denkweise geprägt haben, suchten die Wahrheit in der logischen Analyse. Sie waren an der unveränderlichen Essenz der Dinge, an eindeutigen Kausalbeziehungen interessiert, abstrahierten vom Kontext und gingen deduktiv vor. »Wir bilden eine ideale Form (eidos), nehmen diese zum Ziel (telos) und handeln dann so, dass sie zur Realität wird«, so der französische Philosoph und Sinologe François Jullien.

Das chinesische Denken unterscheidet sich davon fundamental. Es sucht die Wahrheit im konkreten Kontext, in den Beziehungen der Dinge zueinander. Es ist subjektiv, intuitiv und induktiv und kommt weitgehend ohne formale Logik und Erkenntnistheorie aus.

Damit finden sich die Chinesen in ihrem Leben hervorragend zurecht. Westliche Denker sehen hier jedoch auch eine der Ursachen dafür, dass die industrielle Revolution nicht in China, sondern in Europa stattfand. Denn ohne Erkenntnistheorie gibt es kein methodisches Zweifeln, eine wesentliche Voraussetzung für wissenschaftlichen und technischen Fortschritt.

Ausgangspunkt chinesischen Denkens ist die unmittelbare persönliche Wahrnehmung. Ein chinesisches Sprichwort sagt: »Besser ein Mal sehen als 100 Mal hören.« Erst seit der Song-Dynastie unterscheiden Chinesen überhaupt klar zwischen Wahrnehmen und Denken. Ni Zan, ein Maler des 14. Jahrhunderts, hat sein ganzes Leben lang nur ein und dieselbe Landschaft gemalt. Seine Wahrnehmung war für ihn die ganze Wirklichkeit. Und sie war immer wieder anders.

Lin Yutang sah in der chinesischen Malerei denn auch »die äußerste Verfeinerung des chinesischen Geistes«. China, so François Jullien, habe stets »in den Kategorien von Situation und Prozess gedacht und nicht in den Kategorien von Identität und Ewigkeit, die bei uns das Fundament für die Idee der Wahrheit gelegt haben«.

Während der Westen sich vorwiegend an einer theoretischen Vernunft orientiert, setzen die Chinesen auf **praktische Vernunft**. Vereinbarkeit mit der menschlichen Natur zählt mehr als logische Stringenz. »Die typischen Eigenschaften der weiblichen Logik«, so Lin Yutang über die Denkweise seiner Landsleute, »sind auch die Eigenschaften des chinesischen Geistes. Es ist dieselbe Intuition, derselbe sechste Sinn.«

Seit den Stoikern werden Theorie und Praxis im westlichen Denken klar voneinander unterschieden. Für Chinesen dagegen bilden Wissen und Handeln eine Einheit. Praktische Vernunft lässt sich nur durch Tun, durch Erfahrung erwerben. Schon Konfuzius forderte von seinen Schülern, »nicht zu predigen, bevor sie praktiziert haben, was sie predigen«. Die »Praxis«, so Mao Zedong, sei »das alleinige Kriterium der Wahrheit«.

Chinesen geht es weniger um Wahrheit als um Verwertbarkeit. Sie beurteilen letztendlich alles danach, ob es ihnen etwas bringt. Wissen, das nicht praktisch anwendbar ist, erscheint ihnen als nutzlos. An reiner Erkenntnis, am »Wesen« der Dinge sind sie nicht sonderlich interessiert. Kein Wunder, dass Hegel mit China nichts anzufangen wusste. »Kann man das essen?«, fragt meine Frau manchmal ironisch dazwischen, wenn theoretische Grundsatzdebatten hierzulande sie langweilen. Gerade für die deutsche Geistestradition ist die chinesische Denkweise sehr fremd.

Für Chinesen gibt es zudem weder nur e i n e Wahrheit noch e w i g e Wahrheiten, sondern **nur situative, relative Wahrheiten**. Gesetze, Vorschriften, Richtlinien betrachten sie daher eher als unverbindliche Ratgeber. Ob sie diese befolgen, kommt auf die konkrete Situation an.

Neben den staatlich fixierten Normen existieren in China seit jeher unausgesprochene, »verborgene Regeln« (*Qian Guize*). Sie orientieren sich allein am Praktischen und Nützlichen und sind im Zweifel wichtiger als die Gesetze. So fahren Chinesen etwa ohne zu zögern bei Rot über eine Kreuzung, wenn sie keine Gefahr darin sehen. Im Umgang mit Außenstehenden herrscht generell das Gesetz des Stärkeren, Klügeren, Mutigeren, Geschickteren, Schnelleren.

Fast 90 Millionen Chinesen sind Mitglied der Kommunistischen Partei des Landes. Die überwältigende Mehrheit von ihnen interessiert sich jedoch nicht wirklich für deren Programm, sie verspricht sich von dem Parteibuch einzig und allein bessere Aufstiegs- und Verdienstmöglichkeiten, sieht es als Investition in ihre Zukunft und die ihrer Familie.

Pragmatisch zu handeln heißt für Chinesen auch, **Schritt für Schritt** (*Yibu Yibu*) vorzugehen. Ein Sprichwort empfiehlt: »Den Fluss überqueren, indem man sich mit den Füßen von Stein zu Stein tastet.« Deng Xiaoping und seine Nachfolger haben große Reformen bis heute immer zuerst regional begrenzt ausprobiert, ehe sie landesweit eingeführt wurden.

Typisch für diese Vorgehensweise ist das chinesische Äquivalent zu unserem Schach, das Brettspiel »Wei Qi«, im Westen besser unter seinem japanischen Namen »Go« bekannt. Dabei kommt es entscheidend darauf an, sich behutsam auf neues Terrain vorzuwagen, möglichst viel davon zu besetzen, gegnerische

Steine geduldig einzukreisen und sich immer einen Rückzugsweg offenzuhalten. Ihre linsenförmigen weißen bzw. schwarzen Steine setzen die Spieler dabei nicht in die Quadrate des Spielfelds, sondern auf deren Schnittpunkte.

Chinesen denken **ganzheitlich und vernetzt.** Sie gehen davon aus, dass kein Phänomen isoliert für sich existiert, alles mit allem zusammenhängt und Teil eines größeren Ganzen ist. »Der Himmel ist mein Vater, die Erde meine Mutter, und selbst ein winziges Wesen wie ich findet einen trauten Platz in ihrer Mitte«, heißt es im »chinesischen Vaterunser«, wie der Sinologe Wolfgang Bauer die berühmte »Westinschrift« (*Ximing*) aus dem 11. Jahrhundert bezeichnete. Und weiter: »So sehe ich in allem, was das Universum durchzieht, meinen eigenen Körper, und in allem, was das Universum regiert, meine eigene Seele. Alle Menschen sind meine Geschwister, und alle Dinge meine Gefährten.«

Descartes' Trennung von Leib und Seele ist den Chinesen schon immer völlig fremd gewesen. Sie trennen auch nicht in Körper- und Geistesnahrung, sondern sprechen nur von »Lebensnahrung«. Die Traditionelle Chinesische Medizin (TCM) setzt nicht an einzelnen Krankheitssymptomen an, sondern geht ganzheitlich vor und fragt nach dem Gleichgewicht von Körper, Geist und Seele.

Weitere Beispiele für dieses Denken sind Feng Shui, das die Qualität von Häusern nach ihrer Lage, Umgebung und Ausrichtung, Einrichtung und Struktur beurteilt; die Tatsache, dass Chinesen den Familiennamen dem Vornamen voranstellen oder die Kandidaten des Mandarinatsexamens neben der profunden Kenntnis der klassischen Schriften auch in Kalligraphie versiert sein mussten. Zudem war es für Literaten üblich, ein Musikinstrument, meist die Guqin-Zither, zu spielen.

Chinesen sind denn auch gut darin, mehrere Dinge gleichzeitig zu tun. Sie sind »polychron«, so der Fachbegriff. Im Alltag lässt sich dies überall beobachten. Die Arbeitsteilung in den

Unternehmen etwa ist viel geringer als im Westen. Ihre Mitarbeiter müssen oft nicht nur Mädchen für alles, sondern auch für alles zur gleichen Zeit sein. Arbeits- und Freizeit gehen nahtlos ineinander über.

Zu Anfang unserer Beziehung habe ich meiner Frau immer empfohlen, doch bitte »eines nach dem anderen« zu erledigen. Sie hat mich nur mit Unverständnis angeschaut und »typisch deutsch« gemurmelt.

Zahlreiche empirische Studien belegen das vernetzte Denken der Chinesen. In einem Test sollten amerikanische und chinesische Studenten (aus Taiwan, Hongkong und Singapur) aus Gruppen von je drei Wörtern wie zum Beispiel »Affe, Panda, Banane« zwei auswählen, die nach ihrer Meinung am besten zusammenpassen. Die Amerikaner wählten bevorzugt »Affe und Panda« nach der Kategorie »Tier« aus, die Chinesen dagegen »Affe und Banane«, also nach der konkreten Beziehung. In einer anderen Studie wurden (taiwan-)chinesische und amerikanische Kinder gebeten, bestimmte Objekte zu gruppieren. Erstere taten dies auf der Basis von Beziehungen, die die Objekte miteinander verbinden, etwa Mann-Frau, Mutter-Baby, Letztere mehr auf Basis gemeinsamer Eigenschaften wie Geschlecht oder Aussehen.

Wer davon ausgeht, dass alle Elemente miteinander verbunden sind und sich gegenseitig beeinflussen, achtet besonders auf den Kontext, betrachtet die Dinge gerne aus verschiedenen Blickwinkeln und berücksichtigt die Gesamtumstände, ehe er Schlussfolgerungen zieht und handelt. Wer ganzheitlich, kontextbezogen und vernetzt denkt, wirft zudem den Blick weiter. Und zwar sowohl nach vorne in die Zukunft wie auch zurück in die Vergangenheit. Er denkt nicht nur in Vierteljahresberichten und Wahlperioden, sondern in **langen Zeiträumen**. »Umsichtig und weitblickend« ist in China eine stehende Redewendung.

Auf die Frage, welche Folgen die Französische Revolution für die Welt gehabt habe, gab der frühere Ministerpräsident Zhou Enlai über anderthalb Jahrhunderte später die denkwürdige Antwort, für eine vernünftige Einschätzung des Ereignisses sei es »noch zu früh«. Und Deng Xiaoping meinte über eine Heimkehr Taiwans in den Schoß des Mutterlandes: »Wenn die Einheit nicht in 100 Jahren vollzogen wird, so wird man sie auch in 1000 Jahren noch wollen.«

Chinesen beziehen generell mehr Informationen aus der Vergangenheit in ihre Überlegungen ein als andere Völker, sie sind sich ihrer Geschichte nicht nur besonders bewusst, sie kennen sie auch meist genau. In der Schule nimmt Geschichtsunterricht einen großen Raum ein. Und im öffentlichen Diskurs sind Bezüge zu historischen Geschehnissen an der Tagesordnung, die teilweise Tausende von Jahren zurückliegen.

Dieses langfristige Denken passt auf den ersten Blick so gar nicht zu der im chinesischen Alltag überall zu beobachtenden Eile und Gier nach schnellem Gewinn. Doch mit Blick auf das praktische und konkrete Denken der Chinesen löst sich der Widerspruch auf: Gerade weil sie grundsätzlich in langen Zeiträumen denken, wollen chinesische Geschäftsleute und Bürokraten besonders schnell reich werden. Denn sie wissen nicht, wie viel Zeit ihnen dafür bleibt. Die geschichtliche Erfahrung hat sie gelehrt, dass sich die Verhältnisse von heute auf morgen ändern können.

Besonders charakteristisch für die chinesische Denkweise ist es auch, **Gegensätze als Einheit** zu betrachten. Wir im Westen sehen die Dinge gerne binär in Entweder-Oder-Kategorien wie Richtig oder Falsch, Gut oder Böse und in Dichotomien wie Theorie und Praxis, Geist und Materie, Subjekt und Objekt, Individuum und Gemeinschaft. Für Chinesen sind die Dinge dagegen nie entweder schwarz oder weiß, sie kennen nur verschiedene Grautöne, kein Entweder-oder, sondern nur Sowohl-als-auch. »Niemand ist allein schuld«, sagt meine Frau häufig und meint damit, dass auch der scheinbar Unschuldige nicht umsichtig genug war. Gut und Böse, Richtig und Falsch, Dafür und Dagegen gehören für Chinesen untrennbar zusammen. »Wenn du die Wahrheit klar vor dir sehen willst, sei niemals für oder gegen etwas«, so der Chan-Meister Sengcan in seinem berühmten Gedicht »Xinxinming« aus dem 6. Jahrhundert, das die Essenz des Zen-Buddhismus zum Ausdruck bringt. Und weiter: »Der Kampf zwischen Dafür und Dagegen ist die schlimmste Krankheit des Geistes.«

Nach langer Zeit im Gefängnis und unter Hausarrest kam der bekannte chinesische Künstler und Regimekritiker Ai Weiwei im August 2015 nach Deutschland. In Interviews mit »Süddeutscher Zeitung« und »Zeit« zeigte er sich zur Enttäuschung der Journalisten nicht als der politische Dissident, den sie erwartet hatten, sondern wünschte sich »nur ein normales Leben«. Prompt wurde ihm vorgeworfen, er habe mit dem Regime in Peking einen Pakt geschlossen, um ausreisen zu dürfen.

Ai seinerseits hielt seinen Kritikern daraufhin vor, »die Grautöne« nicht zu sehen. Gewiss sei »die Doktrin« des chinesischen Staates »falsch«. Aber man müsse »umsichtig« sein. Ein Arzt wolle ja auch »die Krankheit beseitigen und nicht den Patienten«. Etwas zu zerschlagen sei leicht. Man könne jedoch »nicht sicher sein, dass man danach etwas Besseres bekommt«.

China ist ein Land der Widersprüche, die chinesische Kultur eine hybride Kultur. Vieles ist dort nebeneinander und zugleich möglich, das eine und zugleich sein Gegenteil: Salz im Zucker, das Süße im Bitteren, das Unendliche im Endlichen, das Luxus-Apartmenthaus neben dem Elendsquartier; ein Mao Zedong, der die chinesische Kultur zerstören will und sich selbst mit Vorliebe im Stil der Ci-Lyrik aus der Song-Zeit ausdrückt; der kommunistische Parteikader im Porsche Cayenne neben dem Scherenschleifer auf dem Fahrrad; die Sanierung des Geburtshauses der KP im Schanghaier Stadtviertel Xintiandi durch einen Hongkonger Immobilientycoon im Austausch für die Zusage, das umliegende Viertel zu einer Amüsiermeile entwickeln zu dürfen. Bei alldem haben nur im Geist der Aufklärung und des modernen Rationalismus, kurz in westlichem Denken erzogene Menschen Verständnisprobleme.

So erscheinen uns auch von den politischen Herrschern in Peking verwendete Begriffe wie »sozialistische Marktwirtschaft« oder »sozialistische Demokratie« paradox. Chinesen stören sich jedoch nicht daran. Entgegen der aristotelischen Logik des Westens können für sie auch zwei scheinbar miteinander unvereinbare Phänomene zugleich richtig sein. Nur westliche Kritiker des modernen Rationalismus wie etwa der kolumbianische Philosoph Nicolas Gomez Davila können das nachvollziehen: »Dem, der sich weigert, die Inkohärenz der Dinge zu vergewaltigen«, so Gomez Davila, »pflegt man zu sagen, dass er sich widerspricht; wo er doch der Realität die Treue geschworen hat.«

Obwohl er für eine der totalitärsten Diktaturen der Menschheitsgeschichte steht und seine Politik bis zu 50 Millionen Chinesen das Leben gekostet hat, ist Mao Zedong bis heute auf allen Geldscheinen des Landes zu sehen, und sein überlebensgroßes Porträt hängt am Tor des Himmlischen Friedens in Peking. Sogar die Studenten, die 1989 auf dem Tiananmen-Platz davor für Demokratie demonstrierten, hatten eine gewisse Ehrfurcht vor dem Diktator. Jedenfalls lieferten sie drei Kommilitonen der Polizei aus, die sein Bild mit Tinte bespritzt hatten. Deng Xiaoping stufte Mao als »zu 70 Prozent gut, zu 30 Prozent schlecht« ein. 1981 machte das Zentralkomitee der Kommunistischen Partei Dengs Urteil offiziell: Maos Verdienste seien »primär«, seine Fehler »sekundär«.

Während wir im Westen eher linear und in Trends denken, ist das chinesische Denken nicht-linear. Das gesamte Universum wird nach ihrer Auffassung von zwei gegensätzlichen, aber zugleich komplementären Kräften bestimmt: **Yin und Yang**. »Eine helle Sonne verdunkelt sich, ein voller Mond nimmt ab, eine volle Tasse läuft über, und auf Wohlstand folgt Zerfall«, schreibt Literaturnobelpreisträger Mo Yan in seinem Roman »Das rote Kornfeld«.

Die Logik der Chinesen ist nicht aristotelisch wie die unsrige, sondern **dialektisch**. Sie unterscheidet sich allerdings sowohl von der Dialektik Heraklits und seiner Synthese der Gegensätze wie auch von der Hegels und seiner Auflösung der Widersprüche auf einer höheren Ebene.

Yin und Yang ist ein Denken in den Kategorien von Ebbe und Flut, ein ewiger Wechsel, bei dem einmal das eine und dann das andere dominiert. In der Freude verbirgt sich das kommende Leid, im Leid die kommende Freude. »Der Wandel liegt in der Kontinuität und die Kontinuität im Wandel«, heißt es im »Buch der Wandlungen«, das als Urschrift der chinesischen Philosophie gilt.

Ihre Geschichte hat den Chinesen dafür reichlich praktischen Anschauungsunterricht geliefert: Der Trennung des Landes folgte die Einheit, dieser die erneute Trennung und wieder die Einheit. Chaos und Ordnung wechselten sich in einem ständigen Reigen miteinander ab.

Für Chinesen liegen auch Glück und Unglück nahe beisammen. Wenn alles gut läuft, werden sie deshalb nicht so leicht übermütig, sondern erwarten, dass es schon bald wieder anders kommt. In Krisen verzweifeln sie nicht, sondern glauben fest daran, dass wieder bessere Zeiten anbrechen. Das chinesische Wort für »Krise« enthält das Wort »Chance«.

Chinesen denken daher **antizyklisch**. Studien über ihr Verhalten an der Börse zum Beispiel zeigen, dass sie eher bereit sind, bei fallenden Kursen Aktien zu kaufen oder zu halten, als andere. Zugleich sind sie weniger bereit, bei steigenden Kursen zu kaufen, und eher willens, die Papiere dann zu verkaufen. »Bei Dürre baut man Schiffe, bei Flut baut man Wagen«, so ein Sprichwort.

Weil ihnen gewissermaßen in Fleisch und Blut übergegangen ist, dass sich die Dinge immer wieder ändern, achten die Chinesen besonders auf »Shi«, die Vorboten des Wandels, genauer: »die Neigung der Dinge«, wie der französische Philosoph und Sinologe François Jullien es nennt. Zugleich haben sie auch eine besondere Fertigkeit entwickelt, diese vor anderen zu erkennen und dem Wandel selbst nachzuhelfen, um das damit verbundene Momentum und Potential für sich zu nutzen. Oder, wie Sunzi sagte, »eine Situation herbeizuführen, die dem Gegner nur noch eine Handlungsoption erlaubt«. Und auf die man selbst besser vorbereitet ist als dieser.

Der ehemalige US-Außenminister Henry Kissinger, der die Chinesen so gut verstanden hat wie kaum ein anderer führender westlicher Politiker, nennt diese Fertigkeit in seinem Buch »On China« die »Kunst, Dinge, die im Fluss sind, zu verstehen«.

Chinesen sind so einerseits gleichmütiger und geduldiger, zugleich aber auch wacher und anpassungsfähiger als die Menschen im Westen. Und sie haben eine Vorliebe für den Mittelweg, den Weg der Mäßigung und des Ausgleichs.

Die sogenannte **Doktrin der Mitte** (*Zhongyong*) ist eine der zentralen konfuzianischen Lehren. In dem Mammut-Werk des Historikers Sima Guang aus der Zeit der Song-Dynastie, das die Geschichte Chinas seit der Zhou-Dynastie über anderthalb Jahrtausende im Detail nachzeichnet, wird immer wieder der »Weg der Mitte« gepriesen.

Chinesen werden nicht nur dazu erzogen, ihre Emotionen und Leidenschaften im Zaum zu halten, sondern generell Extreme zu vermeiden und Widersprüche miteinander zu versöhnen. Sie suchen daher gerne den Kompromiss und die Win-win-Situation.

Typisch für dieses Denken und Handeln ist etwa der Kompromiss, den die Beamten des Kaisers dem englischen Abgesandten Macartney anboten, um ihn zum Kotau vor dem Kaiser zu bewegen. Hinter dessen Thron wollten sie einen Vorhang und dahinter wiederum ein Bild des englischen Königs aufhängen, so dass Macartney beim Kotau zugleich auch ihm die

Ehre erweist. Macartney jedoch lehnte ab. Der Vorschlag war selbst einem pragmatischen britischen Diplomaten wie ihm zu ambivalent.

Ambivalenz und **Unschärfe** sind die natürlichen Begleiter von Synkretismus und Yin-und-Yang-Denken. Zwar sind Chinesen durchaus auch zu Präzision imstande. Aber nur wenn es sein muss. Grundsätzlich denken und handeln sie in Grautönen. »Ungefähr« (*Chabuduo*) reicht normalerweise völlig aus. Sosehr Chinesen Chaos (*Luan*) und Unordnung im Großen und Ganzen fürchten, so wenig ordnungsliebend sind sie im Kleinen. Ungenauigkeit, Unpünktlichkeit, Unsauberkeit und Unordnung sind weit verbreitet. Dass Chinas Städte in der Nacht schöner sind als am Tag, liegt nicht nur an der vielen bunten Leuchtreklame, sondern auch daran, dass Zwielicht und Dunkelheit die bei Tageslicht überall sichtbaren Provisorien und Schludereien zudecken.

Die chinesische Malerei ist eine Tuschmalerei; Tusche verschwimmt auf Reis- oder Seidenpapier leicht, und so entstehen unterschiedliche Grautöne. Sprache ebenso wie Philosophie und Literatur der Chinesen sind inhaltlich vieldeutig, formal aphoristisch und bildhaft. In philosophischen Schriften etwa sind die Begriffe nicht ein für alle Mal klar definiert, sondern müssen im jeweiligen Kontext immer wieder neu entschlüsselt werden.

Wenn sie etwas beschreiben wollen, sagen Chinesen lieber, was es nicht ist, und überlassen es dem Gegenüber, sich sein eigenes Bild davon zu machen, was es ist. So müssen sie sich nicht festlegen und alle Karten aufdecken, bewahren sich Flexibilität und multiple Handlungsoptionen. Mit diesem Vorgehen folgen sie auch den zweieinhalbtausend Jahre alten Ratschlägen, die in zwei Klassikern strategischen Denkens festgehalten sind: »Die Kunst des Krieges« (*Bingfa*), einer Sammlung von Aussprüchen des Generals Sunzi (544-496) aus der Frühling- und Herbstperiode sowie »Das Geheime Buch der Kriegskunst«, ein etwas später erschienenes Werk eines unbekannten Autors.

Zusammen mit dem preußischen General Carl von Clausewitz gilt Sunzi als einer der bedeutendsten Strategen, die Sammlung seiner Weisheiten als berühmtestes Militärtraktat der Weltgeschichte. Manche Historiker schreiben die Anfangserfolge Napoleon Bonapartes der Tatsache zu, dass ein französischer Jesuit »Die Kunst des Krieges« als Erster in eine westliche Sprache übersetzt und der Korse das Buch als einer der Ersten in Europa gelesen hat. Später machten vor allem Mao Zedong im Krieg gegen die Guomindang und Ho Chi Minh im Vietnamkrieg von Sunzis Lehren Gebrauch.

Diese gehen über eine Fibel der Kriegsführung weit hinaus. Sie sind eine umfassende Handlungsanweisung zur Lösung von Konflikten jeder Art mit den Mitteln der Psychologie – inklusive List und Tücke. Zusammen mit den weniger bekannten »36 Strategemen« (siehe Tafel gegenüber) bilden sie ein strategisches Denksystem, chinesisch: *Moulüe* genannt, das der Sinologe Harro von Senger als »Supraplanung« bezeichnet. Dabei komme es darauf an, den Geist auf eine Ebene zu heben, die »eine ganze Fülle von Handlungsoptionen erlaubt«.

Westliche Strategien wie das Clausewitz'sche »Gravitationszentrum« zielen darauf ab, am entscheidenden Punkt eines Konflikts überlegene Kraft zu versammeln und den Gegner vernichtend zu schlagen. Sunzis Kriegskunst und die 36 Strategeme wollen diesen dagegen in eine Position strategischer Schwäche hineinmanövrieren. Zugleich sinnen sie danach, eigene strategische Stärke aufzubauen und so insgesamt eine günstige politische und psychologische Lage herbeizuführen, die den Ausgang eines Konflikts vorwegnimmt und eine gewaltsame Auseinandersetzung überflüssig macht. »Den Feind ohne Waffengang zu unterwerfen, ist die beste Kriegführung«, heißt es bei Sunzi.

Die 36 Strategeme

... aus dem »Geheimen Buch der Kriegskunst«	... und ihre Erklärung
1. Den Himmel/den Kaiser täuschen und das Meer überqueren	Durch Vortäuschen falscher Tatsachen scheinbar unerreichbare Ziele erreichen
2. Wei belagern, um Zhao zu retten	Schwachstellen des Gegners ausnutzen
3. Mit dem Messer eines anderen töten	Den Gegenspieler auf indirekte Weise schädigen oder ausschalten
4. Ausgeruht den erschöpften Feind erwarten	Den Gegenspieler sich austoben lassen, um ihn geschwächt zu stellen
5. Eine Feuersbrunst für einen Raub ausnutzen	In Krisen die Chancen sehen, aus der Not eine Tugend machen
6. Im Osten lärmen, im Westen angreifen	Die Aufmerksamkeit des Gegenspielers vom eigentlichen Angriffsziel ablenken
7. Aus einem Nichts etwas erzeugen	Durch Trugbilder und falschen Zauber zum Erfolg kommen
8. Sichtbar die Holzstege instand setzen, insgeheim nach Chencang marschieren	Die Aufmerksamkeit des Gegenspielers vom eigenen Angriffsweg ablenken
9. Scheinbar unbeteiligt die Feuersbrunst am anderen Ufer beobachten	Abwarten, Problemen auf der Gegenseite ihren Lauf lassen und sie dann für sich nutzen

10. Hinter Lächeln den Dolch verbergen	Durch Freundlichkeit seine wahren Absichten verbergen
11. Den Pflaumenbaum anstelle des Pfirsichbaums verdorren lassen	Das weniger Wichtige preisgeben, um das Wichtigere zu retten
12. Mit leichter Hand das Schaf wegführen	Unverhoffte günstige Gelegenheiten entschlossen beim Schopfe packen
13. Auf das Gras schlagen, um die Schlangen aufzuscheuchen	Auf den Busch klopfen, um ein besseres Lagebild zu erhalten, den Gegenspieler aufzuscheuchen bzw. auszuhorchen
14. Für die Rückkehr der Seele einen Leichnam ausleihen	Mit Hilfe scheinbar nutzloser Mittel auf ein Comeback setzen
15. Den Tiger vom Berg in die Ebene locken	Den Gegenspieler aus seiner Komfortzone locken
16. Will man etwas fangen, muss man es zuerst loslassen	Den Gegenspieler nicht in die Enge treiben, sondern allmählich aufreiben
17. Einen Backstein hinwerfen, um einen Jadestein zu erlangen	Mit kleinen Gefälligkeiten Wunder bewirken
18. Um eine Räuberbande unschädlich zu machen, muss man den Anführer fangen	Sich auf das Wesentliche konzentrieren
19. Unter dem Kessel das Brennholz wegziehen	Den Gegenspieler seiner Kraftquelle berauben
20. Das Wasser trüben, um die Fische zu fangen	Verwirrung stiften, um sie für die eigenen Zwecke auszunutzen

21. Die Zikade entschlüpft ihrer goldglänzenden Hülle	Die Aufmerksamkeit ablenken, um die Flucht zu ermöglichen
22. Die Tür schließen und den Dieb fangen	Den Gegenspieler isolieren
23. Sich mit dem fernen Feind verbünden, um den nahen Feind anzugreifen	Direkt bedrohliche Gegner durch taktische Bündnisse mit weniger bedrohlichen neutralisieren oder ausschalten
24. Einen Weg für einen Angriff gegen Guo ausleihen	Mit Hilfe eines Gegenspielers gleich zwei Gegenspieler besiegen, indem man dem einen nur das für ihn nicht bedrohliche Ziel offenbart
25. Die Tragebalken stehlen und die Stützpfosten austauschen	Formal alles beim Alten lassen, aber den Inhalt austauschen
26. Die Akazie schelten, auf den Maulbeerbaum zeigen	Den Sack schlagen, aber den Esel meinen
27. Verrücktheit vortäuschen, ohne das Gleichgewicht zu verlieren	Schwäche und Harmlosigkeit vorspiegeln, um den Gegenspieler zu überraschen
28. Auf das Dach locken, um dann die Leiter wegzuziehen	Den Gegenspieler in eine Sackgasse locken
29. Einen dürren Baum mit künstlichen Blumen schmücken	Die ernüchternde Realität hinter einer glänzenden Fassade verstecken
30. Die Rolle des Gastes in die des Gastgebers umkehren	Aus einer passiven Rolle eine aktive machen
31. Schöne Frauen einsetzen	Mit einem sexuellen Lockvogel den Gegner korrumpieren bzw. kompromittieren

32. Die Tore öffnen	Bei Schwäche Stärke, bei Stärke Schwäche vorgaukeln
33. Zwietracht säen	Die gegnerischen Reihen infiltrieren und spalten
34. Das leidende Fleisch vorführen	Sich als Opfer gerieren, Mitleid erwecken und so den Gegner ausmanövrieren
35. Dinge und Strategeme miteinander verketten	Den Gegenspieler behindernde Faktoren aneinander koppeln
36. In aussichtsloser Lage weglaufen	Auch einmal bereitwillig verlieren, um am Ende siegen zu können

Homer charakterisierte seinen Helden Odysseus als »den Listenreichen«, Hänsel und Gretel befördern die Hexe mit List ins Jenseits, und Jesus von Nazareth empfahl laut Bibel (Matthäus 10,16), »sanft wie die Tauben und klug wie die Schlangen« zu sein. Dennoch sehen wir im Westen in der **List** eher etwas Negatives. Wir verbinden damit Unehrlichkeit, Betrug und Heimtücke. Wir denken an die Verführung von Adam und Eva oder an Machiavelli und seine ruchlosen Machtrezepte. Clausewitz hat List sogar als Zeichen der Schwäche, als letztes Mittel des Verzweifelten betrachtet. Für die Chinesen hingegen ist List ein bevorzugtes Mittel des Handelns und Ausdruck von Klugheit. Das chinesische Wort für Strategem (*Zhi*) ist zugleich auch das Wort für Klugheit. Chinas Literatur, Filme und Fernsehserien wimmeln von listenreichen Helden.

Nahezu jeder Chinese kennt etwa die Geschichte des Generals Liu Bei (161–223), der nach dem Zerfall der Han-Dynastie in einem der drei Reiche, die ihr folgten, die Herrschaft übernehmen wollte. Er verlor jedoch den Kampf und suchte Zuflucht am Herrscherhof des Nachbarstaats. Obwohl er seine Ambitionen nicht aufgegeben hatte, täuschte er dort vor, nunmehr ohne Machtehrgeiz zu sein. Der Herrscher ließ sich davon täuschen. Als sein Land überfallen wurde, vertraute er Liu das Kommando über die Armee an. Der schlug die Invasoren zurück, requirierte danach aber einen Teil der Soldaten und Pferde für sich und gründete sein eigenes Reich. Die Moral von der Geschichte: Liu Bei wäre nie König geworden, hätte er sich nicht verstellt und seine wahren Absichten verborgen.

Ebenso bekannt sind die Täuschungsmanöver, mit denen der legendäre General Zhuge Liang in der berühmten Schlacht am Roten Kliff seinen an Soldaten und Ausrüstung weit überlegenen Gegner Cao Cao besiegte. Oder seine List »Leere Stadt«. Dabei rückte ein starkes Heer von über 150 000 Mann unter dem Kommando des Generals Sima Yi gegen eine kleine Stadt vor, in der sich Zhuge Liang mit nur wenigen Soldaten aufhielt. Der ließ jedoch nicht die Tore schließen und Verteidigungsposten beziehen, sondern im Gegenteil ein normales Leben vortäuschen. Dazu setzte er sich selbst weithin sichtbar auf die Stadtmauer, um dort zu musizieren und zu singen. Der Anführer der heranrückenden Truppen, der Zhuge Liang als trickreichen Feldherrn kannte, dachte sofort an eine List, vermutete, dass sich in der Stadt überlegene Kräfte verstecken, und trat den Rückzug an.

Auch in der jüngeren Geschichte lassen sich zahlreiche prominente Beispiele für die Anwendung der Lehren von Sunzi und der 36 Strategeme finden. So gaukelte Mao Zedong mit seiner Kampagne »Lasst 100 Blumen blühen« der chinesischen Intelligenzia geistige Offenheit vor. Viele fielen darauf herein und offenbarten liberale Ideen. Sie mussten bitter dafür büßen. »Wir haben die Schlangen«, so rühmte sich Mao anschließend, »aus ihren Höhlen gelockt.«

Die chinesische Außenpolitik ist von strategemischem Denken geradezu durchdrungen. In seinem Buch »On China« schreibt der ehemalige US-Außenminister Kissinger von einer »langen Tradition der chinesischen Staatskunst, langfristige Ziele aus einer Position relativer Schwäche heraus zu erreichen«. Kissinger nennt als Beispiele dafür den Koreakrieg, die Taiwan-Krisen der 50er Jahre sowie die Grenzscharmützel mit Russland am Ussuri-Fluss und die Strafexpedition gegen Vietnam in den 60er Jahren.

1950 überschritt Nordkoreas Armee die nach dem Zweiten Weltkrieg gezogene Demarkationslinie am 38. Breitengrad und fiel in Südkorea ein. Amerikanische Truppen unter General Douglas McArthur warfen sie rasch wieder zurück, drangen nach Nordkorea vor und waren drauf und dran, das gesamte Land für das westliche Lager zu gewinnen. McArthur dachte nicht im Traum daran, dass der durch den Zweiten Weltkrieg und einen langen Bürgerkrieg stark geschwächte Nachbar China dem kommunistischen Bruderland zu Hilfe eilen und gegen die militärisch weit überlegene Atommacht USA Front machen würde. Aber er täuschte sich. Obwohl Mao Zedong zuvor deutlich gegen Kim Il Sungs Einmarsch in Südkorea votiert hatte, schickte er Millionen Soldaten, darunter viele Freiwillige, in den Kampf gegen die USA. Sie erlitten schwere Verluste, aber trieben die amerikanischen Streitkräfte von der eigenen Grenze wieder zurück hinter die ursprüngliche Demarkationslinie, die bis heute Bestand hat. Donald Trump sollte sich dies in der aktuellen Auseinandersetzung mit Nordkorea eine Lehre sein lassen!

Als Mao Zedong 1958 die zu Taiwan gehörende kleine Insel Quemoy (*Jinmen* in Mandarin), kaum einen Kilometer vor der Stadt Xiamen auf dem Festland, mit Artillerie beschießen ließ, glaubten viele, dies sei der Auftakt zur Rückeroberung Taiwans. In seinem Buch berichtet Kissinger davon, wie sein chinesischer Kollege Zhou Enlai dem amerikanischen Präsidenten Richard Nixon bei dessen historischem China-Besuch 1972 erzählte, was wirklich dahintersteckte.

Danach zielte Maos Kanonade nicht auf Taiwan, sondern auf seinen Bündnispartner, die Sowjetunion. Sein Kalkül: mit dem

Artilleriebeschuss die USA zu einer möglichst harten Reaktion provozieren und damit Moskau zu verstärkter Kooperation zwingen. Washington tat ihm den Gefallen und drohte für den Fall eines Angriffs auf Taiwan damit, Atomwaffen einzusetzen. Der damalige Kreml-Chef Nikita Chruschtschow, der wie die Amerikaner ebenfalls glaubte, Mao plane einen Angriff, wollte sich wegen innerchinesischer Querelen nicht in einen Atomkrieg hineinziehen lassen. Lieber gewährte er Peking die seit langem geforderte Unterstützung bei der Entwicklung eigener Kernwaffen. Mao hatte sein Ziel erreicht.

Zhou Enlai zufolge habe der amerikanische Außenminister John Foster Dulles Taiwan damals auch geraten, Quemoy aufzugeben, da sie im Falle eines Angriffs ohnehin nicht zu verteidigen gewesen wäre. Taiwans Staatschef Tschiang Kaishek folgte dem jedoch nicht. Als Chinese war ihm offenbar klar, dass Mao die Insel gar nicht haben wollte. Denn diese zeigt schon rein optisch die Verbindung Taiwans mit dem Festland. Überdies verschafft sie Peking jederzeit die Möglichkeit, Taipeh unter Druck zu setzen.

Allein dadurch, dass Mao Quemoy immer nur an ungeraden Tagen beschießen ließ, so Zhou zu Nixon, habe er den Taiwanesen signalisiert, dass er keinen Angriff plane: »Sie haben unsere Absichten verstanden und zogen sich nicht zurück. Es brauchte keine anderen Mittel oder Botschaften, allein durch diese Methode des Beschießens haben sie verstanden.«

Ein weiteres Beispiel für die Unterschiede zwischen westlichem und chinesischem Denken stellt auch der Angriff Chinas auf den kommunistischen Bruderstaat Vietnam im Jahr 1979 dar. Bis heute wird dies im Westen nicht nur als Fehlschlag, sondern auch als Beleg für aggressive Absichten der Chinesen interpretiert. Doch laut Kissinger trifft weder das eine noch das andere zu. Mit seiner überraschenden Attacke auf den südlichen Nachbarn, der einen militärischen Beistandspakt mit Moskau hatte, wollte Mao dem Kreml die Botschaft übermitteln, sich von ihm in Ostasien nicht in die zweite Reihe drängen zu lassen. Gerade dadurch, dass er einen Krieg mit der Sowjetunion riskierte, den China auf jeden Fall verloren hätte, machte er klar, wie ernst es ihm mit seiner Botschaft war. So wollte er das Risikokalkül des Gegners zu seinen Gunsten verändern.

Und seine Rechnung ging erneut auf: Moskau war seine Machtstellung in Europa wichtiger als die in Ostasien. Der Kreml tat nur das Nötigste, um seine vertraglichen Beistandsverpflichtungen gegenüber Hanoi zu erfüllen. China hatte aus einer Situation der militärischen Schwäche heraus einen strategischen politischen Sieg errungen.

Die Chinesen gingen schon immer davon aus, dass nicht unbedingt der militärisch Stärkere am Ende triumphiert. Forscher der amerikanischen RAND-Corporation haben diese Weisheit empirisch bestätigt. Sie stellten fest, dass von den 481 Kriegen in der Menschheitsgeschichte, die sie untersuchten, 272 von der im herkömmlichen Sinne unterlegenen Seite gewonnen wurden. »Die USA haben vier von fünf Kriegen seit dem Zweiten Weltkrieg entweder verloren oder zumindest nicht gewonnen«, so der Harvard-Professor Graham Allison.

Chinas Angriff auf Vietnam war eigentlich eine Defensivoperation. Doch wie so oft hatte die Welt die Denkweise der Chinesen nicht verstanden. »Handlungen, die in China defensiv gedacht sind, können in der übrigen Welt als aggressiv betrachtet werden«, so Henry Kissinger. Umgekehrt könnten »Abschreckungsmaßnahmen des Westens in China als Einkreisung interpretiert« werden. Eine potentiell gefährliche Spirale und ein »Dilemma«, das beide Seiten »bis zu einem gewissen Grade immer noch nicht überwunden« hätten. Wie recht der China-Kenner damit hat, erleben wir derzeit an den Auseinandersetzungen über Hoheitsrechte im Südchinesischen Meer.

Der Unterschied zwischen unserem und chinesischem Denken lässt sich vielleicht am besten anhand eines Vergleichs der beiden Brettspiele Schach und »Wei Qi« (wörtlich: »Einkreisungsbrett«) darstellen. Jeder Wei-Qi-Spieler hat 180 Steine zur Verfügung, die sich anders als die Schachfiguren in ihrer Bedeutung nicht voneinander unterscheiden. Anders als beim Schach ist das Brett zu Beginn des Spiels auch leer.

Beim Schach ist es das Ziel, die Figuren des Gegners möglichst rasch vom Brett zu räumen und dessen König mattzusetzen. Dies entspricht der von Clausewitz'schen Strategielehre, im Gravitationszentrum eine Entscheidungsschlacht herbeizuführen und einen totalen Sieg zu erringen. Bei Wei Qi dagegen geht es darum, die gegnerischen Steine zu umzingeln und so die Oberhand zu gewinnen. Wie Sunzi und die Strategeme es lehren.

Sprache und Kommunikation
Vieldeutig, indirekt, distanziert

Denken und Fühlen eines Volkes drücken sich besonders in seiner Sprache aus. Sprache prägt die Kultur und spiegelt sie zugleich wider. »Die Grenzen meiner Sprache sind die Grenzen meiner Welt«, so der Philosoph Ludwig Wittgenstein. Für George Orwell hieß »die Sprache zu kontrollieren« zugleich, »das Denken zu kontrollieren«.

Die chinesische Sprache ist in vielerlei Hinsicht einzigartig. In Form der Kalligraphie hat sie sogar eine eigene Kunstform zwischen Literatur und Malerei hervorgebracht. Dies zeigt, welch große Bedeutung ihr in China zukommt. Schön zu schreiben gilt dort als Ausweis hoher Bildung.

Mandarin, wie die chinesische Hochsprache (*Putonghua*) im Westen genannt wird, weist zu den indogermanischen Sprachen erhebliche systematische Unterschiede sowohl hinsichtlich Schreibweise, Aussprache und Grammatik auf. Von allen bedeutenden Sprachen hat Chinesisch das komplizierteste Schriftsystem. Pinyin, die heute gebräuchlichste phonetische Nachbildung mit Hilfe des Alphabets, lässt davon ebenso wie die vorher lange benutzte Umschrift nach Wade-Giles nur wenig erahnen.

Statt 26 Buchstaben kennt Mandarin Zehntausende von Schriftzeichen. Selbst Taschenwörterbücher enthalten schon etwa 8000. Das moderne Chinesisch-Wörterbuch »Zhonghua Zihai« umfasst mehr als 80 000. Auch altgediente Sinologen müssen oft lange nach der Bedeutung seltener Zeichen suchen. Rund 1000 der heute gebräuchlichen Zeichen lassen sich bis auf Orakelschriftknochen aus dem 2. Jahrtausend vor unserer Zeitrechnung zurückführen. Das für »Eins« etwa ist seit über 3000 Jahren unverändert geblieben. Dennoch sind die heutigen Zeichen nur zu einem sehr geringen Teil Piktogramme oder Ideogramme.

Ein Zeichen entspricht einer Silbe. Anfangs bestanden Wörter meist aus einem einzelnen Zeichen. In der modernen Sprache sind es zwei oder auch drei. Zwischen ihnen wird beim Schreiben ein Abstand gelassen, nicht zwischen den Wörtern. So kann es sein, dass der Leser zwar alle einzelnen Schriftzeichen versteht, aber nicht ohne weiteres alle Wörter und einen Satz.

Über 80 Prozent der Zeichen setzen sich aus einer von gut 200 semantischen, also die Bedeutung bestimmenden, und aus einer von etwa 800 phonetischen Komponenten zusammen, welche die Aussprache beisteuern. Ein Zeichen ergibt meist nur im Zusammenhang mit dem nachfolgenden Zeichen und/oder der Aussprache Sinn.

Noch komplexer wird es dadurch, dass die semantische Komponente nur zu etwa 60 Prozent eine klare Bedeutung festlegt. Ähnliches gilt für die phonetische Komponente. Es kommt sogar vor, dass diese überhaupt keinen Hinweis auf die Aussprache gibt. So besteht etwa das Wort Mutter (*Ma*) aus den Komponenten weiblich und Pferd, das ebenfalls *Ma* heißt, aber anders betont wird.

Die semantischen und phonetischen Komponenten sind in weit über 600 Unterteile aufgliedert. Es gibt verschiedene Konfigurationen der Komponenten und Unterkomponenten sowie verschiedene Muster derselben Striche. Ein einziger Strich kann alles verändern. Kombiniert ergeben sich so Zehntausende von Zeichen. Diese können bis zu 17 Striche haben. In der vereinfachten Schrift, die die Volksrepublik China und Singapur 1956 einführten, sind es im Schnitt neun, in der traditionellen Langschrift etwa elf. Letztere gilt offiziell weiter in Taiwan und

Hongkong. Auch die »Kanji«-Zeichen, die im Japanischen und Koreanischen benutzt werden, kommen aus der Langschrift.

Wer Deutsch oder Englisch lernt, kann ein Wort, das er schon öfter gehört hat, leicht lesen, da die Buchstaben die Aussprache mehr oder weniger klar widerspiegeln. Im Chinesischen stehen die Schriftzeichen jedoch für Inhalte und sind von der Aussprache klar getrennt. So haben *Hongkong* (Kantonesisch) und *Xianggang* (Mandarin) dieselben Zeichen und dieselbe Bedeutung, werden aber anders ausgesprochen.

Chinesisch ist eine **tonale Sprache**. Um verschiedene lexikalische Einheiten voneinander zu unterscheiden, gibt es vier Arten der Betonung: In der Höhe gleichbleibend, an Höhe zunehmend, an Höhe erst abnehmend, dann zunehmend und schließlich an Höhe abnehmend. Die richtige Betonung der einzelnen Silben und Wörter ist für ihr Verständnis unerlässlich. *Mai* zuerst fallend, dann steigend heißt Kaufen. *Mai* mit fallendem Ton heißt Verkaufen. Um in dem Lärm der Präsenzbörse fatale Verwechslungen zu vermeiden, werden für beide Vorgänge daher lieber Slangwörter benutzt.

Aus *Ma* für »Mutter« in der ersten Betonung wird in der zweiten »betäubt«, in der dritten »Pferd« und in der vierten »schimpfen«. Das Wort *Yin* kann mit gleichbleibender Tonhöhe ausgesprochen unter anderem »Ursache« oder »Klang« heißen; mit ansteigender Tonhöhe »Silber« oder »Regen«. Mit fallender bedeutet es »Stempel« oder »Schatten« und mit zunächst fallender, dann steigender Tonhöhe »führen« oder »trinken«. Jedes Mal ist die Schreibweise anders.

Ohne chinesische Visitenkarte muss meine Frau oft erklären, wie sich ihr seltener Nachname Yin (Ton erst fallend, dann steigend) schreibt: wie in *Fu* (Ton erst fallend, dann steigend) *Yin* (Ton erst fallend, dann steigend), dem Wort für einen kaiserlichen Präfekten.

Trotz der tonalen Differenzierung bleiben noch zahlreiche **Homophone**, also Silben, die gleich ausgesprochen werden wie im Deutschen etwa Aas oder aß, denen aber mehrere unterschiedliche Schriftzeichen zugeordnet werden können.

In wohl kaum einer anderen Sprache gibt es zudem so viele **Idiome** – über 10 000 an der Zahl. Viele heute noch gebräuchliche Redewendungen haben ihren Ursprung in einem oft Jahrtausende zurückliegenden historischen Ereignis, Text, Theaterstück oder Roman. Anders als die meisten Idiome westlicher Sprachen kommt ihnen figurative Bedeutung zu, die sich ohne Kenntnis des Ursprungs nicht erschließt. Ein Beispiel dafür ist etwa »Wei belagern, um Zhao zu retten« aus der Liste der 36 Strategeme.

Im Unterschied zu westlichen Sprachen ist Chinesisch eine sehr **bildhafte Sprache**. Das Zeichen für »Gewinn« etwa setzt sich zusammen aus den Zeichen für »Reisfeld« und »Schneidewerkzeug«. Das Wort »Landschaft« aus »Berg« und »Wasser«, das Wort für »Länge« aus den Wörtern für »kurz« und »lang«. Chinesen lieben es, sich in Metaphern und Parabeln auszudrücken, die oft keine Entsprechung in westlichen Sprachen haben. Bildhafte Ausdrücke wie »Das Huhn töten, um den Affen zu erschrecken« als Bezeichnung einer Warnung sind gang und gäbe. Abstrakte Wörter, die im Deutschen meist mit der Silbe »-keit« enden wie etwa Sparsamkeit, sind dagegen eher selten.

Auch die chinesische **Grammatik** ist fundamental anders als die westlicher Sprachen. Während in diesen Substantive gegenüber Verben weit überwiegen, sind Letztere im Chinesischen genauso häufig. Der Grund: Fast die Hälfte der Verben ist einsilbig, also kürzer als Substantive. Zwischen beiden wird oft auch gar nicht unterschieden.

Chinesische Wörter werden weder dekliniert noch konjugiert, nicht in den Plural, in die Vergangenheit oder Passivform gesetzt. Diese Funktion müssen zusätzliche Wörter übernehmen. Wenn jemand etwa von e i n e r Tulpe spricht, sagt er »eine Blüte der Tulpengattung«. Statt »Er glaubt mir« sagt ein Chinese »Er glauben ich«. »Er« kann auch »sie« sein. Ob das Subjekt ein Mann oder eine Frau ist, ergibt sich erst aus dem Zusammenhang. Es gibt verschiedene Möglichkeiten auszudrücken, ob etwas in der Vergangenheit geschah, jetzt gerade erfolgt oder erst in der Zukunft passieren wird – aber mit dem Verb geht das nicht.

Chinesisch zu lernen ist so alles andere als einfach. Das gilt vor allem für das Lesen und mehr noch das Schreiben. Schon die Lehrbücher für die Grundschule sehen das Erlernen von fast 3000 Schriftzeichen vor. Das sind in etwa so viele, wie für den täglichen Gebrauch nötig sind. Uni-Absolventen müssen mindestens die doppelte Anzahl kennen.

Es erfordert Jahre des Auswendiglernens, um ordentlich Chinesisch lesen und schreiben zu können. Chinesen wird damit schon sehr früh im Leben der Wert von Fleiß, Disziplin und Ausdauer bewusst; beim Erlernen ihrer Sprache trainieren sie zudem Gedächtnis, räumliche und visuelle Wahrnehmung sowie den Blick für Details und Zusammenhänge.

Mit ihrer Sprache lernen die Chinesen aber vor allem so zu denken, wie sie denken. Und wie sie denken, so kommunizieren sie auch. Sie lassen die Dinge gerne im Ungefähren, drücken sich **vieldeutig** aus, verstecken sich hinter Zitaten historischer Größen und vermeiden direkten Widerspruch. So wahren sie sich nicht nur möglichst viele Handlungsoptionen, sondern zugleich auch ihr Gesicht – und das ihrer Gesprächspartner. »Ein Wort, einmal ausgesprochen, kann nicht mehr zurückgenommen werden, nicht einmal durch ein Gespann von vier Pferden«, lautet ein Sprichwort. In der Anonymität des Internets sind die Chinesen denn auch wesentlich expliziter und weniger zurückhaltend.

Während wir im Westen, gerade in Deutschland und noch mehr in den USA, die Dinge relativ offen ansprechen, Klartext schätzen und Kontroversen auch in aller Freundschaft austragen können, also direkt und explizit kommunizieren, tun die Chinesen dies lieber **implizit und indirekt**. Ihr Einfallsreichtum ist in dieser Beziehung nahezu unbegrenzt. Sie sagen oft nicht, was sie wirklich denken, weichen gerne aus, umgehen Probleme, lassen die Dinge im Unklaren, kommunizieren gewissermaßen über Bande.

Während wir im Westen gerne rasch zum Thema kommen, urteilen und das Urteil danach begründen, halten Chinesen es genau andersherum. Sie holen meist aus, um den Kontext zu erklären, bevor sie ein Urteil fällen – und dieses sogleich wieder relativieren. Ihre Argumentationsweise erscheint Menschen im Westen daher vielfach als kryptisch und elliptisch, spannt sie auf die Folter. Als offener, direkter und ungeduldiger Mensch bekomme ich etwa von meiner Frau immer wieder zu hören, mich nicht so früh festzulegen. Ich meinerseits fordere sie immer wieder auf, »zum Punkt« zu kommen.

Ultimative, kompromisslose Statements und konfrontative Argumentation sind nichts für Chinesen. Sie fallen sich nicht gegenseitig ins Wort. Meine Frau kann über Talkshows im deutschen Fernsehen, in denen die Gäste wild durcheinanderreden und verbal aufeinander losgehen, nur den Kopf schütteln. Hat ein chinesischer Vorgesetzter nach Meinung eines Untergebenen unrecht, wird dieser ihm vor anderen nicht widersprechen, sondern dies entweder unter vier Augen oder über einen Dritten tun. Und auch dann wird er sich noch vorsichtig ausdrücken, seine abweichende Meinung nur andeuten, um dem Vorgesetzten nicht das Gesicht zu nehmen.

Wollen sie einen Wunsch äußern, tun Chinesen dies meist auf unbestimmte, subtile Art und Weise. Geht der Gefragte auf den Wunsch nicht ein, kann der Fragende so tun, als hätte er diesen nie geäußert. Chinesen sagen deshalb auch nicht einfach »Nein«, sondern entweder gar nichts oder »Vielleicht«. Das kann »Nein« heißen und heißt es auch meist, muss es aber nicht. Genauso wie »Ja« auch »Vielleicht« bedeuten kann. »Der Edle verhält sich gegenüber allen Dingen unter dem Himmel so, dass er nichts kategorisch bejaht oder ablehnt. In allem versucht er sich dem Richtigen langsam anzunähern«, heißt es bei Konfuzius.

Für Chinesen kommt es fast genauso darauf an, was jemand nicht sagt, wie auf das, was er sagt. Der Gesprächspartner muss zwischen den Zeilen lesen, erspüren, was sein Gegenüber denkt und will. Jia Baoyu aus dem Roman »Traum der roten Kammer« liebt ihren Cousin Lin Daiyu. Aber sie sagt es ihm nicht und zeigt es auch nicht offen. Sie erwartet, dass er es erspürt, was er schließlich auch tut.

Die »Gespräche« von Konfuzius und das »Dao De Jing« von Laotse, die Hauptschriften beider Philosophien, umfassen nur rund 5000 Wörter, nicht viel mehr als ein längerer Magazinartikel. Verglichen mit der ausgefeilten Argumentation in den Werken eines Platon oder Aristoteles etwa wirken sie damit geradezu **anekdotisch und aphoristisch**. Sie entsprechen dem Denken der Chinesen vom fragmentarischen Charakter der menschlichen Erkenntnis und des Lebens überhaupt.

Das literarische Chinesisch ist dabei noch anspruchsvoller als das Alltagschinesisch. Es zeichnet sich durch extreme Knappheit und Prägnanz aus. In ihm dominieren einsilbige Wörter. Der berühmte »Drei-Zeichen-Klassiker« (*San Zijing*) etwa, ein über 800 Jahre altes Kinderbuch, das auf einfache Weise chinesische Geschichte und Kultur vermittelt, besteht nur aus kurzen Versen mit drei Zeichen. Zudem impliziert das literarische Chinesisch oft Prämissen, die gar nicht mehr genannt werden. »Wenn man den Hasen gefangen hat, muss man nicht mehr über die Falle nachdenken«, heißt es in dem taoistischen Klassiker »Zhuanzi«, der in wesentlichen Teilen von dem gleichnamigen Dichter und Philosophen verfasst wurde. »Die Wörter existieren wegen ihrer Bedeutung; hat man diese verstanden, kann man die Wörter vergessen. Wo kann ich jemanden finden, der die Wörter vergessen hat, so dass ich mit ihm reden kann?«, so Zhuanzi.

Die klassische chinesische Literatur besteht denn auch vornehmlich aus Gedichten und Essays. Große Romane gibt es dagegen nur wenige: Die »Reise nach Westen«, der »Traum der Roten Kammer«, die »Drei Reiche« und »Die Räuber vom Liangschan-Moor« – das war es schon. Kurze Gedichte zu verfassen war dagegen neben der Kalligraphie immer fester Bestandteil des Lebensstils der Gebildeten des Landes. Prototypisch dafür steht etwa der berühmte Zweizeiler des Autors Li Yu: »Erst sehen wir nach den Hügeln auf den Bildern. Dann nach dem Bildnis in den Hügeln.«

All dies richtet zumal vor Ausländern aus dem westlichen Kulturkreis hohe Hürden dafür auf, wirklich zu verstehen, was Chinesen mit dem meinen, was sie gesagt haben. Zu wissen, was jemand gesagt hat, bedeutet noch lange nicht verstanden zu haben, was gemeint ist. Dolmetscher aus dem Chinesischen übersetzen das Gesagte denn auch oft ganz unterschiedlich. Und jede Version kann zulässig sein. Übersetzungen chinesischer Originaltexte sind immer persönliche Interpretationen des jeweiligen Autors, wie etwa die vielen verschiedenen Versionen von Konfuzius- oder Laotse-Texten zeigen.

Mandarin sei »so eigenartig«, meinte Sir Robert Hart, im 19. Jahrhundert jahrelang oberster Steuerbeamter Chinas, »in ihr wird so viel weggelassen, was in unserer Sprache ausgedrückt wird, und sie verwendet so viele zusätzliche Wörter, nur um einen Satz rund zu machen, dass es tatsächlich ein mühseliges Geschäft ist, hier zurechtzukommen.«

Eine besondere Herausforderung stellt es dar, exakte wissenschaftliche Erkenntnisse aus anderen Sprachen fruchtbringend ins Chinesische zu übertragen. Lin Yutang ging sogar so weit zu behaupten, dass die Chinesen, hätten sie statt der Schriftzeichen ein Alphabet ausgebildet, »nicht nur die Autorität des Kaisers bis auf den Grund erschüttert, sondern wahrscheinlich auch schon längst ihre politische Ordnung von sich geworfen haben würden und dann ganz andere Wege genommen und der Welt noch mehr Erfindungen geschenkt hätten als die Druckerkunst und das Schießpulver«.

Vor über 100 Jahren, am Ende der Kaiserzeit, gab es angesichts der wissenschaftlich-technischen und damit auch militärisch-politischen Unterlegenheit Chinas einmal eine große öffentliche Debatte darüber, ob man die Schriftzeichen nicht besser aufgeben und durch die alphabetische Lautschrift Pinyin ersetzen solle. Ein Professor der Peking-Universität schrieb daraufhin eine kurze Geschichte in den traditionellen Zeichen und übertrug sie anschließend in Pinyin. Sie erzählte von einem Dichter namens Shi, der in einem steinernen Haus lebte und sich danach sehnte, Löwen zu essen. Er ging zum Markt und kaufte dort 190 der Tiere. Zu Hause angekommen, musste er jedoch feststellen, dass alle auf dem Weg dahin gestorben waren. Die Geschichte, die Hunderte verschiedener Zeichen enthielt, bestand in Pinyin-Schrift nur aus der ständigen Wiederholung immer wieder desselben Wortes: *Shi*. Damit war die Debatte über die Abschaffung der Schriftzeichen beendet. Ein halbes Jahrhundert später kam es dann immerhin zu einer mäßigen Vereinfachung derselben. Bei dieser Gelegenheit wurden auch die arabischen Zahlen eingeführt.

Interessanterweise hat der technische Fortschritt zum Erhalt der chinesischen Zeichensprache und damit der traditionellen Kultur erheblich beigetragen. Digitalisierung, Computer und moderne Textverarbeitungsprogramme machen das Schreiben von Mandarin sehr viel leichter. Umgekehrt sorgt dies allerdings auch dafür, dass immer mehr Chinesen beim Schreiben ohne Computer Probleme damit haben, sich an die früher einmal gelernten Schriftzeichen genau zu erinnern.

Zu der andersartigen verbalen Kommunikation der Chinesen kommt eine von der westlichen ebenso stark verschiedene **nonverbale Kommunikation**. Diese hat überdies wesentlich mehr Bedeutung als bei uns. Wörter können für Chinesen nie die volle Wirklichkeit beschreiben. Sie wissen: Das Wort kann täuschen, gerade in ihrer Sprache, daher bleiben sie stets misstrauisch. Auch deshalb sind sie im Allgemeinen schweigsamer als wir im Westen. Zumindest im Umgang mit Außenstehenden. *En famille* können sie dagegen stundenlang über kleinste Nebensächlichkeiten schwatzen.

Schweigen muss bei Chinesen keineswegs Zeichen von Verschüchterung, Verärgerung oder Desinteresse sein. Viel zu reden erscheint ihnen als dumm, zu schweigen und zuzuhören dagegen als klug. Denn dabei lernt man mehr. »Der Mensch«, so ein chinesisches Bonmot, »hat zwei Augen und zwei Ohren, aber nur einen Mund.« Hinzu kommt: Menschen, die nicht einfach so daherreden, so Qian Zhongshu in dem Roman »Belagerte Festung«, der zu den bedeutendsten der modernen chinesischen Literatur zählt und tiefe Einblicke in Denken und Fühlen der Chinesen eröffnet, vermitteln damit anderen den Eindruck, sie seien »voller Weisheit«; so wie bei einer »verschlossenen, versiegelten Truhe vermutet wird, dass sie voll mit wertvollen Schätzen ist«. Schon Laotse sagte: »Wer weiß, redet nicht, wer redet, weiß nichts.«

Während Kommunikation im Westen vor allem instrumentellen Charakter hat, ist sie in China mehr **affektiv**. Chinesen legen generell mehr Wert auf den Interaktionsprozess selbst, auf die Beziehung zum Gegenüber, auf Form und nicht nur Inhalt. So fallen sie auch nie mit der Tür ins Haus. Zur Begrüßung sagen sie nicht einfach »Guten Tag«, sondern erkundigen sich nach dem Befinden des anderen: »Geht's dir gut?« (*Ni Hao*), und/oder »Hast du schon gegessen?« (*Chi le ma?*) Begrüßungen dauern bei ihnen immer länger als im Westen. Worum es ihnen bei einem Gespräch inhaltlich geht, sprechen sie dagegen erst gegen Schluss und eher beiläufig an.

Die Angehörigen verschiedener Kulturen haben vielleicht dieselben Gefühle, denken aber oft verschieden darüber, erfahren sie deshalb auch anders und bringen sie auf andere Weise zum Ausdruck. Der amerikanische Psychologe Klaus Sherer hat die bisher wohl umfassendste internationale Vergleichsstudie von Emotionen gemacht. Dabei stellte er fest, dass die Chinesen emotional zwar auf dieselben Reize reagieren wie wir – in der Regel allerdings deutlich schwächer.

Während westliche Mütter ihren Kindern erlauben, ja sie sogar ermuntern, ihre Emotionen auszuleben, lernen Chinesen schon im Alter von drei bis vier Jahren, also soweit sie zurückdenken können, ihre Gefühle und mit ihnen Mimik und Gestik zu zügeln. Sie bewahren einen möglichst unbewegten Gesichtsausdruck, vermeiden intensiven Augenkontakt, gestikulieren kaum und achten auf körperliche **Distanz** – vor allem gegenüber Fremden: »Wie bei Stachelschweinen«, so Qian Zhongshu, »muss jeder Abstand vom anderen halten.«

Aber auch im Familien- und Freundeskreis ist Körperkontakt seltener als bei uns und fast ausschließlich der Intimsphäre vorbehalten. Bei einer traditionellen chinesischen Hochzeit küssen sich die frisch Vermählten nicht, sondern reichen sich beide Hände und verneigen sich voreinander. Wangenkuss und Umarmung zur Begrüßung sind auch unter engen Freunden und Familienangehörigen unüblich. Schulterklopfen geht gar nicht. Leidenschaftliche Küsse, Händchenhalten, das ungenierte Ausleben von Gefühlen in aller Öffentlichkeit finden die meisten Chinesen peinlich bis schamlos. Selbst junge Verliebte in den Großstädten des Landes halten sich damit bis heute zurück.

Das berühmte Lächeln der Chinesen ist vor allem eine höfliche **Maske**, die ihre Gefühle verbergen soll. Es kann – wie das Lächeln der Mona Lisa – alles Mögliche bedeuten. Chinesen können lächeln, weil sie glücklich und zufrieden sind, gerade eine unangenehme Nachricht bekommen haben oder etwas bedauern; sie können lächeln, weil sie sich verunsichert oder peinlich berührt fühlen, etwas nicht verstehen oder nicht wissen. Ihr Lächeln kann Zeichen für einen Konflikt und Ausdruck der Ablehnung sein. Hinter einem lächelnden Gesicht kann sich sogar eisige Kälte verbergen.

Ein Chinese sei »gezwungen, eine Maske zu tragen, wenn er das Haus verlässt, wie man an regnerischen Tagen einen

Regenschirm mitnimmt«, schreibt Literatur-Nobelpreisträger Gao Xingjian. Mit dieser Beschreibung bezog er sich zwar konkret auf die Folgen der Kulturrevolution, eine Maske trugen die Chinesen in der Öffentlichkeit jedoch schon vorher und tragen sie auch heute noch.

Was wir im Westen bestenfalls als geheimnisvoll, meist aber als distanziert, oft auch als gefühllos, arrogant, ja hinterhältig und verschlagen empfinden, ist das Ergebnis einer jahrtausendealten Erziehung zu Vorsicht und Zurückhaltung. Freude und Wut, Stolz und Scham, Selbstbewusstsein und Angst offen zu zeigen, erachten Chinesen als schädlich für die zwischenmenschlichen Beziehungen und das eigene Fortkommen. Freude und Stolz des einen sorgen unter Fremden für Neid und Missgunst beim anderen. Seine Wut auszulassen und zu schreien bringt einen Gesichtsverlust für beide Seiten mit sich. Wer schreit, hat vielleicht recht, aber verliert zugleich seine Autorität. »Menschen haben Emotionen wie Bäume Würmer«, lautet ein chinesisches Sprichwort.

Dominantes und ostentatives Auftreten, gieriges Verhalten, seinen Reichtum vorführen, prahlen und protzen, wie es seit einigen Jahren in China zu beobachten ist, galt traditionell stets als vulgär. Die Manieren konnten (ebenso wie der Geschmack) mit dem historisch einmalig schnellen wirtschaftlichen Aufstieg breiter Volksschichten in den zurückliegenden Jahrzehnten verständlicherweise nicht immer mithalten. Die hohe Wertschätzung für Bildung und Lernen dürfte jedoch auch hier rasch Abhilfe schaffen. Und aus neuem wird auch in China irgendwann alter Reichtum. Schon heute verliert ostentativer Konsum für die Mittelschicht des Landes an Bedeutung.

Möglichst unsichtbar zu bleiben ist auch ein zentrales Element im strategischen Denken von Sunzi und der erfolgreichen Anwendung von Listen. Prominenz dagegen macht verletzlich. »Hochmut lädt den Ruin ein, Bescheidenheit empfängt Wohltaten«, sagt ein chinesisches Sprichwort. Ein anderes: »Der Mensch fürchtet den Ruhm wie das Schwein das Fettwerden.«

Deshalb schmeicheln Chinesen ihren Gesprächspartnern auch gerne und machen sich kleiner, als sie sind. So stufen sie sich oft niedriger ein, als ihre Vorgesetzten das tun, verweisen als Grund für Erfolge auf Faktoren außerhalb ihrer Kontrolle wie etwa Glück und führen bei Misserfolgen an, sie hätten sich nicht genug angestrengt.

Weil Chinesen sich in vergleichenden internationalen Studien selbst weniger positiv darstellen und weniger hoch einschätzen als Menschen aus dem westlichen Kulturkreis, allen voran Angelsachsen, wird ihnen gern ein schwächeres **Selbstwertgefühl** als diesen bescheinigt. Abgesehen davon, dass es für jemanden, der in weniger sicheren Umständen leben muss, nur natürlich ist, sich weniger sicher zu fühlen, wäre es jedoch falsch, auf einen darüber hinausgehenden, kulturell bedingten Mangel an Selbstbewusstsein der Chinesen zu schließen. Als Gruppe schätzen diese sich zum Beispiel in den Vergleichsstudien deutlich besser ein als Menschen aus dem Westen. Dasselbe gilt für den affektiven Bereich. Das heißt, von ihrem unmittelbaren Umfeld fühlen sich Chinesen mehr geschätzt als Europäer und Amerikaner. Auch ihr Selbstwertgefühl ist relational.

Insgesamt sind Sprache und Kommunikation der Chinesen somit ein getreuer Spiegel ihres beziehungsorientierten, auf Mäßigung und Gesichtswahrung bedachten Denkens und Fühlens. Und darum geht es ihnen auch in ihrem moralischen und sozialen Verhalten.

Moral und Gesellschaft
Nächstenliebe, Netzwerk, Gesicht

Konfuzius sah den Menschen nicht vorrangig dadurch charakterisiert, dass er Vernunft besitzt, sondern dass er ein Bewusstsein von Gut und Böse entwickeln kann. Die konfuzianische Philosophie ist im Kern eine Morallehre. Sie geht nicht davon aus, dass Menschen mit einem Gewissen geboren werden, das ihnen als verlässlicher Kompass für Recht und Unrecht dient; Moral muss vielmehr durch Erziehung erworben, gewissermaßen erlernt werden.

Die konfuzianische Morallehre ist nicht religiös, nicht metaphysisch verankert, stützt sich nicht auf göttliche Gebote, auf eine Belohnung im Jenseits, sondern ist ganz diesseitig. Sie soll dem Menschen nicht dabei helfen, ins Paradies zu gelangen, sondern ein harmonisches Zusammenleben auf Erden ermöglichen.

Als kennzeichnendes Merkmal des Menschseins betrachtete Konfuzius die »Mitmenschlichkeit« (*Ren*). Als er gefragt wurde, was er darunter genau verstehe, gab er die Antwort: »Tue anderen nicht an, was du selbst nicht angetan bekommen willst.« Es ist die goldene Regel der konfuzianischen Moral, vergleichbar mit Kants kategorischem Imperativ.

Der konfuzianische Imperativ ist – außer für die fünf kardinalen zwischenmenschlichen Beziehungen – als negative Pflicht formuliert, Kants Moralregel dagegen positiv und als universelle Handlungsanweisung: »Handle nur nach derjenigen Maxime, durch die du zugleich wollen kannst, dass sie allgemeines Gesetz werde.« Einfacher ausgedrückt: Handle immer so, dass dein Handeln als Vorbild für alle anderen dienen kann.

In seiner »Metaphysik der Sitten« weist der deutsche Philosoph in einer Fußnote selbst kurz auf den entscheidenden Unterschied seiner Moralregel zu der von Konfuzius hin. Diese könne »kein universelles Gesetz« sein, da sie keine »klar abgegrenzten Pflichten gegenüber anderen« beinhalte. »Viele Menschen«, so Kant, »würden darin übereinstimmen, dass andere ihnen nicht helfen sollen, wenn sie diese Hilfe nicht erwarten«.

Tatsächlich ist der konfuzianische Moral-Imperativ weniger ambitioniert. Er fordert nicht jederzeit und allen Menschen gegenüber vorbildliches Handeln, unabhängig vom jeweiligen Gegenüber, von der konkreten Situation und davon, ob dieses Handeln auch erwidert wird.

Konfuzius sah in der natürlichen Liebe der Kinder zu ihren Eltern und der Eltern zu ihren Kindern die Wurzel dessen, was wir im Westen unter **Nächstenliebe** verstehen. Dabei ging er davon aus, dass diese nicht auf die Familie beschränkt bleibt, sondern auch zu einer Fremdenliebe wird. Die Sittlichkeit der Familie war für ihn Blaupause für die allgemeine Sittlichkeit. Konfuzius nahm an, dass die Schande, die ein Verstoß gegen die Moralregeln mit sich bringt, die beste Gewähr für das Einhalten eben dieser Regeln immer und überall bietet. Besser als Gesetze. So sagt er etwa in den »Gesprächen«: »Ist die Familie in Ordnung, dann herrscht Friede im Staat.« Und: »Wer seine Eltern liebt, der wagt auch anderen gegenüber keinen Hass zu zeigen.« An einer weiteren Stelle heißt es: »Wer die Menschen nicht liebt oder sogar beabsichtigt, ihnen etwas anzutun, wie kann man den von einem Tier unterscheiden? Um in Harmonie miteinander zu leben sind die Menschen von Mitmenschlichkeit abhängig. Ohne dass sie in ihrem täglichen Leben und in der Art, wie sie mit anderen Menschen umgehen, den Prinzipien der Mitmenschlichkeit folgen, ist Frieden in der Welt nicht möglich.«

Solche Sätze entsprechen ganz und gar den Regeln der christlichen Brüderlichkeit und Nächstenliebe. Aber sie bleiben seltene Ausnahmen unter den über 100 Stellen, an denen in den »Gesprächen« von Menschlichkeit und Mitmenschlichkeit die Rede ist. Vor allem: Die Beziehungen von Fremden untereinander kommen in Konfuzius' »fünf kardinalen Beziehungen« überhaupt nicht vor. Dort ist nur von der Beziehung Vater-Sohn, Herrscher-Untergebene, Ehemann-Ehefrau, älterer Bruder-jüngerer Bruder und der Beziehung zu Freunden die Rede.

Gegenüber Außenstehenden gibt es also traditionell keine verbindlichen Verhaltensregeln. Dadurch und durch die jahrtausendelang währende dezentrale, agrarische und dörfliche Struktur Chinas ist die Nächstenliebe in dem Land wirklich weitgehend auf die Nächsten beschränkt, die öffentliche Moral dagegen nur schwach ausgeprägt.

Während die Bibel ausdrücklich dazu auffordert, sogar seine Feinde zu lieben, kümmern Chinesen nur Familie und Freunde. Sie leben in **zwei verschiedenen Welten**, einer Binnenwelt und einer Außenwelt, mit unterschiedlichen, ja teilweise konträren Verhaltensweisen. Die Bewohner der Binnenwelt heißen auf Chinesisch bezeichnenderweise »Shou Ren«, wörtlich: »gare Menschen«, Fremde dagegen »Sheng Ren«, auf Deutsch: »rohe Menschen«.

Chinesen treffen in ihrem Sozialverhalten implizit immer zuerst ein Urteil darüber, wie nah ihnen jemand steht bzw. welchen Rang in der gesellschaftlichen Hierarchie er oder sie hat. »Wenn du einen Hund treten willst«, so heißt es in Yu Huas Bestseller »Brüder«, »dann vergewissere dich vorher, wem er gehört.«

In einer interkulturellen Vergleichsstudie aus dem Jahr 1998 wurden Studenten aus den USA und Taiwan aufgefordert, ungesetzliches, unsoziales oder einfach nur rüdes Verhalten wie Kinder misshandeln, jemanden bestechen, Steuern hinterziehen, Insiderinformationen ausnutzen, sich vordrängen, Müll auf die Straße werfen u. Ä. zu bewerten. Und zwar je nachdem, ob

Eltern, Ehefrau, Kinder, Verwandte, Freunde, Kollegen, Fremde oder Wettbewerber dieses Verhalten zeigen.

Die amerikanischen Studenten verurteilten derartige Verhaltensweisen nicht nur generell viel stärker als ihre taiwanesischen Kommilitonen, sie machten dabei auch keine Unterschiede nach Personengruppen. Die Chinesen dagegen missbilligten das Verhalten umso mehr, je ferner die Personen ihnen standen. »Wir müssen Verständnis dafür haben, dass Fairness und Gerechtigkeit nicht überall auf der Welt dasselbe bedeuten«, so der Psychologe Markus Paulus von der Münchner Ludwig-Maximilians-Universität.

In der konfuzianischen Tradition ist die Familie wichtiger als das Gesetz. Konfuzius selbst hat schließlich den Sohn, der seinen Vater nicht anzeigt, obwohl der ein Schaf gestohlen hat, als tugendhaft bezeichnet. Sein Schüler Menzius ging sogar noch weiter. Als er gefragt wurde, was ein König tun solle, dessen Vater jemanden ermordet habe, antwortete er, der Sohn dürfe seinen Vater nicht bestrafen lassen, sondern sollte abdanken und mit ihm irgendwohin gehen, wo das Gesetz sie nicht erreicht.

Moral ist in China relativ und situativ, eine Beziehungs- und Rollenmoral. Man könnte auch **Doppelmoral** dazu sagen. Der amerikanische Politologe Edward Banfield, der in einer berühmten Feldstudie nach dem Zweiten Weltkrieg das Sozialverhalten der Einwohner des süditalienischen Bauerndorfs Chiaromonte untersucht und dabei ähnliche Einstellungen beobachtet hat, nannte deren Verhalten »amoralischen Familismus«.

Im Kreise von Familie, Sippe und Freunden sind Chinesen die höflichsten, aufmerksamsten, anständigsten, hilfsbereitesten und rechtschaffensten Menschen, die man sich vorstellen kann. Blutsverwandte und Freunde sind bereit, alles füreinander zu tun. »Zu Hause verlass' dich auf Vater und Mutter«, so ein Sprichwort, »in der Gesellschaft verlass' dich auf deine Freunde.«

Gemeint sind damit echte Freunde, nicht was Chinesen meist im Sinn haben, wenn sie ausländische Geschäfts- und Verhandlungspartner aus Kalkül als »alte Freunde« (*Lao Pengyou*) bezeichnen. Während im Westen auch enge Freunde, wenn überhaupt, nur ungern einander eine höhere Geldsumme leihen, ist das in China keine Frage. Wo Menschen im Westen letzte persönliche Dinge lieber für sich behalten, öffnen sich Chinesen ihren alten Freunden völlig, vertrauen ihnen grenzenlos, kennen ihnen gegenüber weder Neid noch Eifersucht.

In der klassischen Literatur der Landes spielen solche Freundschaften eine große Rolle. Bekannt ist etwa die Geschichte von Bao Shuya und Guang Zhong, die in ihrer Jugend Freunde geworden waren. Später traten beide als Beamte in den Dienst verschiedener Fürsten ein. Als ihre Herrscher gegeneinander um den Königsthron kämpften, verlor Guangs Fürst sein Leben, er selbst kam in Gefangenschaft. Bao riet daraufhin seinem Herrscher, ihn freizulassen und zum Regierungschef zu machen. Der Fürst folgte dem Rat, und Guang wurde so zum Vorgesetzten von Bao.

Die chinesische Welt außerhalb der Festungsmauern von Familie, Sippe und Freunden sieht dagegen ganz anders aus. Fremden gegenüber, also Menschen, mit denen sie allenfalls flüchtig in Kontakt kommen wie etwa Kellner, Taxifahrer, Verkaufspersonal, Mitreisende usw., kennen Chinesen traditionell keine verbindlichen Verhaltensregeln und gegenseitige (moralische) Verpflichtungen. Das Ergebnis ist eine weitverbreitete Gleichgültigkeit und ein tiefes Misstrauen.

Vertrauen entsteht bei Chinesen viel mehr affektiv als regelgebunden wie im Westen. Das chinesische Wort für Vertrauen (*Xinren*) enthält das Zeichen für »Mensch« (*Ren*). Im Umgang mit Außenstehenden haben Chinesen immer im Hinterkopf, dass diese sie täuschen, übervorteilen, schädigen und betrügen könnten. Deswegen nehmen zum Beispiel viele Hotels von ihren Gästen eine hohe Kaution oder behandeln Krankenhäuser Patienten nur gegen Vorkasse. Und aus diesem Grund sind persönliche Seilschaften in der Politik und Geschäfte mit Familienmitgliedern, Freunden und engen Wegbegleitern in China die Regel.

Qian Zhongshu beschreibt in seinem Buch »Belagerte Festung« eine junge Frau, die sich besonders leicht bekleidet auf dem Deck eines Ozeandampfers zeigt. Manche Gäste hätten sie deshalb als »Fleischerladen« verspottet, andere sie »Wahrheit« genannt, »da es heißt ›die Wahrheit ist nackt‹«.

Die Passage ist bezeichnend für die Einstellung der Chinesen zu **Wahrheit und Wahrhaftigkeit**. In einer Gesellschaft, in der es so sehr auf »Gesicht« und »Harmonie« ankommt, wiegt eine Bloßstellung besonders schwer. Sie muss deshalb tunlichst vermieden werden – notfalls auch auf Kosten der Ehrlichkeit. Fang Hongjian, Hauptfigur in Qians Roman, kauft sich einen falschen Doktortitel, weil er seinen Vater und Schwiegervater, die ihm ein Studium im Ausland finanziert hatten, nicht enttäuschen wollte. Der Schwindel erscheint ihm nicht nur für sich selbst von Vorteil, sondern auch für die Getäuschten humaner. Er dient dem Erhalt der Harmonie zwischen beiden. Auch Wahrhaftigkeit ist für Chinesen eben nichts Absolutes, sondern immer situationsbedingt und relativ zu betrachten.

In den »Gesprächen« des Konfuzius lässt sich nachlesen, wie dieser vorgab, krank zu sein, als der Herrscher einen Boten schickte, um ihn zu sich zu bitten. Menzius hat es ihm darin gleichgetan.

Zahlreiche empirische Untersuchungen liefern Hinweise darauf, dass Chinesen weniger Probleme damit haben, die Unwahrheit zu sagen, als Menschen im Westen – vor allem gegenüber Fremden. Deshalb gelten sie vielen als unfair, ja skrupellos und verschlagen. »Lakademon war es erlaubt zu stehlen, China ist es erlaubt zu betrügen«, schrieb schon Montesquieu in »L'esprit des lois«.

Doch nur weil Chinesen kultur- und auch geschichtsbedingt ein anderes Verständnis von Wahrheit haben und vielfach anders mit ihr umgehen als Mitglieder des westlichen Kulturkreises, wissen auch sie sehr wohl zwischen Richtig und Falsch zu unterscheiden. Neuere empirische Unterschungen eines britisch-niederländischen Forscherteams belegen, dass Chinesen, wenn sie die Unwahrheit sagen, häufiger das Wort »Ich« gebrauchen, während Europäer dieses eher vermeiden und etwa »man« sagen. Die Erklärung: Erstere wollen damit die Gruppe schützen, der sie sich zugehörig fühlen; Letztere sich als stärker individuell denkende Menschen innerlich von der Unwahrheit distanzieren.

Mehr noch als andere Völker sind Chinesen im Laufe ihrer langen Geschichte gerade von den Regierenden immer wieder grob getäuscht worden. Auf diese Weise ist die Unwahrheit zu sagen gewissermaßen offizialisiert worden: »Wenn der Herrscher das Volk täuscht«, so ein altes Sprichwort, »täuscht das Volk den Herrscher.«

Vor allem Mao Zedongs »Großer Sprung« und die »Kulturrevolution« haben der Doppelmoral in China zusätzlich Schub verliehen. Ideologische Kampagnen wie etwa »Lasst 100 Blumen blühen« machten auch dem letzten Chinesen deutlich: Die Wahrheit zu sagen kann lebensgefährlich sein.

Die damals massenweise verlangten öffentlichen Selbstkritiken waren meist nichts anderes als massenhafte (Not-)Lügen. Und jeder wusste das. Deng Xiaoping selbst hat allein für Staatschef Hua Guofeng zweimal eine Selbstkritik geschrieben. China, so der heute in Berlin lebende Künstler und Regimekritiker Ai Weiwei über die Langfristfolgen der Kulturrevolution für Psyche und Charakter der Menschen, sei eine »kaputte Gesellschaft ohne Moral und Vertrauen, in der keiner mehr Verantwortung für irgendetwas übernimmt«.

Die mangelnde Rechtssicherheit und weitreichende Überwachung der Bürger etwa im Internet zementieren diesen Zustand und spiegeln ihn gleichzeitig wider. Das herrschende Regime hat offenbar kein wirkliches Vertrauen in sein Volk, ja nicht einmal in die eigenen Kader.

Nur mit einem tiefgreifenden Mangel an gesellschaftlichem Vertrauen und daraus resultierend fehlendem **Gemeinsinn** und allgemeiner Gleichgültigkeit gegenüber Außenstehenden ist es zu erklären, warum Menschen mit einer im Kern so friedlichen, rücksichtsvollen und moralischen Weltanschauung wie dem Konfuzianismus zu so viel Rücksichtslosigkeit untereinander fähig sind; und wie Menschen, die sich im Familien- und Freundeskreis so liebenswert zeigen, in der Öffentlichkeit im In- wie im Ausland so unhöflich, ruppig, ja rüpelhaft auftreten können.

Hinzu kommt: Der Alltag in China verlangt wesentlich mehr Kraft und Nerven und vor allem Ellbogen als bei uns im Westen. Im Vergleich mit chinesischen Metropolen verblassen selbst als rüde bekannte westliche Städte wie Berlin oder New York. So entschuldigen sich nur wenige Chinesen, wenn sie mit jemandem zusammenstoßen, oder halten Nachfolgenden die Tür auf; sie telefonieren und rauchen ohne Rücksicht auf andere, lassen im Hotel die Zimmertüren offenstehen und unterhalten sich über den Flur hinweg miteinander; sie werfen Abfall auf die Straße und nehmen im Straßenverkehr den kürzesten Weg – notfalls auch über die Gegenfahrbahn; an Ticketschaltern, Haltestellen, Supermarktkassen, überall drängen sie sich nach vorne, selbst wenn sie einen reservierten Platz haben wie im Kino, Zug, Fernbus oder Flugzeug. Einmal habe ich sogar erlebt, wie sich Konzertbesucher in den vorderen Reihen Schuhe und Socken auszogen und ungeniert die Fußnägel schnitten. Und das nicht etwa irgendwo in der fernen Provinz hinter den sieben Bergen, sondern mitten in der Metropole Kanton, in der großen Sun-Yatsen-Gedächtnishalle.

Aber niemand regte sich darüber auf. Anfangs habe ich Chinesen, die mir etwa ohne sich umzusehen die Tür vor der Nase zuknallten, noch regelmäßig angeblafft. Ich erntete jedoch nur verständnislose Blicke, so als dächten die Angesprochenen, diese Langnase verwechselt mich anscheinend mit einem Türsteher. Nachdem ich verstanden hatte, woher ihr Verhalten rührt, habe ich nur noch in groben Fällen reagiert.

Der Soziologe Sun Longji erklärt die öffentliche Rücksichtslosigkeit seiner Landsleute freudianisch. Viele Chinesen hätten in früher Kindheit gelernt, auch auf der Straße ihren elementaren körperlichen Bedürfnissen ungehindert nachzugehen. Kinder auf dem Land tragen heute noch oft Hosen mit einem großen offenen Schlitz im Schritt, auch »Schnellfeuerhosen« genannt, der ihnen erlaubt, jederzeit und an jedem Ort spontan ihre Notdurft zu verrichten.

Einleuchtender als diese Erklärung, wenn auch weniger plastisch, erscheint jedoch neben der rasenden Entwicklungsgeschwindigkeit des Landes, mit der die allgemeinen Umgangsformen nicht mithalten konnten, der tief in der Tradition verankerte Regelrelativismus der Chinesen, ihre Unterscheidung in Menschen *intra* und *extra muros*. Lin Yutang bezeichnete dies als den »verhängnisvollsten Wesenszug« seiner Landsleute.

Einem chinesischen Start-up-Unternehmen, das Fahrräder vermietet, kamen binnen neun Monaten über 90 Prozent davon abhanden. Einem Regenschirm-Verleih wurden innerhalb des ersten Monats fast alle der 300 000 aufgestellten Schirme entwendet.

Benutzer von öffentlichen Toiletten an beliebten Touristenzielen wie etwa am Himmelstempel in Peking müssen sich vor deren Betreten an einem Automaten seit einiger Zeit zuerst per Gesichtserkennung registrieren lassen, um dann eine genau begrenzte Menge Klopapier zu erhalten. Für dieselbe Person bleibt die Ausgabe danach neun Minuten lang blockiert. Die Stadtverwaltung will damit den massenhaften Diebstahl von Toilettenpapier unterbinden.

Als im Sommer 2017 ein schweres Erdbeben in Sichuan Gebäude bis in die weit entfernte alte Kaiserstadt Xian beben ließ, rannten Tausende von Menschen, die gerade in einem der vielen

Restaurants eines Einkaufszentrums aßen, auf die Straße. Nur wenige kehrten wieder zurück, um ihre Rechnung zu begleichen.

In Yu Huas Erfolgsroman »Brüder« wird ein Mann von Roten Garden in der Kulturrevolution auf offener Straße zu Tode geprügelt. Mehr als einen halben Tag lang liegt er auf einem belebten Platz, ohne dass sich jemand um ihn kümmert. Erst als seine beiden minderjährigen Kinder ihren Vater nach langer Suche schließlich finden, erweicht sich eine benachbarte Ladenbesitzerin dazu, ihnen zu helfen. Gefragt, warum sie vorher nichts getan habe, antwortet sie: »Ich dachte, er hat keine Angehörigen mehr.«

Vor einigen Jahren wurde in einem Hongkonger McDonald's-Laden, der rund um die Uhr geöffnet hat, am Morgen eine Frau gefunden, die bereits an die sieben Stunden tot war, ohne dass jemand Notiz davon genommen hatte. Der Betreiber des Geschäfts erklärte der Polizei dazu nur, es sei Politik des Hauses, »Kunden nicht zu stören«.

Im April 2017 wurde eine Frau in Zhumadian in der Provinz Henan auf einem Zebrastreifen von einem Taxi umgefahren und blieb reglos auf der Straße liegen. Das Taxi fuhr weiter. Minuten später wurde sie von einem SUV überrollt. In der Zwischenzeit hatten rund 30 andere Verkehrsteilnehmer die Unfallstelle passiert, ohne sich um die Frau zu kümmern. Immerhin hielt der SUV-Fahrer an.

Ich selbst habe auf dem Land in China schon mehrmals Unfalltote oder -verletzte am Straßenrand liegen sehen, ohne dass sich jemand um sie scherte. Auf meine Frage, wieso man nicht anhalte und helfe, wurde mir erklärt, es sei gefährlich, sich »einzumischen«; es könne durchaus sein, dass man von den Angehörigen später selbst für den Tod oder die Verletzung verantwortlich gemacht werde. Tatsächlich hat es eine Reihe derartiger Fälle gegeben, die für großes Aufsehen sorgten. Seitdem haben viele chinesische Autos fest installierte Kameras, die dem Fahrer bzw. der Fahrerin erlauben, notfalls ihre

Unschuld zu beweisen. Die Hilfsbereitschaft bei Unfällen ist dennoch nicht gestiegen.

Dies wird wohl auch ein neues Gesetz kaum ändern, das Helfern von jeglicher Haftung für eventuell schädliche Folgen ihrer Hilfsbereitschaft freistellt. Denn es ändert nichts daran, dass Passanten sich vor allem davor fürchten, für die ursprüngliche Verletzung verantwortlich gemacht zu werden, nicht davor, unsachgemäß geholfen zu haben.

Fürsorge für Außenstehende wird in China schnell als Einmischung gesehen und ist verdächtig. Einmischung in die Angelegenheiten anderer Leute haben die Bürger des Landes jahrhundertelang nur von Räubern gekannt. Chinesische Eltern ermahnen ihre Kinder traditionell, sich aus allem herauszuhalten, was nicht die eigene Familie betrifft.

Kommt ein Fremder zu Schaden, rühren viele Chinesen daher bis heute keinen Finger. Eher delektieren sie sich noch daran. Im Internet kursiert ein Video, auf dem zu sehen ist, wie ein Chinese, dessen Auto von einem anderen rücksichtslos zugeparkt worden war, dieses einfach so lange rammt, bis es zur Seite geräumt ist. Eine Schar von Passanten feuert den Mann bei der rabiaten Selbstjustiz noch an. Selbst ein hinzugekommener Verkehrspolizist ist ihm behilflich: »Noch einmal«, ruft er, »dann kommst du raus!«

Außenstehenden gegenüber haben Chinesen eine geradezu **darwinistische Einstellung**. Die Gesellschaft ist für sie ein menschlicher Dschungel. Hier gilt grundsätzlich das Recht des Stärkeren. Mehr noch als deutsche lieben chinesische Autofahrer daher dicke SUVs: Sie legen eine Hierarchie fest, lassen sie selbst groß und stark erscheinen und schüchtern Schwächere ein. Rücksicht auf diese zu nehmen oder gar Mitleid mit ihnen zu zeigen ist in China nicht üblich. Ihr Los und Unglück bieten eher Trost. Denn sie zeigen, dass andere es noch schwerer haben.

Der Schriftsteller Lu Xun, einer der Anführer der kulturellen Reform-Bewegung in der ersten Hälfte des vorigen Jahrhunderts, hat für diese Haltung die konfuzianische Lehre und ihr Hierarchie-Denken verantwortlich gemacht. Sie habe die Chinesen menschlich einander entfremdet sowie feige und erbarmungslos zugleich gemacht: »Gegenüber Schafen verhalten sie sich wie wilde Bestien und gegenüber wilden Bestien wie Schafe.« Der Schriftsteller Bo Yang, Lu Xuns Bruder im Geiste, sieht das ähnlich: Die Chinesen, so sein Vorwurf, schwankten ständig »zwischen Arroganz und Minderwertigkeitsgefühlen« hin und her, benähmen sich »entweder als Herr oder als Knecht«. Sicher ist: Gemeinsinn, staatsbürgerliche Gesinnung, öffentliche Moral sind in China unterentwickelt. Der Philosoph Peter Sloterdijk drückt es so aus: Chinesen seien noch nie »thymotische Citoyens« gewesen.

Einer der wohl am wenigsten thymotischen von ihnen war der Gründer der heutigen Volksrepublik Mao Zedong. In einem Kommentar zu dem Buch »Ein System der Ethik« des deutschen Philosophen Friedrich Paulsen gewährte er schon als 24-jähriger Student einen tiefen Einblick in seinen Charakter: »Ich stimme nicht damit überein, dass die eigenen Handlungen anderen zugute kommen müssen, um moralisch zu sein. ... Ich bin niemand anderem verantwortlich. ... Mich interessiert nur meine eigene Entwicklung. ... Manche sagen, man habe eine Verantwortung vor der Geschichte. Das glaube ich nicht.«

Gab es für Mao offensichtlich nur ihn selbst, gibt es in der konfuzianischen Tradition nur die Familie respektive Sippe. Aus der Nächstenliebe ist, anders als von Konfuzius erwartet, in China keine Fremdenliebe entstanden. Gegenüber Fremden nicht egoistisch zu denken und zu handeln gilt schlicht als dumm. »Wenn du nicht an dich selbst denkst«, so ein altes Sprichwort, »werden dich Himmel und Erde bestrafen.«

So beklagen sich viele westliche Geschäftsleute etwa über die mangelnde Geschäftstreue von Chinesen. Diese beurteilen Geschäfte wie alles andere vorrangig auf der Grundlage der beiderseitigen Beziehung und des vorhandenen gegenseitigen Vertrauens. Ein (schriftlicher) Vertrag ist für sie eher Beleg dafür, dass es genau daran fehlt. Denn sonst wäre ein solcher Vertrag gar nicht nötig. Deshalb halten sie sich an ihn auch nur, solange er für sie von Nutzen ist.

Empirische Langzeituntersuchungen zeigen, dass Chinesen weniger und weniger vielfältige soziale Kontakte haben als Amerikaner. Während Menschen im Westen ein breites Spektrum von oft kurzzeitigen und losen bilateralen Beziehungen unterhalten, pflegen Chinesen vor allem intensive und nachhaltige Verbindungen in der Gruppe, im Kreise von Familie, Verwandten und engen Freunden.

Das Internet hat hier zwar für eine gewisse Veränderung gesorgt. So vernetzten sich etwa die Angehörigen der 150 Chinesen an Bord des vor einigen Jahren verschollenen Flugzeugs von Malaysia Air auf dem Weg von Kuala Lumpur nach Peking über den Messenger-Dienst »Weixin«, im Ausland als »WeChat« bekannt, spontan miteinander. Aber auch die 800 Millionen Nutzer des chinesischen Äquivalents von Facebook pflegen Kontakte hauptsächlich in kleinen geschlossenen Kreisen. Entgegen dem im Westen weitverbreiteten Vorurteil, es in China mit einer uniformen, kollektivistischen Gesellschaft zu tun zu haben, sind die Chinesen in zahllose kleine Gruppen zersplittert.

Während sich in Europa aus der Rivalität zwischen Staat und Kirche sowie dem Entstehen eines freien Bürgertums eine Zivilgesellschaft mit starken intermediären Gruppen wie Kirchen, Vereinen und Gewerkschaften entwickelt hat, verschmolzen in China weder Bauern noch Kaufleute je zu einer nationalen Schicht. Über 2000 Jahre lang standen sich stets eine kleine zentrale Elite und eine Vielzahl lokaler Schichten unmittelbar gegenüber: hier das von der Sippe beherrschte Dorf und da der Kaiserhof mit seinen konfuzianischen Beamten. Diese bildeten gewissermaßen eine Kirche i m Staat.

Die Bauern des Landes wurden schon sehr früh von ihren einstigen Grundherren unabhängig und stellten über Jahrhunderte das meiste, was sie brauchten, selbst her. Die nationale, geschweige denn internationale Arbeitsteilung blieb gering. Da der Feudalismus in China schon so viel früher unterging als im Westen und die Chinesen auch nie religiös waren, kam es dort nicht zu einer Aufklärung, die bei uns im 18. Jahrhundert wesentlich zum Entstehen einer Zivilgesellschaft beitrug.

Hinzu kommt die traumatische Erfahrung, wie die nationale Begeisterung des Volkes in der Mao-Ära verraten und missbraucht wurde. Der sogenannte »Große Sprung« und die Kulturrevolution mit ihren zig Millionen an Todesopfern haben die ohnehin schon traditionell vorhandene innere Distanz der Chinesen zu Staat und Gesellschaft noch weiter vergrößert. Ein Übriges tun immer wiederkehrende Alltagserfahrungen wie die zahlreichen Fälle, in denen Spenden veruntreut wurden.

Besonders spektakulär war ein Fall, der nachhaltig den Ruf der staatsnahen chinesischen Rotes-Kreuz-Stiftung beschädigte. Als eine junge Frau, die von sich selbst behauptete, sie arbeite für die Organisation, und der zudem auch eine enge Verbindung zu einem führenden Funktionär der Organisation nachgesagt wurde, sich auf der Kühlerhaube ihres Maserati fotografieren ließ, sahen die Chinesen eine bösen Verdacht bestätigt. Nach dem verheerenden Erdbeben in Sichuan drei Jahre zuvor hatten sie für die Opfer Milliarden Yuan an das Rote Kreuz gespendet, aber nie eine befriedigende Antwort auf die Frage erhalten, wohin das viele Geld genau geflossen war.

Dem Milliardärsreport 2017 der Großbank UBS und der Wirtschaftsprüfungsgesellschaft PricewaterhouseCoopers zufolge zählt China 318 Superreiche, 101 mehr als noch ein Jahr zuvor. Damit rückt es dem Spitzenreiter USA mit 563 Milliardären immer näher. Über 100 der Superreichen gehören als Abgeordnete dem Nationalen Volkskongress an. Dennoch und trotz des enormen Wohlstandsgefälles sind soziale Wohltäter in dem Land rar. Laut der Charities Aid Foundation liegt China mit seinem Spendenaufkommen pro Kopf der Bevölkerung auf einem der letzten Plätze in der Welt.

Erst in jüngster Zeit zeichnet sich hier eine Veränderung ab. Ma Huateng, Gründer und Haupteigentümer des Internet-Unternehmens Tencent, Chinas wertvollster Marke, hat zehn Prozent seines 20-Milliarden-Vermögens in eine Stiftung zur Förderung von Bildung und Umweltschutz gesteckt. Seit September 2016 bietet ein neues Gesetz Spendern zudem steuerliche Anreize und erlaubt auch privaten Organisationen das Spendensammeln.

Die Bereitschaft, zum gemeinsamen Wohle mit anderen Gruppen der Gesellschaft in intermediären sozialen Strukturen zusammenzuarbeiten, was der bekannte Soziologe James Coleman als »soziales Kapital« definierte, ist in China nur schwach ausgeprägt. Das soziale Kapital des Landes steckt vor allem in der Familie.

Schon Han Fei Zi hatte den Mangel an staatsbürgerlicher Gesinnung seiner Landsleute gesehen und als Gegenmittel den Legalismus entwickelt. Angesichts der Bedrohung durch die fremden Mandschuren im Norden mahnte der Philosoph Gu Yanwu die Chinesen am Ende der Ming-Dynastie: »Jedermann ist für das Schicksal seines Landes verantwortlich.« Vergeblich. Nach der schmachvollen Niederlage gegen Japan im Jahr 1894 klagte der Reformpolitiker Liang Qichao, China fehle es am meisten an einer »öffentlichen Moral«. Republikgründer Sun Yatsen verglich die chinesische Gesellschaft mit einem »Haufen Sand«, in dem die einzelnen Familien die Sandkörner bilden.

Daran hat sich wenig geändert. »China hat keine moderne Sozialstruktur«, konstatierte der Künstler und Sozialkritiker Ai Weiwei, »die chinesische Gesellschaft ist eine Gesellschaft ohne Schichten. Da gibt es nur den Kaiser und den Rest. So ist es auch heute noch.«

Die aktuelle Führung in Peking hat das Defizit an öffentlicher Moral und Gemeinsinn längst erkannt. Vor Jahren schon empfahl sie Parteigenossen ein Buch von Alexis de Tocqueville mit dem Titel »L'Ancien Régime et la Révolution« aus dem Jahr 1856 zur Lektüre. In dem kaum bekannten Werk des berühmten Autors wird ein vorrevolutionäres Frankreich beschrieben, dessen Regierung nur verwaltet, dessen Adel seiner Vorbildrolle nicht gerecht wird und dessen Bürger Gemeinsinn vermissen lassen.

In einer Rede vor Teilnehmern des Wettbewerbs um den Nationalpreis für moralische Vorbilder betonte Staats- und Parteichef Xi Jinping im Herbst 2013, über sechs Jahrzehnte nach Gründung der Volksrepublik, wie wichtig es sei, »großen Wert auf den moralischen Aufbau« des Landes zu legen. Es gelte »gute gesellschaftliche Sitten herauszubilden, die durch Erkennen von Ehre und Unehre, durch gegenseitige Wertschätzung von Gerechtigkeit und Einsatzbereitschaft sowie durch Förderung von Harmonie geprägt sind«. »Die größte und nachhaltigste Stärke« einer Nation, so Xi, liege in »von der Gesellschaft gemeinsam geteilten Werten«. Auf dem 19. Parteitag der KP im Oktober 2017 rief er seine Genossen dazu auf, für »Anstand« und bessere »gesellschaftliche Umgangsformen« zu werben und sich für eine »Kombination aus Herrschaft des Gesetzes und Herrschaft der Tugend« einzusetzen.

Tugend und Gemeinsinn lassen sich jedoch nicht verordnen, sondern müssen vorgelebt werden. Bei jeder Gelegenheit erinnerte Xi in den vergangenen Jahren daher seine Parteigenossen, den roten Adel von heute, an ihre Vorbildrolle und forderte von ihnen »Hingabe und Ehrlichkeit«.

Damit zielte er vor allem auf die grassierende **Korruption** im Lande. Schon sein Vorgänger Hu Jintao hatte diese als »Zeitbombe« bezeichnet. Aber erst Xi machte sich energisch daran, diese zu entschärfen. Gelinge es nicht, dieses Übel auszumerzen, so Chinas oberster Führer zur Begründung seiner großen

Anti-Korruptionskampagne, »gibt es für unsere Partei keine Zukunft«.

Das Vorhaben ist jedoch ein zweischneidiges Schwert. Einerseits ist es tatsächlich unabdingbar für den Erhalt des Regimes. Ausufernde Korruption war schon immer der Vorbote für das Ende einer Dynastie. Sie hat auch dem Regime der Guomindang-Partei von Tschiang Kaishek das Genick gebrochen und wesentlich zu den schweren Unruhen im Jahr 1989 beigetragen.

Andererseits gehört die Praxis seit Menschengedenken zu China. Im 3. Jahrhundert vor unserer Zeitrechnung ertränkte sich der Poet Qu Yuan aus Protest gegen den damals schon verbreiteten Missstand. In der Han-Dynastie stellten sich konfuzianische Schüler der kaiserlichen Akademie gegen Berater des Kaisers, die ihre Empfehlungen für die Ernennung oder gegen die Entlassung von Beamten für Geld verkauften. In der Zeit der Qing-Dynastie konnten die Chinesen zu bestimmten Festtagen wie dem Frühlings- oder dem Mondfest Beamten sogar mit öffentlicher Billigung Bestechungsgeschenke zukommen lassen.

Seit Gründung der Volksrepublik trat nahezu jede Regierung mit einer Kampfansage gegen Korruption an – nicht zuletzt um damit innerparteiliche Konkurrenten kaltzustellen und Vertraute an die staatlichen Futtertröge zu bringen. Als Kompromisskandidat rivalisierender Parteifraktionen ohne eigene Gefolgschaft ins Amt gelangt, musste Xi Jinping von Anfang an besonders darauf aus sein, sich eine eigene Gefolgschaft zu schaffen und seine Macht zu festigen.

Doch so wichtig die Kampagne für ihn persönlich, aber auch für die Partei ist, die drauf und dran war, vollends zur Beute skrupelloser Funktionäre zu werden und ihre Glaubwürdigkeit im Volk zu verspielen – je länger sie andauert, desto mehr läuft Xi Gefahr, viele Kader zu vergraulen, die der KP nur so lange dienen, wie sie sich Vorteile davon versprechen können. Zudem bremst er damit auch das Wirtschaftswachstum.

Die Anti-Korruptionskampagnen seiner Vorgänger verliefen deswegen immer bald wieder im Sande. Der amerikanische China-Forscher Pei Minxin hat nachgerechnet, dass seit 1982 in China jedes Jahr etwa 150 000 Offizielle wegen Vorteilsnahme bestraft wurden. 80 Prozent von ihnen hätten jedoch nur eine Ermahnung erhalten. Nur gegen sechs Prozent sei ein Strafverfahren eingeleitet worden, das wiederum nur für die Hälfte zu einer Gefängnisstrafe geführt habe. Insgesamt gesehen sei das Risiko für korrupte Kader damit überschaubar geblieben.

Für die jüngste Kampagne lässt sich das allerdings nicht mehr sagen. Als Chef der nationalen Disziplinkommission der KP ließ Xis rechte Hand Wang Qishan seit 2013 über 1,3 Millionen Parteikader bestrafen, doppelt so viele wie in den Jahren zuvor. Fast die Hälfte davon kam zwar von der Dorfebene und beging nur kleinere Vergehen. Unter den Bestraften befinden sich aber auch eine Reihe von Generälen und hohe Kader im Range eines Ministers oder Vize-Ministers. Viele davon wanderten ins Gefängnis. So wurde etwa Zhou Yongkang, der lange dem Ständigen Ausschuss des Politbüros, dem wöchentlich tagenden, nur aus sieben Mitgliedern bestehenden allerengsten Führungszirkel der KP, angehört hatte und für die Sicherheitsorgane des Landes verantwortlich war, wegen Vorteilsnahme aus der Partei ausgeschlossen und zu lebenslanger Haft verurteilt. Einen vergleichbar prominenten Fall hatte es seit der Kulturrevolution nicht mehr gegeben.

Wegen »schwerer Disziplinverstöße« musste auch die langjährige Justizministerin Wu Aying Amt und Partei verlassen. Und zuletzt traf es Sun Zhengcai, Parteichef von Chongqing, Mitglied des Politbüros und einer der möglichen Kandidaten für die allerhöchsten Partei- und Staatsämter nach Xi Jinping.

Im traditionellen Bericht des Vorsitzenden, der die Grundlinien der Politik für die nächsten fünf Jahre festschreibt, erklärte Xi sich auf dem Parteitag 2017 auch nach fünf Jahren im Amt entschlossen, die Kampagne fortzusetzen und »die größte Gefahr für die Partei durchschlagend zu besiegen«. Für Korruption werde weiterhin »null Toleranz« gelten. Um die Disziplin in ihren Reihen dauerhaft sicherstellen zu können, hat die Staats- und Parteiführung den Kampf gegen Korruption sogar in die Satzung der KP aufgenommen und will ihn künftig in einer neuen nationalen Behörde verankern. Schon im August 2016 erließ das Zentralkomitee der Partei zudem eine Direktive, wonach Führungskräfte der Partei künftig mit Hilfe einer elektronischen Datenbank strenger überwacht und vor einer Einstellung bzw. Beförderung ihr Vermögen, Lebenslauf und sozialer Hintergrund sowie ihre Beziehungen zu Familienangehörigen genauestens überprüft werden.

Dennoch macht sich Wang Qishan, Xis oberster Korruptionsjäger in dessen erster Amtsperiode keine Illusionen: »Die Probleme, denen wir uns gegenübersehen, haben sich über einen langen Zeitraum angehäuft«, so Wang in einem großen Zeitungsartikel kurz vor seinem Rücktritt im Herbst 2017. »Es wird deshalb auch eine lange Zeit brauchen, sie zu lösen.«

Selbst wenn es dem Regime gelingen sollte, das Übel nachhaltig einzudämmen – angesichts der langen und tiefsitzenden Tradition ist nicht zu erwarten, dass es völlig ausgemerzt werden kann. Denn wie das meiste im Leben sehen Chinesen auch Korruption nicht eindimensional und absolut, sondern relativ. Sie betrachten sie weniger als persönliches Fehlverhalten, sondern eher als notwendige Anpassung an bestehende Verhältnisse.

Wo Korruption allgegenwärtig wird, erscheint leicht als dumm, wer dabei nicht mitmacht. Oder als gefährlich für alle anderen. Und macht sich damit zum Außenseiter.

Weil sie die Investitionsneigung vermindert, gilt Korruption unter Ökonomen allgemein als Wachstumsbremse. Wo der Staat jedoch über große Teile der wirtschaftlichen Ressourcen verfügt, so Yukon Huang, ehemaliger China-Chef der Weltbank, führe deren Transfer in den privaten Bereich – etwa gegen das Versprechen, die Profite zu teilen – meist zu einer effizienteren Nutzung. In einem bürokratischen System könne sie zudem störende Hindernisse überwinden und die wirtschaftliche Aktivität beschleunigen.

Zwischen 1980 und 2010 nahm das Bruttoinlandsprodukt pro Kopf in China um das Dreizehnfache zu, so stark wie in keinem anderen Land. Gleichzeitig verbreitete sich die Korruption rapide. 1995 rangierte die Volksrepublik in dem einschlägigen Index von Transparency International weltweit auf Platz vier, so hoch wie nie zuvor.

Dass Korruption dem Wachstum schade, will Chinesen denn auch nicht unbedingt einleuchten. Als schlecht und verwerflich betrachten sie diese nur, wenn sie aus purer Bereicherungsgier und Eigensucht ohne Rücksicht auf die Folgen für die Allgemeinheit erfolgt wie etwa bei der Umweltverschmutzung, dem Verkauf schädlicher Produkte oder bei willkürlichem Landraub. Der Familie, der Sippe, Freunden zu helfen, ihnen Posten oder Aufträge zuzuschanzen, **durch die Hintertür** (*Zou huomen*) ans Ziel zu gelangen, wenn es auf dem geraden Weg nicht geht oder zu lange dauert, wird dagegen von jeher als selbstverständlich betrachtet.

In Mo Yans Roman »Das rote Kornfeld« traktiert ein chinesischer Aufseher in Diensten der japanischen Besatzer einen zur Zwangsarbeit verpflichteten Landsmann immer wieder mit der Rattan-Peitsche. Der Mann ist nicht etwa faul oder nicht unterwürfig genug, er wird nur aus einem Grund geschlagen: weil er »Augen hat, aber nicht sieht«, sprich: dem Aufseher nicht wie alle anderen Zigaretten zusteckt, um »die Dinge zu erleichtern«.

Chinesen machten sich noch nie etwas daraus, dass Beamte, von denen man sich Hilfe versprach, ein »Geschenk« erwarteten, solange diese es nicht zu toll trieben. Es war schlicht Teil des Geschäfts. Viele Mandarine des Kaiserreichs kauften sich ihre Stelle – und holten sich die Investition mit Zins und Zinseszins wieder zurück, indem sie sich selbst korrumpieren ließen. Im Endstadium der Qin-Dynastie in der zweiten Hälfte des 19. Jahrhunderts war schätzungsweise die Hälfte der Beamtenposten gekauft.

Das Gehalt reichte für viele kaiserliche Beamte nicht aus, um ein standesgemäßes Leben zu führen, ohne das Familienvermögen aufzuzehren. Der Hof ging stillschweigend davon aus, dass ein Beamter sich andere Einkommensquellen erschließen konnte, etwa indem er einen bestimmten Anteil am Gewinn der Geschäftsleute in seinem Zuständigkeitsbereich forderte, und sparte so Personalkosten. Solange es die Beamten nicht übertrieben, den »Reis des Kaisers zu essen«, wie es heißt, schaute die Regierung bewusst weg. Zumal die Praxis noch einen nützlichen Nebeneffekt für sie hatte: So besaß sie stets einen Hebel, missliebige Beamte zu entlassen.

Auch in der Volksrepublik sind Beamte vergleichsweise schlecht bezahlt. Attraktiv wird der Beruf für viele nur dadurch, dass er teils große Möglichkeiten bietet, nebenher kräftig dazuzuverdienen. Auch in der Volksrepublik wurden daher schon viele Beamtenposten gekauft. Bewerber interessieren sich besonders für die Zollverwaltung und lokale oder regionale Steuerämter in wohlhabenden Provinzen. Dort sind die Aussichten, schnell reich zu werden, am besten.

Die Ausdehnung der staatlichen Bürokratie gegenüber den Zeiten des Kaiserreichs hat die Korruption noch beflügelt. Hinzu kommt der Wirtschaftsboom, der mit den Reformen von Deng Xiaoping einsetzte und die Verteilungsmasse explodieren ließ. Noch heute besitzt der chinesische Staat über die Hälfte des Nettovermögens des Landes. Mit anderen Worten: Es gibt dort immer noch viel zu holen.

Schon der Start des chinesischen Wirtschaftswunders kam – wenn man so will – mit Hilfe von Korruption zustande. Von Deng wegen der schwachen Ernteerträge ermutigt, ihre Arbeit künftig wieder selbst zu organisieren, vollzogen die seinerzeit in Volkskommunen zusammengefassten Bauern im Handumdrehen eine friedliche Revolution historischen Ausmaßes: Sie »überzeugten« die zuständigen kommunistischen Kader vor Ort, die noch bestehenden alten Gesetze einfach zu ignorieren und machten so binnen weniger Jahre Maos Zwangskollektivierung rückgängig. Bereits Ende 1983 befand sich das Ackerland in ganz China wieder in den Händen der früheren Eigentümer, die Produktionsbrigaden und Volkskommunen waren aufgelöst, ihre Verwaltungsaufgaben an die früheren Gemeinden zurückübertragen. Wie früher hatte China wieder seine private Kleinbauernwirtschaft. Und prompt schnellten die Ernteerträge in die Höhe, weil nun alle wieder für sich und ihre Familie arbeiteten.

Für Chinesen ist es mit der Korruption wie mit der Inflation: In Maßen wirkt sie wie Schmieröl für den Wirtschaftsmotor, greift sie aber zu sehr um sich, schadet sie.

Das Problem ist, dass ihr genau wie der Inflation auch die Tendenz innewohnt, sich selbst zu verstärken, wenn sie nicht konsequent bekämpft wird. Ein großer Staatssektor stellt dafür prinzipiell ein Hindernis dar. Fehlen dazu noch unabhängige Medien und ein funktionierender Rechtsstaat, kann der Kampf kaum erfolgreich sein. Beides hat China nie gekannt. Und beides ist mit der Alleinherrschaft einer Partei kaum zu vereinbaren.

Auf der Party eines Freundes empörte sich ein deutscher Rechtsanwalt einmal über »fehlendes Unrechtsbewusstsein« der Chinesen. Als meine Frau dem widersprach, fragte der Anwalt sie, warum diese sich denn dann gar nicht schuldig fühlten, wenn sie gegen das Gesetz verstießen? Worauf meine Frau zurückgab: »Weil das Gesetz nur ein Stück Papier ist.«

Der Anwalt sah sich dadurch in seiner Meinung bestätigt und wandte sich brüsk ab. Aber er hatte offenbar nichts verstanden.

Wenn Chinesen gegen das Gesetz verstoßen, muss das nicht heißen, dass sie kein Unrechtsbewusstsein haben. Wo es zwar Gesetze gibt, aber keine unabhängige Justiz, keinen Rechtsstaat, wo die Partei über dem Recht steht, das Gesetz also nur begrenzt Schutz bietet, kann niemand ehrlichen **Respekt vor dem Recht** erwarten. Dort ist das Gesetz wirklich nur ein Stück Papier, dort kann es sogar ein Gebot praktischer Vernunft sein, gegen Gesetze zu verstoßen oder sie zu umgehen.

Hinzu kommt ein grundsätzlich anderes Rechtsdenken. Der westliche Rechtsstaat gründet sein Rechts- und Schuldverständnis auf die Freiheit und Verantwortung des Individuums und die grundsätzliche Gleichheit aller Menschen – und damit auch ihre Gleichheit vor dem Gesetz. Das chinesische Denken teilt jedoch weder unsere Gleichheitskonzeption noch unsere Vorstellung von einem autonomen Individuum, das mit einem freien Willen ausgestattet ist. Und sieht sich darin durch die moderne Wissenschaft bestätigt: Der freie Wille des Menschen, so Wolf Singer, ein prominenter Vertreter der Hirnforschung, sei ein »kulturelles Konstrukt« des westlichen Kulturkreises und »inkompatibel« mit dem, was er und seine Kollegen »über die Funktion unserer Gehirne gelernt haben«. Bei ihren Untersuchungen hätten sie »nirgendwo ein mentales Agens wie den freien Willen oder die eigene Verantwortung finden« können.

Die konkret und nicht abstrakt, ganzheitlich und in Grautönen und nicht in Schwarz-Weiß-Kategorien denkenden Chinesen halten Gesetze wie auch Verträge ohnedies grundsätzlich für zu starr, um den konkreten Umständen eines sich stets wandelnden Lebens gerecht zu werden, in dem die Menschen zudem ganz unterschiedliche Rollen zu erfüllen haben. Deswegen haben sie Probleme mit der unpersönlichen Anwendung des Gesetzes, die der Rechtsstaat postuliert.

Erziehung zur Selbstkontrolle und gesellschaftlicher Druck in Form von Sitten und Gebräuchen waren in China daher traditionell stets wichtiger als Gesetze. Konfuzius war für eine Herrschaft der Moral, nicht für eine Herrschaft des Gesetzes: »Führe das Volk durch Gesetze und ordne es durch Strafen, und es wird versuchen, den Strafen zu entgehen, aber keine Scham empfinden. Führe das Volk durch Tugend und ordne es durch die Regeln des Anstands, und das Volk wird Scham empfinden und gut werden.« Das war sein Credo.

Die Legalisten stellten diesem »Regieren durch Menschen« zwar das »Regieren durch Gesetze« entgegen. Dies bedeutet jedoch nicht die »Herrschaft d e s Rechts«, sondern die »Herrschaft d u r c h das Recht«.

Das Recht hatte in China so immer nur eine utilitaristische Begründung und instrumentelle Funktion. Gesetze sind dort seit jeher dazu da, die Gesellschaft zu kontrollieren und zu steuern, nicht zum Schutz der individuellen Rechte des Einzelnen – auch und gerade vor dem Staat. »Das am meisten hervorstechende Merkmal unseres politischen Lebens als Nation«, so Lin Yutang, »ist das Fehlen der Idee von Bürgerrechten.«

Viele Jahrhunderte lang gab es in China nur Strafrecht, öffentliches Recht und Verwaltungsrecht, aber kein oder so gut wie kein Zivil- oder Handelsrecht. Die Streitregelung überließ der Staat nahezu völlig privaten Schiedsstellen. Und selbst bei Straftaten griff er nur in Fällen schwerer Kriminalität ein. Erst im Jahr 2017 hat der Volkskongress ein Bürgerliches Gesetzbuch nach deutschem Vorbild verabschiedet.

Allerdings ist in China auch die Kriminalitätsrate relativ niedrig. Zumindest was schwere Verbrechen angeht. Auf eine Million Einwohner kommen beispielsweise nur fünf Morde pro Jahr. 1,4 Millionen Chinesen sitzen im Gefängnis; in den USA, die nur ein Viertel der Einwohnerzahl haben, sind es dagegen 2,4 Millionen. Während auf 100 000 Einwohner in Amerika damit fast 700 Gefangene kommen, sind es in China lediglich rund 120.

Bis heute machen viele Chinesen strittige Angelegenheiten lieber untereinander aus und wenn möglich einen großen Bogen um Polizei, Anwälte und Gerichte. Sie versprechen sich von ihnen keine Gerechtigkeit. Vielfach verklagen Gläubiger säumige Schuldner nicht, sondern beauftragen spezialisierte Banden damit, die Außenstände einzutreiben.

Diese scheuen sich oft nicht, Schuldner zu entführen und festzusetzen, bis sie ihre Schuld beglichen haben. In China gilt dies nicht etwa als Erpressung, sondern nur als »unrechtmäßige Inhaftnahme«. Oft weigert sich die Polizei in solchen Fällen überhaupt einzugreifen. Sie betrachtet diese in der Regel nicht als strafrechtliche (*Xingshi*), sondern wie etwa Schlägereien als zivilrechtliche Angelegenheit (*Mingshi*) und betätigt sich allenfalls als Vermittler zwischen beiden Seiten.

2017 sorgte ein Fall für Schlagzeilen, bei dem Geldeintreiber den Kopf einer Frau in die Toilette drückten, um sie zum Zahlen zu bewegen. Weil die zunächst herbeigerufene Polizei wieder abgezogen war, griff der Sohn der Frau zur Selbsthilfe und erstach einen der Schuldeneintreiber. Als ein Gericht ihn zu lebenslanger Haft verurteilte, gab es einen öffentlichen Aufschrei. Das Urteil wurde auf fünf Jahre revidiert.

Wo Streitigkeiten lieber ohne staatliche Behörden und Gerichte geregelt werden, braucht es keine Rechtsanwälte. Entsprechend gering ist ihre Zahl in China. Seit Beginn der Öffnungspolitik stieg sie zwar von etwa 3000 auf heute an die 200 000. Für das bevölkerungsreichste Land der Erde ist das aber immer noch sehr wenig – etwas mehr als ein Anwalt auf 10 000 Bürger.

Erst wenn die »Regierung nach dem G e s i c h t« von einer »Regierung nach dem G e s e t z« abgelöst werde, so hatte schon Lin Yutang vor fast 100 Jahren festgestellt, werde China »eine wirkliche Republik«. Solange die Chinesen sich aber nicht darauf verlassen können, dass Polizei und Justizbehörden sich selbst an die Gesetze halten, fair und unparteiisch vorgehen und ohne Ansehen von Person und Partei urteilen, bleiben Gesetze für sie ein Stück Papier. Einer chinesischen Volksweisheit zufolge »kocht die Polizei das Essen, die Staatsanwaltschaft serviert es, und das Gericht isst es«.

2013 sprach sich das Zentralkomitee (ZK) der KP zwar dafür aus, »die Unabhängigkeit und Fairness der Strafverfolger und

Gerichte zu gewährleisten und die Rechtspraxis zu verbessern«. Gerichte sollen so etwa nicht mehr durch die örtliche Regierung finanziert werden und künftig mit Schöffen arbeiten. Ein entsprechender Modellversuch an 50 Gerichten des Landes läuft bereits. Im Schlussdokument der ZK-Sitzung von 2014 heißt es, das »Regieren durch Gesetze« solle künftig an die Stelle von »Regieren durch Menschen« treten. Und in seinem Bericht auf dem 19. Parteitag bekräftigte KP-Chef Xi gleich mehrmals die Absicht, »das Regieren auf der Basis von Gesetzen in allen Bereichen voranzutreiben«. Die bisher übliche Inhaftnahme von Parteimitgliedern und »Befragung« durch Parteiorgane (*Shuanggui*) an allen Gesetzen vorbei werde abgeschafft und eine strengere Kontrolle der Justizbehörden künftig »sicherstellen, dass die Verfassung des Landes eingehalten wird«.

Mit diesen Maßnahmen will der Zentralstaat jedoch vor allem Willkürakte lokaler Kader eindämmen und so die politische Stabilität verbessern. An dem traditionellen Charakter des Rechts als staatlichem Führungsinstrument ändert sich dadurch nichts. »Das Gesetz«, so hat es Staats- und Parteichef Xi Jinping selbst einmal ausgedrückt, »ist eine starke Waffe, um das Land zu regieren.« Zugleich mit dem Versprechen, künftig »durch Gesetze« statt »durch Menschen« regieren zu wollen, hat das genannte ZK-Plenum von 2014 die »sozialistische Herrschaft des Rechts« bekräftigt. Xi hat dies auf dem Parteitag 2017 wiederholt und unmissverständlich klargemacht, was damit gemeint ist: »Wir müssen als Partei an jedem Punkt und in allen Dimensionen des Regierens auf der Basis von Gesetzen die Führung ausüben.«

Wie einst der Kaiser, so steht heute die Kommunistische Partei über dem Recht. War in früheren Parteitagsberichten immerhin noch davon die Rede, »die Organisationen der Partei und alle Parteimitglieder« müssten »von sich aus im Rahmen der Verfassung und des Rechts handeln« (2007) oder »die Partei« müsse »im Rahmen der Verfassung und des Rechts handeln«

(2012), fehlt das Wort »Partei« in der entsprechenden Passage von Xi Jinpings Bericht 2017. Dort heißt es jetzt nur noch ähnlich wie in Artikel fünf der Verfassung: »Keiner Organisation und keiner Einzelperson sind spezielle Privilegien gestattet, die über die Verfassung oder das Recht hinausgehen.«

Weil die Chinesen es seit Jahrtausenden gewöhnt sind, dass Machthaber ihre Macht missbrauchen, sich über das Recht stellen und Recht nicht für Gerechtigkeit sorgt, versuchen sie sich den Schutz, den sie brauchen, lieber auf andere Weise zu sichern – durch »Guanxi«. Diese sind deshalb auch weit mehr als Vitamin B, Klüngel oder Vetternwirtschaft, wie im Westen oft angenommen, und haben auch nicht notwendig etwas mit Korruption zu tun. Vielmehr bezeichnen sie eine Art private Versicherung, ein persönliches **Netzwerk**, dessen Hauptfunktion es ist, auf einer möglichst breiten Grundlage Vertrauen, einen fairen Umgang miteinander und Sicherheit herzustellen.

»Guanxi bedeuten gegenseitige Verpflichtungen«, so Peng Siqing von der Peking-Universität, »und das Pflichtbewusstsein veranlasst Menschen zu vertrauenswürdigem Handeln.« Sie schaffen Vertrauen, indem sie die Handlungsspielräume der Beteiligten auf einen vorhersehbaren Rahmen verengen, und übernehmen so die Funktion, die der Rechtsstaat im Westen hat. Dieser hat sich nicht zuletzt deshalb entwickelt, weil Handelsgeschäfte gerade über große Distanzen Vertrauen der Beteiligten untereinander erfordern. Ohne dieses Vertrauen sind, wie die Ökonomen sagen, die Transaktionskosten zu hoch. Das heißt Zeitaufwand, Kosten für Beziehungspflege, Rechts-, Beratungs- und Überwachungskosten.

Für die viele Jahrhunderte von der Welt abgeschlossene, weithin agrarische und dezentrale Selbstversorger-Gesellschaft Chinas spielte der Handel über große Distanzen im Unterschied zum Westen eine geringere Rolle. Und das Vertrauen, das dafür erforderlich ist, wurde nicht mit Hilfe des Rechts, sondern durch »Guanxi« geschaffen. Auf diese Weise haben etwa einige Sippen aus der Provinz Shaanxi über Jahrhunderte die Bankgeschäfte in China kontrolliert, weil sie ein verlässliches System des Geldtransfers anbieten konnten. Und die Übersee-Chinesen in Südostasien machen ihre Geschäfte und regeln ihre Probleme bis heute oft ohne die Behörden ihrer Gastländer; stattdessen greifen sie auf ein Netzwerk von Landsleuten zurück, die aus derselben Region in China stammen wie sie und dadurch vertrauenswürdig sind.

Chinesen sind die ultimativen Netzwerker. Wer in China keine »Guanxi« hat, bleibt ein Außenseiter, das heißt ein Nobody. Aber »Guanxi« sind nicht gleich »Guanxi«. Es gibt instrumentelle und gefühlsbasierte »Guanxi«, die auf gemeinsamen Vorlieben und persönlicher Zuneigung beruhen. Und Mischformen von beiden. Und es sind verschiedene Klassen zu unterscheiden. Da ist zunächst die (erweiterte) Familie. Danach kommen enge Freunde gefolgt von Mitschülern, Kommilitonen, Arbeitskollegen, Parteigenossen und Bekannten aus demselben Dorf oder derselben Gegend und am Ende Außenstehende wie etwa Geschäftspartner.

»Guanxi« bedeutet »Do ut des« und »Quid pro quo«: Ich gebe etwas und erwarte dafür eine Gegenleistung. »Jemanden zum Essen einzuladen«, so Qian Zhongshu in seinem Roman »Belagerte Festung«, sei wie »Samen auszusäen«. Während hierzulande nach einem gemeinsamen Essen oft jeder für sich bezahlt, reißen sich Chinesen gewöhnlich darum, für alle zu bezahlen. Zum einen ist ein solches Essen für sie auch wirklich ein Gemeinschaftserlebnis, und getrennt zu bezahlen konterkariert dieses. Zum anderen kann jeder, der die Rechnung schließlich übernimmt, darauf vertrauen, dass reihum jeder einmal bezahlen wird.

Neben Essenseinladungen fungieren vor allem Geschenke als Schmieröl für »Guanxi«. Ein Geschenk dient in China zur Festigung der Beziehung und ist Ausdruck von Höflichkeit und Freundschaft sowie auch Respekt gegenüber Höhergestellten.

Entsprechend widmen Chinesen dem Schenken viel Aufmerksamkeit und Sorgfalt.

Meine Frau unterhält zu diesem Zwecke zu Hause stets einen kleinen Vorrat, um für jede Gelegenheit gerüstet zu sein. Zu jeder Einladung macht sie sich Gedanken über ein passendes Mitbringsel. Es darf nicht zu wertvoll sein, um den Beschenkten nicht in Verlegenheit zu bringen, aber auch nicht zu billig, um sein und das eigene Ansehen zu wahren. Einmal brachte ein Mitarbeiter von mir, den ich mit seiner Frau zum Abendessen bei uns zu Hause eingeladen hatte, ein Geschenk mit, das in den Augen meiner Frau einer groben Missachtung meiner Stellung gleichkam. Für den Abend setzte sie noch eine gleichmütige Maske auf, aber das Paar war für sie fortan erledigt.

Obwohl sie geborene Netzwerker sind, nehmen Chinesen grundsätzlich nur ungern direkt, also ohne dass jemand dazwischengeschaltet ist, Kontakt mit Unbekannten auf. Ihr Beziehungsnetzwerk erweitern sie in der Regel dadurch, dass ein Mitglied einem anderen Mitglied einen Außenstehenden vorstellt. Damit findet eine Vertrauensübertragung statt. Jeder innerhalb des Netzwerks, dem jemand vorgestellt wird, muss sich für den Vorgestellten verwenden, weil er dem Vorstellenden verpflichtet ist. Zugleich ist der Vorstellende dafür wiederum ihm verpflichtet. Und natürlich der Vorgestellte dem Vorstellenden.

Basis von »Guanxi« ist die Verpflichtung zur Rückzahlung. Wer eine Gunsterweisung annimmt, verpflichtet sich damit zugleich, die Bilanz auszugleichen. Darauf kann sich der Gunstgeber verlassen – mehr als wenn beide einen notariellen Vertrag mit hohen Pönalen unterzeichnet hätten. Denn begleicht jemand diese Schuld nicht, ist er in China so gut wie gestorben. »Von anderen etwas anzunehmen, ohne es entsprechend zu erwidern, entspricht nicht der Sitte«, so schon Konfuzius. Die Pflicht zur Rückzahlung muss nicht sofort erfüllt werden, sie kann noch Jahre später erfolgen, sogar über den Tod hinaus vererbt werden. Und der Kontoausgleich kann auch indirekt erfolgen.

Will A zum Beispiel einen Gunsterweis von dem ihm fremden B, so wendet er sich dazu an den ihm bekannten C, der ihm einen Gefallen schuldet und B kennt, der wiederum C verpflichtet ist. C kann seine Verpflichtung gegenüber A abtragen, indem er B seine Verpflichtung ihm gegenüber dadurch erfüllen lässt, dass er As Wunsch nachkommt. Ob C das schafft, hängt von seinem Ansehen und Einfluss, seinem »**Gesicht**« (*Mianzi*), wie die Chinesen sagen, bei B ab. Bei diesem wird er deshalb nur vorstellig werden, wenn er hinreichende Gewissheit hat, nicht zurückgewiesen zu werden und einen Gesichtsverlust zu erleiden. Denn schafft er es nicht, verliert er auch Gesicht bei A.

Die Bitte von jemandem aus dem eigenen Netzwerk abzuschlagen ist schwer. Denn beide verlieren an »Gesicht«, der Bittsteller wie der Gebetene. Chinesen fragen daher auch nur nach mehr, als der Gefragte womöglich schaffen kann, wenn sie sich gar nicht mehr anders zu helfen wissen.

So ist es in der chinesischen Gesellschaft von zentraler Bedeutung, zum einen ein vielfältiges Netzwerk zu haben, mit möglichst vielen Leuten mit »großem Gesicht«, wie meine Frau es nennt, verbunden zu sein und selbst möglichst viel »Gesicht« zu haben; zum anderen gilt es aber auch, immer zu wissen, wer in dem Beziehungsgeflecht welche Position hat, das heißt wie viel »Gesicht« wer wem gegenüber besitzt. Der Status eines Chinesen hängt stark von der Reichweite und Qualität seines Beziehungsnetzwerks und seiner Position darin ab. Der Psychologe Hwang Kwang-Kuo hat »Gesicht« denn auch als »sozial kontingentes Selbstwertgefühl« bezeichnet.

Chinesen beurteilen sich gegenseitig weniger als Individuen, sondern mehr als Träger einer Rolle in einem Beziehungsgeflecht. Wie in einem System kommunizierender Röhren sind sie stets damit beschäftigt, das eigene »Gesicht« zu verteidigen oder an »Gesicht« zu gewinnen und zugleich »Gesicht« zu geben. Denn: Wer anderen »Gesicht« gibt, gewinnt selbst »Gesicht«, wer es anderen nimmt, verliert es selbst.

Gegenüber Nahestehenden, allen voran den Eltern, ist »Gesicht« besonders wichtig. Bei einer empirischen Untersuchung, wen kranke Chinesen in ihrem Umfeld über ihre Krankheit informieren, kam unter anderem heraus, dass sie sich etwa bei Gallensteinen an die eigene Familie wenden, bei einer Geschlechtskrankheit dagegen lieber an Außenstehende. Dort haben sie kein »Gesicht« zu verlieren; bei Eltern, Freunden oder Kollegen dagegen schon. Verliert ein Mitglied der Familie »Gesicht«, betrifft dies zudem auch immer alle anderen Mitglieder.

Zwar legen auch die Angehörigen des westlichen Kulturkreises Wert auf ihr Ansehen. Die relationalistisch erzogenen Chinesen sind jedoch deutlich stärker außengeleitet als Menschen mit einem individualistischen Menschenbild. Sie bewegen sich gewissermaßen stets auf einer Bühne. Auch weil sie sich nicht mit einer gerechten Einstufung durch ein Jüngstes Gericht im Jenseits trösten können, wenn sie sich im Leben unter Wert behandelt fühlen, achten sie mehr noch als die Menschen im Westen darauf, wie sie vor anderen dastehen.

»Gesicht« hat eine wichtige gesellschaftliche Ordnungsfunktion. Wofür im Westen staatliche Gesetze oder die Furcht der Christen vor ewiger Verdammnis sorgen sollen – das muss in China ein ausgeprägtes Schamempfinden leisten.

Daher räumen Chinesen auch nur ungern **Fehler** ein. Und das, obwohl Konfuzius »die Fähigkeit, seine Fehler zu korrigieren«, zum »höchsten Gut« erklärt hat. Doch für die raue Wirklichkeit des chinesischen Lebens erwies sich diese Aufforderung des Philosophen wie manch andere als zu idealistisch. Weisheiten kann man nun einmal nicht essen. Selbst die von Konfuzius nicht. Seinen Idealismus vermögen in vielen Fällen nur Weise mit der harten Realität zu versöhnen.

Sich freimütig zu seinen Fehlern zu bekennen, können sich in China nur wenige erlauben, ohne Nachteile befürchten zu müssen. Wer offen Fehler eingesteht, erscheint leicht als schwach und verletzlich und nicht etwa als selbstbewusst, authentisch und sympathisch. »Denke über deine Fehler hinter verschlossenen Türen nach«, lautet eine alte Volksweisheit. Der Zwang zur öffentlichen Selbstkritik und ihr massenhafter Missbrauch in den Mao-Jahren haben die traditionell ohnedies schon geringe Bereitschaft der Chinesen, öffentlich Fehler einzugestehen, noch einmal drastisch vermindert.

Krisen-PR besteht in China denn auch in der Regel darin, eigenes Fehlverhalten als Verleumdung böswilliger Wettbewerber abzutun. Dass die landesweit beliebte Hotpot-Restaurantkette »Haidilao« sich im September 2017 noch am selben Tag, an dem in einer ihrer Pekinger Filialen unhygienische Zustände aufgedeckt worden waren, entschuldigte und baldige Abhilfe versprach, ist noch immer die Ausnahme. Inzwischen hat das Unternehmen damit begonnen, in den Küchen seiner Kette Webcams zu installieren, deren Aufnahmen sich im Internet und auf großen Bildschirmen am Restauranteingang verfolgen lassen.

Weil »Gesicht« für sie so wichtig ist, legen Chinesen auch viel Wert auf Zeremoniell, auf Pomp and Circumstances. In China muss alles möglichst viel Eindruck machen, groß und mächtig, ja bombastisch sein: die Eingangstüren, die Hotelhallen, die Flughäfen, die öffentlichen Gebäude, selbst die Namen für neue Wohngebiete. Ohne Jade, Marmor und Gold, ob echt oder nicht, geht nichts. Selbst die letzte Massage-Bude gibt noch VIP-Karten aus.

Streben nach »Gesicht« erklärt die langen, detailverliebten Lebensläufe und titelreichen Visitenkarten der Chinesen. Und deswegen übergeben sie diese Karten auch so förmlich mit beiden Händen und studieren sie gegenseitig so sorgsam. Selbst die Tafeln für die Verstorbenen in den Ahnentempeln dienen dazu, den sozialen Status festzuhalten. Sie sind gewissermaßen eine Visitenkarte für die Ewigkeit.

Gesichtsarbeit prägt auch das Konsumverhalten der Chinesen. Ihr Streben nach Status hat westlichen Luxus-Herstellern von Autos, Uhren, Handtaschen, Schmuck usw. viele Jahre eine wahre Bonanza beschert. Die Marke ist wichtiger als das Preis-Leistungsverhältnis. Zur Not müssen es halt gefälschte Marken sein.

Entsprechend ist Werbung in China mehr kontext-orientiert als im Westen. Statt Produktvorzüge wie Nutzen oder Haltbarkeit herauszustellen, geben Rollenmodelle Testimonials ab, in denen sie erklären, warum sie das Produkt gut finden. Nicht der Gebrauchswert eines Porsche Cayenne zählt, sondern sein Statuswert. Ein Luxusauto dient nicht dem persönlichen Fahrspaß, sondern dem eigenen Ansehen und dem der Familie. Deswegen sind auch Impulskäufe in China seltener als bei uns. Was am meisten »Gesicht« gibt, muss wohl überlegt sein.

Weil Chinesen so sehr in den Augen anderer leben, wollen sie ein »großes Gesicht« haben und es zu etwas bringen. Dies befeuert nicht nur ihren Wettbewerbsgeist, es beeinflusst auch ihre **Kooperations-** und **Konfliktbereitschaft** sowie die Art, Konflikte auszutragen.

Das interdependente Ich der Chinesen veranlasst nicht zwingend zu Zusammenarbeit. Diese hängt vielmehr entscheidend vom gegenseitigen Vertrauen, das heißt davon ab, ob man zur Familie gehört oder sonstwie durch »Guanxi« miteinander verbunden ist.

Genauso wenig ist ein interdependentes Ich ein Hindernis für heftige **Konkurrenz**. Im Umgang mit Fremden haben Chinesen kein »Gesicht« zu verlieren und bewegen sich in einer anderen Moralwelt. Der Wettbewerb ist dort nicht eine andere Form der Kooperation wie im Sport, wo die Konkurrenten sich nach fairen Spielregeln gegenseitig zu Höchstleistungen herausfordern. Er kennt prinzipiell keine Grenzen.

Es gibt denn auch wohl kaum ein anderes Volk, dessen Mitglieder sich untereinander so hart bekämpfen wie die Chinesen. Ein Konflikt mit einer Person in der Sache bedeutet für Chinesen automatisch auch die Ablehnung der Person. Als ganzheitlich denkende Menschen trennen sie zwischen beidem nicht. Chinesen sehen ihr eigenes Schicksal zudem nie isoliert: was ihnen widerfährt, betrifft immer auch ihr Umfeld und kann den Ruin der ganzen Familie bedeuten. Genau deswegen wurden schon vor Tausenden von Jahren die ausgeprägten Bescheidenheits- und Höflichkeitsrituale eingeführt und der Weg der Mitte propagiert. Dies sollte dazu dienen, den Kampf aller gegen alle zu zivilisieren, und für gesellschaftliche Harmonie sorgen.

Traditionell bemühen sich Chinesen denn auch, offenen Konflikt zu vermeiden. »Ein guter Mensch streitet nicht«, so Konfuzius, »wer streitet, ist kein guter Mensch.«

Der alltägliche, sozialdarwinistisch anmutende Kampf ums Dasein, das dumpfe Gefühl, von den Mühlen eines Systems, an dem sie kaum Mitsprache haben und gegen das sie sich auch nicht mit Aussicht auf Erfolg wehren können, zerrieben und um ein selbstbestimmtes Leben gebracht zu werden, bleibt jedoch nicht ohne Folgen für die Konfliktbereitschaft.

Je mehr sich Menschen bemühen, ihre Emotionen zu kontrollieren, desto größer wird der Gefühlsstau. Irgendwann können die indirekt und zurückhaltend kommunizierenden Chinesen damit nicht mehr fertig werden. Es kommt zur direkten Konfrontation, zu offenem Streit oder sogar zu Gewalt. Im Umgang mit Außenstehenden greifen die Gebote der Wahrung von »Gesicht« und Harmonie nicht richtig.

Zwar ist die Zahl der Gewaltverbrechen in der Volksrepublik nach wie vor relativ klein, **Gewaltausbrüche** verschiedenster Art aber sind an der Tagesordnung. Handgreifliche Proteste gegen Behördenwillkür und Zwangsumsiedlungen nehmen zu, Angehörige von Patienten verprügeln Ärzte und Pflegepersonal, wenn sie mit den Behandlungserfolgen unzufrieden sind oder der Patient stirbt, Fluggäste gehen wegen verspäteten Abflugs auf Boden- und Bordpersonal los. Die Vorfälle häuften sich zuletzt derart, dass der chinesische Luftfahrtverband 2016 eine schwarze Liste aufstellte, in der alle Personen mit Flugverbot registriert sind.

Vor allem auf dem Land ist auch häusliche Gewalt verbreitet. Meist geht sie vom Mann aus und ist gegen die Frau gerichtet.

Mann und Frau
Sachlich, nüchtern, partnerschaftlich

»Es gibt niemanden, an dem man seine Wut genussvoller auslassen kann als an seiner Ehefrau«, heißt es in Qian Zhongshus Roman »Belagerte Festung«. Dem nationalen Frauenverband zufolge haben gut ein Drittel der verheirateten Chinesinnen mehr oder weniger unter Gewalt seitens ihres Ehemanns zu leiden. Im internationalen Vergleich liegt China damit laut Weltgesundheitsorganisation WHO etwas über dem Durchschnitt.

Bis in die jüngste Zeit hinein betrachtete die chinesische Polizei, wenn sie überhaupt eingeschaltet wurde, häusliche Gewalt meist als Privatsache und Familienangelegenheit. Hilfesuchende Frauen verwies sie an das Nachbarschaftskomitee der Kommunistischen Partei. Erst seit März 2016 sind Tätlichkeiten zwischen Mann und Frau strafbar und ein offizieller Scheidungsgrund. Obwohl die Polizei weiter meist nur bei erheblichen Verletzungen wie zum Beispiel Knochenbrüchen hart durchgreift, markiert das Gesetz doch einen Meilenstein auf dem Weg zur Gleichberechtigung der Geschlechter.

Auf diesem Weg haben Chinas Frauen in den vergangenen Jahrzehnten große Fortschritte gemacht. Zwar ist es bis zum Ziel noch eine gehörige Strecke. Neben dem rapiden ökonomischen Aufstieg zählt die neue Frauenpower jedoch mit zu den auffälligsten Veränderungen des Landes. Gemessen an der Rolle der Frau in der traditionellen chinesischen Kultur und Chinas Entwicklungsstand kommen Ausmaß und Tempo der **Emanzipation** zumindest in den großen Städten geradezu einer Revolution gleich. Im sogenannten »Geschlechtergleichstellungsindex« der Vereinten Nationen schaffte es China mit seiner nach wie vor riesigen Landbevölkerung von ca. 800 Millionen Menschen in punkto Chancengleichheit von Mann und Frau zuletzt immerhin bereits auf Platz 37 von insgesamt 188 Staaten.

In den Metropolen des Landes stehen zumal junge berufstätige Frauen im Hinblick auf Selbstbewusstsein ihren Geschlechtsgenossinnen im Westen meist nicht mehr nach. Sie tragen es nur weniger vor sich her als diese und verfolgen ihren Anspruch auf Gleichberechtigung mit der Gewitztheit und dem Pragmatismus, die ihrer Kultur eigen sind. So lassen sie den Männern nach außen oft den Vortritt, bestimmen aber tatsächlich, wo es langgeht.

Besonders selbstbewusst und selbständig sind die Frauen in Schanghai. Im Jahr 2015 führte die Studienkommission für Ehe und Familie der 20-Millionen-Metropole unter gebildeten Bürgern (über zwei Drittel mit College-Abschluss oder mehr) eine Umfrage durch. Dabei gaben rund 40 Prozent der Befragten an, in ihrer Familie besitze die Frau die größte Entscheidungsmacht. Weitere 40 Prozent meinten, Mann und Frau hätten etwa gleich viel zu sagen. Nur 20 Prozent sahen den Mann vorne. Über die Hälfte erklärte, bei einem Konflikt gebe der Ehemann nach. Nur 17 Prozent sagten dies über die Frau im Haus.

Die Beziehung der Geschlechter in Schanghai erinnert daran, dass die chinesische Gesellschaft in grauer Vorzeit einmal matriarchalisch geordnet war. In der Provinz Yunnan gibt es immer noch eine kleine Minderheit, bei der das Matriarchat gilt.

Bis in die Zhou-Dynastie hinein war der Nachname der Frau in China der Familienname. Das spätere Verbot von Scheidung und Wiederheirat oder das Gebot weiblicher Keuschheit vor der Ehe und nach dem Tod des Mannes waren unbekannt. Je mehr die Bevölkerung jedoch sesshaft wurde und sich dem Ackerbau widmete, desto mehr gerieten Frauen gegenüber den Männern in eine untergeordnete Stellung. Anders als auf der Weide konnten sie bei der Feldarbeit weniger gut anpacken. Aus dem Matriarchat entwickelte sich ein Patriarchat.

Die Bibel fordert dazu auf, »Vater u n d Mutter zu ehren«. In den »fünf Grundbeziehungen« des Konfuzius ist von Letzterer keine Rede. »Wenn ein Junge zur Welt kam, legte man ihn aufs Bett und gab ihm Jade zum Spielen«, heißt es im »Buch der Lieder«. War es ein Mädchen, »so legte man es auf die Erde und gab ihm zum Spielen einen Ziegelstein«. In der Zeit der Streitenden Reiche wurde es allmählich sogar zur Gewohnheit, weibliche Neugeborene zu ertränken. Auch in der Zeit der Ein-Kind-Politik 2000 Jahre später kam es vor allem auf dem Land vielfach dazu.

Bis heute haben chinesische Eltern lieber einen Sohn als eine Tochter. Letztere geht mit der Heirat der eigenen Familie verloren und wechselt in die des Ehemannes über. Sie trägt zwar weiter den Namen ihrer alten Familie, führt aber deren Stammbaum nicht fort und fällt als Stütze im Alter aus. Das macht sie in den Augen vieler weniger wertvoll als ein Sohn. Seit dem Ende der Ein-Kind-Politik und mit fortschreitender Emanzipation nehmen sich allerdings immer mehr Frauen das Recht, dem zweiten Kind ihren Familiennamen zu geben und so den eigenen Stammbaum fortzuschreiben.

Nach Angaben der Regierung werden in China pro Jahr rund 13 Millionen Abtreibungen vorgenommen. Ein Großteil davon betrifft weibliche Föten. China gehört denn auch zu den Staaten mit dem größten männlichen Geburtenüberschuss. Während auf 100 Babys weiblichen Geschlechts normalerweise rund 105 männliche Geburten kommen, sind es dort etwa 115.

Um einen männlichen Erben und Stammhalter zu bekommen, nehmen manche Chinesen notfalls sogar Zuflucht zu Kindesentführern und -händlern. 2017 wurde ein Fall bekannt, bei dem eine Familie für ein fremdes Baby männlichen Geschlechts umgerechnet 14 000 US-Dollar gezahlt hatte.

Ohne Fortsetzung der **Ahnenreihe** verwaist das Grab der

Vorfahren, und diese können nach alter Vorstellung nicht in Frieden ruhen. »Mögest du keinen Erben haben«, ist eine alte Verwünschung in China und bis heute eine Beleidigung. Ein unverheirateter oder kinderloser Sohn wird als »dürrer Ast« am Familienbaum bezeichnet.

Im Konfuzianismus ist die Ehefrau vor allem Mutter. Über die Jahrhunderte war es für sie vorrangige Aufgabe, dem Mann mindestens einen Sohn zu gebären und so die Fortsetzung von dessen Ahnenreihe zu sichern. »Das größte aller Frauenrechte«, so Lin Yutang noch Mitte des 20. Jahrhunderts, »ist das Recht auf Mutterschaft.«

Chinesische Frauen sind ihrem Ehemann traditionell Ehrerbietung schuldig. In der Öffentlichkeit mussten sie ein halbes Dutzend Schritte hinter ihm hergehen und konnten sich selbst dann nicht scheiden lassen, wenn er gewalttätig war. Ihm stand offiziell ein Züchtigungsrecht zu.

Starb der Ehemann, war die Witwe generell vom Erbe ausgeschlossen. Sie musste drei Jahre trauern; umgekehrt galt für ihn nur eine Trauerphase von einem Jahr. »In ihrer Jugend gehorcht die Frau dem Vater und älteren Bruder, nach der Heirat dem Ehemann; nach dessen Tod ihrem Sohn«, heißt es im »Buch der Riten«.

Dass Frauen auf dem Lande in China auch heute noch vielfach fremdbestimmt sind, zeigt ein Fall aus dem Jahr 2017, der landesweit Schlagzeilen machte. Weil ihr Mann (und dessen Familie) ihr trotz schlimmer Schmerzen vielleicht aus finanziellen Gründen angeblich einen Kaiserschnitt verweigerten und auf einer natürlichen Geburt bestanden, stürzte sich eine hochschwangere Frau aus dem fünften Stock eines Krankenhauses in der Provinz Shaanxi in den Tod.

Da eine Scheidung bis in die Zeit der Ming-Dynastie hinein nicht möglich war, nahmen sich chinesische Ehemänner, die es sich leisten konnten, Nebenfrauen, sogenannte **Konkubinen**, wenn ihre Ehefrau keine Söhne gebar bzw. die sexuelle Begierde nach ihr erlahmte. Die Nebenfrauen lebten mit der Hauptfrau unter einem Dach. Auch Konfuzius soll aus der Verbindung mit einer Konkubine hervorgegangen sein.

In wohlsituierten Haushalten kamen diese öfter aus den Reihen der sogenannten Kurtisanen. Anders als Prostituierte, die es natürlich ebenfalls gab, waren sie an speziellen Schulen zu gebildeten und kultivierten Damen erzogen worden. Sie warben nicht um Freier, sondern wurden umworben und unterhielten meist ein festes außereheliches Verhältnis mit hochgestellten Persönlichkeiten. Oft gewannen sie großen – auch politischen – Einfluss auf sie und avancierten zu ihrer Lieblingskonkubine.

In der Ming-Dynastie wurde es für alle Männer über 40 ohne männliche Nachkommen dann grundsätzlich möglich, sich scheiden zu lassen; dem weiblichen Geschlecht blieb dies selbst noch in der ersten Republik, Jahrhunderte später, verwehrt. Erst seit Gründung der Volksrepublik im Jahr 1949 werden Ehen auch auf die Initiative von Frauen hin geschieden und ist Polygamie gesetzlich verboten.

Heute ist es in China vergleichsweise einfach und billig, eine Ehe aufzulösen. In den Metropolen Schanghai und Peking gehen prozentual betrachtet inzwischen ungefähr so viele Paare getrennte Wege wie in westlichen Ländern – vor allem, weil der Mann fremdgegangen ist. Auf das ganze Land gesehen ist die Scheidungsrate trotz eines Anstiegs um 50 Prozent in diesem Jahrzehnt mit etwa drei Prozent aber immer noch sehr niedrig. Denn nach wie vor haftet dem Scheitern der Ehe ein gesellschaftlicher Makel an.

Je nach den Umständen kann dies für Partei- und Regierungskader die Karriere entgleisen lassen. Geschiedene Frauen sind – zumal auf dem Land – gesellschaftlich häufig isoliert. Ihre Chancen, einen neuen Ehemann zu finden, stehen schlecht, vor allem wenn sie schon etwas älter sind und Kinder haben. Immer mehr Frauen, die von ihrem Mann betrogen werden, beschäftigen daher Spezialagenturen, die Nebenbuhlerinnen

(*Xiaosan*, wörtlich: »kleine Dritte«) verjagen und so die Ehe retten sollen.

Aus traditioneller chinesischer Sicht besaß das Konkubinat gegenüber der Scheidung einen großen Vorzug: Es hielt die Familie zusammen und wurde – zumindest nach außen – dem Gebot der Harmonie gerecht. Die Hauptfrau (*Furen*) verlor dadurch zwar die exklusive Zuwendung ihres Ehemannes, blieb aber bei den Kindern und wahrte ihr »Gesicht« sowie ihre Stellung im Haushalt. Nur sie durfte das Haus durch den Haupteingang betreten. Die Nebenfrauen waren ihr gebührenden Respekt und Gehorsam schuldig. Sie allein beaufsichtigte den Haushalt inklusive der Konkubinen (*Ru Furen*, wörtlich: »wie eine Ehefrau«) und deren Kinder sowie auch der Ehefrau und Konkubinen ihrer Söhne.

Im öffentlichen Leben hatten Frauen in China bis ins 20. Jahrhundert hinein keine Bedeutung. In Gelehrtenfamilien erhielten zwar auch viele Mädchen Privatunterricht und lernten so lesen und schreiben, Töchter aus normalen Familien aber waren von jeder formalen Bildung ausgeschlossen. In der im Westen unter dem Namen »Butterfly Lovers« bekannten Geschichte von Liang Shanbo und Zhu Yingtai aus der Östlichen Jin-Dynastie (317-420) konnte Zhu, Tochter aus einer reichen Familie, ihre Eltern dazu überreden, sie als Junge verkleidet in die Schule zu schicken. Dort verliebte sie sich in ihren Klassenkameraden Liang, doch die Liebe blieb unerfüllt, da dieser nicht merkte, dass sie eine Frau war.

Im häuslichen Bereich spielte die Frau in China dagegen schon immer eine wichtige Rolle. Bis heute verwaltet sie in der Regel die Finanzen der Familie. Während in Deutschland nicht berufstätige Ehefrauen von ihren Männern oft Haushaltsgeld zugeteilt bekommen, geben die Männer in China ihren Verdienst zu Hause ab und erhalten von ihren Frauen Taschengeld.

Chinesische Mütter hatten zudem immer großen Einfluss auf

ihre Söhne. Die Geschichte der kaiserlichen Dynastien wimmelt von Beispielen einflussreicher Kaiserinmütter. Aufgrund der besonders engen, auch körperlichen Nähe und intensiven Zuwendung in den ersten beiden Lebensjahren sind Chinesen ihrer Mutter emotional besonders verbunden. Bis heute rivalisieren Ehefrau und Mutter häufig um den größeren Einfluss auf den Ehemann. Meist setzt sich die Mutter durch. »Der Mann heiratet keine Frau, sondern eine Schwiegertochter«, so ein bekanntes Sprichwort, die Frau gebäre keine Kinder, sondern Enkel. Söhne verlassen in China auch nach der Heirat im Grunde ihre Eltern nicht. Wenn Eltern ihren verheirateten Sohn besuchen, fühlen sie sich auch heute noch wie zu Hause. Kommen dagegen die Eltern der Frau zu Besuch, sind sie nur Gäste.

Ökonomische **Selbständigkeit** ist zentraler Ausdruck von Emanzipation und Gleichberechtigung der Frau. In dieser Hinsicht haben es die chinesischen Frauen im Vergleich zu früher bereits weit gebracht. Obwohl ihr Ansehen immer noch stark davon abhängt, wie »gut« sie geheiratet haben, gewinnt für junge Chinesinnen vor allem in den großen Städten auch die eigene berufliche Karriere immer mehr an Bedeutung.

Über 80 Prozent aller verheirateten Frauen in China sind berufstätig. In einem Fünftel der Ehen sind sie sogar Hauptverdiener. Das weibliche Geschlecht stellt rund die Hälfte der arbeitenden Bevölkerung. Zumindest in dieser Hinsicht erfüllt es Maos berühmten Satz »Frauen tragen die Hälfte des Himmels«. Im Global Gender Gap Index des World Economic Forum schneiden Chinas Frauen in der Kategorie »Professionelle und technische Arbeiter« am besten von allen 144 untersuchten Ländern ab.

Zu verdanken ist dies zum einen der raschen Industrialisierung und Urbanisierung. Vor 30 Jahren wohnten 80 Prozent der Chinesen noch auf dem Land. Heute sind es nur noch 40 Prozent. Zum anderen fällt es chinesischen Frauen leichter, Familie und Beruf miteinander zu verbinden, als Frauen im Westen. Die Hilfe der Eltern und eine gerade auch im haushaltsnahen Bereich höher entwickelte Dienstleistungsgesellschaft machen es möglich. Die Masse relativ billiger Arbeitskräfte sorgt dafür, dass jede Servicelücke schnell und kostengünstig geschlossen wird.

Zwar sind die meisten der relativ schlecht bezahlten Dienstleistungsjobs selbst mit Frauen besetzt, was auch dazu führt, dass berufstätige chinesische Frauen im Schnitt heute erst etwa drei Viertel von dem nach Hause bringen, was Männer verdienen. Allerdings erobern sie auch immer mehr Spitzenpositionen in der Wirtschaft. Und das trotz der strukturellen Benachteiligung durch das staatlich verordnete deutlich niedrigere Rentenalter von 50 gegenüber 60 Jahren bei Männern.

Der UN-Arbeitsorganisation ILO zufolge sind 44 Prozent der Führungskräfte, Akademiker und Techniker in Chinas Wirtschaft weiblichen Geschlechts. Tendenz: steigend. 70 Prozent aller Mädchen gehen auf weiterführende Schulen. Über die Hälfte der Studierenden des Landes sind Frauen.

Im Hurun-Report, der seit fast zwei Jahrzehnten jedes Jahr Chinas Reichstenliste veröffentlicht, waren 2017 mehr als ein Viertel der über 2100 erfassten Personen mit einem Vermögen über 300 Millionen US-Dollar weiblichen Geschlechts. Yang Huiyan, die Haupteigentümerin des einst von ihrem Vater gegründeten Immobilienriesen Biguiyuan (englischer Name: »Country Garden«), zählt sogar zu den zehn reichsten Personen des Landes.

Mit 49 von 78 stellt China laut Hurun fast zwei Drittel aller weiblichen Selfmade-Millliardäre der Welt. Die Nummer eins unter ihnen, Zhou Qunfei, Bauernkind und Schulabbrecherin, beschäftigt mit ihrer Firma Lens Technology, die unter anderem Glasbildschirme für iPhones herstellt, fast 100 000 Menschen. Zhous Nettovermögen wird auf neun Milliarden US-Dollar geschätzt.

Frauen haben über die Hälfte der Internet-Firmen in China

gegründet. Ein Paradebeispiel dafür ist Cindy Mi von VIPKid, einer Firma, die chinesische Kinder via Internet am Computerbildschirm zum individuellen Englisch-Unterricht mit Lehrern in den USA zusammenbringt. Das erst wenige Jahre alte Unternehmen wird bereits mit anderthalb Milliarden US-Dollar bewertet und hatte 2017 eine Viertelmillion Kunden. 2018 sollen es schon eine Million sein. Dann will Mi auch individuellen Mandarin-Unterricht für Nicht-Chinesen anbieten.

Ganz anders als in der Wirtschaft sieht das Bild hingegen in der Politik aus. Während in Taipeh und Hongkong Frauen regieren, schaffte es in der Volksrepublik noch nie eine Frau an die Spitze von Staat und Regierung. Peking setzt damit die Tradition der Kaiserzeit fort. In über 2000 Jahren gab es nur drei Regentinnen auf dem chinesischen Kaiserthron: die Kaiserinwitwe Lu Zhi in der Han-Dynastie, Kaiserin Wu Zetian, die die Tang-Dynastie kurz unterbrach, und die Kaiserinwitwe Cixi während der Qin-Dynastie. Allen drei wird in der Geschichtsschreibung besondere Ruchlosigkeit bescheinigt.

Auch das höchte Leitungsorgan der Kommunistischen Partei und mächtigste Gremium des Landes, der siebenköpfige Ständige Ausschuss des Politbüros, hatte bisher noch nicht ein einziges Mal ein weibliches Mitglied. Unter den Parteichefs der 31 Provinzen, traditionell das Sprungbrett, um ganz nach oben zu kommen, findet sich keine Frau. Im 25-köpfigen Politbüro sitzt nur eine. Von den 204 Mitgliedern des Zentralkomitees sind nur zehn weiblich. Dabei stellen Frauen rund ein Viertel der KP-Mitglieder. So viele Abgeordnete weiblichen Geschlechts sitzen immerhin im Nationalen Volkskongress, einer Art Parlament des Landes.

Trotz des nach wie vor beträchtlichen Nachholbedarfs vor allem im politischen Bereich haben Industrialisierung, Urbanisierung und die Ein-Kind-Politik seit Ende der 70er Jahre die Stellung der Frau in Chinas Gesellschaft deutlich gestärkt. Zumindest in den wachsenden Städten des Landes wurden dadurch Mädchen für ihre Eltern wertvoller. Als einziges Kind ruhte deren Hoffnung auf Unterstützung im Alter jetzt auf ihnen, und beim Heranwachsen erhielten sie entsprechend mehr Zuwendung und eine bessere Bildung.

Zudem führte die Geburtenbeschränkung zu einer Knappheit des weiblichen Geschlechts und ließ dessen gesellschaftlichen Wert auch deswegen steigen. Daran hat auch die Abschaffung der Ein-Kind-Regelung im Jahr 2015 bisher wenig geändert. Zwar dürfen alle Han-Chinesen seitdem zwei Kinder haben. Immer mehr Chinesinnen können aufgrund der Umweltverschmutzung und schlechten Nahrungsmittelqualität aber nicht mehr schwanger werden. Außerdem wollen die meisten Eltern in der Stadt nur ein Kind. Ein zweites können sich wegen der damit verbundenen höheren Bildungsausgaben und oft auch Wohnkosten viele nicht leisten. Laut nationalem Statistikamt kamen 2016 deshalb nur 1,3 Millionen mehr Kinder zur Welt als im Durchschnitt der Jahre davor. So wird es in China auf Jahre hinaus deutlich über 30 Millionen **mehr Männer als Frauen** im heiratsfähigen Alter geben.

Das weibliche Geschlecht wird damit weiter den Eintrittspreis für die Ehe bestimmen. Die Texte, mit denen Tausende Eltern und Großeltern auf den Heiratswochenmärkten chinesischer Großstädte wie etwa im Zhongshan-Park in Peking, im Schanghaier Volkspark oder im Tianhe Park in Kanton die Vorzüge ihrer Söhne oder Enkelsöhne anpreisen, die sie – häufig ohne deren Wissen – an die Frau bringen wollen, sprechen eine klare Sprache.

Gefragt sind eine Wohnsitzbescheinigung (*Hukou*) der Stadt, ein eigenes Auto, eine (schuldenfreie) Wohnung, ein ordentlicher Beruf, eine gutbezahlte Stelle und ein stattliches Sparkonto sowie vor allem ein passender familiärer Hintergrund. Kann ein Mann das nicht bieten, findet er nur schwer eine Frau. »Ich weine lieber in einem BMW, als auf einem Fahrrad zu lachen«, so spitzte die Teilnehmerin einer Verkupplungsshow im chinesischen Fernsehen die weitverbreitete geschäftsmäßige Einstellung zur Ehe einmal extrem zu.

In Städten wie Peking, Schanghai oder Kanton werden viele Ehen sogar nur zum Schein und gegen stattliches Honorar geschlossen, etwa um schnell an ein begehrtes Nummernschild für den Neuwagen zu kommen. Nicht wenige Männer gehen mit einer Frau auch eine Scheinehe ein, um mit diesem Status eine Wohnung billiger erwerben zu können, die sie brauchen, um später eine echte Ehepartnerin zu finden.

Bei einer großen Umfrage der Online-Partnervermittlung Jiayun, an der sich über 150 000 Chinesen beteiligten, gaben 69 Prozent der Frauen an, es sei Sache des Mannes oder seiner Familie, vor der Heirat eine Eigentumswohnung anzuschaffen. Rund 60 Prozent der Männer hatten bereits erlebt, dass Frauen ihnen die Heirat verweigerten, weil sie keine eigene Wohnung hatten. Nur zehn Prozent der Frauen fanden es akzeptabel, nach der Hochzeit in einer Mietwohnung zu leben.

Infolge der rapiden Urbanisierung des Landes und weil Immobilien für Chinesen die beliebteste Geldanlage darstellen, sind die Wohnungspreise in teilweise schwindelerregende Höhen geklettert. Während ein amerikanischer Durchschnittshaushalt für eine normale Wohnung in New York City rund das Zwölffache seines Jahreseinkommens aufwenden muss, braucht es für eine solche Wohnung in den großen Metropolen der Ostküste Chinas das 40- bis 50-Fache. Mittlerweile müssen sich denn auch vielfach die Braut und deren Eltern am Immobilienkauf beteiligen.

Auf dem Land erwarten die Brauteltern vom Ehemann im Schnitt heute eine »Geschenk« (*Caili*) genannte Entschädigung von umgerechnet über 25 000 Dollar. Das kommt oft dessen gesamten Ersparnissen und denen seiner Familie gleich. Das Geld ist der Preis dafür, dass der Mann den Stammbaum seiner Familie fortführen kann und diese zudem eine Arbeitskraft gewinnt. Für die Eltern der Braut stellt es einen Beitrag zu ihrer Altersversorgung dar.

Immer mehr junge Chinesinnen und Chinesen schieben angesichts dieser Umstände den Bund der Ehe immer weiter auf oder leben in Großstädten unverheiratet zusammen. In den vergangenen Jahren ging die Zahl der Hochzeiten landesweit deutlich zurück. Das durchschnittliche Heiratsalter für Männer ist inzwischen auf fast 30 Jahre gestiegen. Vorher haben die meisten von ihnen trotz Unterstützung vonseiten der Eltern schlicht nicht genug Geld für eine Hochzeit zusammen. Frauen gehen den Bund der Ehe im Schnitt mit 26 Jahren ein.

Die Regierung beobachtet diese Entwicklung mit Sorge. Sie will die Geburtenzahl steigern, um die Überalterung des Landes zu bremsen. In dem großen Überschuss an Männern im heiratsfähigen Alter, darunter besonders viele Wanderarbeiter, sieht sie zudem eine »Gefahr für die soziale Stabilität«. So haben besonders in den vollen U-Bahn-Zügen der Großstädte die Fälle von sexueller Belästigung in den vergangenen Jahren deutlich zugenommen; in einer Umfrage berichteten über die Hälfte der Frauen, schon einmal davon betroffen gewesen zu sein. Kanton und Shenzhen haben deswegen sogar schon Waggons speziell für Frauen eingerichtet.

Der Staat ermuntert diese inzwischen auch systematisch dazu, früher zu heiraten. Chinesische Männer legen besonderen Wert darauf, dass ihre Frauen jünger sind als sie, weniger verdienen und generell keinen höheren gesellschaftlichen Status haben. Deswegen fallen viele Frauen über 27, die eine gute Ausbildung durchlaufen und berufliche Position erreicht haben, aus dem Heiratsmarkt heraus und verschärfen das Problem des Männerüberschusses. Sie werden auch als »Überbleibsel« (*Shengnü*) verspottet.

Die abendliche Gala am Neujahrstag im staatlichen chinesischen Fernsehen CCTV ist die meistgesehene Sendung des Landes. 2017 stand sie unter dem Motto »Enge Familienbande« und führte den Chinesen vor, was sie sich darunter vorzustellen haben: Frauen müssen heiraten und Kinder bekommen, gute Ehefrauen und Mütter sein und sich um die alten Eltern kümmern; die berufliche Karriere hat hinter all dem im Zweifel zurückzustehen.

Prominente Feministinnen im Lande sahen die Sendung als frauenfeindlich und rückschrittlich an. Für die überwältigende Mehrheit der Chinesen repräsentierte sie jedoch das nach wie vor gültige Bild der Ehe. Staats- und Parteichef Xi Jinping höchstpersönlich hat die traditionelle Familie als »spirituelle und moralische Grundlage der chinesischen Zivilisation« bezeichnet und die ideale Frau als »tugendhafte Ehegattin« und »warmherzige Mutter« beschrieben.

Die meisten Chinesen betrachten die Ehe weiter vor allem als eine verlässliche und vertrauensvolle **Partnerschaft**, um das Leben gemeinsam besser zu bewältigen. Heiraten war in China schon immer mehr eine Sache nüchterner Überlegung als gefühliger Schwärmerei.

Zig Millionen chinesischer Eheleute vom Lande führen nicht nur verschiedene Namen, sondern auch ein getrenntes Leben. Sie sehen sich über Jahrzehnte hinweg vielleicht zweimal im Jahr, weil der Mann als Wanderarbeiter in einer Großstadt weit entfernt von zu Hause den Lebensunterhalt für die Familie verdient, während die Frau die Kinder aufzieht. Soviel chinesische Eheleute voneinander trennen mag, bei der Kasse machen sie gemeinsame Sache. Meine Frau staunt bis heute darüber, dass so viele deutsche Eheleute Gütertrennung vereinbaren.

Die bei der neuen Mittelschicht des Landes immer mehr in Mode gekommenen sogenannten »romantischen« Hochzeiten mit Braut in Weiß und Bräutigam als Märchenprinz täuschen. Sie sind meist nur ein Statussymbol, das Modernität und Wohlstand demonstrieren soll. Eigentlich ist Weiß in China seit alters her die Farbe des Todes und wird bei Beerdigungen getragen. Die traditionelle Hochzeitsfarbe dagegen ist Rot – die Farbe der Fruchtbarkeit. Rot sind jedenfalls auch weiterhin stets die Umschläge, in denen die Hochzeitsgäste ihre Geldgeschenke an das Brautpaar verpacken.

Besonders im Trend liegen neuerdings Hochzeiten im Ausland, zum Beispiel in deutschen Romantik-Schlössern oder der griechischen Ägäis. Das chinesische Wort dafür, »Aiqinhai«, klingt wie »Meer der Liebe«. Damit Verwandte und Freunde zu Hause gebührend beeindruckt sind, ist das Wichtigste dabei meist der Fotograf.

Für chinesische Frauen ist ein Mann attraktiv, der erfolgreich, reich und mächtig ist, also viel »Gesicht« hat. Eine bereits bezahlte Wohnung bedeutet ihnen mehr als gutes Aussehen. Er sollte nur nicht kleiner sein als sie.

Bei chinesischen Männern gilt im Hinblick auf Frauen nach wie vor das klassische Schönheitsideal: eher zierlich von Gestalt, mit heller Haut und glattem Haar, schmalem nach unten sich verengendem Gesicht (»Sonnenblumenkern-Gesicht«), möglichst großen Augen, kleinem Mund und kleiner, aber hoher Nase – und möglichst auch kleinen Füßen.

Letzteres ist das Überbleibsel einer einzigartigen Praxis, die von der Tang-Dynastie bis zur ersten Republik, also über ein Jahrtausend lang, in China Mode war – gebundene Frauenfüße, auch »Lotusfüße« oder »Lilienfüße« genannt. Dabei wurden schon bei ganz jungen Mädchen die Füße so fest gebunden, dass das normale Wachstum der Knochen behindert und diese gekrümmt bzw. gebrochen wurden. Der äußerst schmerzhafte Prozess führte zu besonders kleinen Füßen und einem behutsamen und wiegenden Gang, der die sexuelle Phantasie und Begierde chinesischer Männer anregte und angeblich die Vaginalmuskulatur der Frauen kräftigte.

Der Qing-Kaiser Qianlong verbot die Praxis der gebundenen Füße, die ursprünglich nur bei den Han üblich war. Schon wenige Jahre später musste er sein Dekret jedoch widerrufen. Auch sein Mandschuren-Volk hatte Gefallen an Lilienfüßen gefunden.

Seit Beginn des 19. Jahrhunderts forderten immer mehr Intellektuelle, den grausamen und frauenfeindlichen Fetisch zu verbieten. Aber erst nach Ende des Kaiserreichs mit Gründung der Republik im Jahre 1911 war es so weit. Und selbst danach wurde das Verbot auf dem Land meist weiter missachtet. Noch in Mo Yans Roman »Das rote Kornfeld«, der in den 40er Jahren des vorigen Jahrhunderts spielt, heißt es: »Sogar eine pockennarbige Hexe ist sicher, einen Ehemann zu bekommen, wenn sie kleine gebundene Füße hat. Aber niemand will ein Mädchen mit großen ungebundenen Füßen, selbst wenn es das Gesicht eines Engels hat.« Endgültig Schluss mit der Praxis machte erst die Volksrepublik. Kleine Füße gelten in China aber weiter als weibliches Schönheitsmerkmal. Dafür muss sich nur niemand mehr verstümmeln lassen. Für den gewünschten Effekt, zumindest optisch, sorgen heute wie in westlichen Ländern hochhackige Schuhe.

Offen zur Schau gestellte **Sexualität** ist in China nach wie vor verpönt. In der chinesischen bildenden Kunst finden sich kaum Darstellungen von nackten Frauenkörpern. Erotische Filme oder Werbung sind im Fernsehen nicht zu sehen, Pornographie und Prostitution, Baden oben ohne oder FKK gesetzlich untersagt. Aufreizende Kleidung, die tiefe Einblicke zulässt, gilt als vulgär. »Fleisch zeigen«, sagt meine Frau dazu.

Eltern sprechen das Thema Sexualität bei ihren Kindern kaum an, Aufklärungsunterricht in den Schulen fehlt. Kommt im Alltag die Sprache auf sexuelle Themen, wird sie blumig. Der Penis etwa heißt »Schildkröte«, Erektionsstörungen werden mit »halb sieben« umschrieben.

Sich vor anderen zu küssen oder eng umschlungen zu zeigen, ist mit Ausnahme ganz junger Leute unüblich. Selbst Ehepaare halten in der Öffentlichkeit körperlich Abstand zueinander. Chinesen gelten im Westen denn auch oft als verklemmt und prüde. Aber der äußere Eindruck täuscht auch hier. Die Fleischeslust ist in China genauso ausgeprägt wie überall auf der Welt. Erotische

Klassiker wie »Geheimnisse des einfachen Mädchens« oder »Der goldene Lotus« legen beredtes Zeugnis davon ab.

Schon Konfuzius musste bekennen: »Ich habe nie jemanden gesehen, der die Tugend so liebte wie die weibliche Schönheit.« Lin Yutang nannte Sex die »Waffe des (weiblichen) Geschlechts« und »eine Garantie der Natur für die Gleichberechtigung der Geschlechter«.

Viele Chinesen sehen in der Sexualität sogar geradezu ein Lebenselixier. Sie berufen sich dabei auf Mythen wie den vom sogenannten Gelben Kaiser, der um 2700 vor Christus gelebt haben und mit mehr als 1000 Frauen geschlafen haben soll. So sei er zum Urvater aller Chinesen und unsterblich geworden.

Wie Mao Zedongs Leibarzt Li Zhisui in seinen Memoiren berichtete, suchte auch der »große Steuermann« in der Hoffnung, so sein Leben zu verlängern, Sex mit möglichst vielen jungen Gespielinnen. Nach den taoistischen Lehren der Sexualpraxis sollen die Vaginalsekrete der Frau (*Yinshui*) das Yang, also die Kraft und Energie des Mannes, stärken – vorausgesetzt, der Samenerguss wird vermieden. Bis heute glauben viele Chinesen daran.

Wie ihr Verhältnis zur Ehe, so nüchtern ist auch das Verhältnis der Chinesen zu Sex. Er ist für sie schlicht ein physisches Grundbedürfnis – vergleichbar der Nahrungsaufnahme. Zwar ist im allgemeinen Bewusstsein der Chinesen die ideale Braut auch heute noch Jungfrau. Inzwischen haben jedoch etwa ein Drittel der Chinesen Sex vor der Ehe – mehr als doppelt so viel wie 1980. In der Anonymität der Megastädte des Landes reichen die Zahlen teilweise schon an die im Westen heran. Laut einer Erhebung der Chinesischen Akademie für Sozialwissenschaften sind es etwa in Peking über 80 Prozent.

Uneheliche Kinder allerdings gelten in China nicht nur als Schande, nach wie vor bekommen sie weder Geburtsurkunde noch die wichtige »Hukou«-Bescheinigung ausgestellt, die einen als Bürger der angestammten örtlichen Gemeinde ausweist und bevorzugten Zugang zu Kindergarten, Schule, Krankenhaus oder Wohnungen gewährt. Alleinerziehende Mütter sind daher selten.

Gleichgeschlechtliche Liebe verstößt in China seit 1997 nicht mehr gegen das Gesetz, wurde aber noch bis 2001 offiziell als psychische Störung klassifiziert und gilt weiter als »anormal«. Im Fernsehen darf sie ebenso wenig gezeigt werden wie außereheliche Affären oder Prostitution. Als im Mai 2017 ein Dutzend chinesische Eltern im Schanghaier Volkspark offen Partner für ihre homosexuellen Kinder suchen wollten, erteilte die herbeigerufene Polizei ihnen einen Platzverweis, und ihr Verhalten wurde als unchinesisch beschimpft.

Allerdings hat auch Homosexualität in China eine lange Tradition. Schon von einem Kaiser der Han-Dynastie heißt es, er habe einen Ärmel seines Gewandes abgeschnitten, um seinen schlafenden Bettgenossen nicht zu stören, als er selbst aufstehen und den Amtsgeschäften nachgehen musste. Während der Song-Dynastie war gleichgeschlechtliche Liebe zeitweise sogar regelrecht schick. In der Ming-Zeit ließen viele Dichter und Gelehrte ihre Bücher von hübschen Knaben hüten. Der Mandschuren-Kaiser Qianlong machte seinen Gespielen He Shen zum Regierungschef.

Dennoch zeigen die geschätzt rund 70 Millionen Schwulen, Lesben, Bi- und Transsexuellen in der heutigen Volksrepublik ihre sexuelle Orientierung nicht so offen, wie dies in westlichen Ländern der Fall ist. Viele Homosexuelle sind verheiratet und führen ein Doppelleben. Die Weltgesundheitsorganisation WHO schätzt die Zahl der bekennenden Homosexuellen im »Reich der Mitte« nur auf etwa eine halbe Million.

Und die prominente Sexualforscherin Li Yinhe von der Chinesischen Akademie für Sozialwissenschaften hält gleichgeschlechtliche Liebe auch für durchaus vereinbar mit der konfuzianischen Tradition des Landes. Als Beleg dafür nimmt sie unter anderem die Freigabe der Ehe für alle durch den Obersten

Gerichtshof von Taiwan. Li glaubt, dass die Homo-Ehe »innerhalb der nächsten zehn Jahre auch auf dem Festland legalisiert« wird.

Die Chinesen gehen mit dem Thema jedenfalls zunehmend unverkrampft um, wie schon der Spitzname »Genosse« (*Tongzhi*) für Schwule erkennen lässt. Die allermeisten betroffenen Eltern arrangieren sich am Ende mit Kindern, die sich als homosexuell outen. »Aus meinem Sohn sind jetzt zwei geworden«, so etwa eine betroffene chinesische Mutter aus der Volksrepublik zu einem Reporter der in Hongkong erscheinenden »South China Morning Post«, das sei »noch besser als einer«.

Am Ende behalten in China fast immer Familiensinn und Pragmatismus die Oberhand. Chinesen leben nach der Devise: Leben und leben lassen.

Lebenseinstellung und Temperament
Vital, gewieft, gleichmütig

»Wenn man das Schwergewicht des Lebens nicht ins Leben, sondern ins ›Jenseits‹ verlegt – ins Nichts«, so Friedrich Nietzsche im »Anti-Christ«, »hat man dem Leben überhaupt das Schwergewicht genommen.« Die Chinesen sehen den Sinn des Lebens ganz und gar in diesem selbst. Es ist für sie daher auch besonders kostbar.

Während die meisten Völker die Spannung zwischen Gut und Böse, Leben und Tod aufzulösen versuchen, indem sie Zuflucht zu Gott und zum Jenseits, zu dem nehmen, was wir Religion nennen, glauben die Chinesen in ihrer großen Mehrheit nicht an Gott, ein ewiges Leben im Himmelreich oder eine Wiederkehr in anderer Gestalt nach dem Tod. Auf die Frage, ob es ein Leben nach dem Tode gebe, antwortete Konfuzius, wörtlich übersetzt: »Nicht kennen Leben. Wie kennen Tod?«

Der Himmel stellt für Chinesen nicht das »Reich Gottes« dar, sondern ist nur eine Chiffre für die höhere Ordnung des gesamten Kosmos. Statt göttliche Gebote zu befolgen, siedelt ihr Humanismus ganz im Diesseits und besteht im Vollzug selbstauferlegter Pflichten. Der Soziologe Yang Qingkun nannte ihn daher eine »**Alltagsreligion**«, eine »diffundierte« anstelle einer »institutionellen« Religion.

Religionen in unserem Sinn haben es in China bis heute nicht weit gebracht. Dies gilt gerade auch für das Christentum. Von den fast 1,4 Milliarden Einwohnern der Volksrepublik bezeichnen sich heute gerade einmal etwa 80 Millionen als Christen. Zwar kamen bereits Mitte des 7. Jahrhunderts christliche Nestorianer über die Seidenstraße ins Land, sie gewannen jedoch kaum an Einfluss.

Die nächste Berührung des Christentums mit China erfolgte erst wieder durch die jesuitischen Missionare in der zweiten Hälfte des 16. Jahrhunderts. Wie einst die Römer über Kaiser Konstantin, so sollten auch die Chinesen von der Spitze her zum christlichen Glauben bekehrt werden. Doch der Versuch scheiterte.

Dabei hatten sich die Jesuiten extrem flexibel und kompromissbereit gezeigt: Ihre führenden Vertreter vor Ort, der Italiener Matteo Ricci und später Adam Schall von Bell aus Köln, versuchten gar nicht erst, Konfuzianismus und Ahnenkult durch das Christentum zu ersetzen, sondern verkauften dieses den Chinesen als eine Art metaphysische Ergänzung und Vervollkommnung derselben. Für Dominikaner und Franziskaner, die mit der Societas Jesu damals um Einfluss im Vatikan wetteiferten, war dies pure Häresie. In dem Streit, der als Ritenstreit bekannt wurde, behielten sie am Ende die Oberhand.

1704 drohte Papst Clemens XI. allen chinesischen Katholiken mit der Exkommunikation, wenn sie den »Zeremonien der Heiden«, sprich: dem Ahnenkult und der Verehrung von Konfuzius, nicht entsagen. Damit zerstörte er jede Hoffnung auf eine Christianisierung Chinas. 1717 zog Kaiser Kangxi das Edikt zurück, mit dem er zweieinhalb Jahrzehnte zuvor erlaubt hatte, die christliche Religion im Lande zu praktizieren. 1724 verwies er schließlich alle Missionare des Landes, die nicht ihm statt dem Papst die Treue schworen.

Beim nächsten christlichen Bekehrungsversuch im 19. Jahrhundert waren schon die äußeren Umstände denkbar ungünstig. Die neuen Missionare, diesmal vor allem Protestanten, kamen im Schlepptau von Kanonenbooten nach China. Um die christlichen Kirchen im Lande zu schützen, lieferten die westlichen Besatzer nach 1850 der im Volk bereits weithin verhassten Qing-Dynastie auch noch moderne Zündnadelgewehre und halfen ihr, die Taiping-Rebellen zu vernichten. Später schlugen sie gewaltsam den Boxeraufstand nieder, der nicht zuletzt gegen die ausländischen Missionare und die wachsende Zahl sogenannter »Reischristen« im Lande gerichtet war. So verspotteten die Chinesen Landsleute, die sich durch ihr Bekenntnis zum Christentum materielle Vorteile sichern wollten.

Einem breiten Durchbruch von Religionen im westlichen Verständnis standen in China zum einen die Furcht der konfuzianischen Führungsschicht vor ausländischer Infiltration und Machtverlust, zum anderen grundlegend andere geistige Traditionen im Wege: die fundamentale Orientierung am irdischen Glück und das ganzheitliche Denken. Ein monotheistischer Glaube und eine scharfe Abgrenzung von Religionen in einzelne Kirchen sind diesen Traditionen fremd; Chinesen können genauso in einer katholischen Kirche eine Kerze anzünden wie Räucherstäbchen in einem buddhistischen oder taoistischen Tempel.

Das geistige und spirituelle Vakuum infolge der Verwüstungen der Mao-Ära sowie die anschließende Flucht in den puren Materialismus haben Religionen in China zuletzt zwar neuen Zulauf beschert. Viele in der Kulturrevolution zerstörte buddhistische Tempel wurden neu aufgebaut. Doch sind die meisten weniger spirituelle Versammlungsorte für Gläubige als Touristenattraktion und Geldeinnahmequelle. Ein im echten Sinne religiöses China ist mit der diesseitigen Kultur des Landes letztlich unvereinbar.

Schon die christlichen Missionare aus dem Westen haben immer wieder die irdische »Genusssucht« der Chinesen gegeißelt. Der Schriftsteller Lu Xun schalt seine Landsleute wegen ihres geringen Interesses an höheren Werten. Sie hätten nichts anderes im Sinn, so Lu, als die »Befriedigung der niedrigsten Lüste nach Macht, Nachkommen und Wohlstand«.

In derselben Tradition beklagt heute Liao Yiwu, im deutschen Exil lebender Kritiker des chinesischen Systems und Träger des

Friedenspreises des deutschen Buchhandels, dass der »schnöde Mammon« zur »neuen Religion des chinesischen Volkes« geworden sei. Doch neu ist daran wenig. Schon Konfuzius konstatierte: »Nach Reichtum trachtet jeder.« Und Deng Xiaoping befand: »Reich werden ist glorreich.«

Weder Konfuzianismus noch Taoismus, die beiden dominierenden Philosophien Chinas, suchen das **Lebensglück** in Reichtum oder Lustbefriedigung. Taoisten verstehen darunter im Gegenteil die Transzendenz des eigenen Ich durch die Befreiung von allen Begierden und ein naturgemäßes Leben. Laut taoistischer und buddhistischer Lehre ist das Ausleben von Begierden der Urgrund allen Unglücks. Für Konfuzianer bedeutet ein glückliches Leben, in Harmonie mit den Mitmenschen und der kosmischen Ordnung zu leben.

Chinesen mögen sich zu Neujahr gegenseitig »Reichtum« wünschen und vielfach eifrig an der Börse und im Spielkasino zocken. Empirische Untersuchungen bestätigen jedoch, dass sie entgegen ihrem Ruf ihr Glück weniger als die Menschen im Westen in materieller Befriedigung suchen.

Den Wert des Geldes, dessen »schönster Nutzen« nach dem Soziologen Georg Simmel darin bestehe, »der eigenen Natur gemäß« leben zu können, mit anderen Worten: in einem Zuwachs an Freiheit und Sicherheit, mussten die Chinesen seit jeher besonders gut einzuschätzen. »Geld deckt tausend Schwächen zu«, so ein chinesisches Sprichwort. Es gibt »Gesicht«, mit ihm lassen sich »Guanxi« erwerben, und es schützt gegen die Wechselfälle des Lebens. In einem Land, das Sicherheit oder demokratische Freiheiten nie gekannt hat, ist Geld daher besonders viel wert.

Chinesen haushalten **sparsam** und vermeiden möglichst Schulden. Sie feilschen gerne um den Preis, suchen nach Sonderangeboten und Schnäppchen – ob sie es finanziell nötig haben oder nicht.

2014 ersteigerte der chinesische Milliardär Liu Yiqian bei Sotheby's für über 36 Millionen US-Dollar eine über 500 Jahre alte Teetasse aus der Zeit der Ming-Dynastie und ein Jahr später bei Christie's für über 170 Millionen US-Dollar ein Gemälde von Amadeo Modigliani. Beides bezahlte er mit der schwarzen Kreditkarte von American Express – um Bonusmeilen zu sammeln.

China hat eine der höchsten Sparquoten der Welt. Die privaten Einlagen bei Banken belaufen sich auf umgerechnet rund 30 Billionen US-Dollar. Fleißiges Sparen ist für die meisten Chinesen allerdings auch zwingend notwendig: Sie müssen sowohl privat die Bildung und Ausbildung ihrer Kinder bezahlen als auch für Krankheit und Alter vorsorgen.

Ihr Geld legen Chinesen eher konservativ an, vorzugsweise in Sachwerten wie Häusern und Wohnungen. 70 Prozent von ihnen gehören ihren Bewohnern. Vollvergitterte Türen und Fenster selbst in den obersten Stockwerken von Hochhäusern, hohe Mauern, Schranken und Wachmänner zeigen, wie groß die Angst vor Besitzverlust ist.

Chinesen sehen das Leben in den Kategorien von Yin und Yang. Glück und Unglück sind ineinander enthalten und wechseln sich miteinander ab, sind gewissermaßen zwei Seiten einer Medaille. »Alles im Universum«, so Konfuzius, »folgt stets dem Gesetz des Wandels.«

Die bei uns geläufige Frage: »Bist du glücklich?« ist in China denn auch kaum zu hören. Denn sie ergibt für seine Bewohner wenig Sinn. In die Glücksgefühle, die Wang Lung, Hauptfigur in Pearl S. Bucks Roman »The Good Earth« nach der Geburt seines ersten Sohnes empfindet, mischt sich schnell Furcht: »Es ist nicht gut, in diesem Leben zu viel Glück zu haben«. Er weiß, dass der unvermeidliche Wechsel des Schicksals dann nur umso schmerzlicher wird. »Wenn Vorteil kommt, nimm ihn nicht ganz«, sagt deshalb auch ein altes Sprichwort.

Ein zentrales konfuzianisches Gebot ist das Gebot, den Mittelweg zu gehen, Maß zu halten und **Genügsamkeit** zu zeigen. »Reich der Mitte«, wie China sich selbst nennt, ist nicht nur zivilisatorisch gemeint, als Vorstellung vom Mittelpunkt der Welt. Es ist zugleich Ausdruck einer Lebenseinstellung. Lin Yutang bezeichnete sie als Chinas »geniale Anlage« zur **Zufriedenheit**.

Die chinesische Philosophie, so Pearl S. Buck, habe »den Menschen beigebracht, wie man zufrieden lebt und sich der kleinen Dinge freut, wenn einem die großen nicht beschieden sind«. Schon Matteo Ricci hatte festgestellt: Chinesen seien »ziemlich zufrieden mit dem, was sie haben«. Tatsächlich sprühen oft selbst arme Leute, die vor allem auf dem Land noch häufig anzutreffen sind, vor Lebensfreude.

Bei der jungen, gutausgebildeten, urbanen Bevölkerung lässt sich seit einiger Zeit zwar eine Veränderung der Glücksvorstellung in Richtung des westlichen Individualismus und Hedonismus feststellen. Zugleich wächst aber auch die Zahl derer, die keinen Sinn darin erkennen können, monetär zu messendem Erfolg hinterherzujagen. Die große Mehrheit der Chinesen kommt jedenfalls, wenn es sein muss, immer noch mit wenig aus, genießt die kleinen Freuden des Lebens (*Xiaoquexing*), grämt sich nicht lange über Unglück oder Missgeschick, sondern nimmt es mit **Humor**.

Humor, so Pearl S. Buck, »ist ein entscheidender Zug der chinesischen Natur«. Wegen ihrer Reserviertheit gegenüber Fremden halten die meisten Menschen im Westen Chinesen zwar für humorlos. Der Irrtum könnte jedoch kaum größer sein. Schon Laotse ließe sich gut und gerne auch als Humorist bezeichnen und sein Schüler Zhuangzi noch mehr.

Der Humor der Chinesen ist burlesk und subtil zugleich. Chinesische Witze verbinden eine oft derbe Wortwahl mit einer tiefen, subversiven Bedeutung. Viele Witze bestehen aus Wortspielen, Analogien und Andeutungen, für die sich die chinesische Sprache besonders eignet. Dadurch erschließt sich der chinesische Humor Fremden nur schwer, ermöglicht aber auch Sozial- und Regimekritik, gegen die Zensur machtlos ist.

Ähnlich wie im jüdischen vereinigen sich auch im chinesischen Humor Komödie und Tragödie. Auf humorvolle Weise entlasten sich die Chinesen von allem, was sie nicht ändern können. Der chinesische Humor, so Pearl S. Buck, gründe sich auf einem »tragischen Erkennen und Hinnehmen des Lebens«.

Die Lebensbedingungen sind für Chinesen schon immer schwierig gewesen. Sie bevorzugen daher das Lustige und Unterhaltsame gegenüber dem Ernsten und Nachdenklichen: in der Musik, in Theaterstücken, Filmen, Büchern – und im Umgang mit Freunden.

Und so **feiern** sie auch die Feste, wie sie fallen – und das gleich nach zwei Kalendern. Neben dem westlichen, gregorianischen gilt in China nach wie vor auch der einheimische Mondkalender, mit fast 5000 Jahren der älteste der Welt. Bei ihm ist die Zahl der Erdumkreisungen des Mondes, nicht der Umlauf der Erde um die Sonne maßgeblich.

Chinesische Kalenderjahre haben deswegen nur 354 statt 365 Tage. Sie werden in Zyklen von 60 Jahren zusammengefasst und diese wiederum in Zwölf-Jahres-Abschnitte mit zwölf Tierkreiszeichen aufgeteilt.

Jedes Jahr Anfang Dezember veröffentlicht die Regierung einen komplizierten Kalender, der die Arbeitstage und arbeitsfreien Tage für das folgende Jahr ausweist. Normalerweise sind die Wochenenden frei – es sei denn, mehrere arbeitfreie Tage um einen Feiertag in der Woche herum müssen nachgeholt werden.

Das höchste Fest des traditionellen Mondkalenders ist das sogenannte Frühlingsfest (*Chunjie*) am ersten Tag des ersten Mondkalendermonats, meist im Februar. Es entspricht dem westlichen Neujahrsfest, dauert vom Neumond bis zum darauffolgenden Vollmond und endet mit dem sogenannten Laternenfest.

Überall im Lande bringen die Menschen an Haus- und Wohnungstüren rote Papierstreifen mit Glückwünschen für das neue Jahr an: Gesundheit, langes Leben, Glück und Reichtum. Die ganze Familie versammelt sich, auch wenn ihre Mitglieder dafür Tausende Kilometer anreisen müssen. Am Vorabend essen alle Teigtaschen (*Jiaozi*). Die bösen Geister werden mit einem Feuerwerk vertrieben.

Weil Leuchtraketen die ohnehin meist schon arg verschmutzte Luft zusätzlich belasten, wurde der alte Brauch in vielen Städten des Landes allerdings schon vor Jahren verboten. 2017 ließ der einheimische Drohnenhersteller Ehang ihn zur Freude der Chinesen in einer modernen Variante wieder neu aufleben: In Kanton schickte das Unternehmen 1000 mit bunten Lampen bestückte Drohnen an den Nachthimmel, die dort ein echtes Feuerwerk simulierten.

Weitere große Festtage des chinesischen Kalenders sind der Totengedenktag, das Drachenbootfest am fünften Tag des fünften Mondmonats und schließlich das Mond-Fest im Herbst.

Am Totengedenktag (*Qingming*) besuchen die Familien die Gräber ihrer Ahnen, stellen ihnen Gaben hin und verbrennen spezielles Papiergeld, damit ihre Seelen gut versorgt sind, nicht ruhelos umherirren und Leid und Unglück über die Familie bringen. Es ist das konfuzianischste aller Feste.

Das Mond-Fest ist eine Art Erntedankfest. Überall werden rote Laternen aufgehängt. Die Menschen schenken sich gegenseitig die traditionellen Mondkuchen (*Yuebing*). Wie beim Frühlingsfest kommt dazu erneut die ganze Familie zusammen und alle Beschäftigten haben eine Woche frei. Hunderte Millionen Chinesen besuchen in der zweiten Völkerwanderung des Jahres ihre Heimat.

Zu den Feiertagen des Mondkalenders kommen noch das westliche Neujahrsfest, der Tag der Arbeit (1. Mai) sowie eine arbeitsfreie Woche, die »Goldene Woche«, zum 1. Oktober, dem Tag der Gründung der Volksrepublik und zugleich Nationalfeiertag.

Um in Feierlaune zu kommen, brauchen Chinesen allerdings

keine Feiertage. Abend für Abend füllen sich zur Essenszeit die Restaurants und danach die Karaoke-Bars im Lande, versammeln sich vor allem alte Menschen auf Plätzen und in Parks, um zu Musik aus Lautsprechern miteinander zu singen und zu tanzen.

Die Chinesen sind ein **lautes Volk**. Schon ihre tonale Sprache zwingt sie zu einer gewissen Lautstärke, da sie sonst schlecht zu verstehen sind, besonders, wenn sie schnell sprechen. In den Restaurants herrscht meist ein Geräuschpegel, wie wir ihn hierzulande aus Bierkneipen kennen. Selbst in den Fußmassage-Salons, die Chinesen neben Karaoke-Bars nach dem Abendessen gerne aufsuchen, plärren Fernsehapparate vor sich hin. Dennoch können die Kunden meist binnen weniger Minuten einschlafen.

Peking- und Kanton-Oper oder sonstige Arten des chinesischen Musiktheaters sind für westliche Augen und Ohren ein Tort; nicht nur wegen ihrer bunten Ästhetik, schwer verständlichen Inhalte und fremdartigen Musik, die nur fünf Töne statt einer Oktave kennt, auch die Lautstärke ist kaum erträglich.

Lärm bedeutet für Chinesen Leben, die Gesellschaft anderer. Und die brauchen sie wie die Luft zum Atmen. Sie haben immer auf engem Raum zusammengelebt. Selbst Urlaub machen sie kaum allein oder zu zweit, sondern fast immer in der **Gruppe**. Und schicken allen zu Hause ständig Fotos, die nicht nur jede Station der Reise, sondern fast jeden Schritt dokumentieren – vor allem, was es jeweils zu essen gab.

Chinesen fahren in Busladungen ans Meer, krempeln die Hose hoch, waten ein Stück weit ins Wasser, lassen sich fotografieren, und dann geht es flugs weiter zum nächsten Reiseziel. Bekannte Naturwunder lassen sich in China so meist nur in Divisionsstärke besichtigen. Allgemeines hautnahes Gedränge macht Chinesen – im Unterschied zu gezieltem individuellen Körperkontakt in der Öffentlichkeit – nichts aus.

Allein oder zu zweit in Ruhe eine Landschaft in sich aufnehmen? Sich mal eine Stunde auf eine Wiese zu legen und einfach nur den Wolken nachzuschauen? Ein Dinner mit der/dem Liebsten bei Kerzenlicht? Daran finden nur wenige Gefallen. Erst in letzter Zeit stoßen auch Individualreisen auf wachsendes Interesse – vor allem bei jungen Leuten.

Zum **Essen**, ihrer mit Abstand wichtigsten und liebsten Beschäftigung, verabreden sich Chinesen bevorzugt in der Gruppe, zu sechst oder acht. Da die allermeisten Wohnungen dafür zu klein sind, aber auch weil chinesische Gerichte vorzubereiten sehr zeitaufwendig ist, trifft man sich fast immer im Restaurant. Diese haben meist zahlreiche Nebenzimmer, in denen man in Gesellschaft sein und zugleich unter sich bleiben kann.

Die Essenskultur ist ein Kernelement jeder Kultur. Nirgendwo gilt dies mehr als in China. »Essen ist der Gott des Volkes«, so ein altes Sprichwort. Kein Gesprächsthema nimmt mehr Raum ein. Als Staats- und Parteichef Xi Jinping im Verlaufe des 19. Parteitags im Oktober 2017 in Peking mit den Delegierten aus der Provinz Guizhou zusammentraf, unterhielt er sich mit ihnen auch darüber, wie sich mit dem Verkauf von Schinken und Schnaps aus der armen Region deren Wohlstand steigern lasse.

Nirgendwo sind Chinesen kreativer als in der Küche. Diese zeichnet sich durch eine einzigartige Vielfalt aus. Es gibt allein acht große Regionalküchen und davon wiederum eine schier endlose Zahl an Varianten. Auch deshalb gehen die Chinesen fast nur in der Gruppe essen. Denn nur so lassen sich die Vorzüge ihrer reichen Küche richtig genießen.

Aus demselben Grund wählt nicht jeder für sich ein Tellergericht oder eine Vorspeise, einen Hauptgang und ein Dessert aus. Vielmehr bestellen alle zusammen eine Reihe verschiedener Gerichte, die auf einem drehbaren Teil in der Mitte des (runden) Tisches platziert werden und von denen sich jeder bedienen kann.

Ohne drei warme Mahlzeiten am Tag geht es für Chinesen

nicht. Bis in die tiefe Nacht hinein bieten fahrende Händler darüber hinaus überall vielfältige Kleinigkeiten wie zuckerglasierte Kirschapfelspießchen, heiße Maronen oder Nüsse aller Art an. Zahlreiche Restaurants haben rund um die Uhr geöffnet.

Die Vorstellung, morgens oder abends nur kalte Speisen zu sich zu nehmen wie im Westen vielfach üblich, ist für Chinesen ein Unding. Schon zum Frühstück gibt es warmen Brei oder eine Nudelsuppe und warme Brotstangen. Milchspeisen sind dagegen eher unüblich, wenngleich immer mehr im Kommen. China hatte für Viehzucht immer nur wenig Platz, so blieben Milchprodukte in dem Land lange weithin unbekannt, und über die Jahrtausende entwickelten viele seiner Bewohner eine Laktose-Unverträglichkeit.

Beim Essen sind die Chinesen, denen ansonsten »ungefähr« reicht, pünktlich wie deutsche Maurer. Die Essenszeiten, mittags 11 Uhr 30 und abends um 17 Uhr 30, sind ihnen heilig. Züge, Aufzüge und Rolltreppen können für sie gar nicht schnell genug fahren. Aber beim Essen lassen sich die Chinesen Zeit.

Speisen und Getränke, vorzugsweise unfermentierter grüner Tee im Sommer, halb-fermentierter »Oolong« oder fermentierter schwarzer, chinesisch: roter Tee (*Hongcha*) im Winter, müssen nach der Bestellung allerdings schnell auf den Tisch kommen. Länger als fünf bis höchstens zehn Minuten darauf zu warten ist inakzeptabel – trotz meist randvoller Lokale.

In den meisten der zahllosen Gaststätten des Landes herrscht das ganze Jahr über ein Trubel wie auf dem Jahrmarkt. Nirgendwo erleben sich Chinesen mehr als Teil einer Gemeinschaft als beim Tafeln. Und nirgendwo sind sie fröhlicher und ausgelassener. Dabei tun sie sich keinen Zwang an, schon gar nicht für Ausländer, die mit manchen ihrer Ess- und Tischgewohnheiten Schwierigkeiten haben.

So schaudert es viele Menschen in Europa und Amerika, dass Chinesen Hühnerfüße, Seegurken oder Hundefleisch verspeisen. Aber diesen erscheint es meist auch als unappetitlich,

Tartar oder Schimmelkäse zu verzehren. Geschmäcker sind nun mal verschieden.

Fremde Speisen abzulehnen oder sich gar vor ihnen zu ekeln ist kulturbedingt. »Wie schlimm muss es für dich gewesen sein, nichts zu essen zu haben«, so die Mutter zu dem gerade vom Studium in Europa nach Hause zurückgekehrten Fang Hungchien in Qian Zhongshus Roman »Belagerte Festung«. »Dieses viele Brot und die Milch. Ich könnte sie nicht einmal runterkriegen, wenn sie kostenlos wären.«

Im Übrigen isst nur eine kleine Minderheit in China Hundefleisch. Die vielen herausgeputzten Vierbeiner in den Großstädten des Landes zeigen, dass besonders die neue Mittelschicht des Landes Hunde zunehmend genauso als Familienmitglieder betrachtet und entsprechend behandelt wie die Menschen im Westen. Allein Peking zählt inzwischen rund eine Million Vierbeiner. Die Verwaltung der Hauptstadt sah sich schon vor Jahren veranlasst, deren Zahl auf einen pro Haushalt zu begrenzen. Binnen weniger Jahre ist Chinas Markt für Haustierprodukte und -dienstleistungen auf 2,3 Milliarden Dollar angewachsen – nach den USA der zweitgrößte der Welt. In Peking, Schanghai oder Kanton gibt es Hunderte von Tierkliniken, Hundehotels und Concierge-Diensten.

Das Hundedrama »Bailey« aus Hollywood spielte in der Volksrepublik mehr ein als in den USA. Tierschutz erfährt in China wachsende Wertschätzung. In einem besonders spektakulären Fall verfolgten Tierschützer im August 2017 einen mit 260 Hunden vollgepackten LKW auf dem Weg zum Schlachthof, stoppten ihn und kauften die Tiere für umgerechnet etwa 3000 Dollar frei.

Viele Menschen im Westen stören sich daran, dass Chinesen beim Essen vielfach schmatzen und schlürfen. Abgesehen davon, dass dies keineswegs für alle gilt, kann es einen nachvollziehbaren Grund haben. Tee trinken und Suppe essen Chinesen gerne richtig heiß. Und das geht nur mit Schlürfen.

Die Nahrungsaufnahme mit Stäbchen erfolgt zudem mehr als die mit der Gabel über die Lippen und verführt leicht zum Schmatzen.

Dass Menschen im Westen Letzteres meist unschicklich finden, ist zudem selbst kulturbedingt. Die Tischsitten, auf die wir uns heute so viel zugutehalten, gehen auf den Wunsch der besseren Stände im Europa des 17. und 18. Jahrhunderts zurück, sich von der Masse abzuheben.

Obwohl etwa der Hälfte der Chinesen ein Enzym zum Abbau von Alkohol fehlt, entartet vor allem auf dem Land so manches Abendessen zu einem Kampftrinken mit hochprozentigem (Hirse-)Schnaps wie etwa »Moutai« aus der Provinz Guizhou oder »Wuliangye« aus Sichuan. Der Schlachtruf »Ganbei« bedeutet dabei »trockenes Glas«, also nicht einfach nur »Prost«, sondern »Ex«. Wer nicht kräftig mitbechert, gilt in Henan als Kulturbanause; in der Mandschurei nicht als »Bruder« oder »Schwester«, wie sich Bekannte in China gewöhnlich gegenseitig ansprechen.

Mich erinnern solche Trinkgelage immer an den Wunsch des berühmten Dichters Li Bai: »Ich möchte nur trinken und nie mehr aufwachen.« Li ertrank, als er im trunkenen Zwiegespräch mit der Reflexion des Mondes auf der Wasseroberfläche eines Teiches in denselben stürzte.

Erstaunlicherweise sind in China gleichwohl nur wenige Betrunkene zu sehen. Das liegt nicht zuletzt daran, dass Chinesen dem Alkohol nur selten in Bars, sondern meist beim Essen in Séparées von Speiselokalen zusprechen und anschließend schnell von der Bildfläche verschwinden. So ausgiebig das Essen genossen wird – danach ist es wie nach dem Gottesdienst: Niemand bleibt sitzen, sondern bricht rasch auf, um sich anderen Dingen zuzuwenden.

Auffallend sind dagegen die vielen Raucher. An die 400 Millionen Chinesen, mehr als die Hälfte der männlichen Bevölkerung, greifen regelmäßig zu Zigaretten. Sie stellen damit ein Drittel aller Raucher der Welt. Jedes Jahr sterben über 1,3 Millionen von ihnen an den Folgen von Tabakkonsum.

Zwar haben viele Städte bereits vor Jahren das Rauchen in der Öffentlichkeit untersagt. Das Verbot wurde jedoch weitgehend missachtet. Inzwischen hat die Zentralregierung in Peking ein landesweites Verbot verhängt und will dieses strikt durchsetzen. 2016 untersagte die Zensurbehörde auch, im Fernsehen rauchende und trinkende Menschen zu zeigen.

Alkohol und Zigaretten dienen vielen Chinesen offenkundig dazu, den Druck zu lindern, den der harte Alltag für sie mit sich bringt. Darüber verdrängen sie sogar ihre gesundheitsschädliche Wirkung. Und das, obwohl sich kaum jemand gegenseitig so oft »ein langes Leben« wünscht wie Chinesen. Da sie kein »ewiges Leben« im Jenseits kennen und keine Aussicht auf Aufnahme in ein Paradies haben, sind sie auf Gesundheit und ein langes Leben besonders bedacht.

In internationalen Vergleichsstudien zur **Risikobereitschaft** erweisen sich Europäer und Amerikaner in der Regel als deutlich risikofreudiger. Bei einer Umfrage aus dem Jahr 2016 nannten chinesische Auslandstouristen »Sicherheit« als das mit Abstand wichtigste Kriterium für die Auswahl ihres Urlaubsziels. Selbst günstige Shopping-Möglichkeiten, wofür sie gewöhnlich zwei Drittel des Reisebudgets reservieren, können da nicht mithalten.

Heldenmut ist Chinesen fremd. Sie bestaunen ihn bei anderen, ziehen selbst aber Sicherheit vor. In dieser Beziehung halten sie es mit dem deutschen Philosophen Arthur Schopenhauer, der Mut als »Unteroffizierstugend« verspottete.

Chinesen sind daher auch von Natur und Temperament her keine guten Soldaten. Lin Yutang meinte sogar, sie seien »die schlechtesten Soldaten auf der Welt«, und nannte auch gleich den Grund dafür: »Denn sie sind ein kluges Volk.«

Vor allem ein gebranntes. Während ihrer gesamten Geschichte haben sie nahezu permanent in einer Welt von Unsicherheit und Instabilität, Chaos und Katastrophen gelebt. Mit wenigen Ausnahmen war Krieg über Jahrtausende ein fester Bestandteil ihres Lebens. Wang Lung, Hauptfigur in Pearl S. Bucks »The Good Earth«, beschreibt ihn »als ein Ding wie Erde, Himmel und Wasser«.

Chinesen wissen den Wert von Frieden daher besonders zu schätzen. »Besser ein Hund in Friedenszeiten als ein Mensch in Kriegszeiten«, so ein Sprichwort.

Traditionell war denn auch das Militär in China nie geschätzt. Als Wang Lungs jüngster Sohn seinem Vater eröffnet, er wolle Soldat werden, ist dies für den Großbauern »das Schlimmste, was ihm passieren konnte«. Er betrachtet es als »Schande, einen Sohn zu haben, der Soldat ist«.

Im Verein mit mangelndem Gemeinsinn führte die Abneigung gegen alles Militärische dazu, dass China in seiner Geschichte immer wieder von fremden Völkern erobert wurde, die viel kleiner und kulturell wesentlich weniger entwickelt waren, aber einen größeren gesellschaftlichen Zusammenhalt und Kampfeswillen an den Tag legten.

Weil sie so ganz und gar diesseitig orientiert sind und daher sehr am Leben hängen, hat die **Gesundheit** für Chinesen einen besonders großen Stellenwert. Ihre allgemeine Lebenserwartung beträgt heute durchschnittlich 76,3 Jahre, also deutlich mehr als der globale Durchschnitt von 71,4 Jahren.

Schon der fast zweieinhalbtausend Jahre alte taoistische Klassiker »Shuanzi« versteht »Tao«, den rechten Lebensweg, als Aufforderung, den Zustand seines Körpers »in Ordnung« zu bringen bzw. zu halten. »Ich prüfe meinen Leib dreimal am Tag«, sagte auch Konfuzius.

Chinesen scheuen jede Berührung mit dem Thema Alter, Krankheit und Tod. Um jünger und vitaler zu erscheinen, färben sich die meisten Männer die Haare schwarz. Ich erinnere mich gut, wie kleine Jungs mich wegen meiner grauen Haare »Opa« (*Yeye*) nannten, obwohl ich damals erst 50 Jahre alt war.

Inzwischen stehen jedoch auch immer mehr hohe Parteikader zu ihren grauen Haaren, unter ihnen etwa die einflussreichen Politbüromitglieder Cai Qi, Liu He, Wang Yang oder Zhao Leji.

Während die meisten Menschen im Westen sonnengebräunte Haut als schön und Ausweis von Vitalität empfinden, betrachten Chinesen sie weder als gesund noch als attraktiv. Sie ordnen sie Feldarbeitern auf dem Lande zu. Vor allem Frauen vermeiden die pralle Sonne, um eine helle und faltenfreie Haut zu bewahren und möglichst lange jung auszusehen. Meine Frau erregt hierzulande regelmäßig Aufsehen, wenn sie an heißen Sommertagen mit einem Sonnenschirm unterwegs ist.

Weil das chinesische Wort für »Uhr« so ähnlich klingt wie das für »Tod«, fallen Uhren als Geschenke aus. Chinesen fiele es auch nicht im Traum ein, auf einem schönen Park- oder Waldfriedhof spazieren zu gehen oder gar daneben zu wohnen.

Bei einem gemeinsamen Paris-Besuch äußerte mein Schwiegervater einmal den Wunsch, die »Mur des Fédérées« zu sehen, eine Gedenkstätte in einer Ecke des Friedhofs Père-Lachaise, wo 1871 die letzten Kämpfer der Pariser Kommune erschossen und verscharrt worden waren. Nach kaum zwei Minuten vor Ort zog es ihn jedoch schon wieder zum nächsten Ausgang. Die vielbesuchten letzten Ruhestätten von Berühmtheiten wie Balzac, Chopin, Molière oder Proust, deren Namen und Werke ihm durchaus geläufig sind, interessierten ihn nicht im Geringsten. Er wollte keine Minute mehr als nötig auf dem Friedhof verbringen.

Gleich nach Essen ist das Thema Gesundheit denn auch der Lieblingsgesprächsstoff der Chinesen. Eigentlich lassen sich beide für sie gar nicht trennen. Sie halten es mit Hippokrates: »Das Essen sei deine Medizin, und die Medizin dein Essen«. Die schlimme Verunreinigung von Wasser und Boden in ihrem Land beunruhigt sie deshalb noch mehr als die Verschmutzung der Luft.

»Der Himmel liebt den, der gut isst«, so lautet ein chinesisches Sprichwort. Gut heißt hier nicht nur reichlich und geschmackvoll, sondern auch der Lebenskraft (*Qi*) zuträglich. Daher trinken Chinesen etwa auch so gerne heißes Wasser. Keine Behörde und kein Zug ist ohne Zapfstelle dafür, kein Hotelzimmer ohne Wasserkocher. Gekochtes Wasser gilt in der Traditionellen Chinesischen Medizin (TCM) als gesund, weil es für einen warmen Körper und besseren Feuchtigkeitshaushalt sorgt und frei von schädlichen Keimen ist. Wenn meine Frau im Restaurant hierzulande statt eines Aperitifs eine Tasse heißes Wasser bestellt, erntet sie regelmäßig verständnislos-mitleidige Blicke. Sie dagegen versteht nicht, dass wir so viele kalte Getränke zu uns nehmen.

Zwar dominiert heute auch in China die westliche Gerätemedizin. Als Ergänzung, häufig auch als Alternative dazu, spielt TCM jedoch nach wie vor eine große und neuerdings wieder wachsende Rolle. An mehreren Dutzend Hochschulen des Landes wird sie gelehrt. Neue Richtlinien für die medizinische Ausbildung in China betonen ihre Bedeutung und fordern vermehrt zu ihrem Studium auf. Die Zahl der TCM-Kliniken im Lande hat sich seit Anfang des Jahrhunderts auf nahezu 5000 verdoppelt. 2015 erhielt die chinesische Pharmakologie-Professorin Tu Youyou für ihre Forschung auf dem Gebiet den Nobelpreis für Medizin.

Kern von TCM ist die Lehre von der Lebenskraft, die in bestimmten Bahnen, sogenannten Meridianen, den menschlichen Körper durchströmt. Dabei gibt es gute und schlechte Energie. Gutes Qi verleiht Kraft und Energie, schlechtes bringt die Körperfunktionen durcheinander und führt zu Krankheit oder kann zumindest dazu führen, weil es Yin und Yang aus dem Gleichgewicht bringt.

Die traditionelle Behandlung von Krankheiten hat daher vor allem zum Ziel, den Energiefluss zu regulieren und die gestörte Balance zwischen Yin und Yang im Körper wiederherzustellen. Dies geschieht in der Regel durch bestimmte Nahrungsmittel oder Kräuter und nichtpflanzliche Substanzen wie etwa Hirschgeweihpulver, die in traditionellen chinesischen Apotheken zu kaufen sind, oder durch Akupunktur. Die Traditionelle Chinesische Medizin ordnet Hunderte von Punkten auf den Energiebahnen des Körpers einzelnen Organen oder Körperfunktionen zu, die sich durch das Einstechen von Nadeln an diesen Punkten beeinflussen lassen.

Um Gesundheitsstörungen vorzubeugen, den Energiefluss anzuregen und die Atmung zu regulieren und zu stärken, reiben Chinesen sich beim Spazierengehen zwischendurch gerne mal an Parkbäumen den Rücken. Oder sie gehen rückwärts, da dabei andere Gehirnzonen beansprucht werden als beim Vorwärtsgehen. Wieder andere machen Körperübungen wie Qi Gong bzw. Tai Chi, die zugleich Grundlage für verschiedene Kampfsportarten sind.

Chinesen neigen generell dazu, gesundheitliche Probleme nur als körperliche Symptome zu beschreiben. Einer Psychotherapie etwa unterziehen sich nur wenige. Die auf das Ich fokussierte Methode, die zudem eine vollständige Preisgabe der innersten Regungen und Gefühle verlangt, ist ihnen wesensfremd.

Mentale und psychische Störungen gelten in China überdies weithin als Schande und sind Tabuthemen. Auf 14 000 Chinesen kommt nur ein ausgebildeter Psychologe bzw. Psychotherapeut. Viele psychische Krankheiten bleiben denn auch undiagnostiziert und unbehandelt – es sei denn, sie sind stark ausgeprägt wie etwa schwere Depressionen oder Schizophrenie.

Vor allem über Jahrzehnte von ihrem Mann getrennt lebende Frauen von Wanderarbeitern, von denen es in China fast 50 Millionen gibt, haben oft mit psychischen Störungen zu kämpfen. 20 Prozent von ihnen zeigen einer gemeinsamen Studie von Peking- und Harvard-Universität zufolge Anzeichen von Depression. Im Landesmittel liegt die Rate dagegen bei gut vier Prozent und damit im globalen Durchschnitt.

Wer unter einer schweren psychischen Krankheit oder geistigen Behinderung leidet, wird aus Angst vor Gesichtsverlust meist von der Familie getrennt bzw. in die Unsichtbarkeit verbannt. Ich erinnere mich noch gut, wie meine Frau, seinerzeit noch nicht lange in Deutschland, staunte, als eine Reisegruppe von Kindern mit Down-Syndrom neben uns fröhlich in das Kölner Museum Ludwig einfiel.

So viel Lebenslust, ja Lebenshunger, Tempo und Dynamik Chinesen besitzen, so sind ihnen doch auch ausgeprägt defensive und **passive Charakterzüge** eigen.

Unübersehbares Symbol dafür ist Chinas größtes Kulturdenkmal, die Große Mauer. Statt etwa gegen die zahlenmäßig, finanziell und kulturell weit unterlegenen Völker im Norden, die das Land immer wieder überfielen, offensiv vorzugehen, entschieden sich die Chinesen dafür, sie defensiv mit Hilfe eines riesigen Festungswerks auf Distanz zu halten.

In den Kategorien der über 2000 Jahre alten menschlichen Typenlehre ausgedrückt, die auf Empedokles und Hippokrates zurückgeht, vereinen Chinesen das Temperament des Sanguinikers und das des Phlegmatikers in einer Person.

Werden Europäer oder Amerikaner vor ein Problem gestellt, sinnen sie darauf, es grundsätzlich aus dem Weg zu räumen. Chinesen dagegen gehen Probleme nicht frontal an, sie umgehen sie lieber, suchen den Weg des geringsten Widerstands, um mit ihnen fertig zu werden. Sie lassen die Dinge auf sich zukommen, genauer: sie beobachten, wohin diese neigen (*Shi*), warten auf günstige Gelegenheiten und Faktoren, um diese dann entschlossen zu nutzen. Chinesen denken langfristig und handeln zugleich opportunistisch.

Max Weber hatte als »Grundunterschied« zwischen konfuzianischem und westlichem Rationalismus einst »Anpassung an die Welt« versus »Beherrschung der Welt« ausgemacht. Den westlichen Beherrschungswillen sah er dabei als Produkt des christlichen Erlösungsglaubens und einer daraus resultierenden »Verneinung« der Welt. Deshalb wolle der Christ diese gestalten und beherrschen. Chinesen dagegen bejahten die Welt, so Weber, und sähen sich nicht als von Gott eingesetzte Herrscher über die Schöpfung, sondern wollten die Harmonie mit der kosmischen Ordnung bewahren.

Eine intakte Umwelt zählt im Westen jedoch schon seit Jahrzehnten zu den wichtigsten Politikzielen. Umgekehrt hat das Regime in Peking bis in die jüngste Zeit das konfuzianische und mehr noch taoistische Erbe missachtet und die Umwelt rücksichtslos ausgebeutet.

Boden, Wasser und Luft sind in China in einem oft schon lebensbedrohlichen Maße verschmutzt. So entfallen etwa mehr als ein Drittel aller Lungenkrebserkrankungen in der Welt auf das Land. Und das liegt keineswegs allein an den vielen Rauchern dort. In den vergangenen zwei Jahrzehnten ist besonders die Rate bei Nichtrauchern stark angestiegen. Im ersten Halbjahr 2017 waren Chinesen nach offiziellen Angaben im Schnitt 45 Mikrogramm des besonders gefährlichen Feinstaubs pro Kubikmeter ausgesetzt, der bis tief in die Lunge eindringen kann. Der Grenzwert der Weltgesundheitsorganisation WHO beträgt zehn Mikrogramm.

Regional ist die Feinstaubverschmutzung zum Teil noch deutlich höher. In Peking etwa wurden im Schnitt 64 Mikrogramm gemessen. In der U-Bahn der Hauptstadt registrierte eine Untersuchung zur Hauptverkehrszeit am Freitagabend sogar schon 127 Mikrogramm im Sommer und 154 im Winter.

Der rücksichtslose Nutzung der Umwelt hatte immer schwerer wiegende Folgen. So machen etwa Touristen aus dem Ausland zunehmend einen Bogen um China. Während in anderen asiatischen Ländern die Besucherzahlen zwischen 2005 und 2015 um 80 Prozent zunahmen, wuchsen sie in der Volksrepublik im Schnitt jährlich nur um ein Prozent. Und davon kamen 80 Prozent aus Taiwan, Hongkong und Macau. Besonders schwer ins Gewicht aber fallen dramatisch gestiegene Gesundheitsschäden und -kosten sowie die Zunahme dadurch ausgelöster gesellschaftlicher Proteste. Sie ließen auch die Regierung in Peking umdenken.

Um den übermäßigen Verbrauch natürlicher Ressourcen besser bekämpfen zu können, begrenzt sie inzwischen rigoros die Einwohnerzahl der Metropolen an der Ostküste und lockt Uni-Absolventen und Wanderarbeiter mit Erleichterungen bei der Wohnsitzbescheinigung in kleinere Städte im Landesinneren. Daneben baut sie die Versorgung mit alternativen und umweltschonenden Energien aus.

Allein 2017 gingen in dem Land über 50 Gigawatt an neuem Solarstrom ans Netz, mehr als die Hälfte des weltweiten Zuwachses. Mit enormem Aufwand und höchstem Tempo werden derzeit zudem die Heizungen im besonders von schmutziger Luft geplagten Norden Chinas von Kohle auf Erdgas umgestellt. Peking etwa hat die sechs Kohlekraftwerke, die bisher die Kernbezirke der Stadt vorsorgten, für umgerechnet 7,5 Milliarden Dollar durch vier moderne Gaskraftwerke ersetzt. Den Verantwortlichen vor Ort hat die Zentralregierung in Peking die Daumenschrauben angelegt: Wenn nicht mindestens 60 Prozent der vorgegebenen Ziele zur Luftverbesserung erreicht werden, muss der Vize-Bürgermeister die Konsequenzen ziehen, bei unter 30 Prozent ist der Bürgermeister dran, verschlechtern sich die Verhältnisse gar, trifft es den örtlichen Parteichef. Teilweise geht die Umstellung jetzt daher so schnell, dass Millionen Familien zeitweise im Kalten sitzen, weil es zu Versorgungsengpässen bei Erdgas kommt.

2017 flossen zudem rund 200 Milliarden US-Dollar in die Wasserreinigung. Nicht zuletzt an den Flüssen des Landes eingesetzte sogenannte »Flusswächter« sorgten dafür, dass der Anteil des für den menschlichen Gebrauch geeigneten Oberflächenwassers (nicht zu verwechseln mit Trinkwasser!) von einem wieder auf zwei Drittel zunahm.

Die weitere Modernisierung des Landes werde »vom harmonischen Zusammenleben von Mensch und Natur charakterisiert« sein, so Staats- und Parteichef Xi Jinping auf dem Parteitag der KP im Oktober 2017. Drei Jahre zuvor hatte seine Regierung sich international verpflichtet, von 2030 an den Ausstoß von Kohlendioxid zu verringern. Dem NGO Climate Action Tracker zufolge ist dieses Ziel bereits jetzt erreicht. Bis 2030 sollen schon 20 Prozent der gesamten Energieproduktion emissionsfrei sein. So kehrt das Land auch in seinem Verhältnis zur Umwelt zu seinen geistigen Ursprüngen zurück, zu denen besonders in der taoistischen Lehre ein Leben in Harmonie mit der Natur gehört.

Richtig an Webers These von der chinesischen Bejahung der Welt ist die große **Anpassungsfähigkeit und Flexibilität** der Chinesen. Vielen im Westen erscheinen sie deswegen als opportunistisch und unzuverlässig, glatt und trickreich, ja durchtrieben und verschlagen. In der deutschen Übersetzung von Lin Yutangs Porträt seiner Landsleute wird die Mischung aus Wendigkeit und Findigkeit, Gewitztheit und Schlitzohrigkeit, die diesen eigen ist, als »Spitzbüberei« übersetzt. Treffender wäre es, von **Gewieftheit** zu sprechen.

Hätten Chinesen diese nicht entwickelt, wäre auch ihnen vermutlich das Schicksal der Griechen, Römer und anderer Hochkulturen nicht erspart geblieben. Lin Yutang bezeichnet die Gewieftheit denn auch als die »vielleicht hervorstechendste Eigenschaft« der Chinesen und »Höchstleistung chinesischer Intelligenz«.

In jedem Fall ist es die Eigenschaft einer altersweisen Kultur, deren Mitglieder sich keine Illusionen über die Welt und die Menschen mehr machen, alle Schwächen und Schliche kennen, mit allen Wassern gewaschen sind und mit äußerstem Realismus und Pragmatismus zu Werke gehen. Chinesen sind wie Bambus: enorm biegsam und Meister im Lösen von Problemen. Sie sind nicht nur Lebenskünstler, sondern auch Überlebenskünstler.

Wie biegsam, anpassungs- und überlebensfähig sie sind, zeigt sich nicht nur daran, dass und wie sie alle geschichtlichen

Herausforderungen durch fremde Mächte bewältigt haben. Es wird auch durch die mehr oder weniger reibungslose Integration von zig Millionen Chinesen in fremde Kulturen belegt. Überall auf der Welt fügen sie sich harmonisch in die heimische Gesellschaft ein, assimilieren sich dabei aber nicht, sondern behalten ihre kulturelle Identität bei.

Ein anderes Beispiel für Chinas außerordentliche Flexibilität ist das Konzept »Ein Land, zwei Systeme«, das die Wiedervereinigung mit Hongkong und Macau ermöglichte. Hier wird auch das taoistische Prinzip des Nicht-Handelns (*Wuwei*) deutlich, das mitnichten nichts tun und schon gar nicht Fatalismus bedeutet, sondern mit »Handeln ohne Anstrengung«, das heißt unaufgeregt, ohne die Nerven zu verlieren, mit **Gleichmut und Gelassenheit, Geduld und Köpfchen** die Kontrolle zu gewinnen.

»Ein großer General kennt nur leichte Siege«, heißt es bei Sunzi. Soll heißen, er versteht es, sich den Gegner so zurechtzulegen, ihn so lange zu manipulieren, bis der sich sein eigenes Grab schaufelt.

Spontanes, unüberlegtes, aufgeregtes oder gar hitzköpfiges Handeln gilt in China als unreif und hat Gesichtsverlust zur Folge. Take it easy, keep cool ist Vintage China, nicht Born in the USA.

Chinesen sind gleichmütiger und kaltblütiger als die Menschen im Westen. Das ist jedoch etwas anderes als gleichgültig und kaltherzig, wie sie dort oft wahrgenommen werden.

Chinesen wissen, Yin und Yang wechseln sich in ihrer Vorherrschaft ab, Glück und Leid kommen und gehen. Bei Freude sind sie deswegen weniger überschwänglich und im Leid weniger niedergedrückt. »Der Weg des Himmels verläuft im Kreis«, sagt ein Sprichwort, »der Himmel verschließt nicht alle Ausgänge«, ein anderes. Es gibt immer einen Weg. Man muss nur geduldig sein und darf doch zugleich die Hände nicht in den Schoß legen.

Jedes Kind in China kennt die Fabel von dem alten Mann,

der begann, mit dem Spaten zwei große Berge abzutragen, die ihm im Wege waren. Als ein Nachbar ihn deswegen als einfältig verspottete und sagte, er werde sein Ziel nie erreichen, antwortete er: »Wenn ich sterbe, werden meine Söhne weitermachen, wenn sie sterben meine Enkel, und dann ihre Söhne und Enkel und immer so weiter. Die Berge können nicht höher werden, sondern werden mit jedem Spatenstich ein Stück kleiner. Warum sollten wir sie also nicht abtragen können?« Dies habe, so die Fabel, den Himmel derart bewegt, dass er zwei Engel schickte und die Berge wegtragen ließ. Soll heißen: Das Glück ist mit den Willensstarken, Entschlossenen, Fleißigen – und Geduldigen. »Eine Reise von 100 Li«, so Laotse, »beginnt unter den eigenen Füßen.« Auf Neudeutsch: Just do it!

Geduld üben die Chinesen schon mit dem Erlernen ihrer Sprache. Gefördert wird sie zudem durch das Zusammenleben auf engem Raum im Familienverband. «Hundertfache Geduld« gehört daher zu den Wünschen, die sie an ihrem Neujahrsfest auf rotes Papier schreiben und an die Haustür kleben. Max Weber nannte die Geduld der Chinesen sogar »unendlich«. Nur so konnten sie als Volk die immer wiederkehrenden schweren Heimsuchungen überstehen.

Chinesen können deshalb auch Not und Leid besser ertragen als wir. Ihre Geschichte hat sie gewissermaßen **abgebrüht** und **hartgesotten** werden lassen.

»Bitteres zu essen« (*Chiku*), wie sie es selbst nennen, ist ihnen in Fleisch und Blut übergegangen und kommt auch im Essen zum Ausdruck, wie viele bitter-süße Gerichte, etwa mit Ginseng oder Bittermelone, und bitter-süße Getränke wie etwa Pu-Erh-Tee zeigen. Nach Bitter kommt Süß – und das schmeckt dann umso süßer.

Mehr als wir im Westen sind sich Chinesen überdies bewusst, dass vieles außerhalb menschlicher Kontrolle liegt, Zufall und Glück ist; man könnte auch **Schicksal** (*Yuan*) sagen. Während Christen auf Gerechtigkeit im Jenseits setzen, glauben die ganz diesseitigen Chinesen daran, dass der »Himmel«, das allem übergeordnete Prinzip des Kosmos, schon hienieden dafür sorgt. »Gutes wird mit Gutem erwidert, Böses mit Bösem vergolten« so ein Sprichwort. »Das Leben ist fair«, sagt meine Frau öfters. Und erstaunt mich damit bis heute immer wieder aufs Neue.

Das heißt nicht, dass Chinesen fatalistisch abwarten und hinnehmen, was immer da kommen mag. Ganz im Gegenteil. *A priori* tun sie alles, was sie tun können, um dem Schicksal nachzuhelfen und dann, aber eben erst dann, ruhig und gelassen als unvermeidlich hinzunehmen, was das Leben ihnen beschert. »Kann man nichts machen« (*Meiyou Banfa*), sagen sie immer nur *a posteriori*. Chinesen jammern deshalb auch nicht über verschüttete Milch.

Weil sie bemüht sind, alles für ihr Glück zu tun, was sie tun können, neigen viele Chinesen zum Glücksspiel – ob an der Börse oder im Kasino, im Lotto, beim Wetten auf Rennpferde, beim Brett-, Würfel- oder Kartenspiel – und glauben an Praktiken, die wir im Westen gerne in die Kategorie Aberglaube einsortieren.

Macau, die einzige Stadt in China, in der Glücksspiel erlaubt ist, hat Las Vegas als Welthauptstadt des Gewerbes denn auch längst den Rang abgelaufen. Zwar setzen die meisten Chinesen nur kleinere Beträge ein, Spielgeld eben, und riskieren nicht gleich ihr Vermögen. Dennoch hat die Spielleidenschaft schon manchen ruiniert. Nicht ohne Grund ist das Glücksspiel im Land generell verboten.

Dem Glück soll auch die Lehre von **Feng Shui** (wörtlich: Wind-Wasser) nachhelfen, eine Mischung aus Geomantie und kosmischer Harmonielehre. Mit Hilfe eines sogenannten Astrolabiums, einer Art Kompass, der unter anderem auch Mondkonstellationen und Tierkreiszeichen berücksichtigt, werden dabei die optimale Lage, Ausrichtung, Aufteilung und Einrichtung eines Hauses, Geschäfts oder einer Wohnung bestimmt.

Ziel ist es, positive Energie anzuziehen und schlechte Energie abzulenken und so die Chance auf Glück, Reichtum, Gesundheit und ein langes Leben zu erhöhen.

So soll sich ein Haus möglichst nach Süden, dem Sitz von Yang, also von Licht und Wärme, öffnen, nach Norden hin dagegen, dem Sitz von Yin, also Dunkelheit und Kälte, möglichst geschlossen sein. Ideal ist dafür ein Berg im Rücken und vor der Tür Wasser, in einem Agrarland das Symbol für Wachstum und Wohlstand.

Insoweit können wir das auch im Westen noch nachvollziehen. Ein Haus am Südhang eines Berges mit Blick auf einen See oder das Meer erscheint auch uns als attraktiv. Doch das ist erst der Anfang von Feng Shui. Viele weitere Regeln der Lehre, die sich zum Beispiel auf Farben und Einrichtung beziehen, sind westlichem Denken völlig fremd.

So ließ etwa der Fußballclub Guangzhou R&F aus der höchsten chinesischen Liga 2017 die Sitze seines Stadions von Blau auf Gold umstreichen, nachdem die Mannschaft dort in vier Monaten nur einmal gewonnen hatte. Nach dem Farbenwechsel gab es fünf Heimsiege in Folge mit insgesamt 18 Toren für den Verein.

Auch **Astrologie** spielt im Leben der Chinesen eine große Rolle. In dem Zwölf-Jahres-Rhythmus ihres Mondkalenders ordnen sie ähnlich unseren Tierkreiszeichen jedem Jahr ein bestimmtes Tier zu: von Ratte über Ochse, Tiger, Hase, Drachen, Schlange, Pferd, Schaf, Affe, Hahn und Hund bis zum Schwein. Und mit jedem dieser Tiere verbinden sie positive bzw. negative Eigenschaften, die auch in seinem Jahr Geborene angeblich erwerben.

Mit dem Schaf etwa assoziieren sie Schwäche. Ungeachtet der Tatsache, dass so erfolgreiche Menschen wie der Tang-Kaiser Taizong, der Literaturnobelpreisträger Mo Yan oder der Filmstar Zhang Ziyi im Jahr des Schafes geboren wurden, vermeiden es Chinesen möglichst, in diesem Jahr ein Kind zu bekommen. Vor Anbruch von Schafjahren füllen sich regelmäßig die Geburtskliniken des Landes mit Frauen, die noch schnell per Kaiserschnitt ihr Kind zur Welt bringen wollen.

Im Jahr des Pferdes dagegen, mit dem sich Kraft verbindet, sind die Geburtenzahlen um bis zu 50 Prozent höher als in normalen Jahren. Und das, obwohl die deutlich größeren Jahrgänge es mit einer entsprechend stärkeren Konkurrenz an den Schulen und auf dem Arbeitsmarkt zu tun bekommen.

Ein weiteres Beispiel ist der Glaube der Chinesen an **Glückszahlen**. In Hongkong werden Autokennzeichen mit einer Glückszahl von den Behörden meistbietend versteigert. Für das Kennzeichen meiner Frau etwa, das mit der Zahl 1388 endet, würde dort eine horrende Summe fällig.

13, gesprochen *Yisan*, klingt ähnlich wie *Yisheng*, was »für das ganze Leben« bedeutet. Und die Acht ist eine Glückszahl. Je mehr davon, desto besser. 1388 verheißt also »lebenslang viel Glück«. Die Eröffnungszeremonie für die Olympischen Spiele in Peking begann exakt acht Minuten nach acht Uhr, am 8.8.2008.

Autokennzeichen, Hotelzimmer oder Sitzplätze im Flugzeug mit der Zahl Vier am Ende vermeiden Chinesen dagegen tunlichst. Denn *Si* für die Zahl »Vier« klingt ähnlich wie *Si* für das Wort »Tod«.

Das größte Volk der Erde hat in seiner langen Geschichte schon viel erlebt und gesehen. Es hat gelernt, grundsätzlich alles für möglich zu halten. Deswegen könnte es ja auch sein, dass das Beachten von Glückszahlen und Tierkreiszeichen, der Regeln des Feng Shui und der Besuch eines taoistischen oder buddhistischen Tempels, ja selbst einer christlichen Kirche, dabei helfen, die eigenen Wünsche in Erfüllung gehen zu lassen. Vor allem aber gibt es den Chinesen das Gefühl, alles getan zu haben, was sie tun konnten, und nun gelassen der Zukunft entgegensehen zu können. Der Rest ist Schicksal. Und dafür lässt sich dann niemandem mehr ein Vorwurf machen.

Eine Passage in »The Good Earth« von Pearl S. Buck bringt die nüchterne und pragmatische Einstellung der Chinesen auch in dieser Frage drastisch zum Ausdruck. Dort spuckt der Großbauer Wang Lun, der im »Tempel der Erde« jedes Jahr brav Räucherstäbchen anzündete und um eine gute Ernte bat, dem »Gott der Erde« ins Gesicht, nachdem eine große Überschwemmung ihn und seine Familie an den Rand des Hungertods gebracht hatte.

TEIL III

Wirtschaft und Arbeitswelt
Paternalismus, Merkantilismus, Modernisierung

Nach Max Webers Analyse des Konfuzianismus galt es lange Zeit als ausgemacht, dass Länder dieses Kulturkreises schlechtere Voraussetzungen dafür haben, wirtschaftliches Wachstum und Wohlstand hervorzubringen, als die Länder des christlichen Abendlandes. Erst die rapide Entwicklung der sogenannten asiatischen Tigerstaaten Taiwan, Südkorea, Singapur und Hongkong in den 80er Jahren des vorigen Jahrhunderts, auf die dann der kometenhafte Aufstieg Chinas folgte, änderte das Bild.

Auch wenn Wasser-, Boden- und Luftverschmutzung, Bodenerosion, zunehmende Wasserknappheit und nachlassende Bodenfruchtbarkeit als Nebenprodukte der rabiaten Wachstumspolitik die Wohlfahrtsbilanz des Landes insgesamt erheblich relativieren, ist Chinas Entwicklung in den vergangenen Jahrzehnten eine einmalige Erfolgsgeschichte. Nie zuvor ist ein großes Land wirtschaftlich so schnell so weit aufgestiegen. Wofür der Westen einst 200 Jahre brauchte, hat China in nur 30 Jahren geschafft.

1980 belief sich das durchschnittliche Jahreseinkommen eines Chinesen auf gut 200 US-Dollar, heute liegt es bei 8000. Eine Milliarde Menschen konnte seitdem der Armut entkommen. In Kaufkraft gemessen betrug Chinas Wirtschaftsleistung seinerzeit nur ein Zehntel der Amerikas, die Ausfuhren machten nur sechs Prozent des Umfangs der US-Exporte aus; inzwischen sind die Chinesen in beiden Bereichen vorbeigezogen. Betrugen die Devisenreserven des Landes damals noch ein Sechstel der amerikanischen, besitzt China heute 18 Mal so viel wie die USA.

Viele Ökonomen hatte schon der große Erfolg der Auslandschinesen in Südostasien nachdenklich gemacht: Wieso waren diese in Thailand, Indonesien, Malaysia und anderswo unter denselben klimatischen, geographischen und institutionellen Bedingungen wie ihre autochthonen Mitbürger so viel erfolgreicher? Lag es daran, dass Minderheiten sich besonders anstrengen müssen, um sich behaupten zu können? Oder hatte es mehr mit anderen kulturellen Werten zu tun? Wenn ja, warum war dann aber ihr Herkunftsland so zurückgeblieben?

Mit der Öffnung Chinas und seinen marktwirtschaftlichen Reformen hat Deng Xiaoping die Antwort gegeben: Fleiß, Sparsamkeit, Selbstdisziplin und Bildungsstreben, also die **Werte**, die sich Max Weber zufolge mit der protestantischen Reformation in Europa ausgebreitet und entscheidend zum Aufstieg des Westens beigetragen hatten, sind auch uralte konfuzianische Werte. Bei den Auslandschinesen kamen sie stets mehr oder weniger ungehindert zum Tragen. Im »Reich der Mitte« dagegen legte das herrschende Mandarinat den Chinesen zunehmend Fesseln an, um das eigene Machtmonopol zu sichern. In der Republik Tschiang Kaisheks brachte eine korrupte Bürokratie sie immer wieder um die Früchte ihrer Arbeit. Maos Volkskommunenwirtschaft ließ kaum Früchte entstehen. Erst als Deng dafür sorgte, dass Leistung sich (wieder) lohnte, legten die Chinesen im Mutterland befreit los. Denn mehr noch als die Menschen anderswo strengen sich Chinesen nur an, wenn sie glauben, dass es sich für sie auch lohnt. Sisyphus sei für sie keine Tragödie, so der amerikanische Politikwissenschaftler Lucian Pye, sondern »zum Lachen«.

Neben kulturellen Faktoren, die sich in sozialen Werten niederschlagen, prägen immer auch Politik sowie strukturelle und institutionelle Faktoren die wirtschaftliche Entwicklung eines

Landes. So wurde in China etwa schon vor Jahrtausenden die Primogenitur aufgegeben, wonach der älteste Sohn den gesamten Besitz der Eltern erbt. An ihre Stelle trat eine patrilineare Erbfolge, in der alle männlichen Nachkommen zu gleichen Teilen erben. Während in Europa noch lange Zeit die jüngeren Söhne bei der Landverteilung leer ausgingen, in die Stadt abwanderten, Händler wurden oder ins Militär eintraten, blieben sie in China durch die Erbteilung auf dem Land.

Das Ergebnis war eine überwiegend kleinbäuerliche Landwirtschaft, die weithin nur der **Selbstversorgung** diente. Diese stärkte das familistische System, verhinderte, dass Großgrundbesitzer eine Gegenmacht zum Kaiserhof bildeten, und zementierte die Herrschaft des Mandarinats. Zugleich bremste sie jedoch auch die gesamtwirtschaftliche Kapitalakkumulation, unerlässliche Voraussetzung für die Industrialisierung eines Landes. Erst durch dieses Kapital konnte China zu einem gefragten Produktionsstandort und attraktiven Absatzmarkt werden.

Eigentlich waren im »Reich der Mitte« schon zur Zeit der südlichen Song-Dynastie im 13. Jahrhundert technologisch alle grundlegenden Voraussetzungen für eine industrielle Revolution vorhanden. Der zentrale Grund dafür, dass diese trotzdem ausblieb, liegt in der Wirtschaftsferne der damaligen neokonfuzianischen Beamtenelite. Diese hatte für Kaufleute und **Händler** nur Verachtung übrig. Bis in die Neuzeit standen sie in der sozialen Rangordnung Chinas daher meist weit unten, zumindest in den traditionellen Kernländern des Nordens.

Während die Bauern als wertkonservativ, bodenständig und vaterlandstreu geschätzt waren, galten Kaufleute und Händler, die ihre Habe notfalls auch leicht außer Landes schaffen können, als anfällig für Egoismus, Korruption und Verrat; ihre Einkommen wurden als leistungslos betrachtet.

So unternahmen die kaiserlichen Regierungen durch die Jahrhunderte die meiste Zeit wenig oder nichts, um den Handel zu fördern oder ihn auch nur gegen Räuber und Piraten zu schützen. Anfang des 19. Jahrhunderts war deren Zahl an der chinesischen Küste bis auf etwa 50 000 Mann angestiegen. Erst mit der Dampfschifffahrt ging ihre Zahl wieder zurück, weil die Handelsschiffe nun den Piraten, die mit Seglern unterwegs waren, davoneilen konnten.

Als Beamte hatten die Mandarine ein vitales Interesse daran, die Privilegien zu bewahren, die ihnen die bestehende politische und gesellschaftliche Ordnung sicherte. Dafür bot die dezentrale Struktur der agrarischen Selbstversorgung die beste Gewähr. Händler und Kaufleute dagegen konnten schnell reich werden und stellten stets eine latente Gefahr für den alleinigen Herrschaftsanspruch der Beamtenschaft dar. Deshalb sperrten sich die institutionellen Vertreter der neokonfuzianischen Orthodoxie letztlich auch gegenüber einer Öffnung und Modernisierung des Landes. Als Begründung diente ihnen stets die Behauptung, dadurch werde die konfuzianische Lehre bedroht. Dabei beriefen sie sich besonders gerne auf den Satz von Konfuzius, wonach »der Edle« verstehe, »was moralisch richtig« sei, während »der kleine Mann« nur verstehe, »Profit zu machen«.

Doch im Gespräch mit dem Führer seines Heimatstaats, dem Herzog von Lu, hat Konfuzius die Aufgaben eines Staatschefs so beschrieben: »Vor allem anderen«, so der Weise, »muss der Herrscher den einfachen Menschen ermöglichen, wohlhabend zu werden.« Der Herzog fragte ihn daraufhin, wie sich dies am besten bewerkstelligen lasse. Die Antwort darauf würde heute wohl als neoliberal bezeichnet werden: »Durch Steuersenkung und den Abbau von Zwangsarbeit.« Als der Herzog dagegen einwandte, so würde vielleicht das Volk wohlhabend, aber der Staat verarme, sagte Konfuzius: »Wie sollte ein Vater arm bleiben, während seine Kinder reich sind?«

Die konfuzianische Lehre mag einige die Modernisierung eines Landes retardierende Elemente in sich bergen, der Industrialisierung Chinas stand sie jedoch keineswegs prinzipiell im Wege. Das zeigt auch der unter dem Titel »Debatte über Salz und Eisen« bekannte wirtschaftspolitische Grundsatzstreit von Konfuzianern und Legalisten über das Verhältnis von **Staat und Markt** vor über 2000 Jahren. In dieser sprachen sich Erstere dezidiert gegen staatliche Interventionen und Monopole, für niedrige Steuern und damit für eine führende Rolle des Marktes aus.

Die Landwirtschaft war damals als sogenannte Neun-Felder-Wirtschaft organisiert. Acht Familien bearbeiteten dabei privat jeweils für sie reservierte Felder und zusammen ein Feld in der Mitte, dessen Ertrag für Gemeinschaftsaufgaben vorgesehen war: staatliche Vorratshaltung für Notzeiten, Naturalabgaben, Düngung und Bewässerung usw.

Überwog seinerzeit noch das privatwirtschaftliche Element, setzte sich in der chinesischen Wirtschaftsgeschichte später, wenngleich mit teils erheblichen Schwankungen, immer mehr die legalistische Strömung durch. Daran knüpfte auch Mao Zedong mit seinem bürokratischen Zentralismus an.

Erst mit Deng Xiaopings Reformen besann sich China wieder stärker auf die ursprüngliche, vornehmlich privatwirtschaftlich orientierte Linie der frühen Konfuzianer. Behandelte Deng den Markt noch als bloße »Ergänzung der Staatswirtschaft«, maßen ihm seine Nachfolger eine immer wichtigere Rolle zu. Sie integrierten das Land in die internationale Arbeitsteilung und führten es in die Welthandelsorganisation WTO. Sukzessive fiel der Staatsanteil an der Wirtschaft von 80 Prozent auf heute unter ein Viertel.

Zugleich half der chinesische Staat jedoch mittels gezielter Industriepolitik und hilft weiter beim Aufbau international wettbewerbsfähiger Großunternehmen und einer erstklassigen Infrastruktur. Dies gilt sowohl für ein leistungsfähiges Telefonnetz und Internet wie auch für Wasserwege und Flughäfen, Schnellstraßen und Schnellbahnlinien.

Das Schnellbahnnetz des Landes ist bereits über 40 000 Kilometer lang und verbindet alle größeren Städte miteinander. Und es wächst ständig weiter. So entsteht gerade eine neue Verbindung zwischen den beiden Austragungsorten der Olympischen Winterspiele 2022 von Peking ins 174 Kilometer nordwestlich davon gelegene Zhangjiakou. Dafür wird sogar ein zwölf Kilometer langer Tunnel tief unter der Großen Mauer hindurch gegraben. Die Fahrzeit schrumpft dadurch von bisher drei Stunden auf weniger als eine Stunde.

Erstmals in seiner Geschichte ist China infolge dieser Investitionen inklusive vormals so abgeschiedener Regionen wie Tibet oder Xinjiang zu einem wirklich nationalen Wirtschaftsraum zusammengewachsen. Dies hat das Land nicht nur homogener gemacht und den nationalen Zusammenhalt gestärkt, sondern auch Wettbewerb und ökonomische Effizienz erhöht.

Wie zu allem haben die Chinesen auch zu Staat und Markt eine nüchterne, unideologische Einstellung. Sie sehen das Verhältnis beider wie das zwischen dem Vogel und dem Käfig. Ist dieser zu klein, erlahmen mit der Zeit die Flügel des Vogels. Ist er zu groß, schwindet die Kontrolle über seinen Bewohner. Ohne Käfig geht sie ganz verloren.

Deng Xiaoping brachte die instrumentelle Einstellung der Chinesen zu Staat und Markt einmal so auf den Punkt: »Planung und Markt sind beides Mittel zur Steuerung der Wirtschaft.« Auf dem Parteitag 2017 forderte Xi Jinping, der heutige Führer des Landes, seine Genossen auf, darauf zu achten, dass einerseits »der Markt die entscheidende Rolle bei der Ressourcenallokation spielt« und andererseits »die Regierung ihre Rolle besser wahrnimmt«. Der Staat müsse seine »**sichtbare Hand**« erheben, sonst gehe es in der Wirtschaft nicht »geordnet« und »rational« zu, hatte Xi bereits zuvor einmal gesagt. Und Liu Wei, Vizepräsident der Peking-Universität, drückte es so aus: »Der Marxismus muss zeigen, dass eine Marktwirtschaft unter der Hand des Staates effizient arbeitet – in Konkurrenz zur Privathand im Kapitalismus.«

Chinas Wirtschaftssystem lässt sich mit den Maßstäben der gängigen westlichen Ökonomie nur schwer erfassen – wenn überhaupt. Yukon Huang, ehemals Chef der Weltbank in China und einer der besten Kenner seiner Wirtschaft, sieht in ihr ein System *sui generis*, für das es »kein Analysemodell« gebe. Aaron Friedberg, Politikwissenschaftler an der Universität Princeton, betrachtet die chinesische Wirtschaft als »eine bis dato einzigartige und höchst erfolgreiche Mischung«. Die sichtbare Hand des Staates wurde mit der unsichtbaren Hand des Marktes kombiniert. Einerseits erhielten Marktkräfte immer mehr Raum, zugleich aber bleibe der Staat sehr aktiv und trage durch sein Handeln wesentlich zum wirtschaftlichen Aufstieg des Landes bei.

Der Staat hat in China vor allem dabei geholfen, das wichtigste kulturelle Hindernis zu überwinden, das sich aus der konfuzianischen Lehre für die Industrialisierung und Modernisierung des Landes ergab: das geringe Vertrauen in andere Menschen außerhalb der eigenen Sippe, das die Entwicklung von **Großunternehmen** wesentlich erschwert oder gar gänzlich unmöglich macht.

Die überwältigende Mehrzahl der chinesischen Unternehmen sind auch heute kleine und mittelständische Privatunternehmen (KMU) in Familienbesitz. Sie stellen zwei Drittel der Industriearbeiter sowie über 80 Prozent der gesamten Beschäftigten des Landes. KMUs sind zwar in der Lage, einzelne Produkte innerhalb einer größeren Wertschöpfungskette herzustellen oder entsprechende Dienstleistungen zu erbringen, aber sie können nicht die gesamte Kette beherrschen. Ihre vertikale Integration ist relativ gering, wie Betriebswirte sagen. Sie schaffen es, wenn überhaupt, nur in dem naturgemäß schmalen Bereich groß zu werden, in dem der Eigentümer über besondere Kenntnisse und Erfahrungen verfügt.

Für die internationale Wettbewerbsfähigkeit und das Wachstum einer Volkswirtschaft sind gerade in einer globalisierten

Welt aber Großunternehmen heute wichtiger denn je. Ohne staatliches Nachhelfen hätten in Chinas familistischer Kultur Großbanken wie ICBC oder die Bank of China, Industrie- und Dienstleistungskonzerne wie Huawei, ZTE, Haier, Sinopec, Cosco und andere aber kaum entstehen können.

Während Moskau nach dem Zusammenbruch der Sowjetunion seine ineffizienten Staatsunternehmen kurzerhand privatisierte, entschloss sich die Regierung in Peking auch auf Anraten der Weltbank zu einem weniger disruptiven Vorgehen. Sie privatisierte nur einen Teil, beließ die größten Unternehmen weiter in Staatseigentum und setzte es sich zum Ziel, sie nach dem Vorbild der japanischen und südkoreanischen Konglomerate allmählich zu wettbewerbsfähigen Spielern auf dem Weltmarkt zu formen. Die Strategie erwies sich zwar als teuer; für die Restrukturierung der Staatsunternehmen hat die Regierung bis heute schon schätzungsweise umgerechnet eine halbe Billion Euro ausgegeben. Doch sie war zu einem großen Teil erfolgreich.

Stand auf der berühmten Liste der 500 größten Unternehmen der Welt des US-Magazins »Fortune« im Jahr 2000 noch nicht ein einziges chinesisches Unternehmen, sind dort inzwischen 115 zu finden, kaum weniger als die 132 der USA. 48 davon gehören dem Zentralstaat. Daneben finden sich neuerdings auch immer mehr private Schwergewichte wie etwa die Internetunternehmen Tencent und Alibaba. Gerade Internetunternehmen können auch mit einer geringen vertikalen Integration schnell in eine Größenordnung hineinwachsen, die traditionellen Industrieunternehmen meist verwehrt bleibt. Alibaba und Tencent haben am Kapitalmarkt fast schon die Bewertung der US-Riesen Amazon und Facebook erreicht. Alibabas Umsatz ist bereits heute größer als der von Amazon und Ebay zusammen und wächst schneller. In China findet die Hälfte aller Online-Käufe weltweit statt.

Insbesondere Chinas Fortschritte im Bereich der Hochtechnologie sind ohne die sichtbare Hand des Staates nicht denkbar. Die staatlichen Universitäten des Landes spucken Jahr für Jahr rund 150 000 Ingenieure aus. Ihr Ausbildungsniveau ist auch im internationalen Vergleich hoch. Die Tsinghua-Universität in Peking gilt sogar als beste Universität für Ingenieure und Computerwissenschaftler weltweit.

Der chinesische Zentralstaat investiert jährlich zweieinhalb Prozent des Bruttoinlandsprodukts, eine dreistellige Milliardensumme, in Forschung und Entwicklung, fördert systematisch Unternehmen in Schlüssel- und Zukunftsindustrien und hilft ihnen durch günstige Finanzierungskonditionen, ausländische Hochtechnologie-Unternehmen zu kaufen. Dieser planvollen Industriepolitik ist es so wesentlich zu verdanken, dass China in den zukunftsträchtigen Bereichen Künstliche Intelligenz (KI) und E-Mobilität, Informationstechnologie, speziell Quanten-Kommunikation (sichere Datennetzwerke und schnellere Computer), Biotechnologie, Gentechnik und Stammzellenforschung, Kernfusion sowie Luft- und Raumfahrt bereits heute zur Weltspitze gehört.

Künstliche Intelligenz gilt allgemein als d i e Schlüsseltechnologie von morgen, nicht zuletzt auch für die Kriegführung der Zukunft. In ihrer Bedeutung wird sie von vielen Experten auf eine Stufe mit der Elektrizität gestellt. Während KI hierzulande bisher meist verbunden mit der Angst um den Verlust von Arbeitsplätzen diskutiert wird, glaubt China offensichtlich genau an das Gegenteil: einen neuen Markt, der viele neue hochwertige Arbeitsplätze schaffen kann und für den, der dabei zuerst kommt, eine wirtschaftliche, politische und militärische Führungsrolle in der Welt bereithält.

Bis 2030, so die Erwartung in Peking, soll KI das Wachstum der Wirtschaft um rund ein Viertel steigern. Schon 2025 will China die USA in diesem Bereich als Weltmarktführer ablösen und statt heute 1,5 Milliarden dann 60 Milliarden Umsatz erzielen. Eric Schmidt, Chef der Google-Mutter Alphabet, warnte sogar davor, dass China die derzeit noch führenden USA schon in etwa fünf Jahren »ein- und schnell überholen« wird, und fordert von Washington eine nationale Kraftanstrengung wie einst beim Bau der Atombombe und dem Wettlauf zum Mond. Der bekannte Venture-Kapitalist Lee Kai-Fu, der mit seinem Sinovation Fund junge Start-ups finanziert, ist sich sicher, dass Peking sein ehrgeiziges Ziel im Bereich der Künstlichen Intelligenz erreichen wird. Das Land habe nicht nur »die Daten, den Markt und das Talent« dafür, so Lee, sondern auch die besten politischen Rahmenbedingungen: geringe Auflagen beim Handel mit persönlichen Daten und eine hohe Geschwindigkeit bei der Umsetzung.

Künstliche Intelligenz basiert auf guten Algorithmen und diese wiederum auf großen Datenmengen. Dafür sorgt in China allein schon der im Vergleich zum Westen freizügige Datenaustausch mit staatlichen Behörden. So stellte etwa die Stadt Fuzhou Software-Entwicklern zur besseren Diagnose von Herzerkrankungen 80 Exabyte Daten von Ultraschallbildern aus den kommunalen Kliniken zur Verfügung. Für die Entwicklung einer Gesichtserkennungssoftware, die inzwischen immer mehr chinesische Banken in ihren Geldautomaten einsetzen, konnte die Firma SensTime auf die Daten der vielen polizeilichen Überwachungskameras in der Metropole Kanton zurückgreifen.

Hinzu kommen die riesige Zahl von bereits an die 800 Millionen chinesischen Internet-Nutzern und die enormen Datenmengen, die beim bargeldlosen Zahlen und im elektronischen Handel des Landes anfallen. In diesen Bereichen ist China mit Abstand führend in der Welt.

Dank staatlicher Hilfe verfügt es auch über die schnellsten Computer der Welt, um die riesigen Datenmengen zu verarbeiten. Der schnellste von ihnen ist drei Mal schneller als der zweitschnellste, der ebenfalls aus dem Land kommt. Und schon 2019 soll ein sogenannter **Exascale-Computer** folgen, der beide mit einer Milliarde Milliarden Rechenoperationen in der Sekunde noch einmal um das Zehnfache übertreffen wird. Denn die Datenmengen wachsen immer weiter. Dafür sorgt nicht zuletzt die Verbreitung digitaler Zahlungsmöglichkeite. Die **bargeldlose Zukunft** hat in China längst begonnen. Der Unternehmensberatung Boston Consulting zufolge ist der Umfang der Online-Zahlungen in China rund 70 Mal so hoch wie in den USA. Innerhalb der vergangenen drei Jahre ist Bargeld aus den großen Städten des Landes weitgehend verschwunden. Per Alipay oder WeChat können chinesische Verbraucher heute schon fast überall im Lande alles kaufen, was sie wollen, indem sie auf ihrem Smartphone einen QR-Code aufrufen und von einem Scanner lesen lassen. Schon über eine halbe Milliarde Chinesen bezahlen im Restaurant und Taxi, im Kino, an der Tankstelle und auf dem Markt auf diese Weise, orten, leihen und bezahlen Fahrräder und Regenschirme oder fahren U-Bahn, ohne vorher ein Ticket lösen zu müssen. Sogar Bettler und Straßenmusiker fordern Passanten auf, ihnen per Smartphone und Strichcode eine Spende zukommen zu lassen. Inzwischen können Chinesen per Alipay auch zunehmend im Ausland bargeldlos zahlen. Seit Herbst 2017 ist dies etwa in den rund 14 000 Gelben Taxis in New York City möglich.

Die Smartphones, die bei all diesen Transaktionen verwendet werden, kommen weit überwiegend nicht mehr von Apple oder Samsung, sondern von einheimischen Herstellern wie Huawei, Oppo, Vivo oder Xiaomi. Diese machen zusammen fast 90 Prozent des Marktes aus.

Um auch bei den für Smartphones benötigten **Mikrochips** vom Ausland unabhängig zu werden, will China in den kommenden Jahren rund 100 Milliarden Dollar in den Bau von insgesamt 17 Mikrochip-Fabriken investieren. Peking hat sich auch in diesem Schlüsselsektor der digitalen Wirtschaft zum Ziel gesetzt, bis 2030 Weltklasseniveau zu erreichen. Das nötige Know-how für die Herstellung von Hochleistungshalbleitern wollen sich die Chinesen nach bewährter Methode in Koproduktionen mit den amerikanischen Technologieführern Qualcomm, Intel und AMD verschaffen. Dass die Amerikaner bei dem Spiel nicht mitmachen, scheinen sie offenbar nicht zu fürchten. Mit ihrem Riesenmarkt verfügen sie über einen wirksamen Hebel: Er ist einfach zu groß, als dass man auf ihn verzichten könnte.

Hilft die im Vergleich zum individualistisch geprägten Westen geringere Empfindlichkeit der Chinesen hinsichtlich Eingriffen in die Privatsphäre dem Land bei KI, so verschaffen geringere ethische Bedenken gegen den Eingriff in menschliches Erbgut als im christlich geprägten Westen China auch beste Voraussetzungen, die globale Führungsposition in der **Gentechnik** zu erobern. Um eine Erbkrankheit auszuschalten, haben Forscher an der Sun-Yatsen-Universität in Kanton im Herbst 2017 weltweit erstmals erfolgreich den genetischen Code von Embryos manipuliert.

Mit staatlicher Unterstützung ist die chinesische Autoindustrie gerade dabei, die Führungsposition in der **Elektromobilität** zu erobern und damit den Ton in der Automobilindustrie von morgen anzugeben. Die Regierung verfolgt damit drei für das Land strategisch wichtige Ziele: geringere Abhängigkeit von Erdölimporten, weniger Luftverschmutzung und die Marktführerschaft in einer weiteren Schlüsselbranche der Wirtschaft.

Gut eine halbe Million verkaufter E- und Hybridfahrzeuge, darunter besonders viele Taxis und über 100 000 Elektrobusse, mehr als in den USA und Europa zusammen, machten China bereits 2016 zu dem bei weitem größten Markt für Elektromobilität. Und dieser wird in den nächsten Jahren rasch weiter wachsen.

2020 will China zwei Millionen Elektro- und Hybridautos bauen, 2025 sieben Millionen, ein Fünftel der gesamten Automobilproduktion des Landes. Dafür sollen von 2019 an staatlich verordnete Mindestquoten sorgen. Dann müssen schätzungsweise zwischen vier und fünf Prozent aller in China verkauften Neuwagen Elektrofahrzeuge sein. In den Folgejahren soll die Quote fortwährend weiter ansteigen. Weltkonzerne wie VW, Daimler, GM oder Ford ziehen derzeit mit Hochdruck neue Produktionsstätten vor Ort hoch, um von der einheimischen Konkurrenz nicht abgehängt zu werden. Volvo, das dem chinesischen Hersteller Geely gehört, will von 2019 an nur noch Elektro- oder Hybridautos herstellen.

China hat schon jetzt das größte und modernste Netz von Elektroladestationen. Bis 2020 will der Staat für fünf Millionen Stationen im ganzen Lande sorgen. Bis 2030 sind 80 Millionen geplant.

Um sicherzustellen, dass China von Anfang an die Produktion der für die E-Mobilität erfolgskritischen Hochleistungsbatterien dominiert, werden nur E-Autos auf die verordnete Mindestquote angerechnet, die Batterien von großen Herstellern mit einer bestimmten Mindestkapazität haben. Diese Hürde schaffen auf absehbare Zeit nur drei einheimische Produzenten – allen voran die Firma BYD aus dem südchinesischen Shenzhen. Schon heute kommt mehr als die Hälfte aller Lithium-Ionen-Batterien aus China. In drei Jahren werden es zwei Drittel sein.

Mit Hilfe geschickt gesetzter Anreize erschafft das »Reich der Mitte« den Mobilitätsmarkt von morgen und setzt die Standards für die Automobilindustrie der Zukunft. So werden etwa grüne Nummernschilder für E-Fahrzeuge unbegrenzt ausgegeben. Für die Kennzeichen konventioneller Automobile gelten in den Metropolen des Landes dagegen strenge Quoten, die nur einen sehr kleinen Teil der Antragsteller und nur gegen beträchtliche Kosten zum Zuge kommen lassen.

Dank staatlicher Hilfe haben die Chinesen auch im **Weltraum** mit den Amerikanern gleichgezogen. Sie befördern heute mehr kommerzielle Satelliten ins All als jedes andere Land. Die von staatlichen Unternehmen entwickelte Weltraumrakete vom Typ Langer-Marsch-5 kann ebenso große Lasten befördern wie die Trägerysteme der USA. Bis 2022 will Peking eine 40 Tonnen schwere, permanent bemannte Weltraumstation ins All schicken.

Pekings Weltraumprogramm dient nicht nur dem nationalen Prestige und militärischen Zwecken, sondern ist eng mit der geplanten ökonomischen Modernisierung des Landes verbunden. Die erfolgreichen Missionen des Weltraumfrachters Tianzhou und des ersten Satelliten für Quanten-Kommunikation im Jahr 2017 sind dafür eindrucksvolle Belege. China setzt darauf, im Weltraum in nicht allzu ferner Zukunft erneuerbare Energien wie Fusionstreibstoff und Solarenergie anzapfen und auf anderen Planeten und Asteroiden wertvolle Metalle gewinnen zu können. Im Rahmen seines eigenen globalen Navigationssystems »Beidou« will China bis 2020 zudem über 32 Satelliten im All stationieren und sich so vom amerikanischen GPS und Europas Galileo-System unabhängig machen. Beidou hat inzwischen dieselbe Präzision erreicht wie die Konkurrenz.

Einen entscheidenden Schritt nach vorne hat die chinesische Wirtschaft mit staatlicher Unterstützung auch auf dem Gebiet der **Kernkraft** gemacht. In Fuqing in der Provinz Fujian wurde 2017 das modernste und sicherste Atomkraftwerk der Welt gebaut. Es kombiniert die neuesten Technologien aus Europa und den USA: einen Wassertank auf dem Dach, der den Reaktorkern noch kühlen und vor dem Durchschmelzen bewahren kann, wenn alle Pumpen dafür im Reaktorinneren bereits ausgefallen sind; und als doppelte Absicherung zusätzlich einen Container, der die Atombrennstäbe umschließt und verhindern soll, dass diese Radioaktivität in die Umwelt freigeben können, falls es dennoch zu einer Kernschmelze kommen sollte.

Der Wassertank auf dem Dach ist eine Entwicklung der amerikanischen Firma Westinghouse, die mittlerweile zu Toshiba gehört. Erstmals zum Einsatz kam er jedoch in einem Kraftwerk in China, das Westinghouse in Koproduktion mit einem einheimischen Unternehmen gebaut hat. Dabei ging das einschlägige

Wissen der Amerikaner auf die Chinesen über. Zugleich haben diese sich die aus Europa stammende Containertechnologie angeeignet.

China hat sich damit ein weiteres Mal die Größe seines Marktes zunutze gemacht. Das Land errichtet derzeit allein 20 Atomkraftwerke. Kraftwerksbauer, die an diesem Geschäft partizipieren wollen, müssen dafür mit Technologietransfer bezahlen. Ähnlich wie bei E-Mobilen fällt dem Land damit fast schon automatisch die Rolle des Standardsetzenden und Technologieführers zu. Die ersten zwei Hualong-Reaktoren, wie die Eigenentwicklung der Chinesen heißt, wurden bereits ins Ausland verkauft: nach Karatschi im benachbarten Pakistan. Weitere sollen demnächst in Argentinien und Großbritannien folgen.

Gerade in Schlüssel- und Zukunftsbranchen gewährt China ausländischen Investoren Zugang zu seinem riesigen Absatzmarkt meist nur im Gegenzug zum Transfer industriellen und technischen Know-hows. Der Reaktorbau zusammen mit Westinghouse ist dafür nur ein Beispiel von vielen. Ein weiteres ist die Fortwicklung westlicher, nicht zuletzt deutscher Bahntechnologie, die Chinas Schnellzug-System an die Weltspitze gebracht hat. Die neueste Generation der Züge schafft Geschwindigkeiten bis zu 400 Stundenkilometern. Im Alltagsbetrieb ist ein Tempo bis zu 350 Stundenkilometern freigegeben.

Einen weiteren Paradefall für gelungenen **Know-how-Transfer** stellt die Montage des Airbus 320 in Tianjin dar. Dem für die Europäer damit verbundenen Vorteil bei den Produktionskosten und dem Absatz von Flugzeugen vor Ort steht die Übertragung wichtigen technologischen Wissens gegenüber. In Gestalt des C 919 hat China schon nach wenigen Jahren ein eigenes kostengünstiges Konkurrenzprodukt entwickelt.

Im Wesentlichen kommen nur noch Teile der Elektronik und die Triebwerke nicht aus China. Vor allem beim Bau leistungsfähiger Flugzeugtriebwerke hängt das Land noch deutlich zurück. Experten sind jedoch davon überzeugt, dass auch dies nicht mehr lange andauern wird.

Zur Beschleunigung des Fortschritts setzte der chinesische Staat zuletzt verstärkt auf den Kauf ausländischer Spitzenunternehmen. Prominente Beispiele dafür sind der deutsche Industrieroboterproduzent Kuka und der Schweizer Saatgut- und Unkrautvernichtungsmittelhersteller Syngenta. Der Kauf von Syngenta durch ChemChina ist mit 43 Milliarden US-Dollar die bisher mit Abstand größte chinesische Auslandsinvestition. Peking, das jeden Kapitalabfluss ins Ausland ansonsten argwöhnisch beobachtet, betrachtet das viele Geld in diesem Fall als gut angelegt. Mit sieben Prozent der landwirtschaftlichen Fläche der Erde muss China 20 Prozent der Weltbevölkerung ernähren. Zudem ist die Produktivität seiner Landwirtschaft vergleichsweise gering. Die Folge: Ein Großteil des Nahrungsmittelbedarfs kann nur über Importe gedeckt werden, was das Land gegen politischen Druck anfällig und im Krisenfall verwundbar macht. Hier soll besonders Syngentas wertvolles Know-how im Bereich genetisch modifizierter Organismen Abhilfe schaffen.

Die Chinesen wissen längst, dass eine merkantilistische Wirtschaftspolitik gerade in bezug auf Fortschritte im Hightech-Bereich mehr bringt als bloßer **Ideenklau** durch Wirtschaftsspionage oder Plagiate. Dennoch gehören diese weiter zu ihrem Instrumentenkasten. Unzählige im Ausland lebende Chinesen, darunter auch Journalisten, sammeln systematisch nützliche Technologie-Informationen, ein Heer von Hackern bricht in fremde Computer ein und fischt gefragtes technisches Wissen ab. Das Nationale Sicherheitsamt DNI in Washington schätzt, dass den USA infolge des Klaus geistigen Eigentums durch China ein Schaden von jährlich 400 Milliarden Dollar entsteht. Die Rechnung ist allerdings fragwürdig, da der Diebstahl geistigen Eigentums erst dann zu einem Schaden führt, wenn aus ihm auch tatsächlich wettbewerbsfähige Konkurrenzprodukte erwachsen und diese die Produkte des geistigen Eigentümers verdrängen. Dafür reicht der Ideenklau jedoch gerade bei Hightech-Produktionen allein nicht aus.

Um den eigenen wirtschaftlichen Fortschritt anzukurbeln, missachten Chinesen schließlich auch immer noch den Schutz von Handelsmarken und stellen massenhaft Plagiate her. Mehr als drei Viertel der 2015 weltweit vom Zoll entdeckten Produktfälschungen stammten aus China (einschließlich Hongkong).

Kopieren haben die Chinesen noch nie als ein Problem angesehen, sie sind in ihrer Geschichte vielmehr geradezu darauf geeicht worden. Schon in der Han-Dynastie gab es ein Gesetz, das Schülern untersagte, über das hinauszugehen, was ihre Lehrer ihnen beigebracht hatten. Für Bo Yang, einen der größten Kritiker der traditionellen Kultur, wurde das Land dadurch zu einem »Sojapasten-Bottich«, in dem es geistig erstarrte. Über zwei Jahrtausende bestand nahezu Chinas gesamter Bildungskanon aus Copy and Paste klassischer Schriften.

Chinesen streben nicht nach Originalität. Eigenständigkeit etwa beim Design hat für sie nicht die Bedeutung wie im individualistischen Westen. Warum bei null anfangen, wenn es bereits gute Vorlagen gibt? Warum den langen Weg gehen, wenn es eine Abkürzung gibt? Seit jeher lernten chinesische Maler ihr Handwerk, indem sie Bilder ihrer Lehrer nachmalten. Während der Qing-Dynastie wurde Porzellan aus der Ming-Zeit kopiert.

Westliche Produkte zu kopieren, westliches Know-how zu stehlen, westlichen Unternehmen nicht die gleichen Rechte zu gewähren, wie sie die eigenen im Ausland genießen, und sie zum Technologietransfer zu zwingen, betrachten viele Chinesen nur als recht und billig. Zum einen verweisen sie darauf, dass ihr Land im Vergleich zum Westen immer noch arm ist: Beim Bruttosozialprodukt die Nummer zwei in der Welt, rangiert China beim BSP pro Kopf nur auf Platz 80; selbst im Jahr 2030 werden erst zehn Prozent der Bevölkerung das Wohlstandsniveau Europas oder der USA erreicht haben. Zudem sind sie der Meinung, dass auch der Westen, dessen Märkte weitgehend saturiert seien, stark vom Wachstum der chinesischen Wirtschaft profitiere und sich in früheren Jahrhunderten selbst unentgeltlich an chinesischen Erfindungen bedient habe.

Tatsächlich schickte etwa die britische Ostindien-Gesellschaft 1848 den Botaniker Robert Fortune mit dem Geheimauftrag in das für Ausländer damals gesperrte Landesinnere Chinas, dort hochwertige Teepflanzen und -samen für den Anbau in Indien und das jahrhundertalte chinesische Wissen für die Herstellung von hochwertigem Tee zu stehlen. Seine erfolgreichen Reisen vor allem in die Wuyi-Berge in Fujian beendeten die kostspielige Abhängigkeit Großbritanniens von Teeimporten aus China und beschleunigten den Niedergang der Qing-Dynastie.

Chinesen haben ein gutes Gedächtnis. Und Rache ist ein Gericht, das nirgendwo kälter gegessen wird als im »Reich der Mitte«. Unter Reziprozität versteht man dort etwas ganz anderes als in Amerika und Europa: nicht gleiche Wettbewerbsbedingungen, sondern Wiedergutmachung für kolonialistische Schandtaten, Ausgleichszahlungen für den Zugang zu einem großen Absatzmarkt und Sonderkonditionen für den Ärmeren.

Gleichwohl wollen die Führer der roten Dynastie dem Westen in Zukunft nicht mehr nur technologisch hinterherhecheln, sondern ihn ein- und überholen. Bis 2021, dem 100. Geburtstag der KP, soll das erste der von Staats- und Parteichef Jiang Zemin einst ausgerufenen beiden »Jahrhundertziele« erreicht werden und China eine »Gesellschaft bescheidenen Wohlstands« (*Xiaokang*) sein.

Schon in der Wortwahl erinnert diese Zustandsbeschreibung an das klassische »Buch der Riten«, das eine Gesellschaft beschreibt, in der alle Grundbedürfnisse befriedigt sind. Bis 2049, dem 100-jährigen Jubiläum der Volksrepublik, soll dann schließlich Wirklichkeit werden, was Staats- und Parteichef Xi Jinping abwechselnd den **»chinesischen Traum«** (*Zhongguo Meng*) oder die »Erneuerung« bzw. **»Renaissance«** (*Fuxing*) der Nation nennt. Wie Xi sich diese vorstellt, beschrieb er auf dem 19. Parteitag der KP im Oktober 2017 so: China solle dann »ein großes, modernes, sozialistisches Land« sein, »wohlhabend, stark, demokratisch, mit fortgeschrittener Kultur, harmonisch und schön«.

Um dieses Ziel zu erreichen, muss Peking die Wirtschaft grundlegend umstrukturieren, den nächsten großen Entwicklungsschritt vollziehen und von einem Schwellenland zu einem vollentwickelten Land aufsteigen. In der Rangliste der internationalen Wettbewerbsfähigkeit des World Economic Forums hat China zwar allein seit Beginn dieses Jahrhunderts über 20 Plätze gutgemacht. Von heute Platz 27 bis in die Spitzengruppe muss es nun aber noch mal genauso viel zurücklegen. An diesem Unterfangen sind schon viele andere Schwellenländer gescheitert.

Xi Jinping bereitete seine Genossen denn auch auf viele Jahre »harter Arbeit« vor. »Der letzte Abschnitt einer Reise«, so zitierte er auf dem Parteitag 2017 ein chinesisches Sprichwort, »markiert deren erste Hälfte«. Soll heißen: Die Schlussetappe ist von allen stets die schwierigste. Die Erfüllung des chinesischen Traums sei »kein Spaziergang«, so Xi, dafür sei mehr erforderlich als »Trommelwirbel und Gongschlagen«, sie verlange einen »großen Kampf«. »Die interne und externe Lage«, der sich China gegenübersehe, durchlaufe derzeit »komplizierte Veränderungen«.

Auf dem langen steinigen Weg, den China bis zum Ziel noch vor sich hat, zog Xi denn auch für das Jahr 2035 eine Zwischenetappe ein. Bis dahin soll »die sozialistische Modernisierung« des Landes »im Grundsatz verwirklicht« sein. Darunter versteht er vor allem, dass die Armut beseitigt, die Mittelklasse verbreitert, die Ungleichheit ab- und ein Sozialsystem aufgebaut und die Umweltverschmutzung vermindert worden ist.

Nach Deng Xiaopings historischer Öffnungspolitik und seiner marktwirtschaftlichen Initialzündung sowie deren Fortsetzung mit dem Abbau der Staatswirtschaft und dem Beitritt zur WTO unter Premierminister Zhu Rongji steht Chinas Wirtschaft jetzt unter Xi Jinping eine dritte große wirtschaftliche Reformwelle bevor.

Der Staats- und Parteichef und seine Getreuen in der Führung des Landes werden denn auch nicht müde, die Bedeutung der historischen Wegmarke zu betonen, an der sie und ihr Land stehen. Wang Qishan, Xis engster Verbündeter während dessen erster Amtsperiode, hat seinen Genossen im Ständigen Ausschuss des Politbüros dafür sogar die Lektüre von Stefan Zweigs »Sternstunden der Menschheit« ans Herz gelegt.

In dem Buch schildert Zweig in einer Reihe von Geschichten die historischen Konsequenzen zunächst scheinbar unbedeutender Entscheidungen wie etwa Deutschlands Erlaubnis, Lenin über sein Territorium mit der Bahn von Zürich nach St. Petersburg reisen zu lassen. Oder die Entscheidung des französischen Marschalls Emmanuel de Grouchy, strikt weiter einem Befehl zu folgen und der Spur des dritten preußischen Korps unter dem Befehl Generalfeldmarschall Blüchers nachzujagen, statt direkt nach Waterloo zu eilen, als von dort Kanonendonner zu hören war. »Für eine Sekunde denkt Grouchy darüber nach«, so Zweig. »Diese eine Sekunde bestimmt sein Schicksal, das Napoleons und das der Welt.«

Bereits 2013 hat das dritte Plenum des Zentralkomitees der KP den **ökonomischen Masterplan** für die nächste Dekade verabschiedet. Der Plan, von Liu He, Harvard-Absolvent und Xi Jinpings engster wirtschaftlicher Berater, gemeinsam mit dem Entwicklungsforschungszentrum der Regierung und der Weltbank erarbeitet, sieht den größten Modernisierungsschub seit Dengs Öffnungspolitik vor. Anstelle der Ausfuhr soll künftig die Binnenwirtschaft Wachstumsmotor der Wirtschaft sein und der Export nicht mehr aus billiger Massenware, sondern aus technisch anspruchsvolleren Produkten bestehen. Statt von staatlichen Kapitalinvestitionen in immer neue Straßen, Brücken und Flughäfen soll das Binnenwachstum mehr aus dem privaten Konsum kommen.

Die Regierung in Peking stehe vor der Aufgabe, so Arthur Kroeber, der eine der aktuell wohl besten Analysen der chinesischen Wirtschaft verfasst hat, das Wachstumsmodell »Ressourcen mobilisieren«, das sie seit den Reformen von Deng Xiaoping verfolgt habe, auf »Ressourcen effizient verwenden« umzustellen. Anstelle von **Quantität** ist jetzt **Qualität** gefragt, nicht zuletzt ökologisch und sozial. »Qualitative, nachhaltige Entwicklung statt schnellen Wachstums«, wie es Staats- und Parteichef Xi Jinping auf dem 19. Parteitag selbst formulierte. Nicht von ungefähr hat er deshalb auch kein Wachstumsziel für die nächsten Jahre genannt.

Um China in die Spitzengruppe der entwickelten Länder zu führen, räumt Chinas Staats- und Parteiführung dem Markt erstmals nicht mehr nur eine »wichtige«, sondern eine »entscheidende« Rolle für die Ressourcenallokation ein. Zugleich soll jedoch auch der Staat weiter eine führende Rolle spielen. Mit Hilfe von »angebotsorientierten Strukturreformen«, also einem Ansatz, den linke Politiker im Westen, die auf Nachfragestimulierung setzen, gewöhnlich als »neoliberal« verunglimpfen, will er Innovationskraft, Effizienz und Produktivität der Wirtschaft steigern. Diesen Kurs hat Xi auf dem Parteitag im Oktober 2017 sogar in die Satzung der KP reinschreiben lassen. Alle Genossen sind jetzt dazu aufgerufen, »den Markt eine entscheidende Rolle spielen und die Regierung besser funktionieren zu lassen«.

Beides ist dringend nötig. China hat sich seinen Wohlstandszuwachs zuletzt vor allem mit Schulden erkauft. Seit der Finanzkrise 2008 nahm die gesamte Faktorproduktivität, also die Steigerung der Produktion ohne zusätzlichen Arbeits- und Kapitaleinsatz, in China kaum noch zu. Allein der Bereich der Energieeffizienz birgt ein riesiges Verbesserungspotential. Eine Energieeinheit sorgt in China nur für 33 (Dollar-)Cent Wertschöpfung. Im europäischen Durchschnitt sind es drei US-Dollar.

Auch im Hinblick auf seine Innovationskraft ist China noch ein »schlechter Kostverwerter« und »ein gutes Stück von den am weitesten entwickelten Ländern entfernt«. Das ist jedenfalls die Meinung der Denkfabrik »Center for Strategic and International Studies« in Washington. Die Fortschritte müssten mit einem unverhältnismäßig hohen Forschungs- und Entwicklungsaufwand erkauft werden. Auf China entfielen zwar mit mehr als einem Drittel die meisten Patentanmeldungen weltweit, diese hätten jedoch oft »wenig kommerziellen Wert«.

Das alles will die Regierung in Peking ändern. Besonders für den nach wie vor weithin ineffizienten staatlichen Sektor sieht der Entwicklungsplan weitreichende Reformen vor. Bürokratie soll abgebaut, die staatlichen Unternehmen sollen generell produktiver werden und sich dazu auch für ausländische Investoren öffnen. Im Sommer 2017 gab die Regierungszentrale dazu eine lange To-Do-Liste für die einzelnen Ministerien heraus und forderte sie auf, einen klaren Zeitplan für die Umsetzung aufzustellen.

Mehr als anderthalb Jahrzehnte nach Chinas Beitritt zur Welthandelsorganisation operieren vor allem die großen staatlichen Banken des Landes in ihrem Heimatmarkt immer noch weitgehend ohne internationale Konkurrenz. Ausländische Finanzinstitute bringen es dort bisher nicht einmal auf einen Marktanteil von zwei Prozent. Der langjährige Zentralbankchef Zhou Xiaochuan fordert deshalb schon seit längerem eine Marktöffnung. Der mangelnde Wettbewerb, so Zhou, führe zu »Bequemlichkeit«, »niedrigen Standards« sowie »ungesunden und instabilen« Verhältnissen. Sein Ruf wurde erhört. Kurz nach dem Parteitag 2017 verkündete die Regierung, dass Ausländer an chinesischen Finanzinstituten (Geschäftsbanken, Investmenthäuser, Vermögensverwalter und Versicherungen) künftig nicht mehr nur Minderheitsanteile erwerben, sondern zunächst eine Mehrheit von 51 Prozent und drei Jahre später dann sogar 100 Prozent halten dürfen. Um das bisher noch weitgehend abgeschlossene **Finanzsystem** des Landes für den internationalen Wettbewerb öffnen, irgendwann den Wechselkurs des Yuan freigeben und die Währung konvertibel machen zu können, will die Regierung die nationale Finanzarchitektur verbessern und risikoärmer machen. Dazu hat sie der Zentralbank neue Eingriffsrechte verliehen und eine Superaufsichtsbehörde eingerichtet, die neben den Banken zugleich auch die Versicherungen kontrollieren und systematische Risiken konsequent bekämpfen soll. Auf dem 19. Parteitag der KP im Oktober 2017 kündigte Staats- und Parteichef Xi Jinping an, der Staat werde den »Regulierungsrahmen für die Finanzbranche verbessern«, dies durch eine entsprechende »Geld- und makro-prudentielle Politik unterfüttern« und auf »stärker marktbasierte Zinsen und Wechselkurse hinwirken«.

Das Hauptaugenmerk der Führung in Peking bleibt jedoch weiter auf die Industrie gerichtet. »Das Land muss sich auf die reale Wirtschaft konzentrieren«, so Xi auf dem Parteitag 2017. Mehr noch als von den staatlichen Banken verlangt die Regierung von den staatlichen Industrieunternehmen eine »kraftvolle Anstrengung«. Zwar schrieben zuletzt fast alle von ihnen schwarze Zahlen. Doch eine Überprüfung der Bücher für das Jahr 2016 durch das nationale Buchprüfungsamt ergab, dass 18 von 20 Unternehmen bei der Angabe ihrer Gewinne übertrieben hatten.

Bis 2020 müssen die **Staatsunternehmen** nach dem Willen der Regierung Schulden und Überkapazitäten abbauen, schlanker, konzentrierter, schlagkräftiger und innovativer, kurz: international wettbewerbsfähig werden. Staats- und Parteichef Xi Jinping hat dies bereits im Sommer 2017 zur »Priorität der Prioritäten« erklärt. Unternehmen, die das nicht schaffen, sollen entweder geschlossen, saniert oder mit anderen Unternehmen zusammengelegt werden. Dabei wird ihnen operativ größere Freiheit gewährt, inklusive einer Teilprivatisierung.

Den Anfang machte bereits der größte Kohleförderer des Landes, der sich mit einem großen Kraftwerksbetreiber zusammentat und zum Marktführer im nationalen Energiesektor aufschwang. Die privaten Internetriesen Tencent, Alibaba und Baidu beteiligten sich zusammen mit über 35 Prozent an dem staatlichen Telekomkonzern Unicom.

Sogar private Anteilseigner aus dem Ausland sollen bei den Staatsunternehmen künftig willkommen sein. Ausländische Investitionen sind in China auch künftig nicht nur weiter gefragt, sie werden von Peking sogar gefördert. China werde sich wirtschaftlich »immer weiter öffnen«, den Marktzugang für ausländische Investoren »erheblich erleichtern« und deren »legitime Rechte und Interessen schützen«, gelobte Xi auf dem Parteitag im Oktober 2017. Sich öffnen bringe »Fortschritt«, sich verschließen bedeute »Zurückbleiben«. »Qualifizierten« Ausländern soll zudem mit Hilfe längerfristiger Visa von fünf bis zehn Jahren die Arbeit in China erleichtert werden.

Mit dem Abbau von Überkapazitäten und Schulden will die Regierung sich nicht zufriedengeben. Sie will aus den großen Staatsunternehmen eine Reihe von Multis formen, die in ihren Bereichen zur absoluten Weltspitze zählen. Von den noch etwas über hundert Unternehmen im Besitz des Zentralstaats sollen maximal 80 international wettbewerbsfähige Konzerne übrigbleiben und entscheidend dabei mithelfen, dass China bis Mitte des Jahrhunderts in zehn industriellen Schlüsselbranchen weltweit die technologische Führung übernimmt.

»China wird staatlichem Kapital dabei helfen, stärker zu werden«, so Xi auf dem 19. Parteitag, und »der chinesischen Wirtschaft, in den mittleren bis oberen Bereich der globalen Wertschöpfungskette vorzustoßen sowie eine Reihe von Schwerpunktindustrien auf Weltklasse-Niveau heranzuziehen«. Dazu werde der Staat, so Xi weiter, »die Ausgaben für die Grundlagenforschung in anwendungsnahen Bereichen steigern, große nationale wissenschaftlich-technologische Projekte sowie vorrangig die Innovation in Schlüssel-, Zukunfts- und modernen Ingenieurtechnologien sowie disruptiven Technologien fördern«.

Zugleich sollen innovative **kleine und mittlere Privatunternehmen** (KMU) sowie Unternehmensgründern gefördert werden, indem ihnen der Zugang zum Finanzmarkt erleichtert wird. Dafür hat der Staat bereits einen Start-up-Fonds im Umfang von 6,5 Milliarden US-Dollar aufgelegt und die Versicherungen des Landes dazu aufgerufen, ihr Kapital statt in Immobilien künftig verstärkt in KMUs anzulegen. Die staatlichen Banken des Landes sind angehalten, jungen innovativen Unternehmen leichter Kredite zu verschaffen und als Sicherheit Patente zu akzeptieren sowie bei der Ausgabe von Anleihen und beim Börsengang zu helfen.

Besonders im IT-Sektor schießen schon seit einiger Zeit neue Unternehmen wie Pilze aus dem Boden. Das erst 2012 von Zhang Yimin gegründete Unternehmen Toutiao (deutsch: »Überschriften«) etwa, das auf den Kunden zugeschnittene Netzinhalte aggregiert, hat bereits über 100 Millionen Abonnenten und wird mit 29 Milliarden US-Dollar bewertet. Die Zahl der Börsengänge chinesischer Unternehmen explodierte zuletzt geradezu. Weltweit stellten sie 2017 den weitaus größten Anteil. Niemand bekam in dem Jahr auch mehr Risikokapital. Ein Drittel der größeren Start-ups mit mehr als einer Milliarde US-Dollar Börsenkapital kommt aus China.

Daneben führt die Regierung Anreize für kreatives und **innovatives Denken** im Erziehungssystem ein und mobilisiert das Humankapital der vielen jungen Chinesen, die in den vergangenen Jahren im Ausland studiert und dort anschließend in Zukunftsbranchen angeheuert haben. Mit Steuererleichterungen sowie Hilfen bei der Unternehmensgründung und Wohnsitzbescheinigung lockt Peking sie, ihr intellektuelles Kapital künftig in Start-up-Unternehmen in der alten Heimat einzubringen.

Mittlerweile zählt China mehrere Hundert Gewerbegebiete, die speziell für solche »Haigui« (deutsch: »Meeresschildkröten«) genannte Rückkehrer reserviert sind. Dort haben sich insgesamt rund 30 000 Unternehmen angesiedelt. Kehrte früher nur eine Minderheit der chinesischen Auslandsstudenten in ihre Heimat zurück, tun dies jetzt drei Viertel. 2016 waren es über 400 000.

Auch immer mehr junge Taiwanesen suchen ihr Glück auf dem chinesischen Festland. Dort ist nicht nur die Bezahlung besser als daheim, auch die Karrierechancen sind größer. Inzwischen verdienen bereits fast eine halbe Million Taiwanesen in der Volksrepublik ihren Lebensunterhalt. Auf dem 19. Parteitag versprach Staats- und Parteichef Xi Jinping den taiwanesischen »Landsleuten« sogar generell, ihnen auf dem Festland »mit der Zeit« dieselbe Behandlung angedeihen zu lassen wie den eigenen Bürgern.

Zuletzt haben sich die Chinesen auch zunehmend wieder aufs Erfinden und das Weiterentwickeln von Erfindungen konzentriert. Immer mehr chinesische Patente führen zu innovativen Produkten. Die renommierte Zeitschrift »MIT Technology Review« veröffentlicht seit Jahren eine Liste der weltweit vielversprechendsten 35 jungen Wissenschaftler und Unternehmer unter 35. Die Zahl der Chinesen auf dieser Liste nimmt von Jahr zu Jahr zu.

Anders als im Westen oft angenommen – und teilweise wohl auch erhofft –, schließen sich Unternehmer- und Innovationsgeist einerseits und Einschränkungen der politischen Meinungsfreiheit gegenseitig offenbar nicht unbedingt aus. Bob Hormats jedenfalls, Vize bei der Beratungsfirma Kissinger Associates, betrachtet die Chinesen nicht nur als »sehr wettbewerbsorientiert und sehr hart arbeitend«, sondern auch als »sehr innovativ«. Eine für jedermann sichtbare chinesische Innovation aus der jüngeren Zeit ist etwa der nicht an feste Stationen gebundene Fahrradverleih. Binnen Jahresfrist hat er in den Großstädten des Landes einen neuen Markt von über 100 Millionen Kunden geschaffen und das Stadtbild verändert.

Um den positiven Innovationstrend zu verstetigen und zu verstärken, sind beträchtliche staatliche und private Investitionen aus dem Inland wie aus dem Ausland erforderlich. Peking will deshalb vor allem Hightech- und Zukunftsbereiche stärker öffnen. So sollen etwa ausländische Kraftfahrzeugproduzenten, die in China E-Autos bauen wollen, künftig keine Gemeinschaftsunternehmen mit einheimischen Herstellern mehr gründen müssen bzw. die Mehrheit in solchen Unternehmen halten können – zumindest in den Freihandelszonen des Landes. All dies setzt ein robustes Patentsystem und einen wirksamen **Schutz geistigen Eigentums** voraus. Die Ära des wilden Kopierens neigt sich in China damit dem Ende zu.

Nach den Plänen der Regierung sollen chinesische Produkte aber nicht nur besser und innovativer, sondern zugleich ihre Herstellung effizienter und weniger belastend für die Umwelt werden. Deshalb will Peking anstelle bisher nachträglich lokal zu erhebender, tatsächlich oft aber nicht kassierter Gebühren für die Beseitigung von Umweltschäden die Unternehmen künftig mit einer nationalen Steuer dazu bringen, Lärm, Abfall und Emissionen zu reduzieren.

Hinzu kommen die Automatisierung und Digitalisierung der heimischen Industrie. Beides wird auch in China immer wichtiger. Betrug der durchschnittliche Stundenlohn eines Industriearbeiters vor zehn Jahren dort umgerechnet noch ungefähr einen US-Dollar, sind es heute schon etwa fünf Dollar. Mit der raschen Alterung der Bevölkerung infolge der jahrzehntelangen Ein-Kind-Politik wird in absehbarer Zeit auch der Nachschub an jungen Arbeitskräften knapper. Heute sind gut 230 Millionen Chinesen über 60 Jahre alt; 2050 werden es 400 Millionen sein.

Im Vergleich zu voll entwickelten Ländern wie Deutschland liegt China in punkto Automatisierung derzeit zwar noch weit zurück. Während hierzulande auf 10 000 Industriearbeiter über 300 **Roboter** kommen, sind es in China gerade einmal gut 50. Das Land holt jedoch mit Riesenschritten auf und investiert massiv in Industrie 4.0, die intelligente Vernetzung der Güterproduktion. Herstellung und Einsatz von Robotern wachsen mit hohen zweistelligen Raten – doppelt so schnell wie im globalen Durchschnitt.

2020 sollen schon an die 200 000 neue Roboter eingesetzt werden – mindestens die Hälfte davon aus heimischer Produktion. China produziert schon heute jährlich mehr der Automaten als jedes andere Land der Welt.

Mit dem Kauf des deutschen Herstellers Kuka hat sich das chinesische Unternehmen Midea in der Branche an die Weltspitze katapultiert, aber auch Roboterhersteller wie JD.com oder das Start-up Deodar legen ständig an Wettbewerbsfähigkeit zu. Ihr Ziel ist dabei nicht nur die Industrie, sondern auch der Einzelhandel. Überall in China wird bereits mit Kiosken und Geschäften experimentiert, in denen Roboter die Kunden bedienen.

Bis Mitte des Jahrhunderts soll die chinesische Wirtschaft im Hinblick auf **vernetzte Produktion** an der Weltspitze stehen. Die Nachfrage nach Funkchips (RFID), Sensoren und in Maschinen eingebetteten Softwaresystemen wächst rapide. Davon profitiert gerade auch Deutschland. Bei seinem Besuch in Berlin im Juni 2017 sprach Regierungschef Li Keqiang in Bezug auf Industrie 4.0 von einer »goldenen Partnerschaft« zwischen beiden Ländern.

Die deutsche Wirtschaft ist sich dabei bewusst, dass der Schutz von technologischem Know-how im digitalen Bereich noch schwieriger ist als im analogen und sie mit ihren Produkten und Dienstleistungen China dabei hilft, zu einem direkten Wettbewerber heranzureifen. Aber sie hat gar keine andere

Wahl. Wenn sie das Geschäft nicht macht, tun es andere. Die Gelegenheit, zu Beginn eines neuen Technologiezyklus in der Industrie von Anfang an vorne dabei zu sein, werden sich die Chinesen genau wie bei der mobilen Telefonie, der Elektromobilität oder der Nutzung alternativer Energien auf keinen Fall entgehen lassen.

Der ehrgeizige Strukturwandel ist für das Regime in Peking ein schwieriger Balanceakt, denn vorübergehend wird er unvermeidlich ein Nachlassen der wirtschaftlichen Dynamik mit sich bringen. Die neuen Arbeitsplätze in den Zukunftsbereichen entstehen nicht so schnell, wie die alten vor allem in der Kohle-, Stahl- und Baubranche wegfallen müssen.

Der von Staats- und Parteichef Xi Jinping seit seinem Amtsantritt 2013 geführte Kampf gegen die Korruption erschwert die Aufgabe zusätzlich. Fast anderthalb Millionen Offizielle wurden bereits wegen »Disziplinverstößen« bestraft. Das schreckt ab. Die Chinesen kaufen deshalb keine teuren Geschenke mehr und geben nicht mehr so viel aus, um Gäste zu bewirten, wie zuvor. Die Umsätze von Luxusgeschäften und feinen Restaurants sind drastisch gesunken.

Staatsbedienstete machen nur noch Dienst nach Vorschrift. Je weniger sie tun, so ihre Überlegung, desto weniger Fehler können sie machen. Und desto weniger Angriffsfläche bieten sie Rivalen und Mitgliedern anderer politischer Seilschaften.

Finanzbeamte prüfen sorgfältiger und geben bei ungeklärten Fragen Geschäftskonten von Unternehmen nicht mehr einfach gegen ein entsprechendes Geschenk frei. Zeitraubende Formalitäten aller Art lassen sich nicht mehr abkürzen wie zuvor. Viele private Unternehmer sind zu einer abwartenden Haltung übergegangen. All das kühlt das Wachstum ab.

Die Regierung ist sich des Problems bewusst. Schon Anfang 2016 ließ Xis oberster Korruptionsjäger Wang Qishan öffentlich durchblicken, bei kleineren Vergehen künftig Milde zu zeigen. Im Frühjahr 2017 meldete die chinesische Generalstaatsanwaltschaft, dass die Zahl der wegen Korruption in Gewahrsam genommenen Beamten gegenüber dem Vorjahr um rund 12 Prozent gesunken sei.

Nach Jahren des Rückgangs nahm im selben Jahr der Absatz von Kweichow Moutai, ein bei Partei- und Regierungskadern besonders beliebter hochprozentiger Schnaps, erstmals wieder zu. Die Käufer rechneten offenbar fest damit, dass Xi Jinpings Antikorruptionskampagne an Fahrt verliert, wenn der Staats- und Parteichef auf dem Parteitag 2017 seine Machtposition erst einmal zementiert hat.

Die rote Dynastie in Peking weiß, dass ihre Existenz davon abhängt, ob sie es schafft, nachhaltig für Ruhe, Ordnung und Wohlstand zu sorgen. Das gegenüber den früher zweistelligen Zuwachsraten schwächere Wachstum, die Verschmutzung von Luft und Wasser, Schadstoffe in Nahrungsmitteln und die Probleme im Gesundheitssystem des Landes haben den Unmut in der Bevölkerung und die Zahl lokaler Unruhen in den vergangenen Jahren deutlich anschwellen lassen.

Forscher der Universität Chicago schätzen, dass die weit über den Feinstaubhöchstwerten der Weltgesundheitsorganisation WHO liegende Luftverschmutzung die Lebenserwartung der Chinesen im Schnitt um dreieinhalb Jahre, im besonders betroffenen Norden des Landes sogar um sechseinhalb Jahre verkürzt. Nicht zuletzt deswegen versuchten immer mehr wohlhabende Chinesen, Teile ihres Vermögens im Ausland in Sicherheit zu bringen. Um die Kapitalflucht einzudämmen, sah sich Peking gezwungen, die Devisenkontrollen deutlich zu verschärfen. Jede Kreditkartenzahlung im Ausland über 1000 Yuan (umgerechnet nicht einmal 150 Dollar) muss von dem Herausgeber der betreffenden Karte registriert und gespeichert werden.

Die aktuell größte Gefahr für die Wirtschaft des Landes aber stellen **Immobilienpreisinflation und Schuldenwachstum** dar. Im vergangenen Jahrzehnt haben sich die Haus- und Wohnungspreise in Chinas großen Städten verfünffacht. Zuletzt näherte sich ihr Verhältnis zum verfügbaren Einkommen privater Haushalte bereits gefährlich dem Niveau, bei dem 1990 die Preisblase in Japan platzte. Davon hat sich dieses Land wirtschaftlich seitdem nie mehr richtig erholt.

Peking versucht denn auch schon seit einiger Zeit, mit diversen Maßnahmen wie einer Förderung des Mietwohnungsbaus sowie Vorschriften für höhere Anzahlungen und mehrjährigen Wiederverkaufsverboten für Eigentumswohnungen langsam Luft aus der Spekulationsblase zu lassen. Dabei hütet sie sich jedoch, zu radikal vorzugehen und die Preise abstürzen zu lassen. Der Grund: Die steigenden Immobilienpreise sind eine bedeutende Stütze für Konsum und Wachstum.

Samt der dazugehörigen Versorgungskette repräsentiert der Bausektor heute schätzungsweise 20 Prozent des Bruttoinlandsprodukts. Mit weit über 40 Prozent stellen Immobilien zudem die mit Abstand wichtigste lokale Steuereinnahmequelle. Zudem machen sie zwei Drittel des Vermögens der privaten Haushalte aus. Allzu rigorose staatliche Eingriffe zur Abkühlung des Booms laufen deshalb auch den Interessen eines Großteils der Bevölkerung zuwider.

Um die Spekulation abzukühlen, wollten die Behörden in Schanghai zum Beispiel im Juni 2017 einer bestimmten Eigentümergruppe kurzerhand untersagen, ihre Wohnungen zu verkaufen. Dabei handelte es sich ursprünglich um Bürogebäude, die einige Jahre zuvor von Immobilienentwicklern ohne Genehmigung, aber mit Duldung der Behörden in Wohnhäuser umgewandelt worden waren. Tausende von betroffenen Eigentümern sahen sich sowohl von den Entwicklern wie dem Staat betrogen und gingen auf die Straße. Die erschrockene Stadtverwaltung trat daraufhin rasch den Rückzug an.

Infolge der zahlreichen staatlichen Bremsmanöver ist der Verkauf von Häusern und Wohnungen zuletzt erstmals seit Jahren gefallen, und der Preisauftrieb hat sich verlangsamt. Der Boom scheint seinen Höhepunkt überschritten zu haben.

Prekärer als die Lage auf dem Immobilienmarkt ist Chinas hohe Verschuldung. Sie hat sich seit der internationalen Finanzkrise 2008 verdoppelt. Der Anteil des Landes an den gesamten globalen Schulden schnellte in der Zeit von fünf auf 25 Prozent hoch.

Dies hat zwar verhindert, dass China in eine Rezession rutscht und die gesamte Weltwirtschaft stabilisiert. Wachsen die Schulden eines Landes jedoch zu rasch, folgt darauf erfahrungsgemäß irgendwann ein Wirtschaftseinbruch oder zumindest eine längere Phase schwachen Wachstums. Prominente Beispiele dafür sind die wirtschaftliche Entwicklung Japans seit den 90er Jahren oder die der EU seit der Staatsschuldenkrise.

Irgendwann sind die vielen Kredite nicht mehr produktiv, dienen nur noch der Spekulation, halten unproduktive Bereiche der Wirtschaft am Leben und schaffen Überkapazitäten. Immer mehr Straßen, die mit dem Geld gebaut werden, führen ins Nichts; für zusätzliches Wachstum sind immer größere Geldspritzen erforderlich. Zuletzt musste China bereits doppelt so viel Geld ausgeben, um dieselbe Wachstumswirkung zu erzielen, wie vor zehn Jahren.

Chinas Problem ist nicht die Verschuldung der privaten Haushalte. Wegen der hohen Immobilienpreise mussten zuletzt zwar immer mehr Chinesen für den Kauf einer Wohnung einen Kredit bei der Bank aufnehmen. Mit rund 45 Prozent des BIP liegt die private Verschuldung aber immer noch weit niedriger als etwa in den USA (rund 80 Prozent). 70 Prozent aller Chinesen leben bereits in den eigenen vier Wänden; Haus oder Wohnung sind meist voll bezahlt. Und selbst wenn nicht, ist die Verschuldung der Haushalte kein Grund zur Sorge, zumindest solange der Immobilienmarkt nicht kollabiert.

Sorge bereiten allerdings die Staatsunternehmen, staatlichen Finanzinstitutionen und regionalen Gebietskörperschaften. Seit der Finanzkrise ist deren Verschuldung regelrecht explodiert und hat die Gesamtverschuldung des Landes dem Internationalen Währungsfonds (IWF) zufolge von 160 auf gut 260 Prozent des Bruttoinlandsprodukts hochgetrieben.

Mehr als die Hälfte davon entfällt allein auf Staatsunternehmen. Ein Großteil diente dazu, Überkapazitäten insbesondere in der Bau-, Stahl- und Kohlebranche künstlich am Leben zu halten. Aus Angst vor einem Einbruch der Wachstumsrate, sprunghaft ansteigender Arbeitslosigkeit und sozialen Unruhen scheute die Regierung vor dem KP-Parteitag im Herbst 2017 vor radikalen Schnitten in diesen Bereichen zurück.

Hinzu kommen undurchsichtige und riskante Praktiken im Finanzsektor. Verdienstbescheinigungen und Wertgutachten werden gefälscht, um Kredite zu bekommen; Sicherheiten bestehen häufig aus volatilen Unternehmensaktien, werden an die Geldgeber mehrfach überschrieben oder es hat sie überhaupt nie gegeben; Konsumentenkredite werden zur Immobilienspekulation zweckentfremdet. »Die internationale Erfahrung« lege nahe, mahnte der IWF 2017 in seinem Jahresbericht über China, dass »der gegenwärtige Kreditverlauf gefährlich ist«.

Für Yukon Huang, ehemals Chef der Weltbank in China und einer der intimsten Kenner des chinesischen Staatskapitalismus, hilft internationale Erfahrung in diesem Falle jedoch wenig. Die Mechanismen von Chinas Wirtschaft ließen sich nur »schwer mit anderen vergleichen«. Der Regierung in Peking ist zudem sehr wohl bewusst, dass sie den Schuldenkurs der vergangenen Jahre nicht länger fortsetzen kann. Sie hat die Gefahren, die er mit sich bringt, erkannt und bereits einen Kurswechsel eingeleitet. Die Chancen, dass er gelingt, stehen gut. Insgesamt gesehen zeigt sich Chinas Wirtschaft in einer robusten Verfassung und die Regierung verfügt über beträchtlichen Handlungsspielraum, um die Durststrecke durchzustehen, bis die geplanten Strukturreformen die gewünschten Erfolge zeigen.

Die Ratingagentur Moody's, die im Mai 2017 erstmals seit Jahrzehnten die Kreditwürdigkeit Chinas herabstufte, erwartet denn auch, dass zwar »die Erosion von Chinas Kreditwürdigkeit« vorerst weitergehen werde, weil der Umbau der Wirtschaft das Wachstum dämpfe. Sie werde jedoch nur »graduell« sein und »schließlich durch die Vertiefung der Reformen im Zaum gehalten«. Das Land sei nach wie vor »widerstandsfähig gegenüber negativen Schocks«.

Chinas Gläubiger sind fast ausschließlich seine eigenen Bürger. In Gestalt der besonders hoch verschuldeten Staatsunternehmen sind Schuldner und Gläubiger überdies mehr oder weniger identisch. Und: Ein autoritäres Regime wie das chinesische kann – zumal im staatlichen Sektor – schnell wirkende administrative Maßnahmen ergreifen, die in demokratischen Gemeinwesen und ihrem privaten Sektor der Wirtschaft nicht möglich sind. Um die Neigung zum Schuldenmachen in den Staatsunternehmen und Gebietskörperschaften einzudämmen, sollen beispielsweise Kader, die eine untragbare Verschuldung in Kauf nehmen, nur um kurzfristig schöne Wachstumszahlen präsentieren zu können, künftig bis an ihr Lebensende zur Rechenschaft gezogen werden. Durch direkte Eingriffe der Regierung nahm die Verschuldung des Landes 2017 schon deutlich langsamer zu als in den Jahren zuvor.

Obwohl die Zeit zweistelliger Wachstumsraten vorüber ist, wächst Chinas Wirtschaft mit zuletzt zwischen sechseinhalb und sieben Prozent nach wie vor deutlich schneller als die in Europa und Amerika. Das ermöglicht es dem Land, zumindest ein Stück weit aus seinen Schulden herauszuwachsen.

Bei einem Bruttoinlandsprodukt von umgerechnet rund zwölf Billionen Euro im Jahr 2017 entsprechen sechseinhalb Prozent Wachstum etwa 700 Milliarden Euro. 2010, dem letzten Jahr, in dem Chinas BIP zweistellig zunahm, entsprach dies wegen der damals noch deutlich kleineren Volkswirtschaft nur 500 Milliarden Euro.

Die Regierung verfügt zudem über enorme Finanzreserven. 2016 überstiegen die chinesischen Auslandsinvestitionen mit über 180 Milliarden Dollar die Investitionen von Ausländern in

China um mehr als 50 Prozent. Dies sowie private Kapitalflucht und notwendige Stützungsmaßnahmen der Zentralbank für den schwächelnden Yuan ließen die Fremdwährungsreserven des Landes von einst über vier Billionen US-Dollar um rund ein Viertel zusammenschmelzen. Mit strikten Auflagen für Auslandsinvestitionen und internationalen Kapitalverkehrskontrollen konnte Peking den Trend jedoch rasch stoppen und umkehren. Der Yuan-Kurs hat sich inzwischen wieder erholt, die Fremdwährungsreserven nahmen wieder zu. Mit gut 3,1 Billionen Dollar sind sie nach wie vor die größten weltweit und stellen zusammen mit der nicht frei konvertierbaren Landeswährung für Chinas Wirtschaft einen mächtigen Schutzwall gegen destabilisierende Einflüsse von außen dar.

Trotz der beachtlichen Wachstumsrate steigen die Verbraucherpreise mit rund zwei Prozent nur wenig an. Das lässt Raum für Zinssenkungen.

Handlungsspielraum bietet auch das im internationalen Vergleich noch sehr niedrige gesetzliche Rentenalter in der Wirtschaft (Männer: 60, Frauen: 50). Um dem Schrumpfen der Erwerbstätigenquote und dem damit tendenziell verbundenen nachlassenden Wachstum entgegenzuwirken, hat Peking bereits im Herbst 2015 die jahrzehntelang für Han-Chinesen gültige Ein-Kind-Politik (Minderheiten waren davon immer ausgenommen) beendet. Alle Chinesen dürfen jetzt zwei Kinder haben, auf dem Land teilweise drei. 2016 nahm die Geburtenzahl gegenüber dem Vorjahr prompt um acht Prozent zu; fast die Hälfte davon waren zweite Kinder.

Weiteres Wachstumspotential steckt in der Fortsetzung der Urbanisierung und der Möglichkeit für Landbewohner, Ackerland für agrarische Zwecke zu vermieten. In den nächsten Jahrzehnten werden vermutlich weitere 150 Millionen Chinesen in die Stadt ziehen und damit die Arbeitsproduktivität der Wirtschaft anheben. Die durch die Reform für Landbewohner nun möglichen größeren landwirtschaftlichen Bewirtschaftungsflächen dürften zudem die bisher niedrige Produktivität im Agrarsektor deutlich steigen lassen. In den 90er Jahren des vergangenen Jahrhunderts hatte die Erlaubnis für Stadtbewohner, eine Wohnung zu kaufen, einen beispiellosen Immobilienboom ausgelöst und einen Wirtschaftssektor geschaffen, der heute fast ein Viertel des Bruttoinlandsprodukts ausmacht. Dass jetzt bis zu 400 Millionen Landbewohner die Chance erhalten, ihr Einkommen zu verbessern und mehr zu konsumieren, wird sich ebenfalls positiv auf das Wachstum auswirken.

Und nicht zuletzt haben die Chinesen mit ihrer Leistungsorientierung, Flexibilität, Anpassungsbereitschaft und Geduld sowie ihrem Bildungseifer, Zukunftsoptimismus und dem Auffangnetz Familie im Rücken schon ganz andere Schwierigkeiten bewältigt als die, die ihnen nun bevorstehen. Ihre Fähigkeit, »Bitteres zu essen«, auch unter schwersten Bedingungen nicht die Zuversicht zu verlieren und weiterzumachen, hat schon so manchen Untergangspropheten eines Besseren belehrt.

Erste Erfolge in dem epochalen **Transformationsprozess** der chinesischen Wirtschaft sind bereits sichtbar. So ist der Anteil des Exports am Sozialprodukt bereits auf unter 20 Prozent zurückgegangen. Nach Schätzungen des IWF wird Chinas Handelsbilanzüberschuss von 4,4 Prozent des BIP im Jahr 2016 bis 2022 auf drei Prozent fallen. Gleichzeitig werde das Defizit bei Dienstleistungen von 2,2 auf 2,5 Prozent des BIP steigen.

Die Wertschöpfung mit Hightech-Produkten und Gütern von Zukunftsindustrien wächst deutlich schneller als der gesamte Export. Der 2016 eingeführte sogenannte New-Economy-Index, der den Beitrag von Zukunftsbranchen wie IT, Biotechnologie usw. zur Wirtschaft des Landes misst, hat bereits an die 30 Prozent erreicht. Die Zuversicht unter den Verbrauchern ist so hoch wie seit zwei Jahrzehnten nicht mehr. Entsprechend nimmt ihre Ausgabebereitschaft zu. Der Inlandskonsum macht bereits mehr als zwei Drittel des Wirtschaftswachstums aus.

Im Westen gilt China weithin immer noch als ein Land der rauchenden Schlote und Fabrikhallen, in denen Massen billiger Arbeitskräfte billige Massenprodukte herstellen. Doch dieses Bild gehört zunehmend der Vergangenheit an. Der Dienstleistungssektor ist in den vergangenen Jahren rapide angewachsen und macht inzwischen bereits deutlich mehr als die Hälfte der wirtschaftlichen Wertschöpfung aus. Wer in China etwa auf einen frei werdenden Tisch warten muss, dem wird die Wartezeit vom Restaurantbesitzer häufig mit einer Fingernagelpflege oder einer Rückenmassage verkürzt – kostenlos selbstverständlich.

China ist somit alles in allem auf dem besten Wege, das erste große autoritär regierte Land zu werden, das es nicht nur schafft, von einem Entwicklungs- zu einem Schwellenland, sondern auch von da weiter zu einem entwickelten Land aufzusteigen.

Statt die Chinesen (wieder einmal) vorschnell abzuschreiben und den Kollaps der Wirtschaft und des Regimes an die Wand zu malen, sollten wir uns besser darauf einstellen, dass sie morgen ein noch härterer Wettbewerber sein werden als heute schon. Die Kombination einer auf die Wirtschaft fokussierten, in langen Linien denkenden, fachlich kompetenten, reformwilligen und durchsetzungsfähigen Regierung mit einer leistungsbereiten und hochflexiblen Bevölkerung sowie einem gesunden Mix aus einer Reihe großer Konzerne im Weltmaßstab und einer Vielzahl kleiner und mittlerer Familienunternehmen bietet dafür jedenfalls gute Voraussetzungen.

Hinzu kommt die Bereitschaft des Staates, dem Erfolg mit Subventionen, Steuererleichterungen, verbilligten Krediten, asymmetrischem Marktzugang und anderer Vorzugsbehandlung nachzuhelfen. Gegenüber Außenstehenden sind Chinesen in der Wahl ihrer Mittel noch nie zimperlich gewesen. Und den Merkantilismus haben sie lange vor Europa oder gar Donald Trump erfunden.

Vor allem aber sind die Chinesen das wohl anpassungsfähigste Volk der Welt. Seit jeher operieren sie unter den Bedingungen großer Unsicherheit. Deshalb verzichten Unternehmer dort meist auf eine langfristige strategische Geschäftsvision und richten ihr Augenmerk auf den stetigen Wandel der Verhältnisse sowie darauf, sich kurzfristig ergebende Chancen wahrzunehmen.

Vor allem in kleinen und mittleren Unternehmen fehlt es denn auch oft an einer klar definierten Arbeitsteilung und funktionalen Spezialisierung der Mitarbeiter, an ausgearbeiteten Stellenbeschreibungen und standardisierten Geschäftsprozessen. Mitarbeiter sind für Einkauf, Produktion und Verkauf zugleich zuständig. Ihr Handeln erfolgt intuitiv, situativ und an Gelegenheiten orientiert – wie chinesisches Denken und Handeln generell.

Vielen im Westen mag dies als unprofessionell erscheinen. Gerade unter den Bedingungen rapiden technischen Fortschritts und in einer unsicheren Welt hat eine solch flexible und regelarme, strikt an den aktuellen Kundenwünschen, neuesten Technologien und Produktionsbedingungen ausgerichtete, **opportunistische Managementphilosophie** aber auch beträchtliche Vorteile.

Chinesen sind im Grunde alle Unternehmer. Für den amerikanischen Zukunftsforscher John Naisbitt sind sie sogar die »größten Unternehmer der Welt«. Wozu sie in der Lage sind, wenn sie freie Hand haben, zeigen nicht nur herausragende Unternehmerpersönlichkeiten wie Jack Ma von Alibaba oder Liu Chuanzhi von Lenovo, sondern vor allem zahllose Chinesen in Übersee. Diese kontrollieren heute 90 Prozent aller kleinen und mittleren Unternehmen in der asiatisch-pazifischen Wirtschaftsgemeinschaft APEC. Niemandem gehören mehr Firmen in der Fortune-Top-1000-Liste der Welt als ihnen.

So wie sie nur ungern zur Miete wohnen, arbeiten Chinesen auch nur ungern für andere. Viele Jahrhunderte vor dem Westen haben sie die Leibeigenschaft und den Feudalismus abgeschüttelt und sind freie (Klein-)Bauern geworden. Jeder Chinese ist am liebsten sein eigener Chef. Für die junge Generation gilt das in besonderem Maße. Sie ist auch weitaus technologiefreundlicher und fortschrittsgläubiger als ihre Altersgenossen im Westen, diskutiert weniger über damit verbundene Probleme, sondern sieht vor allem die Chancen.

Sage und schreibe 82 Prozent der in den 90er Jahren geborenen Chinesen, die abhängig beschäftigt arbeiten, denken laut einer Umfrage von LinkedIn aus dem Jahr 2016 darüber nach, ein eigenes Unternehmen zu gründen. China weist eine sehr hohe Gründerrate auf – vor allem im traditionell unternehmerischen Süden des Landes.

Der entscheidende Grund für diese **Lust zur Selbständigkeit** lässt sich im Familismus und dem Managementstil verorten, den dieser zur Folge hat. Das Kapital der meisten chinesischen Unternehmen befindet sich vollständig in den Händen des Eigentümers und dessen Familie. Wachstum wird traditionell weniger durch Bankkredite oder über den Kapitalmarkt finanziert als über einbehaltene Gewinne oder die Unterstützung von Verwandten.

Familienfremde Manager und Spezialisten sind selten, besonders in wichtigen Positionen wie etwa der Kontrolle der Finanzen. Außerdem ist die Entscheidungsgewalt oft extrem in der Person des Eigentümers zentralisiert. Chinas Unternehmenschefs führen ihre Unternehmen in der Regel wie der Vater seine Familie. Notfalls entscheiden sie ganz allein, sie ordnen an und erwarten, dass die Anordnung umgesetzt wird. Bis ins hohe Alter laufen bei ihnen alle Fäden zusammen. Das Idealbild des konfuzianischen Führers, ob in der Familie oder im Unternehmen, ist das eines fachlich kompetenten und zugleich fürsorglichen Chefs, der seine Macht nicht nur zu seinem persönlichen Vorteil nutzt, sondern sich zugleich auch um das Wohl der ihm Anvertrauten kümmert. Im Gegenzug kann er auf deren Vertrauen, Loyalität und Gefolgschaft bauen. Professor Gordon Redding von der bekannten Management-Schule INSEAD bezeichnet dieses Führungssystem als **Paternalismus,** Lin Yutang nannte es »Regierung durch Gentlemen«.

Leider sind Gentlemen in der Realität jedoch eher die Ausnahme als die Regel, vor allem wenn die Unternehmen über den Familien- und Freundeskreis hinauswachsen. Daher bleibt von chinesischen Chefs oft nur die Machtfülle – ohne den entsprechenden Charakter. Das paternalistische System tendiert zu autoritärer Führung, die Mitarbeiter zeigen eine große Machtdistanz, wie die Soziologen es nennen: Sie äußern keine eigene Meinung, ergreifen nicht die Initiative, scheuen das Risiko und übernehmen keine Verantwortung. Denn ein solches Verhalten wird nicht belohnt, ja es ist sogar gefährlich.

Gerade ehrgeizige und talentierte, aber familienfremde junge Mitarbeiter wollen irgendwann mehr Autonomie und Verantwortung, sie sehen oft keine Chance, in die Unternehmensspitze aufzusteigen, und gründen deshalb lieber ein eigenes Unternehmen. Loyalität kennen Chinesen ohnehin nur gegenüber Menschen, nicht gegenüber Unternehmen oder Institutionen. Einer Untersuchung der Universität Wuhan zufolge wechselten im Perfluss-Delta bei Kanton, mit Schanghai und Umgebung die bedeutendste Wirtschaftsregion des Landes, in den Jahren 2015 und 2016 über 26 Prozent der Beschäftigten ihren Arbeitsplatz.

Chinesische Privatunternehmen kommen denn auch über eine gewisse Größe meist nicht hinaus. Sie leiden an dem sogenannten Buddenbrooks-Phänomen. Die Eigentümer können auf Dauer innerhalb des eigenen Vertrauensnetzwerks nicht genug kompetentes Personal finden oder an sich binden sowie genügend Kapital einsammeln, um stark zu wachsen oder das Unternehmen auf eine langfristig solide Grundlage zu stellen. In familienfremde Mitarbeiter haben sie kein Vertrauen, diese übernehmen deshalb auch keine Initiative und Verantwortung. Mit der dritten Generation ist dann in der Regel Schluss, weil keine geeigneten Nachfolger für die Führung des Unternehmens zur Verfügung stehen.

Während die westliche Management- und Geschäftspraxis sich als aufgabenorientiert und regelbasiert charakterisieren lässt, ist die chinesische **beziehungsorientiert**. Vertrauen und Loyalität gehen im Zweifel über Leistung und Qualität. Wer in China versucht, Sachebene und persönliche Ebene zu trennen, kann nicht erfolgreich sein. Die Aussage »Dienst ist Dienst und Schnaps ist Schnaps« ist Chinesen absolut wesensfremd. Unternehmenschefs und Manager verbringen den größten Teil ihrer Arbeit nicht mit Sachthemen, Sitzungen und dem Verfassen von Memos usw., sondern mit Beziehungspflege. Dies geht bis weit in den privaten Bereich hinein. So kümmern sich chinesische Manager oft wie selbstverständlich um Eheprobleme ihrer Mitarbeiter oder besuchen diese am Krankenbett.

Umgekehrt nehmen chinesische Arbeitnehmer keineswegs durchweg den ihnen gesetzlich zustehenden Urlaub (fünf Tage in den ersten zehn Jahren Betriebszugehörigkeit und fünfzehn Tage danach) voll in Anspruch oder erhalten für Überstunden wie vorgeschrieben 50 und für Wochenendarbeit 100 Prozent mehr Lohn. 2016 verzichtete schätzungsweise ein Drittel der Büroangestellten des Landes auf einen Teil ihres Urlaubs.

Während im Westen gute Geschäfte in der Regel auch gute menschliche Beziehungen begründen, ist es in China umgekehrt. Gute persönliche Beziehungen sind Vorbedingung für Geschäfte. Ob in der Politik oder im Geschäftsleben – Chinesen interessieren sich bei der Kontaktaufnahme und in Verhandlungen vor allem erst einmal für die Person gegenüber. Ihr Verhandlungsstil wurzle in ihrer kulturellen Tradition, so der Diplomat Richard Solomon in seiner berühmten Analyse der Wiederannäherung zwischen Peking und Washington Anfang der 70er Jahre des vorigen Jahrhunderts. »Sie misstrauen unpersönlichen und legalistischen Verhandlungen.«

Bei gemeinsamen Banketten verwenden sie viel Zeit darauf, sie kennenzulernen, ohne lange auch nur ein Wort über das Geschäft zu verlieren. Westlichen Managern erscheint dies als pure Zeitverschwendung; für Chinesen dagegen ist es höchst sinnvoll investierte Zeit. Sie wollen damit herausfinden, wie viel Wert der mögliche Partner auf die Beziehung legt. Je mehr Geduld er zeigt, desto ernsthafter seine Absicht. Die vielen Essen, Trinksprüche und Rituale dienen dazu, sogenannte »instrumentelle Guanxi« herzustellen, gegenseitige Vertrauens- und Verpflichtungsbeziehungen mit Fremden auf der Basis von Geben und Nehmen.

»Der Weg zum Herzen führt über den Magen«, so ein chinesisches Sprichwort. Und das ist nicht nur ein leerer Spruch. »Der Versuch, starke zwischenmenschliche Beziehungen herzustellen und zu manipulieren«, so Solomon, sei »das hervorstechendste Merkmal« des chinesischen Verhandlungsstils. Schon der britische Gesandte Macartney musste einst zahllose Bankette besuchen und Protokollfragen klären, ehe er schließlich zum Kaiser vorgelassen wurde. Die Klagen der Briten über das in ihren Augen umständliche und zeitraubende Prozedere ließen sie in den Augen der Pekinger Hofbeamten nur umso mehr als Barbaren erscheinen. »Die ›fremden Teufel‹ verstehen die Dinge in China nicht«, so der Buchautor Yi Tian. »Sie wissen nicht, dass es bei der Einladung zum Essen nicht nur um das Essen und Trinken geht, sondern gleichzeitig vielfältige und tiefgreifende kulturelle Aspekte berührt werden.«

Verträge und Vereinbarungen werden in den Augen der Chinesen denn auch nicht in erster Linie zwischen Unternehmen, sondern zwischen Menschen geschlossen. Diese sind für sie deshalb auch immer nur so gut wie die persönlichen Beziehungen zwischen den jeweiligen Vertragspartnern. Der China-Forscher Pei Minxin bezeichnet das chinesische Wirtschaftssystem deshalb auch als **»Kumpel-Kapitalismus«**. Für Chinesen dagegen ist es Ausdruck einer jahrtausendealten Kultur-Praxis: Die von Konfuzius propagierte »Herrschaft durch Menschen« (*Ren Zhi*) statt einer Herrschaft von Regeln.

Geschäftspartner, die auf die Einladung in das Guanxi-Netzwerk gegenseitiger Verpflichtungen nicht eingehen, können von ihrem Gegenüber in China keine Fairness erwarten. Es ist erlaubt, sie zu übervorteilen und zu täuschen. Statt Win-win gilt dann Win-lose. Die Weisheit des Geschäftsmanns unterscheidet sich nicht mehr von der Weisheit des Kriegers, ökonomischer und unternehmerischer Wettbewerb wird zum Krieg mit anderen Mitteln. Unter Landsleuten und mehr noch mit dem Ausland.

Im September 2017 veröffentlichten das Zentralkomitee der Kommunistischen Partei und die Regierung erstmals eine gemeinsame Erklärung, in der sie von den chinesischen Wirtschaftsführern vor allem »Patriotismus« verlangen. Dieser sei »ihre höchste Verpflichtung«. Im Zweifel, so heißt das, entscheidet in China auch in Zukunft nicht der Markt, sondern der Staat. China first.

Staat und Herrschaft
Zwischen Meta-Konfuzianismus und Sino-Marxismus

Im Buch der Riten, einem der jahrtausendealten Klassiker der chinesischen Kultur, findet sich die Zielvorstellung der konfuzianischen Gesellschaftslehre: »Die Zeit wird kommen«, heißt es da, »in der unter einer humanen Regierung alle Menschen auf der Welt genug Essen und Kleidung und alle Kinder eine gute Erziehung haben und Mitmenschlichkeit der Standard wird, demgemäß die Menschen miteinander reden, sich zueinander verhalten und miteinander Geschäfte machen.« Es ist die Utopie von »der großen Gemeinschaft aller Menschen« (*Datong*), in der niemand darben muss, alle friedlich miteinander zusammenleben – und man nicht nur die eigenen Verwandten mitmenschlich behandelt.

Das chinesische Wort für Staat (*Guojia*) setzt sich zusammen aus den Wörtern für »Land« (*Guo*) und »Familie« (*Jia*). Staat bedeutet für Chinesen also »Staatsfamilie«; er ist nichts anderes als die Familie der Familien und der Herrscher der oberste Familienvater, *Pater patriae*. Wie ein Vater seine Kinder (und der Unternehmenschef seine Mitarbeiter), so soll er sein Volk behandeln: weise, gütig und menschenfreundlich. Und wie die Kinder dem Vater (und die Mitarbeiter dem Unternehmenschef), so ist auch das Volk einem solchen Herrscher Gehorsam schuldig.

An die Stelle des Kaisers ist in der Volksrepublik die Kommunistische Partei getreten. Diese propagiert längst nicht mehr den Klassenkampf, sondern präsentiert sich eher konfuzianisch als treusorgender Familienvater, als Interessenvertreter des gesamten Volkes und einzige Kraft, die Wohlstand, Zusammenhalt und Unabhängigkeit des Landes, Stabilität und Ordnung, kurz: Harmonie zu sichern vermag.

Da die Familie hierarchisch strukturiert ist, muss auch die politische Ordnung hierarchisch sein. Laut Mo Zi, dem Begründer des Mohismus, hat das Volk einen Herrscher eingesetzt, um sich vor Anarchie zu schützen. Chinas Geschichte zeigt, dass der Kaiser entweder die Kontrolle über das Reich besaß oder Chaos herrschte.

Für die Chinesen haben daher **Stabilität und Ordnung** einen sehr hohen Stellenwert. Sie besitzen, was der amerikanische Sozialpsychologe Jonathan Haidt in seinem Bestseller »The Righteous Mind« als »konservativen Instinkt« bezeichnete. In dem klassischen Roman »Ein Traum der roten Kammer« heißt es gleich zu Beginn: »Die Guten bringen Ordnung in die Welt, die Schlechten stürzen sie ins Chaos.« Selbst dem 2017 verstorbenen Regimekritiker Liu Xiaobo, der wegen seines Eintretens für eine parlamentarisch-demokratische Ordnung vom norwegischen Nobelpreiskomitee mit dem Friedensnobelpreis ausgezeichnet, vom chinesischen Staat dagegen zu elf Jahren Gefängnis verurteilt worden war, erschien »die Ordnung einer schlechten Regierung besser als das Chaos der Anarchie«.

Das hierarchische Denken und die politische Ordnungssehnsucht der Chinesen werden im Westen oft mit Kadavergehorsam und obrigkeitsstaatlicher Haltung verwechselt. Ein Beispiel dafür liefern die Medienberichte über die abenteuerlichen Erlebnisse, die ein Rucksacktourist aus China im Sommer 2016 mit deutschen Behörden hatte. Im irrigen Glauben, eine polizeiliche Verlustanzeige für seine abhandengekommene Brieftasche zu unterschreiben, setzte er seine Unterschrift unter einen Asylantrag und wurde daraufhin in ein Flüchtlingsheim verfrachtet.

Als das Missverständnis bekannt wurde, zeigten Deutschlands Medien, die sich sonst für jeden in die Bresche werfen, der in die Mühlen der deutschen Bürokratie gerät, für den jungen

Mann aus Peking kaum Mitleid. Dieser habe »weder Deutsch noch Englisch« gesprochen und vor allem »einfach alles mit sich machen lassen«. So sehe es aus, »wenn deutsche Bürokratie auf chinesisches Obrigkeitsdenken trifft«, schrieb »Spiegel Online«.

Mit Obrigkeitsdenken hatte das Verhalten jedoch wenig zu tun – eher mit chinesischer Gewitztheit. Der Rucksacktourist war schließlich auf Entdeckungsreise in Europa unterwegs, der deutsche Staat bescherte ihm frei Haus eine besondere Erfahrung, kutschierte ihn kostenlos durchs halbe Land, spendierte ihm Kost und Logis, brachte ihn komfortabler unter, als er es auf seiner Reise sonst gewohnt war, und gab ihm obendrein auch noch ein Taschengeld. Der Mann nahm das alles gerne mit. Als es ihm nach zwei Wochen langweilig wurde, wollte er weiterziehen und machte die Behörden auf ihren Irrtum aufmerksam.

Die Bereitschaft der Chinesen zu politischem Gehorsam ist traditionell stets an eine Bedingung geknüpft: Als Gegenleistung muss die Regierung für Ordnung, Stabilität und Wohlstand sorgen. Oben kümmert sich um Unten, Unten ist dafür gegenüber Oben loyal, das ist der klassische chinesische Gesellschaftsvertrag.

Als der Herzog von Lu von ihm wissen wollte, was das Regierungsprinzip der »weisen Könige« der Vergangenheit gewesen sei, antwortete Konfuzius: »Der Herrscher soll dem Volk dienen«, er müsse »echtes Interesse für einfache Leute zeigen«. Regierungsvertreter sollten »ihre Taten mit ihren Worten in Übereinstimmung bringen und sich vorbildlich verhalten«. Nur so würden »ihre Anordnungen befolgt und Verbote beachtet«. Es gelte deshalb, nur Personen in Staatsämter zu berufen »die zugleich tugendhaft und kompetent sind«.

Nicht Befehl und Gehorsam, lautet also das traditionelle chinesische Führungsprinzip, sondern Überzeugen durch Leistung und Integrität, wobei Letztere noch wichtiger ist als Erstere. »Bevor Sie prüfen, was jemand kann, müssen Sie sich davon überzeugen, dass der Mensch anständig ist«, so Konfuzius zum Herrscher von Lu, »denn je fähiger ein unanständiger und korrupter Mann, desto mehr Schaden wird er anrichten.«

Der Staat ist in der konfuzianischen Lehre vor allem anderen eine moralische Institution. Der Herrscher muss durch tugendhaftes Vorbild regieren, das soll auf seine Beamten und das Volk abfärben und so für Ordnung und Harmonie sorgen. »Wer mit Tugend regiert, wird gedeihen«, so Konfuzius, »wer mit Gewalt regiert, wird untergehen.«

So seltsam es erscheinen mag, aber diese alte Weisheit hat offenbar auch die Machthaber in Peking beschäftigt, die 1989 die Demokratiebewegung niederschlagen ließen. In seiner Einführung für die »Tiananmen Papers«, die Geheimdokumente der chinesischen Führung über die blutigen Ereignisse am Platz des Himmlischen Friedens, schreibt der amerikanische China-Experte Andrew Nathan jedenfalls, die Verantwortlichen hätten monatelang gezögert und auf eine friedliche Lösung gesetzt. »Zu den Opfern kam es trotz gegenteiliger Befehle«, so Nathan, »als unzureichend ausgebildete Soldaten außer Kontrolle gerieten.«

In der konfuzianischen Lehre ist es die Kernaufgabe des Staates, moralisches Vorbild für eine sich ansonsten weitgehend selbst steuernde Gesellschaft zu sein. Der konfuzianische Staat ist kein Rechtsstaat, sondern ein **Moralstaat**. Moralische Verhaltensregeln und Etikette (*Li*) sollen das Zusammenleben der Menschen ordnen, nicht Gesetze. Schamgefühl tritt an die Stelle der Angst vor Strafe. Der bekannte Sinologe Yu Yingshi spricht in diesem Zusammenhang von »Panmoralismus«.

Ist die Regierung gut für das Volk, ist für Konfuzianer alles wohlgeordnet im Staat: »Ein Herrscher, der seinen Staat tugendhaft führt«, so Konfuzius, »ist wie der nördliche Polarstern, der immer an seinem Platz bleibt, während alle anderen Sterne sich um ihn herum bewegen.« Ist die Regierung dagegen schlecht, haben die Beherrschten das Recht, sie »im Namen des Himmels« zu stürzen.

Das Argument vom »Mandat des Himmels« (*Tianming*), der Legitimation zum Regieren, wurde erstmals von dem Zhou-Herrscher verwandt, der um die Mitte des 11. Jahrhunderts vor unserer Zeitrechnung die Shang-Dynastie ablöste. Diese hatte durch ausschweifenden Lebenswandel und Unterdrückung des Volkes dessen Unterstützung verloren.

Der Kaiser war zwar »Sohn des Himmels« (*Tianzi*) und mit dem »Mandat des Himmels« ausgestattet, aber kein Gottkönig. »Wenn der Herrscher schwere Fehler begeht«, so Menzius, »sollte er kritisiert werden. Macht er dieselben Fehler erneut und geht auf die Kritik nicht ein, sollte er entthront werden.«

Der Himmel steht in China für die Ordnung des gesamten Kosmos. Er ist zugleich das oberste moralische Prinzip, dem auch der Herrscher unterworfen ist. Der Kaiser hatte die Aufgabe, für Harmonie in der weltlichen Ordnung sowie zwischen dieser und der kosmischen Ordnung zu sorgen. Naturkatastrophen wurden denn auch immer als Zeichen für den Verlust des Himmelsauftrags gedeutet. In den Augen des Volkes offenbarten sie unübersehbar einen Verstoß des Herrschers gegen die kosmische Ordnung und signalisierten dessen nahes Ende.

Für das Verhältnis zwischen Volk und Regierung gilt dasselbe wie für das zwischen Vater und Sohn. Dieser schuldet jenem Achtung und Gehorsam, aber der Vater übernimmt für ihn auch Verantwortung und hat die Pflicht zur Fürsorge. »Wie kannst du sagen«, so Konfuzius zu einem seiner Schüler, »der kindliche Respekt gegenüber dem Vater bestehe nur aus Gehorsam?« Wenn es moralisches Unrecht gebe, müsse »es korrigiert werden«. Und: »Respekt vor Autorität heißt nicht das Befolgen unmoralischer Anordnungen.«

Ein Herrscher, der ungerecht handelt, der seine Fürsorgepflicht verletzt, ein Diktator, verliert seine moralische Autorität und damit das Recht auf die Gefolgschaft seines Volkes.

Der politische Paternalismus Chinas ist durch das Mandat des Himmels konditioniert. Es ist ein Vertrag auf Gegenseitigkeit. »Wenn der Herrscher nicht mitmenschlich ist«, so Menzius, »kann er nicht verhindern, dass er den Thron verliert.« Und von Xunzi stammt der Satz: »Der Herrscher ist ein Boot und das Volk das Wasser. Das Wasser trägt das Boot, kann es aber auch umkippen.«

Die konfuzianische Sichtweise gilt im Prinzip auch im China von heute. Zwar ist dort nicht mehr vom »Mandat des Himmels« die Rede, aber der Grundsatz der **Reziprozität** zwischen Herrschern und Beherrschten muss weiterhin gewahrt sein: Liefern die oben nicht, verweigern ihnen die unten die Gefolgschaft.

Das chinesische Wort für Machtwechsel heißt nach wie vor »Wechsel des Mandats« (*Geming*) – und ist zugleich auch das Wort für Revolution. China hat nie Regeln für einen geordneten und friedlichen Übergang der Macht an Andersdenkende entwickelt. Dabei hätte auch Konfuzius schon wissen müssen, dass sein Idealbild des menschenfreundlichen und weisen Herrschers in der Realität wohl eher die Ausnahme bleiben würde.

Aber ein Vater kann nun einmal weder abdanken noch abgewählt werden. Er bleibt der Vater, bis er stirbt. Dasselbe gilt für den *Pater patriae*. Er bleibt der Herrscher bis zu seinem natürlichen Tod oder seiner gewaltsamen Ablösung. Folgerichtig sah bereits Menzius ausdrücklich das Recht zur Rebellion, ja sogar zum Königsmord vor. *Pater patriae* ist im China von heute eine autoritäre Partei, deren Führer einen langen Qualifikationsprozess durchlaufen müssen und sich seit einigen Jahrzehnten immerhin in regelmäßigen Abständen und ohne Gewaltanwendung ablösen lassen.

Auch im Hinblick auf den Staat verhalten sich Chinesen (gruppen-)egoistisch. Die Familie kommt für sie stets an erster Stelle. Während der Konflikt zwischen den Verpflichtungen des Menschen gegenüber Gott bzw. der Kirche einerseits und dem Staat andererseits im Westen nach schweren Kämpfen zugunsten des Staates entschieden wurde, stand dieser in dem chinesischen Konflikt zwischen den Verpflichtungen ihm und der Familie gegenüber von Anfang an auf verlorenem Posten.

Der ehemalige US-Außenminister und China-Kenner Henry Kissinger spricht von den Chinesen denn auch als »paradoxer Masse – zugleich folgsam und unabhängig, unterwürfig und selbständig, Grenzen setzend weniger durch direkte Herausforderung als durch Zögern beim Ausführen von Befehlen, die sie als unvereinbar mit dem Wohl ihrer Familie betrachtet«.

Zu moralischer Integrität und der Fürsorgepflicht gegenüber dem Volk kommt als drittes Wesenselement des konfuzianischen Staats seine dezentrale Verfasstheit, man könnte auch sagen: **Subsidiarität**. Der chinesische Kaiser war in der Regel kein totalitärer Herrscher, sondern mehr eine Art Aufsichtsratsvorsitzender der Nation. Die unzähligen örtlichen Dorfgemeinschaften des Landes konnten sich weitgehend selbst regieren.

Zum einen zeigen sich hier der chinesische Realismus und Pragmatismus: In dem Riesenreich mit seiner bis in die jüngere Vergangenheit hinein schlechten Infrastruktur war etwas anderes als eine dezentrale Steuerung gar nicht möglich. Zum anderen entsprach die dezentrale Ordnung des Gemeinwesens der geistigen Haltung des »Wuwei« der Taoisten, die weitgehend auch von den Konfuzianern geteilt wird: »Je mehr Einschränkungen und Verbote es in der Welt gibt«, so Laotse, »desto ärmer werden die Leute sein, je mehr Gesetze erlassen werden, desto mehr Diebe und Banditen wird es geben.«

Solange eine Dorfgemeinschaft keinen Ärger machte, regelmäßig ihre Abgaben erbrachte und gelegentliche Hilfsdienste für die Zentralregierung leistete, etwa beim Kanalbau, hielt diese sich aus ihren Angelegenheiten heraus. Umgekehrt verlangten auch die einzelnen Dorfgemeinschaften von ihr nichts, außer für die öffentliche Ordnung zu sorgen.

Es gab kein stehendes Heer, Streitigkeiten untereinander wurden in der Regel von den Dorfältesten geregelt. »Die Berge sind hoch und der Kaiser ist weit weg«, so das im Ausland wohl bekannteste chinesische Sprichwort.

Die Regierung, das war nicht der Kaiserhof in der fernen Hauptstadt, das waren die Landräte oder Präfekten, wie wir heute sagen würden, vor Ort. Gemessen an der Bevölkerungszahl gab es davon nicht sehr viele. Selten in der Geschichte zählte China mehr als 20 000 Mandarine. Bei 400 Millionen Einwohnern zu Zeiten der Qing-Dynastie kam damit ein Staatsbeamter auf 20 000 Einwohner.

Zudem waren die Mandarine meist mehr Literaten als Verwaltungsexperten. Sie beschränkten sich in der Regel darauf, Konflikte zu moderieren, statt aktiv zu intervenieren. Um einer Machtbildung gegen die Zentrale vorzubeugen, durften sie obendrein ihren Dienst nicht in ihrer Heimatprovinz verrichten und amtierten immer nur für relativ kurze Zeit an einer Stelle. Sie besaßen daher meist wenig Ortskunde und Kenntnis der lokalen Sprache und waren auf die Hilfe der lokalen Führungsschicht aus wohlhabenden Landbesitzern angewiesen, die zu einem guten Teil selbst einmal Mandarine waren und auch den Großteil des Beamtennachwuchses hervorbrachten.

Die Zentrale hatte in dem Riesenreich stets einen Balanceakt zu bewältigen. Zu viel Dezentralisierung führte zu Chaos oder gar zum Verlust der Einheit des Landes, zu starke Zentralisierung zu wirtschaftlicher Stagnation, Unruhen und Regimewechsel. Mao Zedong konnte die Macht in China nicht zuletzt deshalb erobern, weil es dem Guomindang-Regime in der ersten Republik nicht gelang, ein starkes Zentrum zu etablieren.

Infolge der modernen Infrastruktur und eines Millionenheeres aus Verwaltungsbeamten ist die Zentrale heute mächtiger, der Kaiser gewissermaßen näher als je zuvor in Chinas Geschichte. Seit dem Zusammenbruch der Sowjetunion sind die Herrscher in Peking restlos davon überzeugt, dass die weitere Modernisierung des riesigen Landes nur bei stabilen politischen Verhältnissen unter der Führung einer starken Zentrale gelingen kann. »Ohne machtvolle und starke Führung durch die Partei«, so Wang Qishan, »ist das chinesische Volk nur eine lockere Sandplatte.«

Dennoch ist der Grad der Selbstverwaltung und Dezentralisierung in dem Land immer noch vergleichsweise hoch. Regionale und örtliche Ebene eilen der Politik der Zentrale oft voraus, wandeln sie ab, verschleppen oder ignorieren sie sogar völlig. Chinas Provinzen sind starke regionale Wirtschafts- und Verwaltungseinheiten, die sich untereinander heftig Konkurrenz machen, zum Beispiel um ausländische Investitionen. Auch Städte und Kommunen haben zum Teil weitreichende lokale Entscheidungsgewalt – etwa bei Sozialleistungen.

Die Chinesen sind traditionell **staatsfern**. Sie wollen mit Staat und Behörden so wenig wie möglich zu tun haben. »Nicht ein einziger unserer Bürger betrachtet die Angelegenheiten der Nation als seine eigenen«, klagte der Reformer Liang Qichao schon im Kaiserreich.

So hat das nationale Statistikamt beispielsweise regelmäßig Schwierigkeiten, eine für die Berechnung des Bruttosozialprodukts repräsentative Stichprobe zur Erfassung der Haushaltseinkommen und Konsumausgaben zusammenzubekommen. Und das, obwohl die Behörde für das Mitmachen bezahlt. Weil dies jedoch nur Kleinverdiener locken kann, werden beide Größen häufig unterschätzt.

Da das konfuzianische Mandarinat die geistige, gesellschaftliche und politische Elite des Landes in einem war, konnte es Konkurrenz durch Kirchen, Wissenschaft, Kunst, Handel oder Militär immer im Zaum halten. »Keine göttliche und keine ebenbürtige menschliche Autorität«, so Max Weber, trat je in einen Interessenwettstreit mit den Mandarinen. Entsprechend entwickelten sich in China keine horizontalen gesellschaftlichen Strukturen und Institutionen, entstand keine politisch aktive Bürgergesellschaft wie im Westen.

Auch das zeitweilige Erstarken von Taoismus und Buddhismus, zahlreiche Bauern-Rebellionen und selbst die Eroberungen durch fremde Völker vermochten daran nichts zu ändern. Erst die Demütigung durch die technisch und militärisch inzwischen an China vorbeigezogenen westlichen Kolonialstaaten führte schließlich zum Ende der konfuzianischen Geistes- und Beamtenelite und mit ihr des Kaisertums.

Im Grundsatz lebt das althergebrachte politische Ordnungsmodell des Landes jedoch bis heute weiter. An die Stelle der alten traten unter der Herrschaft der Guomindang-Partei nur neue, republikanisch verkleidete Mandarine, die weiter nicht nur einen politischen, sondern auch geistigen und spirituellen Monopolanspruch erhoben. Von dem einstigen Paternalismus blieb am Ende nur noch das autoritäre Element übrig. Unter Mao Zedong wurde daraus in den ersten Jahren der Volksrepublik sogar ein totalitäres Regime.

Doch wie einst die Gewaltherrschaft von Qin Shi Huang Di blieb dies nur ein Intermezzo. Maos Nachfolger näherten sich dem traditionellen Regierungssystem des Landes wieder an und zogen sich aus dem Privatleben der Chinesen weitgehend zurück. Diese können im Prinzip tun und lassen, was sie wollen – solange die Kommunistische Partei ihr Machtmonopol nicht berührt sieht. Um zu überwachen, ob die Bevölkerung die ihr gewährten Freiheiten nicht gegen sie verwendet, und zu verhindern, dass sich die vielen Teilöffentlichkeiten des riesigen Landes zu einer einzigen verbinden, beschäftigt das Regime allerdings ein Millionenheer von Kontrolleuren und Internet-Zensoren.

Als Gegenleistung für das Machtmonopol, das die KP beansprucht, muss sie – wie alle früheren Dynastien – das Versprechen einlösen, für Stabilität, Wohlstand und Fortschritt zu sorgen. Der volksrepublikanische Gesellschaftsvertrag sieht dem aus der Kaiserzeit zum Verwechseln ähnlich.

Staatliche Fürsorge bedeutet dabei nicht Sozialfürsorge, sondern die Voraussetzungen dafür zu schaffen, dass jeder Chinese, der sich Mühe gibt, es zu etwas bringen kann. Staatliche Sozialhilfe (*Dibao*) zu beziehen, betrachten selbst die Ärmsten der Armen in China als Stigma.

Die chinesische Staatstradition lässt sich also am besten als **»Herrschaft f ü r das Volk«** charakterisieren – im Unterschied zum westlichen Demokratieverständnis als einer »Herrschaft d u r c h das Volk«. Sie ist die politische Entsprechung des wirtschaftlichen und gesellschaftlichen Paternalismus. Dabei geht es darum, die eigene Macht so auszuüben, dass sie dem mehrheitlichen Volkswillen entspricht, ohne das Volk in Wahlen zu befragen.

Maos Parole »Dem Volke dienen« (*Wei renmin fuwu*) schloss an diese uralte Tradition propagandistisch an. Sie ist überall im Lande an offiziellen Gebäuden zu finden und schmückt den Haupteingang zum Regierungssitz Zhongnanhai an Pekings Changan-Straße.

In der Parole mischt sich konfuzianischer Paternalismus mit der autoritären legalistischen Tradition, die Züge einer Erziehungsdiktatur trägt. »Das Volk hat den Verstand eines Kindes«, so Han Fei Zi, der prominenteste Vertreter des Legalismus. Kinder aber könnten »nicht verstehen, dass der kleine Schmerz, den sie heute erleiden, morgen von großem Vorteil für sie sein wird«.

Für den Fall, dass die Führung des Landes ihren Teil des Sozialvertrags nicht erfüllt oder erfüllen kann bzw. die »Schmerzen«, von denen Han Fei Zi sprach, für das Volk zu groß werden, gibt es in China im Unterschied zu westlichen Demokratien nach wie vor keine Regelung für einen friedlichen Regimewechsel. Der Gedanke einer »loyalen Opposition«, die stets als Alternative zur Regierung bereitsteht, ist traditionellem chinesischem Denken fremd. »Die Edlen sind gesellig, bilden aber keine Parteiungen«, so Konfuzius. Interessenpluralismus hat auf der politischen Ebene in China nie eine Entsprechung gefunden. »Nägel, die hervorstehen, werden eingeschlagen«, so ein Sprichwort.

Schon Sun Yatsen, der Vater der ersten chinesischen Republik, wollte für den Wettstreit politischer Parteien nur »gute Parteien« zulassen. Nach seinem Verständnis waren das Parteien, deren Denken sich »um den nationalen Fortschritt und das Wohlergehen der Bürger dreht«. Parteien, die »die Interessen einer Minderheit oder die materialistischen, selbstsüchtigen Ziele Einzelner« befriedigen wollten, zählen für ihn nicht dazu. Mit diesem bedingten Parteienpluralismus und der Neigung zur Volksbeglückung von oben stand Sun der paternalistischen Tradition näher als westlichen Vorstellungen von Demokratie.

Für die Volksrepublik ist Parteienwettstreit gänzlich tabu. Sosehr Deng Xiaoping in der Wirtschaft Wettbewerb guthieß, so wenig wollte er davon in der Politik etwas wissen: »Wenn unsere Bevölkerung von einer Milliarde Menschen sich in Mehr-Parteien-Wahlen stürzen würde«, so Deng, »bekämen wir ein Chaos, wie wir es bei dem ›totalen Bürgerkrieg‹ der Kulturrevolution erlebt haben.«

Parteienpluralismus, freie Wahlen, Parlamentarismus, Opposition als politische Institution, Gewaltenteilung und Herrschaft des Rechts kommen im hergebrachten Denken der Chinesen nicht vor. Solange sie nicht davon überzeugt werden können, dass ihr Land, nach westlichen Vorstellungen regiert, genauso stark, wohlhabend und vor allem stabil sein kann wie unter dem heutigen Regime, haben Demokratie und Rechtsstaat in unserem Sinne bei ihnen wenig Chancen.

Deng Xiaoping gab für das gewaltsame Eingreifen der Armee gegen die auf dem Pekinger Tiananmen-Platz demonstrierenden Studenten die Losung aus: »Stabilität muss absoluten Vorrang haben.« Sie ist bis heute gültig. Mit so vielen Menschen und so geringen Ressourcen könne China »ohne Frieden und Einheit in der Politik und ohne eine stabile soziale Ordnung nichts zuwege bringen«, so Deng.

Stabilität in China sei überdies auch zum Nutzen der ganzen Welt. Denn über diese würden sich bei einem Bürgerkrieg in China, so Deng, Flüchtlingsströme »nicht in einer Stärke von Millionen oder zig Millionen ergießen, sondern von Hunderten Millionen. Das wäre eine Katastrophe globalen Ausmaßes. Daher darf China sich nicht selbst ins Chaos stürzen – und das bedeutet, dass wir nicht nur für uns verantwortlich sind. Sondern auch an die ganze Welt und die gesamte Menschheit denken müssen.«

Trotz der immer wieder an die Adresse Pekings vorgetragenen Forderungen nach Demokratie und Schutz der Menschenrechte hat Dengs Ansicht stets auch in so mancher westlichen Regierung klammheimlich Zustimmung gefunden. Seit Europa sich mit einem Immigrantenstrom aus Afrika und der islamischen Welt konfrontiert sieht, dürfte dies noch mehr der Fall sein.

Wie parteiintere Dokumente der KP zeigen, war Stabilität auch für den Premierminister und Parteichef Zhao Ziyang, der mit den gegen das Regime demonstrierenden Studenten sympathisierte und deswegen von Deng gestürzt wurde, von überragender Bedeutung: »Unsere jungen Leute, besonders die Hochschüler«, so Zhao, »müssen die kritische Rolle der Stabilität begreifen. Wenn die Stabilität verlorengeht, büßen wir alles ein.« Selbst der Künstler und Regimekritiker Ai Weiwei zeigte in einem Interview mit der »Süddeutschen Zeitung« im August 2015 Verständnis für die Härte der chinesischen Führung gegenüber Dissidenten: Die soziale und politische Struktur des Landes sei »ziemlich fragil«, so Ai. Würde die Regierung vor ihren Kritikern zurückweichen, »könnte alles zusammenbrechen«.

Nach der Menschenrechtserklärung der Vereinten Nationen hat jeder Mensch »das Recht auf Leben, Freiheit und die Unversehrtheit seiner Person«; alle Menschen sind »vor dem Gesetz gleich«; jeder hat das Recht, »direkt oder durch frei gewählte Repräsentanten bei der politischen Willensbildung mitzuwirken«, sowie »das Recht auf einen Lebensstandard, der ihm selbst und seiner Familie Gesundheit und Wohlbefinden sichert«, und nicht zuletzt »das Recht auf Bildung«.

Die UN-Menschenrechtscharta beruht jedoch auf der Annahme der Willensfreiheit des Menschen und damit auf einem kulturellen Konstrukt des Westens. Die American Anthropological Association hat die Erklärung deswegen seinerzeit als »ethnozentrisches Dokument« bezeichnet. **Menschenrechte, Demokratie und Rechtsstaat**, wie wir sie verstehen, erklären sich demnach nur vor unserem kulturellen und geschichtlichen Hintergrund von selbst.

Wir glauben, dass jedem Menschen kraft seines bloßen Menschseins unveräußerliche Rechte zustehen, weil wir daran glauben oder zumindest einmal glaubten, dass Gott den Menschen als autonomes Individuum nach seinem Ebenbild erschaffen und mit einem freien Willen ausgestattet hat.

Die Chinesen haben ein anderes Menschenbild. Sie sehen im Menschen kein autonomes Gotteskind mit natürlichen individuellen Rechten, sondern ein interdependentes, in ein Netzwerk eingebundenes Wesen. Freiheit ist für sie nicht zuletzt die Einsicht in die Notwendigkeit zwischenmenschlicher Verpflichtungen. In einer Gesellschaft aus independenten Individuen haben die subjektiven Rechte des Einzelnen ein größeres Gewicht als in einer Gesellschaft aus interdependenten Individuen. Hier hat im Zweifel die gesellschaftliche Harmonie Vorrang. Die Stelle, die der freie Wille in unserem Denken hat, nehmen im Denken der Chinesen traditionell Eltern und Vorfahren ein, die sie via Kultur und Vererbung als prägend für ihr eigenes Leben ansehen.

Auch der Entwicklungsstand eines Landes spielt in diesem Zusammenhang eine Rolle. Je weniger entwickelt ein Land ist, desto mehr fallen die materiellen gegenüber den immateriellen Menschenrechten ins Gewicht. Die chinesische Führung gab

Ersteren denn auch bisher stets eindeutig den Vorrang. »Für ein Entwicklungsland«, so der ehemalige chinesische Regierungschef Li Peng, »sind das Recht zu überleben und seine Entwicklung die wichtigsten Menschenrechte.«

Obwohl China mit seiner bereits beachtlichen und stetig weiter wachsenden Mittelschicht inzwischen allgemein als Schwellenland gilt und von daher individuelle Freiheitsrechte für viele Bürger an Bedeutung gewonnen haben, gilt diese Einstellung in Peking bis heute. China sei »unverändert das größte Entwicklungsland der Welt«, so Staatschef Xi Jinping auf dem Parteitag im Oktober 2017. Und die staatliche Nachrichtenagentur Xinhua erläuterte: »Für die meisten Chinesen bedeuten Menschenrechte ein Dach über dem Kopf, lesen und schreiben können, Essen im Bauch, die Erwartung auf vernünftige Behandlung im Krankheitsfalle, gute Zukunftsaussichten für die Kinder und Zuversicht für die Alten.«

Zusammen mit 70 anderen Ländern setzte China im Juni 2017 im Menschenrechtsrat der Vereinten Nationen erstmals eine Resolution durch, die ausdrücklich die positive Wirkung wirtschaftlicher Entwicklung auf die Entwicklung der Menschenrechte würdigt und so dem Westen die alleinige Deutungshoheit in der Diskussion offiziell streitig macht. Kurz zuvor hatte Griechenland eine kritische Stellungnahme der EU zur Menschenrechtssituation in China für das UN-Gremium blockiert. Xi lobte die Regierung in Athen darauf hin als Pekings »verlässlichsten Freund in der EU«.

Obwohl China in punkto immaterielle Menschenrechte nach wie vor schlecht abschneidet, weiß das Regime die eindeutige Mehrheit des Volkes hinter sich, auch die Mittelschicht des Landes, die materiell aus dem Gröbsten inzwischen heraus ist. Praktisch und konkret, wie sie sind, ziehen Chinesen den Spatz in der Hand der Taube auf dem Dach vor. Stabilität und Wohlstand sind ihnen im Zweifel wichtiger als allgemeines Wahlrecht oder gleiches Recht für alle. Es wäre »verwegen« anzunehmen, so der ehemalige australische Premier und herausragende China-Kenner Kevin Rudd, dass das Land »unter dem Gewicht seiner neueren Widersprüche zusammenbrechen wird«.

Historisch betrachtet haben sich die Menschenrechte in Europa zunächst als subjektive Schutzrechte des Einzelnen gegenüber dem unumschränkten absolutistischen Herrscher manifestiert und sich von da zu liberalen Selbstverwirklichungsrechten weiterentwickelt. Manche sahen und sehen in dem Kampf für Demokratie und Menschenrechte letztlich sogar eine Emanzipation des Menschen von Gott. »Wir kämpfen nicht für die Menschenrechte des Volkes«, so der Schriftsteller Heinrich Heine, »sondern für die Gottesrechte des Menschen.«

Für die Chinesen spielte Gott nie die Rolle wie für die Menschen im Westen, und im Unterschied zum französischen Sonnenkönig hatte der Kaiser Pflichten gegenüber seinem Volk. Die Notwendigkeit, ihm subjektive Abwehrrechte entgegenzustellen, wurde in China daher als weniger dringlich empfunden.

Wie in der Bibel oder im Koran, bei Kant oder Hegel, gibt es auch in den konfuzianischen Schriften Passagen, die verschiedene Auslegungen und Gewichtungen zulassen. In der westlichen Rezeption von Konfuzius werden meist die Aussagen herausgestellt, die Hierarchie und Gehorsam zum Gegenstand haben. Die Passagen, die den moralischen Vorbildcharakter und die Verpflichtung des Herrschers, dem Volk zu dienen, beschreiben, sowie das Recht des Letzteren auf Widerstand finden dagegen weniger Beachtung. Völlig vergessen wird zudem, dass China im Laufe seiner Geschichte zwar die längste Zeit einen Kaiser, aber eine Reihe verschiedener Dynastien hatte. So entsteht der Eindruck, die konfuzianische Kultur sei mit Demokratie, Menschenrechten und Rechtsstaat unvereinbar. Die konfuzianisch geprägten Gesellschaften von Südkorea, Japan und Taiwan beweisen jedoch das Gegenteil.

Der Harvard-Professor Tu Weiming hält auch in China eine

»konfuzianische Demokratie«, ein eigenständiges Demokratiemodell, in dem der individuelle und der gemeinschaftsorientierte Denkansatz einen Kompromiss eingehen, für durchaus möglich. Der bekannte Historiker Wang Gungwu sieht die Führung in Peking auf der Suche nach einer Herrschaftsform, in der das Land von »einer Gruppe gut ausgebildeter Leute« regiert wird, die sich zum einen »dem Wohlergehen des Staates und der Gesellschaft verpflichtet fühlen« und zum anderen daran, »dass der Staat sich ordentlich benimmt«, sprich: zurücknimmt. Die richtige »Balance« zwischen beidem sei jedoch »noch nicht gefunden«.

Von Aristoteles stammt der Satz, Demokratie sei nur in einer Stadt möglich, deren Bevölkerung »man mit einem Blick umfassen kann«. Montesquieu sagte: »Ein großes Reich setzt eine despotische Autorität voraus«. Weder dem einen noch dem anderen muss man beipflichten. Sicher ist jedoch: Ein Land mit der geistigen Tradition und Geschichte, der Ausdehnung, Bevölkerungszahl, Komplexität und dem Entwicklungsstand Chinas lässt sich schwerlich nach dem Muster der Bundesrepublik Deutschland oder der USA erfolgreich regieren. Wir alle sind ja täglich Zeuge davon, wie schwer das selbst dort ist. Charles de Gaulle, der einstige Staatschef von Frankreich, hegte bekanntlich schon Zweifel daran, dass sich »ein Land mit 246 Käsesorten« führen lässt.

Wer unter Demokratie nur ihre westliche Ausprägung akzeptiert, der wird das »Ende der Geschichte« jedenfalls nie erleben. Jede chinesische Demokratie wird autoritärer oder zumindest präsidialer ausfallen und weniger von Parlamentarismus und Parteienpluralismus geprägt sein als etwa unsere bundesrepublikanische Variante. Sie wird ihre Bürger wohl mehr im Vorfeld von politischen Entscheidungen konsultieren, als sie selbst entscheiden zu lassen. Auf dem 19. Parteitag 2017 sprach sich Chinas Partei- und Staatschef Xi Jinping dafür aus, die »**sozialistische konsultative Demokratie**« zu entwickeln. Das

»Wesen der Volksdemokratie« sei, so Xi, »dass das Volk seine eigenen Angelegenheiten d i s k u t i e r e n kann«.

Auf der Gemeindeebene und dort, wo es um Probleme des täglichen Lebens geht, in den Arbeitseinheiten (*Danwei*) und Nachbarschaftskomitees, haben nicht nur die Mitsprache-, sondern auch die Entscheidungs- und Kontrollmöglichkeiten der Bürger Chinas in den zurückliegenden Jahren spürbar zugenommen. Auf lokaler Ebene finden längst auch Wahlen statt, bei denen nicht nur Kandidaten antreten, die der KP angehören. Oppositionsparteien sind allerdings nicht zugelassen.

Nach dem Amtsantritt von Xi Jinping hat das ZK der KP im November 2013 den »institutionellen Ausbau der sozialistischen Demokratie« beschlossen. Dabei sollen auch die Mitbestimmungsrechte »an der Basis« ausgedehnt werden. So erhielten etwa Dorf- und Nachbarschaftskomitees erweiterte Kompetenzen. Außerdem wurde die chinesische Form der staatlichen Gewaltenteilung, das jahrhundertealte zentrale Petitionssystem »Briefe und Besuche« (*Xinfang*), verbessert. Mit dessen Hilfe können sich Bürger aus dem ganzen Land über Maßnahmen von örtlichen oder regionalen Regierungs- und Parteiorganisationen bei der Zentrale in Peking beschweren. Jahr für Jahr machen davon schätzungsweise an die zehn Millionen Chinesen Gebrauch. Am häufigsten beklagen sie mangelnde oder gänzlich unterbliebene Entschädigung bei der Enteignung von Grundbesitz. Staatschef Xi höchstpersönlich forderte die zuständigen Beamten öffentlich auf, »jede mögliche Anstrengung« zu unternehmen, um den Eingaben der Bürger nachzugehen und die Kümmernisse möglichst zu beseitigen.

Eine hohe Zahl gegen sie gerichteter Petitionen wirkt sich negativ auf die Beförderung von Beamten und Funktionären aus. Um einen Ansehensverlust bei der Zentralmacht und einen Karriereknick zu verhindern, hatten die beschuldigten Instanzen deshalb zuletzt immer mehr Bittsteller systematisch ins Leere laufen lassen, sie bis in die Hauptstadt verfolgt und gewaltsam wieder zurück an ihren Wohnort verfrachtet. 2015 wurde der stellvertretende Amtschef der zentralen Beschwerdestelle in Peking wegen Korruption zu 13 Jahren Haft verurteilt.

Der Ausbau der Mitbestimmung an der Basis muss allerdings, so das ZK in seinem Beschluss, weiter »unter der Führung der KP erfolgen«. Mehr Freiheitsrechte und politische Mitbestimmung wird die Partei auch künftig nur insoweit zulassen, als ihr Machtmonopol dadurch nicht ins Wanken gerät. Zugleich ist es fest davon überzeugt, dass diese Einstellung dem ganzen Land dient. Auf dem Parteitag 2017 bezeichnete Xi Jinping die KP als »Rückgrat der Nation«. Nur sie könne dafür sorgen, dass der »chinesische Traum« in Erfüllung gehe und »Chinas Renaissance« Wirklichkeit werde.

Seit den Zeiten von Staats- und Parteichef Jiang Zemin versteht sich die einstige Klassenkampfpartei offiziell nicht mehr nur als Vertreterin der Interessen von Bauern und Arbeitern, sondern als Einheitspartei und dazu berufen, die Interessen der großen Mehrheit zu wahren; inklusive den Interessen der »fortgeschrittenen Produktiv- und Kulturkräfte«. Gemeint ist damit die gewachsene und weiter wachsende städtische Mittelkasse und Bildungselite. Aus ihr rekrutiert die Partei längst auch hauptsächlich ihren Nachwuchs.

Um sich die Zustimmung des Volkes zu sichern, setzt Xi Jinping ganz in der chinesischen Tradition der »Herrschaft f ü r das Volk« darauf, sowohl vermehrt die Basis und Fachleute zu befragen, zugleich aber auch die KP durch eine straffere Führung sowie strengere Auswahl, bessere Schulung und Überwachung ihrer Kader leistungsfähiger und glaubwürdiger zu machen. Eine von Korruption und Misswirtschaft weitgehend befreite, disziplinierte, ideologisch und personell erneuerte Partei soll sich auch für die weitere Zukunft das Mandat zum Regieren sichern. Für das Erreichen der selbst gesteckten Ziele spiele »die Stärkung der Partei die entscheidende Rolle«, so Xi auf dem Parteitag 2017.

»Schauen Sie in den Spiegel und bringen Sie Ihre Erscheinung in Ordnung«, mahnte Xi die Genossen und forderte sie auf, »Formalismen, Bürokratie, Hedonismus und Extravaganzen« zu vermeiden. Der Parteichef weiß: Das Regime kann die Macht auf mittlere Sicht nur behaupten, wenn es den »chinesischen Traum« verwirklicht, wenn ihm also der tiefgreifende ökonomische Strukturwandel gelingt, den China auf dem Weg von einem Schwellen- zu einem vollentwickelten Land bewältigen muss.

Unerlässliche Bedingung dafür ist neben einer ebenso entschlossenen wie geeinten und qualifizierten Führung, dass sie ohne nennenswerten politischen Widerstand zu Werke gehen kann. Denn der anstehende tiefgreifende Strukturwandel wird viele Verlierer produzieren. Der konsequente Kampf gegen Schulden, Umweltzerstörung und Überproduktion etwa in der Stahl- und Baubranche, die Modernisierung des staatlichen Unternehmenssektors und der notwendige Umbau der Wirtschaftsstruktur des Landes werden erst einmal Wachstum und Arbeitsplätze kosten. Das könnte zu sozialen Unruhen führen und wie in der ehemaligen Sowjetunion einen Kollaps des Regimes nach sich ziehen.

Xis erste Amtsperiode hat ihm bereits einen Vorgeschmack darauf gegeben, was ihn erwartet. Von den bereits 2013 angekündigten Wirtschaftsreformen konnte er bisher kaum etwas umsetzen. Zahlreiche ineffiziente Betriebe wurden durch immer neue Kredite staatlicher Banken weiter künstlich am Leben gehalten. Vor allem der notwendige Abbau der riesigen Überkapazitäten im Stahl- und Kohlesektor verlief nur schleppend. Regionale und lokale Parteiführer scheuten sich, die Zombie-Unternehmen einfach zu schließen oder konsequent zu restrukturieren. Sie fürchteten einen rapiden Anstieg der mit landesweit schätzungsweise über zehn Prozent ohnedies schon beachtlich hohen Arbeitslosigkeit und soziale Unruhen in ihrem Zuständigkeitsbereich. Und die konnte auch Xi nicht gebrauchen, ehe seine Macht nicht endgültig gefestigt war.

Erschwerend kommt hinzu, dass die Parteiführung in Peking für die Realisierung des chinesischen Traums kreatives und innovatives Denken fördern und damit auch mehr Freiheit und Individualismus sowie ausländischen Einfluss in der Wirtschaft zulassen muss. Zugleich will sie darüber jedoch keinesfalls die gesellschaftliche Stabilität und das Machtmonopol der Partei aufs Spiel setzen. Gorbatschows Perestroika und der Zusammenbruch der Sowjetunion haben sich tief in das Bewusstsein der Machthaber in Peking eingegraben. Die Aufdeckung eines Netzes von CIA-Helfern im Lande zur Zeit des sogenannten »Arabischen Frühlings« tat ein Übriges.

All dies brachte den Staats- und Parteichef zu der Überzeugung, dass sich ein ähnliches Schicksal nur mit einer disziplinierten Partei, starken Zentrale, von dieser eng geführten Volksbefreiungsarmee und einer strengen Überwachung der Bevölkerung verhindern lasse; denn genau in diesen Bereichen hatte Moskau seinerzeit die Zügel schleifen lassen. In seiner ersten Amtsperiode gab Xi deshalb dem Ausbau seiner Macht und der Macht der von ihm geführten Partei den Vorrang vor den angekündigten Wirtschaftsreformen.

Inzwischen ist er der mächtigste Führer seines Landes seit Deng Xiaoping. Donald Trump nannte ihn »König von China«. Der britische »Economist« erhob ihn sogar schon zum »**mächtigsten Mann der Welt**«. Manche sprechen im Hinblick auf Xis einzigartige Machtfülle auch von einer »Xitokratie«.

Der 1953 geborene Sohn des ehemaligen Politbüromitglieds und Mitbegründers der Volksbefreiungsarmee, Xi Zhongxun, hat nicht nur in Personalunion die drei wichtigsten Machtpositionen in China inne: die des Parteichefs, des Staatschefs und des Oberbefehlshabers der Streitkräfte. Auf Beschluss des ZK wird er seit 2016 auch als »Kern« der Parteiführung besonders herausgehoben. Auf dem 19. Parteitag im Oktober 2017 erhielt Xi zudem eine Auszeichnung, die bisher allein Mao und Deng zuteilwurde: Unter der Bezeichnung »Xi-Jinping-Denken zum

Sozialismus chinesischer Prägung für eine neue Ära« fand seine politische Philosophie in Verbindung mit seinem Namen Eingang in die Satzung der KP. Wie einst Mao (und vor ihm Tschiang Kaishek) wird er seitdem auch mit dem Ehrentitel »Führer« (*Lingxiu*) angesprochen.

Anders als seine beiden Vorgänger hat Xi auf dem Parteitag keinen Nachfolger benannt, der von ihm übernehmen soll, wenn er in fünf Jahren turnusgemäß aus seinen Ämtern ausscheidet. Unter den Mitgliedern des siebenköpfigen höchsten Führungsgremiums der Partei, des Ständigen Ausschusses des Politbüros, ist zudem niemand jung genug, um 2022 diese Position antreten zu können.

Viele sehen darin die Absicht Xis, wie Mao Staats- und Parteichef auf Lebenszeit bleiben zu wollen. Doch das ist keineswegs zwingend, ja eher unwahrscheinlich. Wie Mao und Deng jetzt mit Namen in der Parteisatzung verewigt, kann Xi wie Letzterer in wichtigen Fragen auch ohne hohe Staatsämter bis an sein Lebensende das letzte Wort für sich reklamieren. Denn wer sich jetzt gegen ihn stellen würde, würde damit zugleich Front gegen die Partei machen.

Xi hat noch keinen Nachfolger benannt, weil er dies auch aus eigener Erfahrung schon fünf Jahre vor dessen Amtsantritt für viel zu früh hält. Fünf Jahre sind in unserer schnelllebigen Zeit eine kleine Ewigkeit. In ihnen kann viel passieren, was einen anderen als den Gewählten für die zu bewältigenden Aufgaben geeigneter erscheinen lässt. Zudem können Rivalen dessen Autorität untergraben, wie es Xis Gegner Bo Xilai, dem ehemaligen Parteichef von Chongqing, der inzwischen zu lebenslanger Haft verurteilt wurde, nachgesagt wird. Dieser soll sogar einen regelrechten Putsch geplant haben. Nicht zuletzt kann sich die Partei vor der Zeit zunehmend auf den nominierten Nachfolger ausrichten und diesen zu einer »lahmen Ente« machen.

Aus all diesen Gründen will Xi seinen politischen Erben zeitnah aus dem größeren Pool des 25-köpfigen Politbüros aussuchen. Von den 15 Mitgliedern, die beim 19. Parteitag neu in das Gremium einzogen, stehen zehn dem Parteichef persönlich nahe. Mindestens 14 Mitglieder des Gremiums zählen damit jetzt zu seinen Gefolgsleuten. Und mindestens drei davon haben auch das Alter, um ihm 2022 nachfolgen zu können.

Xi hatte schon die Anti-Korruptionskampagne genutzt, um seine Macht aus- und sich eine treue Gefolgschaft aufzubauen. Bereits vor dem Parteitag 2017 wurden über 200 Top-Positionen, eine Reihe davon auch im ZK und im Politbüro, sowie Tausende weitere wichtige Kaderpositionen im ganzen Land durch Xi-Anhänger neu besetzt. Von den 205 Mitgliedern des Zentralkomitees in Xis erster Amtsperiode wurden 18 wegen Korruption verhaftet. Allein in den Jahren 2016 und 2017 erhielten acht Ministerien neue Chefs, 25 von insgesamt 31 Provinzen und Peking unmittelbar unterstellten Städten (Peking, Tianjin, Chongqing) neue Parteisekretäre. Die Mehrheit von ihnen hat vorher direkt mit Xi Jinping oder engen Verbündeten von ihm zusammengearbeitet.

Getreu seiner eigenen Erfahrung als junger Mann auf dem Lande in Shaanxi und dem alten chinesischen Sprichwort, wonach nur diejenigen andere überragen sollen, die die härtesten Herausforderungen des Lebens ertragen können, beförderte Xi besonders viele Korruptionsbekämpfer und Parteikader, die sich auf schwierigen Posten in armen Provinzen des Landes wie Tibet, Xinjiang, Qinghai, Gansu oder Guizhou bewährt haben. Auffällig ist auch, dass in der heutigen fünften Führungsgeneration der KP nicht mehr Ingenieure und Naturwissenschaftler dominieren wie zu Zeiten der Industrialisierung des Landes, sondern Kader, die Politik, Management, Wirtschaft und Recht studiert haben.

Wie konsequent und methodisch Xi seine Macht in der Partei ausbaute, zeigt besonders das Beispiel von Sun Zhengcai, bis zum Sommer 2017 Parteichef der Riesenmetropole Chongqing im Landesinneren, mit 56 Jahren das jüngste Politbüromitglied und als einer der Top-Favoriten für seine Nachfolge im Jahr 2022 gehandelt. Wenige Monate vor dem Parteitag ließ Xi im Sommer 2017 Sun politisch kaltstellen und ersetzte ihn durch seinen Gefolgsmann Chen Min'er. Damit verhinderte er, dass Sun in den Ständigen Ausschuss des Politbüros vorrücken und die letzte Hürde für die höchsten Ämter im Staat nehmen konnte. Sun, der nicht zu Xis Gefolgsleuten zählt, hatte sich durch »Disziplinverstöße« angreifbar gemacht. Ihm wird zusammen mit anderen vorgeworfen, im ZK Stimmen gekauft und so versucht zu haben, die Zusammensetzung des Politbüros zu seinen Gunsten zu beeinflussen.

Auch in der Volksbefreiungsarmee, lange ein Staat im Staate, räumte Xi gründlich auf. In den ersten fünf Jahren seiner Amtszeit wurden allein 14 000 Offiziere wegen Korruption bestraft, über 100 Generäle abgelöst und sämtliche Spitzenpositionen auf der höchsten Kommandoebene der Streitkräfte mit neuen Leuten besetzt, viele davon Vertraute des Parteichefs. Beim 19. Parteitag übernahmen zwei von ihnen auch die beiden Stellvertreterposten in der obersten Militärführung, der mächtigen Zentralen Militärkommission, der Xi selbst vorsitzt. Auch auf die Loyalität der Volksbefreiungsarmee kann sich der Partei- und Staatschef heute voll verlassen.

Xis Macht war schon vor dem Parteitreffen so groß, dass er auf einen Durchmarsch im innersten Führungszirkel verzichten konnte. Fünf der sieben bisherigen Mitglieder des Ständigen Ausschusses des Politbüros hatten die inoffizielle Altersgrenze von 68 Jahren für eine erneute Nominierung überschritten. Viele im Westen, die in Xi einen neuen Mao sehen, erwarteten, dass er seinen Freund und ersten Helfer Wang Qishan dennoch an seiner Seite behalten und ansonsten nur enge Vertraute nachziehen würde.

Doch es kam anders. Wang Qishan, den manche sogar schon als neuen Premierminister gesehen hatten, legte regelrecht altersbedingt seine Parteiämter nieder. Die Xi-Schützlinge

Chen Min'er (Nachfolger als Parteichef von Sun Zhengcai in Chongqing), Cai Qi (Parteichef von Peking) oder Liu He (engster Wirtschaftsberater) rückten nur ins Politbüro auf. Von den fünf neuen Mitgliedern des Ständigen Ausschusses ist allein Li Zhanshu, der bisherige Leiter des ZK-Büros, ein persönlicher Vertrauter. Allerdings sind darunter auch keine Gegner; alle haben schon in Xis erster Amtsperiode ihre Loyalität bewiesen.

Xi war bei der Besetzung des Gremiums die Geschlossenheit der Partei wichtiger, als auch hier nur enge Gefolgsleute zu platzieren. Schon die Anwesenheit seiner beiden Vorgänger Jiang Zemin und Hu Jintao auf dem Parteitagspodium hatte dies signalisiert.

Neben der Zementierung seiner Macht und der Disziplinierung von Partei und Militär ging Xi Jinping auch härter gegen Religionsgemeinschaften, Nichtregierungsorganisationen sowie Bürgerrechtler und ihre Anwälte vor. Und er schränkte den Spielraum der Medien deutlich ein. »Angesichts der bisher nie dagewesenen Herausforderungen und Beschwernisse, vor denen wir stehen«, so Xi bei einer Konferenz über Medien und ideologische Arbeit im August 2013, »müssen wir darauf bestehen, die herrschende Ideologie zu festigen.« Deshalb müssten »alle Medien Parteimedien sein«.

Besonders drastisch wurde die **Kontrolle des Internets** verschärft und zugleich verfeinert, in Xis Augen heute »die wichtigste Variable für soziale Stabilität«. So machte es der Staat seinen Bürgern schwerer, mittels sogenannter Virtueller Privater Netzwerke (VPN) die »große Brandmauer« der Zensur zu überwinden, die das chinesische Internet umgibt. Administratoren von Chat-Gruppen können neuerdings dafür haftbar gemacht werden, wenn sich Staat oder Partei an Äußerungen einzelner Mitglieder der Gruppe stören.

Statt massenweise unliebsame Nachrichten oder Meinungen zu löschen, sieht es das Regime in Peking inzwischen auch vor, diese in einer Masse selbstproduzierter positiver Nachrichten zu ertränken. Die staatliche Zensurbehörde lässt sogenannten Chatbots auf politisch sensible Fragen ausweichende Antworten eintrichtern und schafft es mit Hilfe künstlicher Intelligenz heute, selbst gut getarnte Anspielungen auf unliebsame Themen wegzufiltern. Nach dem Tod des Regimekritikers Liu Xiaobo 2017 wurden so etwa alle Kerzen-Emojis gelöscht.

Sebastian Heilmann, China-Experte und Leiter des Berliner Merics-Instituts, spricht im Zusammenhang mit Chinas Kontrolle des Internets von »digitalem Leninismus«. Die im Westen weitverbreitete Hoffnung, dass staatliche Zensoren gegen das Medium letztlich machtlos sein würden, hat sich bisher jedenfalls nicht erfüllt. Wie in keinem anderen Land lässt sich in China im Gegenteil beobachten, wie die Digitalisierung unseres Lebens dem **Überwachungsstaat** Vorschub leistet. George Orwells »Großer Bruder« und Aldous Huxleys »Schöne neue Welt« lassen grüßen.

So plant die Regierung in Peking, für alle 1,4 Milliarden Einwohner des Landes eine digitale Datenbank mit deren Fotos anzulegen. In Verbindung mit moderner Gesichtserkennungssoftware und fast 200 Millionen Kameras im öffentlichen Raum soll es dadurch möglich werden, innerhalb von drei Sekunden mit einer Trefferwahrscheinlichkeit von an die 90 Prozent den Aufenthaltsort jedes Staatsbürgers festzustellen bzw. ein Bewegungsprofil von ihm zu erstellen. Angeblich sind bereits rund eine Milliarde Chinesen optisch erfasst.

Weil Gesichtserkennung nur auf die relativ kurze Distanz von etwa fünf Metern verlässlich funktioniert und sich zudem mit Hilfe von Sonnenbrillen, Hüten, Kappen usw. ganz verhindern lässt, experimentiert das Land bereits mit einem System, das Menschen von allen Seiten und noch in 50 Meter Entfernung binnen nur 200 Millisekunden an ihrem Gang identifizieren kann. Außerdem arbeiten Partei und Staat an einer nationalen Datenbasis, die es ermöglicht, jeden Chinesen schnell an seiner

Stimme zu erkennen und auch darüber zu orten und zu überwachen.

Doch damit nicht genug: Hinter der harmlos klingenden Bezeichnung »Sozialkreditsystem« zeichnen sich bereits die Konturen eines Instruments ab, das dem chinesischen Staat am Ende nicht nur die nahezu komplette Kontrolle, sondern auch die **Verhaltenssteuerung** seiner Bevölkerung erlauben könnte.

Mit Hilfe von Data Mining und künstlicher Intelligenz sollen dabei alle verfügbaren Informationen über eine Person – sei es aus Kamera- oder Tonaufzeichnungen, Berichten von Nachbarschaftskomitees, dem Verhalten im Internet, aus Kaufentscheidungen und finanziellen Transaktionen, Reisebuchungen usw. – aggregiert, je nach politischer Erwünschtheit mit Bonus- bzw. Maluspunkten versehen und zu einem Sozialrating verdichtet werden. Dieses wird dann je nachdem mit Erleichterungen bzw. Erschwernissen etwa bei Kreditaufnahme, Wohnungskauf, Jobsuche, Schul- oder Autozulassung usw. verknüpft.

So gibt es bereits eine von Chinas Justizbehörden für jedermann zugängliche schwarze Liste von Bürgern, die rechtskräftig etwa zu bestimmten Zahlungen verurteilt wurden, dieser Verpflichtung aber nicht nachgekommen sind. Solange sie dies nicht getan haben, bleibt es ihnen verwehrt, eine Wohung zu kaufen, ihre Kinder auf eine Privatschule zu schicken oder auch in besseren Hotels abzusteigen, um nur einige der mit der Liste verbundenen Einschränkungen zu nennen.

Was hat das Regime in Peking mit diesem modernen System von Zuckerbrot und Peitsche am Ende vor? Will es die Bürger damit vollständig kontrollieren und politisch gefügig machen? Oder ist das Ziel, damit mehr Verantwortungsbewusstsein und Gemeinsinn zu erreichen – und damit mehr gesellschaftliches Vertrauen? Könnte so aus dem »Haufen Sand«, wie Sun Yatsen China einmal nannte, vielleicht sogar endlich ein echtes Gemeinwesen entstehen, Konfuzius' Sittlichkeit der Familie sich auch auf die Gesellschaft ausdehnen?

Vieles spricht dagegen, dass **Xi Jinping** ein totalitäres Regime wie einst Mao Zedong anstrebt. Er ist nur ein traditioneller, autoritärer, chinesischer Herrscher, der glaubt, dies sei die beste Methode, um die Schmach der Vergangenheit zu tilgen und China wieder zu alter Größe zu führen. Und der sich demselben Dilemma gegenübersieht wie alle Führer des Riesenlandes vor ihm: Lässt er die Zügel zu locker, droht das Chaos, zieht er sie zu fest an, Stagnation.

Ob Xi am Ende die für China richtige Balance zwischen Freiheit und Stabilität findet, muss sich erst noch zeigen. Wie schon seine Amtsvorgänger Jiang Zemin und Hu Jintao bedient sich der Staatschef bei der Beantwortung dieser Frage der Hilfe von Wang Huning, des langjährigen Cheftheoretikers der KP. Auf dem 19. Parteitag holte er diesen sogar in den engsten Führungszirkel des Landes.

Wie Wang denkt, geht aus einem Zeitschriftenartikel hervor, den er 1993 verfasste, damals noch Professor an der renommierten Fudan-Universität in Schanghai. Die »Bildung demokratischer Institutionen«, so heißt es darin, setze das »Vorhandensein spezieller historischer, sozialer und kultureller Bedingungen voraus«. Bis diese herangereift seien, »sollte die politische Macht darauf ausgerichtet sein, diese Bedingungen zu entwickeln«. Mit anderen Worten: Der Weg zur Demokratie in China führt über autoritäre Herrschaft.

Sicher ist: Hinter Xis umgänglicher, geselliger und weltoffener Fassade, die ihm bei seinen Landsleuten die Bezeichnung »Onkel Xi« (*Xi Dada*) oder wegen seiner Vorliebe für Teigtaschen (*Baozi*) auch »Baozi Xi« einbrachte, verbirgt sich ein ausgeprägtes Sendungsbewusstsein und ein eisenharter Gestaltungswille.

In seiner langen politischen Karriere hat Xi viel **Erfahrung** für seine Aufgabe an der Staatsspitze sammeln können. Die dreißigjährige »Ochsentour« durch die chinesische Partei- und Staatshierarchie kontrastiert auffällig mit der westlicher Seiteneinsteiger wie Donald Trump oder des französischen Präsidenten Emmanuel Macron.

Xi Jinpings politischer Lebensweg begann in der Kulturrevolution. Von Mao fanatisierte Jugendliche, sogenannte »Rote Garden«, zwangen den damals 16-Jährigen, der der zweiten Generation von Chinas roter Aristokratie (*hongerdai*) angehört, seinen Vater öffentlich anzuschwärzen. Dieser leitete zu der Zeit das Büro des Staatsrats, was in etwa dem deutschen Kanzleramt entspricht. 1968 wurde Xi junior zu einer Produktionsbrigade in die abgelegene Provinz Shaanxi geschickt. Von dort floh er nach Peking zurück, aber bald griff ihn die Polizei auf und brachte ihn wieder aufs Land.

Als er nach Shaanxi gekommen sei, so schrieb Xi später, sei er »ängstlich und verwirrt« gewesen, bei seinem Weggang sieben Jahre später dagegen »voller Zuversicht« und mit »festen Lebenszielen«. Sein Zusammenleben mit den armen und hart arbeitenden Bauern hat den jungen Xi offenbar auch im Glauben an die Kommunistische Partei gefestigt. Als Vorbild half dabei nicht zuletzt sein Vater. Obwohl dieser zum liberalen Flügel der Partei gehörte und viele Jahre als politischer Gefangener im Gefängnis verbringen musste, sei sein »Glaube an den Kommunismus unerschüttert« geblieben, so Xi junior, und er habe »immer daran geglaubt, dass unsere Partei großartig, gerecht und ruhmreich ist«.

Angeblich stellte der junge Xi zehn Mal einen Aufnahmeantrag für die KP, bis er im Alter von 20 Jahren schließlich aufgenommen wurde. Dank seiner robusten körperlichen Verfassung und seiner zupackenden Art hatte er allmählich den Respekt der Dorfbewohner gewonnen. Kaum 20, wählten sie ihn sogar zum Parteisekretär ihrer Brigade. Und 1975 entsandte die lokale Regierung Xi als »Bauernstudent« ohne akademische Zulassungsprüfung an die bekannte Qinghua-Universität in Peking. Dort machte er 1979 einen Abschluss als Chemieingenieur.

Zu diesem Zeitpunkt war sein Vater bereits wieder zurück

in Amt und Würden, jetzt als Gouverneur der wichtigen Provinz Guangdong. Unter der Führung seines Freundes, des vergleichsweise liberalen Parteichefs Hu Yaobang, dessen Tod 1989 die Ereignisse auf dem Tiananmen-Platz auslöste, rückte er sogar ins Politbüro auf.

Nach einigen Jahren als Sekretär des Verteidigungsministers in der Parteizentrale schickte diese Xi junior 1982 als stellvertretenden Parteichef eines Kreises in die Provinz Hebei. Dort ließ er durch den Bau eines Freizeitparks mit Motiven aus dem klassischen Roman »Eine Reise nach Westen« aufhorchen, der sich als Segen für die lokale Wirtschaft erwies. Xi erwarb sich den Ruf eines fleißigen, disziplinierten, undogmatischen, pragmatischen und führungsstarken Kaders, der die Menschen für sich gewinnen kann.

Schon drei Jahre später machte er seinen ersten großen Karrieresprung: Er wurde zum stellvertretenden Bürgermeister der Großstadt Xiamen an der Küste der Provinz Fujian gegenüber von Taiwan befördert. In parteiinternen Personalpapieren beschrieben seine Genossen dort Xi als »persönlich bescheiden« und »unprätentiös«, »hart arbeitend« und »vor Ideen sprühend«. »Er besteht darauf, seine Mahlzeiten in der Kantine der Stadtverwaltung einzunehmen, wäscht seine Wäsche selbst, lehnt übertrieben aufwendige Bankette ab, hat herzliche Beziehungen mit den Mitarbeitern von Parteikomitee und Stadtregierung.«

Als der mit seinem Vater befreundete Parteichef Hu wegen seiner nachgiebigen Haltung gegenüber Studentenprotesten unter dem Druck der Parteiältesten um Deng Xiaoping 1987 zurücktreten musste, wurde Xi senior zu einem stellvertretenden Vorsitzenden des nationalen Volkskongresses degradiert. Er hatte Hu als Einziger im Politbüro unterstützt.

Auch die Karriere des Sohnes erfuhr einen Knick. 1988 wurde er als Parteichef in die abgelegene Präfektur Ningde in den Bergen Fujians versetzt.

In der politischen Verbannung bewährte Xi sich aber ebenso gut wie auf den Posten zuvor. Schon zwei Jahre später ermöglichte ihm die KP deswegen dann doch den fälligen nächsten Karrieresprung und ernannte ihn zum Parteichef in der Provinzhauptstadt Fuzhou. Weitere fünf Jahre darauf rückte er zum stellvertretenden Parteichef der gesamten Provinz auf, einer der wichtigsten im Land.

Mit Anfang 40 hatte Xi so bereits Erfahrung auf nahezu allen Verwaltungs- und Parteiebenen in verschiedenen Regionen des Landes gesammelt. Er war reif für die nationale Bühne. 1997 schlug ihn das Organisationskomitee der Parteizentrale in Peking als Ersatzmitglied für das Zentralkomitee vor. Als der Parteikongress ihn nicht für einen der 150 Plätze wählte, ließ ihn der damalige Parteichef Jiang Zemin persönlich nachnominieren.

2000 übernahm Xi den Posten des Gouverneurs der Provinz Fujian. In dieser Position erwies er sich erneut als tatkräftiger und unbürokratischer Chef. So siedelte er etwa Zehntausende von Slumbewohnern in der Hauptstadt Fuzhou um, ohne dass es zu größeren Protesten kam; neben der Anzahl der Hierarchiestufen in der Provinzverwaltung reduzierte er auch die Menge der erforderlichen Genehmigungen für Investitionsprojekte und machte Fujian zu einem attraktiven Standort vor allem für Unternehmen aus dem unmittelbar benachbarten Taiwan. Als ein riesiger Schmugglerring in der Provinz aufflog, feuerte er Dutzende von höheren Beamten, die darin verwickelt waren.

2002 zog Xi als reguläres Mitglied in das Zentralkomitee der KP ein und wechselte auf den Posten des Gouverneurs der Provinz Zhejiang. Bereits ein Jahr später rückte er dort in das mächtigere Amt des Parteichefs auf. Auch in Zhejiang erwies Xi sich als pragmatischer Macher. 2007 übertrug ihm die Parteiführung das höchste Parteiamt in Chinas Wirtschaftsmetropole Schanghai. Auf dem 17. Parteitag der KP wurde er in demselben Jahr ins Politbüro und zugleich in dessen Ständigen Ausschuss, den engsten Führungskreis der Partei, gewählt und zum Nachfolger des damaligen Parteichefs Hu Jintao bestimmt.

Die Parteioberen einigten sich auf Xi, weil er zum einen keiner der rivalisierenden Strömungen in der KP angehörte. Zum anderen versprach er für die Zukunft wieder eine entschlossene Führung. Die größere Meinungsvielfalt innerhalb der Partei seit deren Öffnung für alle Gesellschaftsschichten durch Jiang Zemin hatte in Kombination mit Hus Führungsschwäche den Einfluss der Zentrale schwinden lassen und zu einem schleichendem Zerfall der Disziplin geführt. Wie in der früheren Sowjetunion drohten auch in China regionale Oligarchen die politische Macht zu usurpieren.

So notwendig die Öffnung der KP einerseits für ihren Machterhalt war, die Partei ist dadurch auch wesentlich heterogener geworden. Waren 2005 noch 44 Prozent der Mitglieder Arbeiter und Bauern, machten sie zehn Jahre später nur noch 37 Prozent aus. Im selben Zeitraum stieg der Anteil der Akademiker von 29 auf 46 Prozent. Zugleich ließ die ideologische Geschlossenheit deutlich nach.

Als oberster Verantwortlicher für die **Disziplin** in der Partei fasste Wang Qishan kurz vor dem Parteitag der KP im Herbst 2017 in einem Zeitungsartikel die Ergebnisse der vielen Inspektionen zusammen, die seine Disziplinarkommission bis dahin in den einzelnen Parteigliederungen vor Ort durchgeführt hatte. Darin ist die Rede von »laxer Organisation«, »schlaffer Disziplin« und einem »ungesunden innerparteilichen Leben«. Seine Mitarbeiter seien immer wieder auf dasselbe Problem gestoßen, so Wang: den »politischen Nihilismus« vieler Parteimitglieder, die die »Ansagen der zentralen Führung nur noch als Sprüche« betrachteten. Wenn die Partei »für lange Zeit und uneingeschränkt regieren« wolle, so sein Fazit, müsse sie eine »effektive Aufsicht« über ihre Kader sicherstellen. Konfuzius hätte gesagt: für die nötige Tugend sorgen.

Parteichef Xi hatte schon im August 2013 in einer Grundsatzrede vor Parteikadern »Mammonismus und Hedonismus« in den eigenen Reihen kritisiert und seine Genossen aufgefordert, die »ideologische und kulturelle Dekadenz« zu bekämpfen, die im Lande »überhand« nehme. »Der politische Zusammenbruch nimmt oft bei der Ideologie seinen Anfang«, so Xi. »Ist die ideologische Verteidigungslinie erst einmal durchbrochen, lassen sich die anderen Verteidigungslinien nur schwer halten«.

Um die gefährlichen Breschen im Überbau zu schließen und die Parteidisziplin zu stärken, verfolgt Xi eine Doppelstrategie. Einerseits poliert er den Marxismus wieder auf, den viele Parteimitglieder »hinter vorgehaltener Hand belächeln«, wie er einmal beklagte. Im ganzen Lande werden dafür neue Institute errichtet, in der Hauptstadt Peking ist ein großes Marx-Haus geplant. Die ideologische Schulung wird intensiviert.

Der Marxismus, dem die chinesische Führung anhängt, ist allerdings ein Marxismus, der sich ganz an den chinesischen Verhältnissen orientiert und mit dem Original nur noch begrenzt etwas zu tun hat. Von diesem übernahmen die Chinesen letztlich nur, was sich auch bei ihnen bewährt hat. Schließlich ist er das Produkt einer fremden Kultur. Und muss deshalb ebenso an die eigenen Verhältnisse angepasst werden wie einst der Buddhismus. Lin Yutang hatte schon in den 30er Jahren des vorigen Jahrhunderts prophezeit: »Die alte Überlieferung wird das kommunistische Ideal zerbrechen und bis zur Unkenntlichkeit wandeln.«

Die KP Chinas hat den Marxismus nie als unveränderliche geschichtliche Entwicklungsdoktrin betrachtet, sondern vielmehr als dialektische Untersuchungsmethode, die die Praxis als einziges Kriterium für die Wahrheit nimmt. Dies entspricht der eigenen Denktradition.

Schon Mao Zedong war der Ansicht, der Marxismus dürfe »auf keinen Fall schematisch angewendet werden«. Er sei »nur dann brauchbar«, wenn er »eine bestimmte nationale Form« erhalte. »Marxismus ist nicht das E n d e d e r W a h r h e i t«, so Xi Jinping zum 95. Geburtstag der KP im Jahr 2016. »Er öffnet einen W e g z u r W a h r h e i t.« Die »Realitäten« von Chinas Entwicklung und die »Eigenheiten der Zeit« lägen »weit außerhalb der Vorstellung der klassischen marxistischen Denker«.

Viele im Westen waren und sind nach wie vor der Überzeugung, dass Chinas Einparteienregime sich mit zunehmender Öffnung und Modernisierung des Landes, mit größerem Wohlstand seiner Bürger und einer wachsenden Mittelklasse in eine Mehrparteiendemokratie westlichen Musters verwandeln werde. Doch weder hat sich diese Erwartung bisher erfüllt noch ist zu erkennen, wie sie sich in absehbarer Zukunft erfüllen sollte.

»Die vorherrschenden Theorien der Modernisierung, Demokratisierung und des Regimewandels«, so Sebastian Heilmann und Elizabeth J. Perry in einem von ihnen gemeinsam herausgegebenen Sammelband über Chinas Regierungsstil, hätten »im Hinblick auf das post-maoistische China bisher wenig Erhellendes« anzubieten. Dass das Land so erfolgreich sei und die KP immer noch regiere, schreiben sie »Maos unsichtbarer Hand« zu. Diese sei gekennzeichnet durch einen »Guerilla-Stil« aus der Revolutionszeit, der Politik weniger bürokratisch und legalistisch verstehe, sondern als einen »Prozess der ständigen Veränderung und Konfliktbewältigung, des Ausprobierens und der Ad-hoc-Anpassung«.

Eine tiefere Erklärung für das Fortbestehen von Chinas Einparteienherrschaft liegt jedoch in der Sinisierung des Marxismus durch die KP. Mao war ein Revolutionär, vor allem aber war er Chinese. Er dachte, wie seine Landsleute denken: praktisch, konkret, situativ, nicht-linear, ganzheitlich. Das taten auch seine Nachfolger. Und das tut heute ebenso Xi Jinping. Auf dem Parteitag 2017 forderte er die Genossen auf, immer »die Wahrheit in den Tatsachen zu suchen, mit der Zeit zu gehen sowie einen realistischen und pragmatischen Ansatz zu verfolgen«.

Neben der Disziplinierung der Parteikader und dem Aufpolieren des Sino-Marxismus setzt Xi zum weiteren Machterhalt daher sehr stark auch auf die geistige Tradition Chinas. »Wir müssen die kreative Weiterentwicklung der schönen traditionellen chinesischen Kultur fördern« und »unsere kulturellen Wurzeln hegen und pflegen«, so Xi auf dem 19. Parteitag an die Adresse der Delegierten. Der Sinologe Oskar Weggel diagnostizierte schon vor Jahren eine »unaufhörliche Rückkehr konfuzianischer Werte im modernen Gewand«, die wie eine »Eigenblutinjektion« wirke. Seit Deng Xiaoping habe sich in China mit der Zeit eine Melange aus **Sino-Marxismus und »Meta-Konfuzianismus«** herausgebildet.

Maos Nachfolger berufen sich immer nachdrücklicher und konsequenter auf die historischen Vorfahren und propagierten zunehmend konfuzianische Werte wie Ordnung, Selbstdisziplin, Familie, Respekt vor Autorität, Fleiß und Sparsamkeit als sozialistische Werte – um sich so als legitime Erben der chinesischen Tradition darzustellen. »So paradox dies auch klingen mag«, meint der israelische Soziologe Shmuel Eisenstadt, »erst die kommunistische Revolution hat den vielleicht gelungensten Versuch in der Geschichte Chinas hervorgebracht, die Welt aus dem im Konfuzianismus angelegten Geist der innerweltlichen Transzendenz zu rekonstruieren.«

1984 gab Deng Xiaoping die Parole aus: »Lasst uns unser Land lieben und unsere Große Mauer wieder aufbauen« – ein Appell, sich nach der Kulturrevolution wieder der eigenen Tradition zu besinnen und das Land wieder stark zu machen. Im selben Jahr wurde eine Konfuzius-Stiftung gegründet.

Der China-Experte Michael Pillsbury berichtet in seinem Buch »The Hundred-Year Marathon«, ein hochrangiger chinesischer Überläufer habe schon Anfang der 90er Jahre des vergangenen Jahrhunderts dem FBI von geheimen Treffen der chinesischen Führung berichtet, auf denen diese darüber diskutierte, wie sich der unter Mao offiziell noch verfemte Konfuzius »als Nationalheld wiederbeleben« lasse.

In den 90er Jahren spendierte die Zentralregierung in Peking allein umgerechnet rund eine halbe Milliarde US-Dollar, um die Tempelanlage in Qufu, der Geburts- und Grabstätte des Philosophen in der ostchinesischen Provinz Shandong, wieder aufzubauen. Maos Rote Garden hatten diese einst als »Ruhestätte des stinkenden Leichnams von Konfuzius« geschmäht und zerstört. 1994 trat der damalige Staats- und Parteichef Jiang Zemin dort bei einer internationalen Konferenz als Hauptredner auf.

Heute ist die Anlage, die zum UNESCO-Weltkulturerbe zählt, Jahr für Jahr Reiseziel für gut fünf Millionen Chinesen. Sie besuchen die riesige Konfuzius-Statue und die Familienresidenz des Gelehrten und zünden im Ahnentempel der Familie Räucherstäbchen an.

Unter Jiang Zemins Nachfolger Hu Jintao machte sich die Partei ganz offiziell den konfuzianischen Begriff der »Harmonie der Gesellschaft« zu eigen, um die zunehmende Ungleichheit im Lande zu bekämpfen.

Im Herbst 2006 sendete das staatliche Fernsehen eine siebenteilige Folge, in der die Pekinger Medienprofessorin Yu Dan die Lehren des Konfuzius für ein Massenpublikum aufbereitet hatte. Das Buch zur Serie entwickelte sich mit zehn Millionen verkauften Exemplaren zum Bestseller.

Die Eröffnungsfeier der Olympischen Spiele 2008 in Peking nutzte das Regime zu einer imposanten Demonstration chinesischer Geschichte und Kultur.

2011 wurde sogar nicht weit von Maos Mausoleum auf dem Tiananmen-Platz eine fast zehn Meter hohe Bronzestatue von Konfuzius aufgestellt. Doch das war dann offenbar doch etwas zu viel: Vier Monate später versetzten Bauarbeiter in einer Nacht- und Nebelaktion die Figur an einen weniger symbolträchtigen Ort auf dem Gelände des benachbarten Neuen Nationalmuseums.

Die konfuzianische Renaissance im Lande ging dennoch weiter. Xi Jinping verlieh ihr sogar einen Schub. »Nie zuvor«, so

Wang Shouchang, Direktor der Akademie für chinesische Kultur in Peking, habe ein chinesischer KP-Chef »den Konfuzianismus so positiv bewertet wie Xi und gesagt, dass er mit dem Marxismus und Sozialismus zu vereinbaren ist«.

Auf einer nationalen Parteikonferenz über Öffentlichkeits- und ideologische Arbeit forderte Xi im August 2013 die Anwesenden auf, das »Alte in den Dienst der Gegenwart« zu stellen und »die hervorragende traditionelle chinesische Kultur als einen besonderen Vorteil« zu nutzen. Bereits gegen Ende seines ersten Amtsjahres als Staats- und Parteichef besuchte er auch Qufu und erklärte dort vor Konfuzius-Forschern: »Das ZK der Partei schätzt den Konfuzianismus und die traditionelle chinesische Kultur sehr.« Das konfuzianische Denken entspreche Chinas nationalen Gegebenheiten und man müsse überlegen, wie es im Lande besser verbreitet werden könne. Es gelte nicht nur die sozialistische Moral zu festigen, sondern auch die traditionellen Tugenden zu propagieren. »Die große Wiedergeburt der chinesischen Nation« brauche »die Entwicklung der traditionellen Kultur als Grundlage. Wir sind **Marxisten u n d Erben der chinesischen Tradition.**«

2014 machte Xi die Lehren des in der Volksrepublik lange verfemten konfuzianischen Philosophen Wang Yangming hoffähig. Wang, der vor etwa 500 Jahren lebte, beschäftigte sich vor allem mit der Frage, wie die Menschen richtig von falsch unterscheiden können, und empfahl dabei, stets seinem Gewissen zu folgen.

In einer Rede vor Studenten der Peking-Universität pries Xi Jinping im Mai desselben Jahres die traditionelle Kultur seines Landes in den höchsten Tönen. Diese habe sich »über Jahrtausende bewährt« und verfüge über ein »einzigartiges Wertesystem«. Die »hervorragende traditionelle chinesische Kultur«, so der KP-Chef, »ist wie ein Gen der chinesischen Nation tief in den Herzen der Chinesen verwurzelt und beeinflusst unterschwellig ihre Denk- und Verhaltensweise. Aus ihr müssen wir heute Energie schöpfen, um die sozialistischen Grundwerte zu fördern und zu verbreiten. Wir müssen bescheiden vom Besten anderer Zivilisationen lernen, dürfen aber auf keinen Fall unsere Vorfahren und Herkunft vergessen.«

Beim internationalen Symposium zum 2565. Geburtstag von Konfuzius im September 2014 in Peking wollte Xi nicht fehlen. Den anwesenden Festgästen erklärte er: »Wenn ein Land sein eigenes Denken und seine Kultur nicht pflegt, verliert es seine Seele und kann keinen Bestand haben.« Im selben Jahr veröffentlichte das Erziehungsministerium in Peking neue Richtlinien, die unter anderem vorsehen, in den Aufnahmeprüfungen für das Gymnasium und die Universität wieder mehr Wissen über die traditionelle chinesische Kultur abzufragen. Konfuzius' Hauptwerk »Gespräche« ist inzwischen ebenso schulische Pflichtlektüre wie Laotses »Dao de Jing«. 2015 führte das Erziehungsministerium nationale Lehrbücher für chinesische Kultur ein. Mittlerweile gibt es weit über 1000 Konfuzius-Schulen im Land. Ziel sind 10 000. In Qufu, dem Heimatort des Weisen, öffnet 2018 ein großes Konfuzius-Museum seine Pforten.

Manche Beobachter vergleichen Xis starkes Bekenntnis zum Konfuzianismus und zur traditionellen chinesischen Kultur sogar mit den Reformen von Deng Xiaoping. So wie dieser den Sozialismus mit der Marktwirtschaft versöhnt habe, so wolle Xi die traditionelle chinesische Kultur mit dem Sozialismus versöhnen und im Überbau ebenso ein spezifisch chinesisches Amalgam schaffen wie Deng seinerzeit an der Basis.

Chinas Kommunisten sind eben vor allem anderen Chinesen; zudem haben sie längst erkannt, dass Einkaufszentren als Tempel auf Dauer nicht ausreichen und sie ihre Ziele nur erreichen und ihre Macht nur erhalten können, wenn sie sich auf die traditionelle Kultur ihres Landes stützen. Schon an der Wende zum 20. Jahrhundert hatte der konfuzianische Reformer Kang Youwei die Befürworter einer antikonfuzianischen Kulturrevolution gefragt: »Wissen diejenigen, die glauben, man könne die Lehre des Konfuzius wegwerfen, dass mit ihr die gesamte chinesische Kultur verbunden ist und untergeht?«

Die politischen Erben von Mao Zedong, der eine solche Kulturrevolution über ein halbes Jahrhundert später anzettelte, wissen es. Und ihnen ist klar, dass sie selbst damit untergehen würden. Sie wollen deshalb schon lange keinen Bruch mehr mit der geistigen Tradition Chinas, sondern nach den Verwüstungen der Kulturrevolution und der nachfolgenden geistigen Leere des Landes diesem ein neues »**geistiges Zuhause**« geben, so der Philosophieprofessor Qian Xun von der Pekinger Tsinghua-Universität.

Dieses neue Zuhause ist weithin identisch mit dem alten. Nach einer Studie von David Goodman von der Universität Sydney sind 83 Prozent der lokalen Eliten von heute direkte Nachkommen der lokalen Eliten aus der Zeit vor der Volksrepublik. Selbst Regimekritiker wie Xu Zhiyuan müssen anerkennen, dass »kein Intellektueller, Unternehmer oder Menschenrechtsaktivist, kein unzufriedener Arbeiter oder Bauer« für die gegenwärtige Staatsmacht eine »ernsthafte Bedrohung« darstellt. »Die Mehrheit der Chinesen glaubt an diese Macht und vertraut darauf.« Deshalb werde das heutige Regime, so Xu, »noch lange Bestand haben«.

Obwohl Käufer von Immobilien damit nicht zugleich den Grund und Boden, auf dem sie stehen, erwerben und auch an den Immobilien nur das Nutzungsrecht von bis zu 70 Jahren erhalten, haben Hunderte von Millionen Chinesen einen Großteil ihres Vermögens in Wohnungen und Häuser gesteckt. Sie vertrauen darauf, dass der Staat die Fristen erneuert bzw. sogar völlig aufhebt – und die Bewohner dabei nicht schröpft. »Unsere Vorfahren glaubten«, so deutete sich bereits an, wie der Staat mit dieser Frage umgehen wird, »dass ein Stück Land zu besitzen Gemütsruhe verschafft.« Landbewohnern versprach Staats- und Parteichef Xi auf dem Parteitag 2017 eine Verlängerung demnächst auslaufender Besitzrechte um weitere 30 Jahre.

Seit fast zwei Jahrzehnten erhebt die internationale Kommunikationsagentur Edelman jährlich das sogenannte Trust Barometer. Es misst u. a., wie groß das Vertrauen der Bevölkerung verschiedener Länder in Regierung, Wirtschaft, Medien und Nichregierungsorganisationen ist, dass diese, »das Richtige tun«. Von 28 untersuchten Ländern kam China dabei zuletzt mit 62 Prozent unter die ersten drei und lag damit weit über dem globalen Durchschnitt von 45 Prozent.

Von einer »Endphase« des Regimes in Peking, die etwa der amerikanische China-Kritiker David Shambaugh erkennen will, kann angesichts solcher Zahlen und auch der Beliebtheit von Staats- und Parteichef Xi Jinping gerade auch bei den sogenannten einfachen Leuten (*laobaixing*) keine Rede sein. »Ich glaube«, so Kerry Brown, China-Experte am Londoner King's College, »in einer Mehrparteien-Demokratie hätte Xi wahrscheinlich gute Chancen, wiedergewählt zu werden.«

Der Rekurs des Regimes auf Konfuzius stärkt nicht nur das Vertrauen der chinesischen Bevölkerung in die eigene Zukunft und das eigene System, damit lassen sich auch unerwünschte **westliche Kultureinflüsse** leichter bekämpfen. Passend dazu werden in China seit einiger Zeit westliche Kinderbücher und westliche Ideen aus den Lehrplänen von Schulen und Universitäten zurückgedrängt sowie ausländische Nichtregierungsorganisationen und Religionsgemeinschaften strenger überwacht.

Und die konfuzianische Renaissance hat noch einen weiteren Vorzug: Sie festigt das Band der kulturellen Einheit mit allen Chinesen außerhalb des Festlands und besonders auf Taiwan, das eines Tages in den Schoß des Mutterlandes zurückkehren soll.

Mit dieser Renaissance sendet die alte Kulturnation China schließlich auch ein Signal an die gesamte Welt, dass sie sich nicht mit der aktuellen Kulturhegemonie der USA abfinden und ihren Wiederaufstieg an die Weltspitze nicht allein auf wirtschaftliche, technologische und militärische Macht, also auf sogenannte Hard Power, stützen will, sondern auch auf **Soft Power** setzt. Neben materiellem Wohlstand und politischer Stärke beinhaltet der »chinesische Traum« auch kulturelle Größe.

»Die internationale Kultur des Westens ist stark, unsere schwach«, hatte Xi Jinpings Vorgänger Hu Jintao noch geklagt. Xi sieht das anders: »Chinas kulturelle Soft Power und der internationale Einfluss der chinesischen Kultur haben deutlich zugenommen«, erklärte er auf dem Parteitag 2017 selbstbewusst. China offeriere der Welt seine »Weisheit und einen chinesischen Ansatz zur Lösung der Menschheitsprobleme«. Das chinesische Modell biete »eine neue Möglichkeit für andere Länder, die ihre Entwicklung beschleunigen, aber ihre Unabhängigkeit bewahren wollen«. Damit hat der Staats- und Regierungschef den internationalen Systemwettbewerb offiziell neu eröffnet, den Francis Fukuyama nach dem Zusammenbruch der Sowjetunion mit dem Ausrufen des »Endes der Geschichte« bereits für tot erklärt hatte.

Schwerpunkt der chinesischen Soft-Power-Offensive ist der afrikanische Kontinent. Dessen Bevölkerung wird sich bis Mitte des Jahrhunderts verdoppeln. Und in Afrika schlummern auch wirtschaftlich noch die größten unausgeschöpften Wachstumspotentiale des Globus.

Über 50 000 Afrikaner studieren an chinesischen Universitäten, mehr als in den USA und Großbritannien zusammen, und ihre Zahl wächst schneller als die aus allen anderen Weltregionen. Viele haben Ingenieurwissenschaften belegt, die meisten von ihnen mit einem Stipendium des chinesischen Staates.

Anders als im Westen müssen sie nach ihrem Studium in ihre Heimat zurückkehren. So fördert Peking nicht nur die Entwicklung Afrikas (und wirkt damit, nebenbei bemerkt, auch den von dort ausgehenden Flüchtlingsströmen nach Europa entgegen); es sorgt auf dem schwarzen Kontinent für ein wachsendes Netzwerk, von dem es selbst sowohl wirtschaftlich wie politisch und kulturell profitiert. In Kenia will die Regierung schon an Grundschulen Mandarin-Unterricht anbieten.

Aber nicht nur Afrikaner, auch immer mehr junge Menschen aus Asien, Amerika und Europa zieht es zum Studium nach China. Inzwischen zählt das Land fast 300 000 ausländische Studenten. Nur die USA und Großbritannien haben noch mehr. Immer mehr chinesische Universitäten gründen auch Zweigstellen im Ausland. So etwa die Tongji-Universität aus Schanghai in Florenz oder die Peking-Universität in Oxford.

Eine wichtige Speerspitze für den globalen Wiederaufstieg der Kulturnation China bilden die Konfuzius-Institute. Seit 2004 haben bereits mehr als 500 solcher Einrichtungen in über 120 Ländern die Arbeit aufgenommen. In nicht einmal anderthalb Jahrzehnten hat China damit rund um die Welt etwa drei Mal so viele Kultureinrichtungen etabliert wie Deutschland in sieben Jahrzehnten Goethe-Institute. Hinzu kommen Satellitenprogramme von »China Global Television Network« rund um die Uhr und in mehreren Sprachen, denen gegenüber sich die Deutsche Welle arg bescheiden ausnimmt, ein englischsprachiger Dienst der staatlichen Nachrichtenagentur »Xinhua« und die englischsprachige Tageszeitungen »Global Times« und »China Daily«.

Zur wachsenden Soft Power des Landes tragen auch chinesische Musiker und Maler, Schriftsteller und Filmemacher, Architekten und Designer bei. Rund um den Globus erfahren sie immer öfter höchste Ehrungen. So hat etwa Wang Shu vor einigen Jahren den angesehenen Pritzker-Architekturpreis gewonnen. Die Liste der Finalisten für den World Interior Award des vergangenen Jahres wurde von chinesischen Designern dominiert.

Der chinesische Kunstmarkt ist der umsatzstärkste der Welt. Die Bestseller sind dabei traditionelle Maler wie Chang Daqian oder Qi Baishi.

Die Hip-Hop-Gruppe Higher Brothers aus Chengdu oder

der chinesischstämmige Rapper Rich Chigga begeistern Abermillionen junge Menschen nicht nur in ganz Asien, sondern auch in Amerika. Dasselbe gilt für chinesische Science-Fiction-Autoren. Um ihre Vermarktungschancen auf dem weit größten Kinomarkt der Welt zu erhöhen, lassen Filmproduzenten in Hollywood immer häufiger chinesische Elemente einbauen.

Und nicht zuletzt finden TCM, Feng Shui und die spirituellen Lehren aus dem alten China rund um die Welt immer größere Beachtung. So zieht etwa der Kurs über alte chinesische Philosophie des Professors Michael Puett in Harvard nach den Einführungsvorlesungen über Management und Informationstechnologie die meisten Studenten an. Puetts Buch zur Vorlesung ist ein Bestseller auf dem internationalen Markt der Lebenshilfe-Literatur geworden.

Dieser Zunahme von Soft Power stehen vor allem die katastrophale Umweltverschmutzung in dem Lande und die zunehmende Überwachung und Gängelung der eigenen Bevölkerung gegenüber. Zugleich verliert aber der Westen so viel an kultureller Strahlkraft, dass für China netto ein deutlicher Gewinn übrig bleibt. In einer Umfrage, die das Meinungsforschungsinstitut Ipsos regelmäßig in 25 Ländern durchführt, überwogen 2017 die positiven Stimmen für China erstmals die zu den USA. Nachdem das Ergebnis noch ein Jahr zuvor mit 64 zu 55 Prozent zugunsten der USA ausgegangen war, fiel es zuletzt mit 49 zu 40 Prozent genau umgekehrt aus.

»Die Soft Power der Demokratie ist nicht mehr das, was sie einmal war«, schrieb der bekannte Kolumnist Martin Wolf in der »Financial Times«. Neben der Schwäche der Europäischen Union sieht er den Hauptgrund dafür in der Amtsführung des amerikanischen Präsidenten. Trumps Einzug ins Weiße Haus, so Wolf, habe »die Anziehungskraft des demokratischen Systems in der Welt beschädigt«.

Bei einer Umfrage von Pew Research in 30 Ländern der Welt aus dem Sommer 2017 bezeichneten 35 Prozent der Befragten die USA als »große Bedrohung« für den Frieden. Diese Einschätzung ist umso bemerkenswerter, als fast alle an der Befragung teilnehmenden Länder zum westlichen Lager zählen. Schon 2013 hatte Gallup eine ähnliche Umfrage gemacht. Damals sahen 24 Prozent der Befragten in 65 Ländern in den USA eine Gefahr für den Frieden.

Mit ihrer Aufkündigung internationaler Verträge, dem Verlassen der globalen Klimakoalition, dem Austritt aus der Bildungs-, Wissenschafts- und Kulturorganisation der Vereinten Nationen (UNESCO) und der Weigerung, einer Kapitalerhöhung der Weltbank zuzustimmen, machen es die USA der chinesischen Regierung leicht, weltweit Sympathien zu gewinnen.

Vor allem in Entwicklungs- und Schwellenländern gewinnt das autoritär-staatskapitalistische Modell Chinas an Attraktivität. Und dort lebt schon heute die Mehrheit der Menschheit. Eine Mehrheit, die zudem weiter stark zunimmt.

Die Entwicklung könnte für die liberalen Demokratien des Westens »sehr schwierig« werden, warnt denn auch eine Studie des Berliner Merics-Instituts aus dem Jahr 2017. China verfüge über eine **»wirkungsmächtige Gegenerzählung«**. »Vor dem Hintergrund des verbreiteten Eindrucks, dass die USA sich im Niedergang befinden, kann eine gut kommunizierte internationale Kampagne für den ›chinesischen Weg‹ in vielen Ländern Anklang finden,« so die Verfasser der Studie. Nur wenn die liberalen westlichen Demokratien es schaffen, »ihre politischen Institutionen sowie ihre wirtschaftlichen und technologischen Fähigkeiten zu revitalisieren, werden sie in der Lage sein, glaubhaft für ihre Werte einzutreten.«

China und die Welt
Frieden, Stärke, Multipolarität

»Wenn China erwacht, wird die Welt erzittern«, hat Napoleon Bonaparte einst gesagt. China ist erwacht und bewegt die Welt. Aber müssen wir uns deswegen ängstigen?

»In der heraufziehenden Ära«, sagte der Politikwissenschaftler Samuel Huntington schon vor über zwei Jahrzehnten weitsichtig voraus, »stellt der Zusammenprall von Zivilisationen die größte Gefahr für den Weltfrieden dar.« Seit Jahren sieht sich der Westen bereits durch den Zusammenprall mit Teilen der islamischen Welt herausgefordert. Kommt es jetzt auch zu einem Zusammenprall mit China?

In den politischen Führungszirkeln der Supermacht USA wird die Frage immer häufiger bejaht. Trumps ehemaliger Strategieberater Stephen Bannon erklärte noch kurz vor seinem Ausscheiden aus den Diensten des Präsidenten, für ihn sei »der Wirtschaftskrieg gegen China alles«. Darauf gelte es sich zu konzentrieren, »sonst kommen wir in fünf bis maximal zehn Jahren an einen Wendepunkt, nach dem wir uns nie mehr erholen können.« Nordkorea sei dagegen nur ein Nebenkriegsschauplatz.

Nach Angaben von ehemaligen Kollegen soll Bannon im Weißen Haus die Hälfte seiner Zeit auf das Thema China verwendet haben. Jetzt will er außerhalb der Regierung dafür kämpfen, dass seine Weltsicht im Kongress und im ganzen Lande eine Mehrheit bekommt: Die USA, so erklärte er, seien gegenüber China zu einem »tributpflichtigen Staat« geworden. Er werde daher »jeden Tag dafür sorgen«, dass China bei den

Kongresswahlen 2018 und den Präsidentschaftswahlen 2020 »eine riesige Rolle spielt«.

Bannon betrachtet das fernöstliche Riesenreich als zivilisatorische Bedrohung für die gesamte westliche Welt. Die dort lange vorherrschende Theorie, es durch Einbindung in die bestehende liberale Weltordnung und Weltwirtschaft domestizieren zu können, hält er für gescheitert. China nutze diese Ordnung vielmehr zum Nachteil des Westens für sich aus und strebe eine neue chinesische Weltordnung an.

Michael Pillsbury, Direktor für chinesische Strategie am Hudson Institut, geht zwar nicht so weit wie Bannon. Auch er betrachtet China jedoch als »womöglich größte Herausforderung in der Geschichte« seines Landes. Als hoher Beamter im Sicherheitsapparat der USA hat auch Pillsbury vier Jahrzehnte lag darauf gesetzt, dass der Westen das »Reich der Mitte« durch Kooperation auf seine Seite ziehen kann.

Selbst der ehemalige US-Außenminister und China-Versteher Henry Kissinger kann im Hinblick auf die vielen Fälle, in denen die »Thukydides-Falle« in den vergangenen 500 Jahren bereits zuschnappte, »nur hoffen, dass die Beziehung USA-China der fünfte Fall wird, der friedlich ausgeht, und nicht der 13., der in einem Krieg endet«. Sicher ist auch er sich dessen offenbar nicht.

Chinas großer Reformer Deng Xiaoping hatte seinen Genossen einst geraten, für »die nächsten 50 Jahre« das eigene Licht unter den Scheffel zu stellen und zuerst nachhaltig die eigene **Stärke** zu entwickeln (*Taoguang Yanghui*). »Die Entwicklungen nüchtern beobachten, unsere Position aufrechterhalten, Herausforderungen ruhig begegnen, unsere Fähigkeiten verbergen, geduldig abwarten, frei von Ehrgeiz bleiben, nie einen Führungsanspruch stellen«, so lautete sein Vermächtnis für die Außenpolitik des Landes.

War der von Deng propagierte Kurs nur ein großes Täuschungsmanöver? Wirft Peking jetzt die Maske ab? Will das wiedererstarkte China Amerika aus der Position des Welthegemons verdrängen? Strebt es selbst die Weltherrschaft an? Droht zwischen beiden Weltmächten ein Wirtschaftskrieg, ein neuer Kalter Krieg oder womöglich gar ein Waffengang?

Chinas Aufrüstung, seine resolut vertretenen Besitzansprüche im Ost- und Südchinesischen Meer und die Neue-Seidenstraßen-Initiative belegen, dass das Land sein Licht nicht mehr länger unter den Scheffel stellt. Gleichzeitig wird die Führung in Peking nicht müde zu beteuern, dass sie an der Politik des »friedlichen Aufstiegs«, die ihre Vorgänger formuliert haben, auch in Zukunft festhalten wird. Chinas Führung nutzt jedoch die »strategische Gelegenheit« (Staats- und Parteichef Xi), die Donald Trumps Politik bietet, um ihr großes Anliegen jetzt noch entschlossener voranzutreiben. Nach dem Parteitag 2017 pilgerte Xi mit seinen Genossen im Ständigen Ausschuss des Politbüros zur Gründungsstätte der Partei in Shanghai. Dort machte er deutlich wie nie zuvor, dass die chinesischen Kommunisten vor allem chinesische Patrioten sind: »In den 96 Jahren ihres Bestehens hat unsere Partei ihr ursprüngliches Verlangen nie geändert: die historische Mission der großen Erneuerung der chinesischen Nation zu erfüllen.«

Oberstes Prinzip der Regierung, von der sich alles andere ableitet, ist der sogenannte »Hauptwiderspruch«. Der Begriff bringt in der marxistischen Theorie den Zustand einer Gesellschaft auf den Punkt und beschreibt zugleich die zu lösende politische Hauptaufgabe. Diese sieht die KP Chinas schon lange nicht mehr im Klassenkampf zwischen Bourgeoisie und Proletariat wie unter Mao Zedong. Seit 1981 ist es das im Vergleich zu den »wachsenden materiellen und kulturellen Bedürfnissen« der Menschen »zurückgebliebene Sozialprodukt«, also wirtschaftliches Wachstum.

Auf dem 19. Parteitag wurde dieser Hauptwiderspruch erstmals seit 36 Jahren neu formuliert. An die Stelle des rein quantitativen Wirtschaftswachstums zur Befriedigung materieller

Bedürfnisse trat eine weiter gefasste und anspruchsvollere qualitative Entwicklung des Landes. Künftig geht es bei dem Hauptwiderspruch um »die ständig wachsenden Wünsche der Menschen nach einem besseres Leben einerseits« und der »ungenügenden und ungleichgewichtigen Entwicklung des Landes andererseits«, so Staats- und Parteichef Xi. Mit den Wünschen nach einem besseren Leben (*Meihaoshenghuo*) sind »materielle und kulturelle Bedürfnisse, der Wunsch nach Demokratie, Herrschaft des Rechts, Fairness, Gerechtigkeit, Sicherheit und einer besseren Umwelt« gemeint. »Dem Wunsch des Volkes nach einem besseren Leben nachzukommen«, hatte Xi Jinping schon kurz nach seinem Amtsantritt im November 2012 als »Mission« der Partei erklärt. Die ökonomische Entwicklung des Landes fortzusetzen, so Xi in einer Grundsatzrede im März 2013, sei »von überragender Bedeutung«. Auf dem 19. Parteitag der KP im Oktober 2017 betonte er dies erneut.

Dieser Aufgabe bestmöglich gerecht zu werden, wird die Innen- und Außenpolitik Chinas noch auf viele Jahre hinaus bestimmen. Angesichts der enormen Fortschritte, die das Land in den zurückliegenden Jahrzehnten gemacht hat, wird im Westen vielfach vergessen, dass es mindestens noch ebenso viele Jahrzehnte dauern wird, bis sein Pro-Kopf-Einkommen das Niveau Deutschlands oder der USA erreichen wird. Überdies müssen die chinesische Wirtschaft grundlegend transformiert, die Umwelt nachhaltig saniert, das Sozial- und Gesundheitssystem aus- und das große Gefälle zwischen Arm und Reich abgebaut werden. Ein Mammutprogramm für jedes Land, erst recht für das volkreichste Land der Erde. Und ein Programm, das ohne Stabilität im Inneren wie im Äußeren, ohne **Frieden** und eine intakte Weltwirtschaft nicht erfolgreich sein kann.

Geistesgeschichtlich betrachtet sind die Chinesen ohnedies ein friedliebendes Volk. »Eine kriegerische Nation ist dem Untergang geweiht«, lautet ein altes Sprichwort. Militarismus, Kolonialismus, Imperialismus, Rassismus, Nationalismus,

Faschismus und Kommunismus sind allesamt im Westen entstanden. Konfuzianismus und Taoismus, die beiden großen chinesischen Denkschulen, sind dagegen friedliche Ideologien.

Über Jahrtausende stellten Schriftgelehrte Chinas Elite. Sie übten sich in Kalligraphie und im Gedichteschreiben, auf das Kriegshandwerk schauten sie eher verächtlich herab. Kampfkunst wurde vornehmlich in buddhistischen und taoistischen Klöstern gelehrt und diente der Selbstverteidigung.

Chinas Geschichte kennt kein Sparta. Die Soldaten des Landes standen in der gesellschaftlichen Rangfolge noch unter den Händlern. »Aus gutem Eisen macht man keine Nägel, aus guten Männern keine Soldaten«, so ein Sprichwort. Erst mit der Volksbefreiungsarmee kam das Militär zu einigem Ansehen im Lande.

Im Unterschied dazu stand in Europa über Jahrhunderte in höchstem Ansehen. Diesem Umstand verdankt der Westen letztlich auch seine Vormachtstellung in der Welt. Die nahezu ständigen kriegerischen Auseinandersetzungen der vielen europäischen Staaten untereinander haben den waffentechnischen Fortschritt auf dem Kontinent enorm beschleunigt.

Die Chinesen dagegen haben kriegerische Nachbarn lieber mit Geschenken bestochen oder die Große Mauer gebaut, als gegen sie in den Krieg zu ziehen. Gerne versuchten sie auch, feindliche Angriffe durch Heiratspolitik oder andere Mittel der Diplomatie abzuwehren. Zeitweilige Vasallenstaaten wie Korea oder Vietnam blieben faktisch so gut wie unabhängig, sie mussten nur die Oberhoheit des chinesischen Kaisers anerkennen und als Symbol dafür Tribut zahlen. Im Gegenzug erhielten sie Geschenke, die meist mehr wert waren. Außenpolitik war bezeichnenderweise die Domäne des Ministeriums für Riten.

Lu Xun, dem Schriftsteller und schärfsten Kritiker der traditionellen Kultur seines Landes, war dieses denn auch viel zu friedlich. Mit seinem »Weg der Mitte« und der Bevorzugung des Alters über die Jugend habe Konfuzius die natürliche Energie sowie Risikobereitschaft der Menschen eingeschnürt und Feiglinge gezüchtet: »Es ist eine Tatsache«, so Lu Xun, »dass Chinesen nie als Männer eingestuft wurden, sondern bestenfalls als Sklaven.«

Richtig daran ist: Anders als besonders die amerikanische ist die chinesische Kultur keine Jugendkultur, keine Kultur des ungestümen Vorwärtsdrangs, sondern der Altersweisheit. Den Heldentod haben Chinesen nie kultiviert, sondern passive Stärken ausgebildet, fremde Eroberer etwa einfach ins Leere laufen lassen. Lebensgefährliche Aktionen betrachten sie als töricht, nicht als mutig oder tapfer; sie warten lieber auf eine bessere Gelegenheit. Während etwa Indien die frühere portugiesische Kolonie Goa auf seinem Gebiet mit Waffengewalt zurückholte, wartete Peking sowohl bei Macau wie auch bei Hongkong geduldig, bis sich die Gelegenheit bot, dies auf friedlichem Wege zu tun.

Chinesen sind deswegen keine Feiglinge. Als ganz und gar diesseitige Menschen wissen sie nur den Wert des Lebens besonders zu schätzen. Und daher ist auch ihre Militärdoktrin seit jeher von großer Vorsicht und Zurückhaltung geprägt.

»Krieg ist eine ernste staatliche Angelegenheit, ein Ort von Leben und Tod … eine Sache, die sorgfältig bedacht werden muss.« So lautet der erste Satz in Chinas wichtigstem Militärtraktat, Sunzis »Kunst des Krieges«. Und weiter: »Deshalb ist der kluge Herrscher bedacht, der erfolgreiche General vorsichtig. Das ist der Weg, um dem Land den Frieden zu bewahren.«

Sunzi empfahl vor allem Mittel und Wege, den Gegner durch eigene Stärke so zu beeindrucken, dass er entweder gar nicht erst zu den Waffen greift oder diese kampflos niederlegt: »Die höchste Kunst ist es, den Gegner zu besiegen, ohne zu kämpfen.«

Zu Zeiten des Admirals Zheng He und seiner allen weit überlegenen Flotte war für China die Weltherrschaft zum Greifen nahe. Aber es hatte kein Interesse daran. Kaiser Yongle trug Zheng vor dessen Abreise sogar ausdrücklich auf, »entfernt lebende Völker freundlich zu behandeln«. Den Chinesen erschienen diese durch die Natur schon genug benachteiligt, so weit weg vom Zentrum der Zivilisation leben zu müssen. Die Gelbe Gefahr, von der Wilhelm II. einst faselte, war eine reine Schimäre.

Was in der Seefahrt geschah, passierte auch beim Militär: Die Chinesen verfügten bereits über Schießpulver und Kanonen, als die Europäer noch mit Schwert sowie Pfeil und Bogen kämpften, aber sie machten aus ihrem waffentechnischen Vorsprung nichts. China hat sich nie nur als eine von vielen Zivilisationen betrachtet, sondern als Verkörperung von Zivilisation überhaupt. Aber anders als in den USA, die sich als besondere, einzigartige Nation, als »leuchtende Stadt auf einem Hügel« betrachten, verbindet sich damit kein universalistischer Bekehrungseifer, **kein Sendungsbewusstsein**, keine *mission civilisatrice*. Chinesen betrachten sich weder als Missionare noch als Weltpolizisten. Es drängt sie nicht, ihre Kultur und Werte in andere Länder offensiv zu e x p o r t i e r e n . Diese können sie ja i m p o r - t i e r e n – wenn sie wollen.

Während über 200 000 amerikanische Soldaten in Hunderten von Militärbasen rund um die Welt stationiert sind, fast ein Drittel davon allein bei Chinas Nachbarn Japan und Südkorea, hat Peking bisher keinerlei Versuch unternommen, ein weltweites Netz an solchen Stützpunkten aufzubauen – schon gar nicht in der Nähe der USA. Die im Sommer 2017 eröffnete Basis in Dschibuti am Horn von Afrika dient als Logistikdepot für internationale Anti-Pirateneinsätze der chinesischen Marine und ihre UN-Blauhelmsoldaten in der Region; mit 35 000 Mann stellen die Chinesen von Letzteren inzwischen mehr als alle anderen Mitglieder des Sicherheitsrats zusammen. In Dschibuti unterhalten neben den USA und dem ehemaligen Kolonialherren Frankreich im Übrigen seit Jahren auch die »Selbstverteidigungskräfte« Japans einen Stützpunkt, ohne dass dem Land deswegen jemals expansive oder aggressive Absichten unterstellt wurden.

Auch **Nationalismus**, meist ein Surrogat für den Mangel an eigener Identität oder eine Folge der Bedrohung dieser Identität, ist Chinesen von Hause aus fremd. China war immer mehr eine Kulturnation als eine politische Nation. Auf Chinesisch heißt das Land deshalb nicht nur »Reich der Mitte« (*Zhongguo*), sondern auch »Kultur der Mitte« (*Zhonghua*). Der amerikanische Politologe Lucian Pye bezeichnet China sogar als »eine Zivilisation, die vorgibt, ein Nationalstaat zu sein«.

Mit anderen Worten: Der chinesische Nationalismus ist vor allem ein Kulturnationalismus. Unabhängig davon, welchen Pass sie besitzen und wie sie zu dem herrschenden Regime in Peking stehen, fühlen sich die Chinesen überall auf der Welt als Teil einer Kulturgemeinschaft. Sie lehnen vielleicht die jeweilige Regierung in Peking ab, bleiben China, das sie übrigens Mutterland, nicht Vaterland nennen, aber innerlich stets tief verbunden.

Fast während ihrer gesamten Geschichte waren die Chinesen Selbstversorger. Bis in die Neuzeit hatten nur relativ wenige von ihnen jemals ein anderes Land gesehen und mit einer fremden Kultur zu tun, jedenfalls nicht mit einer, die sie beeindruckt oder gar geängstigt hätte. Zheng Hes ausgedehnte Überseereisen ebenso wie die Fremdherrschaft von Steppenvölkern wie der Mongolen oder Mandschuren sowie die konfuzianischen Tochterkulturen Japans, Koreas und Vietnams stellten für die »Kultur der Mitte« immer nur eine Bestätigung ihrer zivilisatorischen Überlegenheit dar.

Erst die industrielle Revolution sowie der westliche Imperialismus und Kolonialismus haben diese Splendid Isolation beendet, erst die Demütigung durch den technologisch überlegenen Westen und dessen Kanonenboot-Politik aus der kulturellen auch eine politische Identität im Sinne des westlichen Nationalstaats gemacht. Mitte des 19. Jahrhunderts sahen sich die Chinesen zum ersten Mal in ihrem kulturellen Selbstbewusstsein erschüttert und ihrer Identität bedroht. Und zum ersten Mal regte sich bei ihnen so etwas wie politischer Nationalismus. Durch die zeitweilige japanische Besetzung von Teilen des Landes im 20. Jahrhundert und die zunehmende Einkreisungs- und Eindämmungspolitik der USA nach dem Zweiten Weltkrieg wurde dieser weiter verstärkt.

1989 haben die Demonstranten auf dem Tiananmen-Platz noch den Text der Unabhängigkeitserklärung der Vereinigten Staaten von Amerika geschwenkt und eine Nachbildung der New Yorker Freiheitsstatue aufgestellt. Chinas Jugend von heute betrachtet – was immer sie sonst über das Regime in Peking denken mag – die USA zunehmend als ein Land, das China den ihm gebührenden Platz unter den Nationen verweigern und die Weltordnung allein bestimmen will.

Dennoch denken die Chinesen nach wie vor weniger national als etwa Europäer oder Amerikaner. Sie wissen, dass sie den rapiden wirtschaftlichen Fortschritt in den vergangenen Jahrzehnten nicht zuletzt der Globalisierung verdanken.

Im Auftrag der britischen Rundfunkanstalt BBC hat das Umfrageinstitut Globalscan 2016 Bürger in 18 Nationen rund um den Globus befragt, ob sie sich mehr als Weltbürger oder Bürger ihres eigenen Landes fühlen. 71 Prozent der Chinesen betrachteten sich dabei »eindeutig« oder »eher« als Weltbürger. Damit lagen sie unter allen beteiligten Nationen auf Platz zwei. Dagegen landeten die Deutschen nur auf dem vorletzten Platz. Nur 30 Prozent von ihnen sahen sich in erster Linie als Weltbürger. Im Schnitt aller Befragten waren es 51 Prozent.

Der Befund wird von einer Langzeitstudie des Harvard-Professors Alastair Ian Johnson bestätigt. Zusammen mit Forschern der Peking-Universität lässt er seit 2002 die Einwohner Pekings jedes Jahr unter anderem nach ihrer Meinung zu folgenden zwei Feststellungen befragen: »Selbst wenn ich mich frei für irgendein anderes Land in der Welt entscheiden könnte, so würde ich es doch immer vorziehen, ein Bürger Chinas zu sein.« Und: »Jeder sollte die Regierung seines Landes unterstützen, auch wenn sie unrecht hat.«

Seit 2002 ist der Anteil derer, die beiden Statements voll zustimmen, auf nur noch etwa ein Viertel deutlich geschrumpft. Bei den nach 1978 Geborenen beträgt er sogar nur noch ein Achtel. Und das in der besonders politisierten Hauptstadt.

Fast die Hälfte der wohlhabenden Chinesen kann sich laut einer Umfrage der China Merchants Bank vorstellen zu emigrieren. Ein gutes Viertel von ihnen hat bereits einen zweiten Wohnsitz im Ausland. 85 Prozent der 5-B-Visa, die ausländischen Investoren ab einer Summe von 500 000 Dollar ein Aufenthaltsrecht in den USA gewähren, gehen an Bürger der Volksrepublik. Viele Chinesinnen bringen ihre Kinder gezielt im Ausland zur Welt, um diesen so einen zweiten Pass zu sichern. Für Chinesen hatten die Familie und ihre Sicherheit immer Vorrang vor der Nation. Zudem wissen sie: An ihrer Kultur ändert sich durch den Wohnsitz im Kern nichts.

Aber wie passt zu all dem die expansive Haltung Chinas im Südchinesischen Meer? Wie Pekings Entschlossenheit, der abtrünnigen Provinz Taiwan notfalls mit Waffengewalt die formale Unabhängigkeit zu verwehren? Wie die **Aufrüstung** der Streitkräfte?

Letztere lässt sich nicht mit kriegerischen Absichten gleichsetzen. Und ein Versuch, die USA auf globaler Ebene militärisch herauszufordern, ist darin auch nicht zu erkennen. Selbst sogenannte »Falken« wie Liu Mingfu, die eine solche Aufrüstung seit langem gefordert haben, meinen, es gehe nicht darum, Amerika anzugreifen, sondern nur darum, »einen Angriff der USA zu vermeiden«. Denn diese würden es wohl kaum einfach hinnehmen, vom Spitzenplatz der Weltmächte verdrängt zu werden. Deshalb müsse China militärisch so stark werden, dass die USA es nicht anzugreifen wagten: «Wer Frieden will, muss für den Krieg vorbereitet sein«, so Liu im Geiste Sunzis.

Der für sein Konzept des Kommunitarismus bekannte Soziologe Amitai Etzioni von der George-Washington-Universität widerspricht denn auch Scharfmachern wie Bannon und Navarro und warnt davor, China »habituell als aggressiv zu bezeichnen«. Das Land habe im Verlauf seiner Geschichte ganz selten zum Mittel des Krieges gegriffen.

Die Volksbefreiungsarmee war lange weniger eine soldatische Organisation als ein Wirtschaftsunternehmen. Jahrzehntelang betätigte sie sich als Immobilienvermieter, Betreiber von Hotels, Restaurants und Nachtclubs. Gegen Schmiergeld verkaufte sie sogar unter der Hand tausendfach Nummernschilder an Spediteure, die diesen lästige Kontrollen und Gebühren ersparten, und half dabei, massenhaft ausländische Produkte ins Land zu schmuggeln. Sich in der Verteidigung des nationalen Territoriums zu üben war vielfach zur Nebensache geworden. Bereits Staatspräsident Jiang Zemin hatte erste Maßnahmen ergriffen, dies zu ändern. Danach war der Elan jedoch wieder erlahmt. Erst Xi Jinping hat die Reformen mit Nachdruck fortgeführt.

Mit denen von früher sind Chinas Streitkräfte heute denn auch kaum noch zu vergleichen. In nur wenigen Jahren ist die Volksbefreiungsarmee erheblich professioneller und effektiver geworden – mit modernen Waffen, einer die verschiedenen Waffengattungen integrierenden schlankeren Führungsstruktur und jüngeren Kommandeuren, die sich um ihren eigentlichen Auftrag kümmern, statt sich die Taschen vollzustopfen. Auf dem Parteitag im Oktober 2017 bezeichnete Oberbefehlshaber Xi die Wandlung als »historischen Durchbruch«. Bis 2035 soll die Modernisierung »grundsätzlich vollendet« sein, so Xi, bis Mitte des Jahrhunderts China über ein »Weltklasse-Militär« verfügen.

Soll heißen: Trotz der enormen Fortschritte in den vergangenen Jahren besteht immer noch ein großer Abstand zu den USA. Von der Schlagkraft der amerikanischen Streitkräfte sind die chinesischen tatsächlich immer noch weit entfernt. Zwar hat Peking mit über zwei Millionen weiterhin deutlich mehr Soldaten unter Waffen als die rund 1,3 Millionen Washingtons. Mit geschätzten 300 gegenüber mehr als 1700 atomaren Sprengköpfen, rund 3000 gegenüber 13 000 Flugzeugen und zwei gegenüber elf Flugzeugträgern verfügt China aber nur über einen Bruchteil der Waffensysteme der USA. Von deren im Schnitt höherer Qualität und der Erfahrung der Amerikaner im praktischen Einsatz ganz abgesehen.

Obwohl die USA keine Invasion einer fremden Macht zu befürchten haben, geben sie mit Abstand am meisten für das Militär aus, so viel wie alle sieben nachfolgenden Länder zusammen. Selbst ohne die Kosten von Auslandseinsätzen beläuft sich das amerikanische Militärbudget auf weit über 600 Milliarden Dollar. Allein im vergangenen Jahr hat Washington den Etat noch einmal um über 50 Milliarden Dollar aufgestockt. Das entspricht einem Anstieg von rund zehn Prozent.

Wem der Aufwand vornehmlich gilt, ist klar: Amerika müsse »eine sehr starke Militärmacht aufrechterhalten«, so James Mattis bei der Senatsanhörung vor seiner Bestätigung als Verteidigungsminister, »so dass unsere Diplomaten immer von einer Position der Stärke aus handeln können, wenn wir es mit einer aufstrebenden Macht zu tun haben«. Sein Kollege Joseph Dunford, Chef des Generalstabs, warnte den Kongress, 2025 werden China »die größte Bedrohung für unsere Nation darstellen«.

Chinas Militärhaushalt ist mit über 150 Milliarden US-Dollar heute zwar um rund 900 Prozent höher als Anfang der 90er Jahre, beträgt aber immer noch nur ein Viertel des amerikanischen. Mit sieben Prozent wuchs er im vergangenen Jahr so wenig wie zuletzt vor zwei Jahrzehnten und deutlich langsamer als der der USA. Während Washington jährlich 3,4 Prozent des Bruttoinlandsprodukts für das Militär aufwendet, sind es in China nur 1,3 Prozent.

Allerdings geben diese Zahlen allein die wahren Kräfteverhältnisse nicht wieder. Denn die Chinesen haben nicht nur niedrigere Personal- und Waffenproduktionskosten, ihnen gelingt es auch immer wieder, sich für wenig Geld trickreich gewünschte Waffentechnologie im Ausland zu beschaffen.

Ein Beispiel dafür ist der erste chinesische Flugzeugträger. Unter dem Vorwand, daraus ein schwimmendes Spielkasino in Macau machen zu wollen, kaufte eine private Tarnfirma im geheimen Auftrag von Peking 1998 das in einer ukrainischen Werft vor sich hinrostende und weitgehend ausgeschlachtete ehemalige sowjetische Schiff und ließ es in den nordchinesischen Hafen Dalian schleppen. Bereits beim Wiederaufbau des Trägers mit dem markanten Sprungschanzendesign erwarb die Marine wertvolles Know-how.

Inzwischen lief bereits eine verbesserte Kopie vom Stapel. Und derzeit sind die Chinesen dabei, mit einem neuen Design und modernster Technik wie elektromagnetischen Katapulten, die eine höhere Zuladung der Flugzeuge und damit eine größere Reichweite und Feuerkraft ermöglichen, den Vorsprung der USA in dieser Waffengattung weiter zu verringern.

Ein weiteres Beispiel sind die J-20 und J-31 genannten Kopien der modernsten amerikanischen Jagdflugzeuge F-22 und F-35. Deren Tarnkappentechnologie eignete sich China an, als im Balkankrieg 1999 erstmals eine amerikanische F-117-Nighthawk mit einer Rakete abgeschossen wurde. An der Absturzstelle in Serbien sollen damals rasch die Chinesen aufgetaucht sein, die Trümmer eingesammelt und auf das Gelände ihrer Botschaft in Belgrad gebracht haben. Das war angeblich auch die wahre Ursache für deren Bombardierung durch die Amerikaner, als diese von dort das GPS-Signal aus dem Flugschreiber der Nighthawk aufgefangen hätten.

Wie auch immer: Was ihnen noch an moderner Militärflugzeugtechnologie fehlte, besorgte sich China mit Hilfe seiner inzwischen mehr als hunderttausend Krieger zählenden Cyberarmee. Sie drang in die Computer des amerikanischen

Verteidigungsministeriums und beteiligter Rüstungsunternehmen ein und erbeutete die geheimen Baudaten der beiden US-Kampfflugzeuge.

In seinem Buch »Crouching Tiger« bezeichnet Trump-Berater Peter Navarro die Aktion als einen der »umfassendsten und effektivsten Hackerjobs in der Geschichte der Computerspionage«. Durch den Diebstahl geistigen Eigentums, so Navarro, hätten die Chinesen in den vergangenen Jahrzehnten »Hunderte von Milliarden Dollar« an militärischen Forschungs- und Entwicklungskosten gespart.

Wichtiger aber als der Diebstahl geistigen Eigentums im Ausland sind die von den Chinesen verfolgten Strategien der asymmetrischen Aufrüstung und der Aufrüstung mit Hilfe von Zukunftstechnologien. Statt es Amerika in allen Waffengattungen gleichtun zu wollen und sich dabei wie einst die Sowjetunion finanziell zu überheben, beherzigt die Führung des Landes damit eine alte Weisheit Laotses: »Wer gut darin ist, den Feind zu besiegen, lässt sich nicht auf ihn ein.«

So verstärkt China das Arsenal seiner Streitkräfte zum einen mit einer Vielzahl relativ kosteneffizienter Waffen wie Drohnen und konventionellen Marschflugkörpern, mit denen sich in Schwärmen eingesetzt die kinetische Luftabwehr des Gegners überwinden lässt; zum anderen und vor allem aber überspringt Peking bereits vorhandene Technologien und investiert wie schon mit dem Mobiltelefon oder dem Elektroauto in Zukunftstechnologien wie elektromagnetische Puls-, Mikrowellen- und Laserwaffen, leistungsstarke Terahertz-Radargeräte, die die Tarnkappentechnologie der Amerikaner obsolet machen können, oder Hyperschall-Marschflugkörper, die in nicht einmal einer Viertelstunde die USA erreichen können und nur sehr schwer abzufangen sind. Hinzu kommen Anti-Satelliten und Cybertechnologien, um den besonders stark auf elektronische Gefechtsfeldaufklärung und -kommunikation angewiesenen US-Streitkräften im Konfliktfall die erforderliche Informationsgrundlage zu entziehen und ihren Präzisionswaffen die Zielgenauigkeit zu rauben. Zu dem Zweck hat die Volksbefreiungsarmee ein Heer von über 100 000 Computerkriegern aufgebaut. Chinesische Militärs sprechen in diesem Zusammenhang gerne von einer »tödlichen Keule« (Shashoujian), am besten vielleicht als »Killerapplikation« übersetzt.

Wie wirkungsvoll diese Art der Kriegführung ist, zeigte schon der Irakkrieg. Nachdem die US-Streitkräfte die Verbindungen von Saddam Hussein zu seinen Kommandeuren an der Front zerstört hatten, wirkten dessen Streitkräfte wie gelähmt und wurden zu einer leichten Zielscheibe für die Amerikaner.

Ein weiterer Schwerpunkt der chinesischen Aufrüstung ist die Modernisierung der Marine. »Eine Seemacht hat den Völkern, die sie besaßen, immer Nationalstolz verschafft«, so schon Montesquieu. »Weil sie ihnen erlaubt, andere überall zu demütigen, glauben sie, ihre Macht sei so grenzenlos wie der Ozean.« China hat sich als **maritime Großmacht** einst selbst demontiert und auf den Status einer reinen Kontinentalmacht zurückgezogen. Die Folge war die Demütigung durch die Seemacht England.

Heute weiß das Land, dass es ohne maritime Stärke keine wirkliche Großmacht sein kann und verwundbar bleibt. »Die traditionelle Mentalität, dass das Land wichtiger sei als das Meer, muss aufgegeben werden«, heißt es in einem Verteidigungs-Weißbuch der Regierung aus dem Jahr 2015. Staatschef Xi Jinping will China dauerhaft zu einer »maritimen Großmacht« (Haishang Qiangguo) machen, wie es das Land zu Zeiten Zheng Hes einmal war.

Die Herrscher in Peking fürchten nichts mehr als eine Seeblockade durch die US-Navy. Das von Washington im Koreakrieg gegen China verhängte Handelsembargo, das über zwei Jahrzehnte andauerte, hat sich tief in das Bewusstsein der politischen Führung des Landes eingegraben. Eine Blockade Chinas stellt auch für die US-Regierung von heute im Konfliktfall die naheliegendste Option dar und ist von den amerikanischen Streitkräften bereits mehrfach durchgespielt worden. Die der chinesischen Küste vorgelagerte Inselkette aus Japan, Taiwan und den Philippinen bietet beste geographische Voraussetzungen für ein solches Vorgehen. Um es Washington unmöglich zu machen, China ökonomisch zu erdrosseln, müsste Peking im Falle des Falles amerikanische Flottenverbände daher schon weit vor dieser Kette stoppen.

Neben der Neutralisierung der amerikanischen Gefechtsfeldaufklärung und -kommunikation setzt das chinesische Militär dazu unter anderem auf eine Vielzahl »smarter« Seeminen, die nicht auf oder nahe der Wasseroberfläche schwimmen, sondern tief im Meer verborgen auf feindliche Schiffe warten, dann von einer Rakete nach oben getragen werden und explodieren. Hinzu kommen moderne, für lange Zeit tauchfähige und leise U-Boote sowie mit Überschall-Lenkwaffen (Reichweite: gut 200 Kilometer) bestückte Zerstörer, die den modernsten amerikanischen Zerstörern der Zumwalt-Klasse nahekommen, und nicht zuletzt landgestützte ballistische Anti-Schiffs-Raketen vom Typ DF-21 (Reichweite: rund 2000 Kilometer).

Diese werden ebenso wie die mit Atomsprengköpfen bestückten neuesten interkontinentalen ballistischen Raketen des Landes vom Typ DF-41B vielfach in einem ausgedehnten Tunnelsystem hin und her gefahren und sind daher vor ihrem Abschuss nur schwer zu lokalisieren und auszuschalten. In Scharen abgefeuert, könnten sie, so fürchten US-Militärexperten, auch den hochgelobten Schutzschild der US-Navy, das Abwehrsystem Aegis, überwinden und milliardenschwere amerikanische Flugzeugträger, das Herzstück der amerikanischen Militärmacht in Übersee, außer Gefecht setzen. China sei bereits »heute in der Lage«, so Harry Harris, der Oberkommandierende der US-Streitkräfte im Pazifik, »unsere maritime Vormachtstellung in der Region in Frage zu stellen«. Von seiner Regierung fordert er deswegen »weiter reichende Angriffswaffen«. Dies kann nur heißen, dass die USA im Zweifel bereit sind, der Zerstörung ihrer Flugzeugträger durch ballistische Anti-Schiffsraketen der Chinesen zuvorzukommen, indem sie deren Raketenbasen auf dem Festland attackieren.

Im Vergleich zu einer solch offensiven Strategie, in den USA unter dem Namen »Air-Sea-Battle« bekannt, nehmen sich Chinas Absichten **defensiv** aus. Das gilt selbst im Hinblick auf Taiwan, das Peking als abtrünnige Provinz und integralen Bestandteil des nationalen Territoriums betrachtet. Ein gewaltsames Heimholen ist nicht geplant – auch wenn die Volksbefreiungsarmee ihre schnelle Eingreiftruppe aus Marinesoldaten von derzeit 20 000 auf über 100 000 aufstocken will.

Peking kann mit dem Status quo der Insel, die so groß ist wie die Schweiz und an die 24 Millionen Einwohner zählt, jedenfalls bis auf weiteres gut leben. Denn dieser nutzt ihm derzeit mehr, als wenn beide schon wiedervereint wären: Taiwan hat Zugang zu amerikanischer Hochtechnologie, wovon indirekt auch die Volksrepublik profitiert. Dort sind nicht nur viele taiwanesische Unternehmen und Fachleute tätig; auch der illegale Know-how-Transfer von der Insel aufs Festland ist leichter als aus den USA.

Eine Invasion durch die Volksbefreiungsarmee droht nur, wenn die Regierung in Taipeh die Verfassung ändern und die formale Unabhängigkeit erklären sollte. Das ist die rote Linie, bei deren Überschreiten das Regime in Peking zu Waffengewalt greifen müsste, da es sonst in den Augen des Volkes das »Mandat des Himmels«, sprich seine Legitimation, verlöre. Seit 2005 verpflichtet bereits ein Gesetz die Regierung zur Anwendung »nicht friedlicher Mittel« im Falle einer »Sezession« vom Mutterland. In seiner über dreieinhalbstündigen Ansprache an die 2300 Delegierten des 19. Parteitags der KP im Oktober 2017 erhielt Staats- und Parteichef Xi Jinping den meisten Applaus für seine Aussage, es »niemals« zuzulassen, »dass irgendjemand, wann und in welcher Form auch immer, einen Teil chinesischen

Territoriums abtrennt«. Peking respektiere Taiwans »gegenwärtiges Gesellschaftssystem und seine Lebensform«. Partei und Regierung besäßen jedoch »die Entschlossenheit, Zuversicht und Fähigkeit, alle separatistischen Versuche zu unterbinden«. Eine überwältigende Mehrheit der Chinesen würde eine Rückeroberung der Insel im Falle einer Sezession nicht als Aggression, sondern Verteidigung der Einheit der Nation betrachten. Die meisten Taiwanesen wissen das, sie kennen ihre Landsleute auf dem Festland und werden eine solche Unabhängigkeitserklärung deshalb wohl kaum jemals unterstützen. Umfragen ergeben immer wieder aufs Neue, dass eine große Mehrheit von ihnen genauso gegen die Unabhängigkeit ist wie gegen eine Wiedervereinigung.

Problematisch könnte die Lage allerdings gegen Mitte des Jahrhunderts werden. Denn der »chinesische Traum« und die »große Erneuerung der chinesischen Nation«, die bis 2049 Wirklichkeit sein sollen, blieben ohne eine Wiedervereinigung mit Taiwan, und sei es nur in der Form »Ein Land, zwei Systeme« analog zu Hongkong und Macau, unvollständig.

Eine Gefahrenzone ist auch das **Südchinesische Meer**. Als eine der größten Handelsnationen der Welt, deren internationaler Warenverkehr und vor allem Energie- und Nahrungsmittelimport zum weitaus größten Teil über den Seeweg erfolgen, ist es für China von vitaler Bedeutung, die Schifffahrtswege freihalten zu können – besonders im Indischen Ozean und im Südchinesischen Meer.

Schon dessen Name, den die frühere US-Außenministerin Hillary Clinton bezeichnenderweise als »misslich« ansah, weist darauf hin, dass es seit alters her als Heimatmeer des »Reichs der Mitte« galt. Auf den Paracel-Inseln (*Xisha*) lebten schon in der Zeit der Tang-Dynastie (7. bis 9. Jahrhundert) chinesische Siedler. Seekarten der Yuan-Dynastie aus dem 13. Jahrhundert weisen das Archipel ebenso wie die weiter südlich gelegenen Spratly-Inseln (*Nansha*) als Teil Chinas aus.

Auch nach der vertraglich 1887 zwischen der Kolonialmacht Frankreich, die das heutige Vietnam besetzt hielt, und dem Kaiserhof in Peking vereinbarten sogenannten »Sino-Tonkin-Linie« gehören diese Inseln zu China. Als die Volksrepublik in einer diplomatischen Note an Hanoi 1958 darauf verwies, erkannten die Vietnamesen die Erklärung ausdrücklich an. Während der Kulturrevolution nutzten sie jedoch die außenpolitische Lähmung des Landes, um eine Reihe von Inseln, Riffen und Atollen jenseits dieser Linie zu besetzen.

Nach dem Ende der Kulturrevolution taten die Chinesen es ihnen dann prompt nach. Seit in dem Seegebiet umfangreiche Bodenschätze vermutet werden, gibt es Streit um die Besitzverhältnisse zwischen den Anrainerstaaten, zu denen außer der Volksrepublik und Taiwan sowie Vietnam auch die Philippinen, Brunei und Malaysia zählen.

Dass China die Paracel- und Spratly-Inseln sowie weite Teile des Südchinesischen Meeres für sich beansprucht, ist also nicht neu. Neu ist nur, dass Peking in den vergangenen Jahren sieben Atolle und Riffe zu kleinen Inseln aufschütten und drei davon zu leistungsfähigen Militärstützpunkten mit weitreichender Radaranlage, Tiefseehafen, Landebahnen für Bomber und Jäger sowie Raketenbatterien ausbauen ließ. Laut einem Urteil des Internationalen Schiedsgerichtshofs in Den Haag verstieß China damit zwar gegen die Seerechtskonvention der Vereinten Nationen. Peking sieht sein Vorgehen jedoch als Akt der Selbstverteidigung, um zum einen seine uralten Besitzansprüche zu wahren und zum anderen seine **lebenswichtigen Handelsrouten** mit Südostasien zu schützen. Die Hälfte der chinesischen Exporte geht nach Asien, und von dort bezieht das Land 60 Prozent seiner Importe.

Selbst der alles andere als chinafreundliche US-Admiral Harris bezeichnete die Aufschüttungen der Chinesen in Anlehnung an deren Große Mauer als »Große Sandmauer«, also defensive Maßnahme. Bisher hat Peking auch keinen Versuch unternommen, die anderen Anrainerstaaten, die zusammen schon seit Jahrzehnten rund ein halbes Hundert Außenposten in dem Seegebiet besetzt halten, von dort zu vertreiben.

Mit dem Auf- und Ausbau eigener Außenposten zielt China neben der Absicherung seiner Handelswege mit Südostasien auch darauf ab, die eigene Ausgangslage für Verhandlungen über die umstrittenen Besitzverhältnisse zu verbessern und sich einen möglichst großen Anteil an dem Fisch- sowie Öl- und Erdgasreichtum der Region zu sichern. Um dieses Ziel zu erreichen, setzt die Führung in Peking konsequent die Wirtschaftskraft des Landes ein. So ist es ihr mit massiven Handelserleichterungen und Hilfen für Infrastrukturinvestitionen, Waffenverkäufen und einer vorbehaltlosen Unterstützung seines brutalen Anti-Drogenkampfs bereits gelungen, den philippinischen Präsidenten Rodrigo Duterte zunehmend auf ihre Seite zu ziehen und den USA einen wichtigen Verbündeten ein Stück weit zu entfremden.

Mit Manila hat Peking ein Fischereiabkommen für den Bereich des Scarborough-Atolls und eine gemeinsame Exploration der bei der Reed-Bank vermuteten riesigen Öl- und Gasvorkommen abgeschlossen. Beide Gebiete liegen nach internationalem Seerecht in der exklusiven philippinischen Wirtschaftszone, werden aber auch von China beansprucht. Die Erträge aus der Förderung sollen zu 60 Prozent den Philippinen, zu 40 Prozent China zufließen. Laut Angaben der Regierung in Manila ist das Abkommen für das Land günstiger als ein vergleichbares Abkommen mit der amerikanischen Ölgesellschaft Chevron.

Inzwischen einigte sich Peking mit der gesamten Südostasiatischen Staatengemeinschaft ASEAN auch auf einen Verhandlungsrahmen für einen gemeinsamen Verhaltenskodex in dem umstrittenen Seegebiet. Konkrete Verhandlungen dazu sind bereits angelaufen.

Je größer der Anteil an den Nahrungs- und Energieressourcen, den sich Peking im Südchinesischen Meer sichern kann, desto kleiner wird das zentrale strategische Sicherheitsproblem des Landes, die Anfälligkeit für eine Blockade seiner lebenwichtigen Energie- und Nahrungsmittelversorgungslinien. Besonders verwundbar sind diese in dem Nadelöhr an der Straße von Malakka zwischen Malaysia und dem indonesischen Sumatra. Durch diese Meerenge müssen heute noch rund drei Viertel der chinesischen Ölimporte.

China hat daher in dem burmesischen Küstenort Kiaukpyu am Golf von Bengalen einen Tiefseehafen gebaut und von dort eine Öl- und Gaspipeline nach Kunming in der südwestchinesischen Provinz Yünnan verlegt. Ähnliche Pläne verfolgt Peking mit dem pakistanischen Küstenort Kwadar am Golf von Oman nahe den iranischen und arabischen Öl- und Gasfeldern. Anlaufpunkt ist in diesem Fall Kaschgar in der nordwestlichen Provinz Xinjiang.

Beide Vorhaben sind defensive Maßnahmen und dienen dazu, die Länge und Verletzbarkeit der Versorgungslinien zu reduzieren. Allein für das Kwadar-Projekt und den dazugehörigen sogenannten »China-Pakistan-Wirtschaftskorridor« will China insgesamt 54 Milliarden US-Dollar aufwenden.

Anders als vorgegeben, geht es den USA bei ihren Protesten gegen das Vorgehen Chinas im Südchinesischen Meer nicht um die Freiheit des zivilen Seeverkehrs; China ist auf diese dringender angewiesen als jedes andere Land. Vielmehr wollen sie die militärische Oberhoheit in der Region behalten, die sie im Zweiten Weltkrieg errungen haben, und den aufstrebenden Rivalen strategisch in Schach halten.

Scharfmacher aus beiden Parteien, sowohl der Republikaner wie der Demokraten, machen daraus inzwischen auch gar keinen Hehl mehr. Ely Ratner vom einflussreichen Council on Foreign Relations etwa und zuvor enger Mitarbeiter des demokratischen Vize-Präsidenten Joe Biden in der Obama-Regierung, hat die Trump-Administration offen aufgefordert, den Kurs gegen China deutlich zu verschärfen, den anderen Anrainerstaaten des Südchinesischen Meeres Waffen zu liefern und mit ihnen Stationierungsabkommen für US-Truppen abzuschließen. Und auch der Bericht der vom Kongress eingerichteten US-China Economic and Security Research Commission vom November 2017 ist ein einziger Appell zur Eindämmung Chinas. Er dürfte dem Weißen Haus wie gerufen kommen.

Donald Trump nutzt bereits die **Korea-Krise als Hebel** in der großen geostrategischen Auseinandersetzung mit China weidlich aus. Gegen Kim Jong-un macht er nicht etwa deswegen Front, weil er sein Land von diesem ernsthaft bedroht sieht, sondern vor allem, weil Kim sich wie kein Zweiter als Druckmittel gegen Peking eignet.

Auf wen Donald Trump mit seiner Haltung im Nordkorea-Konflikt wirklich zielt, offenbarte er im Frühjahr 2017. Kurz vor der Präsidentenwahl in Südkorea im Mai ließ er dort noch schnell eine Batterie des Raketenabwehrsystems Terminal High Altitude Area Defense THAAD installieren. Angeblich sind diese Raketen nur zur Verteidigung gegen einen eventuellen Raketenangriff aus dem Norden gedacht. Doch Südkoreas Hauptstadt Seoul, in der samt Umgebung fast die Hälfte der 50 Millionen Einwohner des Landes lebt, ist keine 50 Kilometer von der Demarkationslinie entfernt, die beide Staaten seit dem Ende des Koreakrieges voneinander trennt. Kim braucht keine Raketen, um sie in Schutt und Asche zu legen. Dafür reicht seine konventionelle Artillerie. Außerdem ist THAAD zur Abwehr von Raketen in mehr als 40 Kilometer Höhe ausgelegt. Auf Südkorea abgeschossene Raketen aus dem Norden dürften jedoch in geringerer Höhe anfliegen.

Peking sieht das System folgerichtig gegen sich gerichtet. Denn mit dem dazugehörigen Radar können die Amerikaner bis zu 1800 Kilometer, also weit nach China hinein, sehen. Wenn das System auch noch in Japan stationiert würde, wäre es ihnen im Falle etwa einer Seeblockade möglich, gegen ihre Pazifikflotte gerichtete chinesische Raketen sowie auch die vornehmlich im Nordosten Chinas stationierten landgestützten interkontinentalen Atomraketen frühzeitig abzufangen. Zwar behaupten die USA, THAAD in Südkorea so eingestellt zu haben, dass es nur Ziele in bis zu 800 Kilometern Entfernung erfassen kann, und diese Einstellung nicht verändern zu wollen; sie weigern sich jedoch bisher, dies durch China vor Ort überprüfen zu lassen. Überdies lassen sich die mobilen Abschussrampen des Systems kurzfristig auch von Abfang- auf Angriffsraketen umrüsten. Diese ließen Peking wegen der geographischen Nähe ähnlich wie die sowjetischen Abschussbasen auf Kuba seinerzeit Washington nur eine extrem kurze Reaktionszeit und wären auch geeignet, die atomare Zweitschlagskapazität der Chinesen in Frage zu stellen; umso mehr, als China bisher auf eine Strategie der minimalen nuklearen Abschreckung setzt und nur relativ wenige Interkontinentalraketen mit Atomsprengköpfen besitzt. Selbst China-Kritiker Navarro räumte ein, dass die Stationierung der Raketenabwehrbatterie in Südkorea »hochgradig destabilisierend« wirke.

THAAD in Südkorea erinnert auch an die von den USA geplante Stationierung eines solchen Systems in Osteuropa, das angeblich nur gegen (Atom-)Raketen aus dem Iran gerichtet sein sollte. Moskau betrachtete dies jedoch von Anfang an als bloßen Vorwand und hat seitdem dem Westen gegenüber eine feindselige Haltung eingenommen. Obwohl das nicht zuletzt unter Beteiligung des Kremls mit Teheran inzwischen geschlossene Nuklearabkommen das Projekt der Amerikaner überflüssig gemacht hat, ist es bis heute nicht endgültig vom Tisch. Moskau sieht sich dadurch in seiner Annahme bestätigt, dass es von Anfang an gegen Russland gerichtet war.

China muss davon ausgehen, dass die USA mit der Stationierung von THAAD in Südkorea nach derselben Methode verfahren wollen: erst mit dem Druckmittel der grenznahen Raketenstationierung Peking dafür einspannen, Nordkorea durch rabiate Wirtschaftssanktionen zur Aufgabe seiner Atompläne zu zwingen, und die Raketendrohung dann dennoch aufrechterhalten.

Überdies kann China nicht darauf vertrauen, dass die USA, die heute in Südkorea 15 Militärbasen mit etwa 30 000 Soldaten unterhalten, im Falle eines Zusammenbruchs des nordkoreanischen Regimes und einer Wiedervereinigung Koreas nicht auch Truppen im Nordteil der Halbinsel unmittelbar an der chinesischen Grenze stationieren würden. Bei der Wiedervereinigung Deutschlands hatte Washington ebenfalls versprochen, die NATO nicht weiter zur russischen Grenze hin auszudehnen. Heute gehören nicht nur das Territorium der ehemaligen DDR, sondern auch Polen und das Baltikum zum NATO-Gebiet.

Mao Zedong hat das Verhältnis von Nordkorea und China einst mit dem zwischen »Lippen und Zähnen« verglichen; fehlten Erstere, würden Letztere kalt. Seit 1961 sind beide Nachbarländer über einen »Freundschafts- und Beistandspakt« miteinander verbunden, der Peking verpflichtet, Pjöngjang im Falle eines Angriffs zu Hilfe zu eilen. Für die Verteidigung des Kim-Regimes hat China im Koreakrieg gegen die USA mit 400 000 Toten und Verwundeten einen hohen Blutzoll entrichtet.

Seit Dengs Reform- und Öffnungspolitik sind sich beide Länder einander allerdings zunehmend fremd geworden. Das ideologisch orthodoxe Regime in Pjöngjang sieht in Peking Revisionisten am Werk und weigert sich, deren Reformkurs zu folgen. Seit China zudem immer engere Wirtschaftsbeziehungen zu Südkorea knüpfte, verschlechterte sich das Verhältnis weiter.

Dennoch erscheint der Führung in China der Erhalt des ungeliebten Kim-Regimes im Vergleich zu Chaos in dem Nachbarland und einer Ausdehnung der amerikanischen Präsenz bis an die eigene Landesgrenze am Yalu-Fluss als das kleinere Übel. Peking ließ inzwischen denn auch durchblicken, Pjöngjang im Falle eines Raketenangriffs auf die USA nicht zu helfen, im umgekehrten Fall aber zu seinen vertraglichen Verpflichtungen zu stehen.

Für eine friedliche Lösung des Konflikts setzt die Führung in Peking große Hoffnungen auf Südkoreas Präsidenten Moon Jae-in. Moon, dessen Eltern im Koreakrieg einst vom Norden in den Süden flüchteten, vertritt eine Politik des Wandels durch Annäherung. So bot er Pjöngjang etwa gleich nach seiner Wahl Gespräche zwischen dem Militär und dem Roten Kreuz beider Seiten an und lud Nordkorea zur Teilnahme an den Olympischen Winterspielen im Februar 2018 in Pyeongchang ein.

Der Präsident Südkoreas will seine Landsleute nicht als Kanonenfutter der USA in deren geopolitischer Auseinandersetzung mit China missbrauchen lassen. Die Trump-Administration im weit entfernten Washington schließt es dagegen offenbar nicht aus, notfalls auch große Opfer auf seiten des Verbündeten in Kauf zu nehmen.

Man sei sich zwar durchaus bewusst, so Sicherheitsberater H.R. McMaster im US-Fernsehen, dass eine bewaffnete Auseinandersetzung »vor allem für die südkoreanische Bevölkerung sehr schmerzhafte Folgen hätte«. Präsident Trump habe aber klar gesagt, er werde es »nicht hinnehmen, dass Nordkorea die USA bedrohen kann«. Deshalb sei auch ein »Präventivkrieg« denkbar.

Auch wenn McMasters Auftritt wohl nur als Drohszenario gemeint war – in Seoul verstärkte er die Zweifel an dem Verbündeten, die Anti-Kriegs-Proteste und Proteste gegen THAAD. Präsident Moon versprach seinen Landsleuten, er werde einen Krieg »um jeden Preis verhindern«, und reklamierte für sein Land öffentlich ein Vetorecht gegen eine Attacke der USA auf den Norden.

Anders als seine amerikafreundliche Vorgängerin Park Geun-Hye ist Moon kein Freund des THAAD-Systems. Schon im Wahlkampf hatte er angekündigt, die Genehmigung für dessen Stationierung möglicherweise zu widerrufen. Nach seinem Amtsantritt ließ er zunächst auch dessen weiteren Ausbau stoppen. Unter dem Eindruck immer neuer Raketentests Nordkoreas und zunehmendem Druck des Verbündeten USA, der Zehntausende von Soldaten in dem Land stationiert hat, sah er sich jedoch gezwungen, die Installation einer zweiten Batterie zuzulassen.

Während der militärische Nutzen der Abwehrraketen für Südkorea fragwürdig ist, kam ihm deren Stationierung bereits teuer zu stehen. So wurden nach der Aufstellung der ersten THAAD-Batterie auf einem ehemaligen Golfplatz, der dem Lotte-Konzern gehört, dessen Supermärkte in China boykottiert, die Tourneen von südkoreanischen Popmusikgruppen abgesagt, Filmkoproduktionen gestoppt und TV-Programme mit Schauspielern aus dem Land abgesetzt. Südkoreas fünftgrößter Konzern musste bereits fast alle seiner rund 100 Geschäfte in der Volksrepublik schließen und stellte sie inzwischen zum Verkauf. Die Absatzzahlen der Autofirmen Kia und Hyundai in China gingen 2017 um über die Hälfte zurück; ebenso die Zahl chinesischer Touristen bei dem Nachbarn. Allein Letzteres kostete diesen rund 15 Milliarden US-Dollar.

Um die Beziehungen zu dem großen Nachbarn China zu entspannen, hat sich Seoul inzwischen auf Peking zubewegt. Die südkoreanische Außenministerin Kang Kyung-wha versprach, ihr Land werde weder einen weiteren Ausbau der amerikanischen Raketenabwehrbatterien noch deren Einsatz gegen China zulassen und sich auch nicht einer von den USA geplanten militärischen Allianz mit Japan zur Eindämmung Chinas anschließen.

Schon aufgrund der geographischen Nähe zueinander verbindet Seoul mit Peking ein natürliches Interesse an einer friedlichen Lösung des Konflikts. Hinzu kommt die starke wirtschaftliche Bindung an China. Das Handelsvolumen mit dem großen Nachbarn ist größer als das mit den USA und Japan zusammengenommen. Als Schutzmacht gegen den Norden sind die USA willkommen, als deren Vorposten gegen China, noch dazu in einer Allianz mit Japan, will Südkorea jedoch nicht zur Verfügung stehen.

Beim Besuch Donald Trumps in Seoul im November 2017 machte Staatschef Moon den amerikanischen Gast mit einer Frau bekannt, die mit Zehntausend anderen japanischen Soldaten im Zweiten Weltkrieg als Zwangsprostituierte dienen musste und tischte ihm zudem, um seine Distanz zu Tokio zu betonen, Dokdo-Garnelen aus einem zwischen Korea und Japan umstrittenen Seegebiet auf.

Umso mehr denkt Washington nun darüber nach, auch in **Japan** THAAD-Batterien aufzustellen. Auf den dortigen Regierungschef Shinzo Abe kann es sich bei seinem Konfrontationskurs mit China voll verlassen. Nach dem Zweiten Weltkrieg hatten die USA das besiegte Land noch dazu gezwungen, sich per Verfassung auf reine Selbstverteidigungskräfte zu beschränken. Im Rahmen ihrer Eindämmungsstrategie gegenüber China dulden sie nun aber schon seit Jahren, dass Japan sein Militär immer mehr zu regulären Streitkräften ausbaut. So konnte Tokio etwa unbeanstandet einen Hubschrauberträger als Zerstörer deklarieren und ein Gesetz erlassen, das militärische Auslandseinsätze erlaubt, wenn diese dazu dienen, Staaten beizuspringen, mit denen Japan »enge Beziehungen« unterhält.

Derzeit denkt die Regierung von Ministerpräsident Abe auch unverhohlen darüber nach, offensive Waffen wie zum Beispiel Cruise Missiles anzuschaffen und die Stationierung amerikanischer Atomwaffen im Lande zuzulassen.

In Japan haben die USA allein rund 40 000 Soldaten stationiert, das Hauptquartier ihrer siebten Flotte und Dutzende Militärbasen eingerichtet. Modernste Jagdbomber und Kampfjets können von dort in wenigen Minuten China erreichen. Regelmäßig und demonstrativ führen US-Navy und Air Force Aufklärungsoperationen vor dessen Küste durch.

Setzt Washington bei der Einkreisung Chinas im Norden und Osten auf Südkorea und vor allem Japan, umgarnt es im Süden besonders den ehemaligen Kriegsgegner Vietnam sowie Myanmar (Burma) und vor allem **Indien**. Im Westen will es sich dauerhaften Einfluss in Afghanistan sichern.

Gemeinsam mit Japan, das selbst immer engere Beziehungen zu Neu-Delhi pflegt, halten die USA mit Indien jedes Jahr ein großes Marinemanöver im Golf von Bengalen ab. Im Vordergrund stehen dabei die U-Boot-Jagd und die Blockade der nahegelegenen Straße von Malakka. Die Übungen sind eindeutig gegen China gerichtet, dessen Ölimporte bisher zu 80 Prozent durch diesen Flaschenhals müssen.

Im Golf von Bengalen hat Indien in den vergangenen Jahren auf den Andaman- und Nicobar-Inseln Marine- und Luftwaffenstützpunkte eingerichtet, um im Konfliktfall die Durchfahrt von Öltankern nach China durch die Straße von Malakka bzw. die Einfahrt chinesischer Kriegsschiffe und U-Boote in den Golf und den Indischen Ozean verhindern zu können. Zu diesem Zweck lieferten die USA bereits modernste Überwachungsdrohnen und U-Boot-Jagdflugzeuge vom Typ Poseidon, Waffen, die nicht einmal alle NATO-Partner bekommen.

Die Unterstützung durch Washington und Japan hat Neu-Delhi zuletzt immer mehr dazu ermutigt, offen gegen China Front zu beziehen. Vor allem der von Peking geplante und im Bau befindliche sogenannte chinesisch-pakistanische Wirtschaftskorridor ist Indien ein Dorn im Auge. Zum einen schwächt das Projekt sein größtes strategisches Drohpotential gegen China, die Blockade der Straße von Malakka. Zum anderen stärkt es den verfeindeten Nachbarn Pakistan und festigt dessen Herrschaft über einen Teil Kaschmirs, den Indien für sich beansprucht. Denn der Korridor verläuft auch durch dieses umstrittene Gebiet.

In der Kaschmir-Frage zeigt sich Neu-Delhi inzwischen zunehmend offensiv gegenüber Pakistan. Daneben unterstützt es unverhohlen die Rebellen in der südwestpakistanischen Provinz Balutschistan, zu der Kwadar gehört.

Im Juni 2017 nutzte Indien die Krise auf der koreanischen Halbinsel sogar, um China im Himalaya militärisch direkt entgegenzutreten und zu dessen nördlicher eine zweite Front im Süden aufzumachen. Als die Chinesen auf dem Donglang-Hochplateau, einem von ihnen beanspruchten und seit Jahren besetzten Gebiet, das auch Bhutan für sich reklamiert, eine Straße zu einem Grenzpass nach Indien befestigen wollten, drangen dessen Streitkräfte angeblich auf Bitten des verbündeten Nachbarn Bhutan auf das Gebiet vor und hinderten sie daran.

Neu-Delhi sah in dem versuchten Straßenbau nicht nur eine Verletzung des Status quo, sondern eine gezielte strategische Maßnahme, um im Konfliktfall schneller Truppen an den nahegelegenen Siliguri-Korridor zwischen Nepal und Bangladesch, auch »Hühnerhals« genannt, heranführen zu können und das schmale Verbindungsstück des indischen Kernlands zu seinen nordöstlichen Landesteilen abzuschneiden. Über Wochen stießen beide Seiten täglich wechselseitig Drohungen aus. Erst kurz vor dem jährlichen Gipfel der BRICS-Staaten im chinesischen Xiamen konnten sie sich auf einen beiderseitigen Truppenrückzug und die Wiederherstellung des *Status quo ante* verständigen.

Das von Indien im Himalaya gezeigte neue Selbstbewusstsein ist ganz im Sinne der amerikanischen Eindämmungsstrategie gegen China. Neben modernsten Waffen für seine Marine verkauft Washington Neu-Delhi auch Spezialgeräte für einen Krieg im Gebirge. So will es den bisherigen Fokus der chinesischen Streitkräfte auf den Pazifik und damit auf die USA schwächen und für Peking eine weitere Flanke eröffnen. In der neuen Asien-Strategie der USA ist denn auch nicht mehr von »Asien-Pazifik« die Rede, sondern nur noch von »Indo-Pazifik«. US-Außenminister Rex Tillerson bezeichnete Indien als »einen der wichtigsten Verbündeten der USA«. Beide Länder müssten »westliches und östliches Leuchtfeuer« der »indo-pazifischen Region« sein, der wichtigsten Region der Zukunft. »Wir werden mit China niemals dieselbe Beziehung haben«, so Tillerson, »wie wir sie mit einer großen Demokratie haben können.«

Mit Indien, Japan und Australien setzten die USA einen alten Vorschlag von Shinzo Abe um und gründeten im November 2017 den so genannten Quadrilateral Security Dialogue (kurz: Quad). Erklärtes Ziel des Viererbundes: in der indo-pazifischen Region »eine freie und offene internationale Ordnung auf der Basis der Herrschaft des Rechts« herzustellen. Im Klartext: China einzudämmen.

Neben dem gezielten Werben um Chinas zahlreiche Nachbarn hatten die USA schon unter Trumps Vorgänger Obama zur Eindämmung des »Reichs der Mitte« ein von Peking angestrebtes Freihandelsabkommen der zehn südostasiatischen ASEAN-Staaten sowie Australiens, Neuseelands, Japans, Südkoreas, Indiens und natürlich Chinas selbst namens RCEP (Regional Comprehensive Economc Partnership) hintertrieben. Stattdessen handelten sie mit elf anderen Pazifik-Anrainern, aber unter Ausschluss Chinas, eine gemeinsame Freihandelszone namens **Trans Pacific Partnership** (TPP) aus. »TPP ist für mich genauso wichtig wie ein weiterer Flugzeugträger«, so der bezeichnende Kommentar des damaligen amerikanischen Verteidigungsministers Ashton Carter.

Nach seinem Amtsantritt kündigte Donald Trump die Beteiligung der USA an TPP zwar sofort auf, weil er das Abkommen als ökonomisch nachteilig für sein Land einschätzte. Das heißt jedoch nicht, dass sich die USA damit aus dem asiatisch-pazifischen Raum zurückziehen und China das Feld überlassen wollen. Im Gegenteil. Trump verfolgt im geopolitischen Wettstreit mit China nur eine andere, radikalere Strategie als sein Vorgänger Barack Obama. Sein Wahlkampfslogan »Make America Great Again« bedeutet im Kern nichts anderes, als die

Hegemonialstellung der USA zu zementieren und China in einer direkten Konfrontation in die Knie zu zwingen, wie Ronald Reagan es einst mit der Sowjetunion getan hat. Ein bewaffneter Konflikt kommt dafür genauso wenig in Frage wie seinerzeit mit Moskau. Nicht nur nach Ansicht von David Petraeus, dem ehemaligen Oberkommandierenden der US-Streitkräfte und CIA-Chef, könnte einen solchen Krieg »keiner gewinnen«. Nach dem Vorbild von Reagans »Strategic Defense Initiative« will Donald Trump deshalb die Rüstungs- und Weltraumforschung erheblich ausweiten und China in ein teures Wettrüsten verwickeln, bei dem es wie einst die Sowjetunion den Kürzeren ziehen soll. Und wie seinerzeit Internet, Laser oder Halbleiter sollen dabei erneut wichtige zivile Anwendungsmöglichkeiten abfallen, die den USA einen neuen technologischen Vorsprung verschaffen. Der Krieg in Afghanistan und im Irak habe sein Land bereits fünf Billionen Dollar gekostet, so Donald Trump. Hätte die Regierung diese in Forschung und Entwicklung gesteckt, wären die USA heute »den Chinesen um Lichtjahre voraus«.

Um den Verfolger abzuschütteln, ist aus Sicht von Donald Trump höchste Eile geboten. Bei unveränderten Wachstumsraten wird Chinas Sozialprodukt das der USA schon im Laufe des kommenden Jahrzehnts auch in absoluten Zahlen überholen und dem Land eine Ressourcen-Überlegenheit verschaffen. »Das Reich der Mitte« könnte für Amerika, so warnt die RAND-Corporation in einer Studie, »ein Gegner mit größeren Fähigkeiten werden als die Sowjetunion oder Nazi-Deutschland«. Das Sozialprodukt der Sowjetunion erreichte während des Kalten Krieges gerade einmal 40 Prozent des amerikanischen, das Chinas dagegen liegt schon heute bei fast 70 Prozent.

Trump verfolgt daher mit der Devise »**America First**« eine Politik, die sowohl die heimische Wirtschaft stärken und damit ein Wettrüsten gegen China finanzieren als auch zugleich dessen Wachstumskraft und Fähigkeit schwächen soll, gegenüber den USA weiter aufzuholen und Washington die Führungsrolle in der Welt streitig machen zu können. Die nötigen finanziellen Mittel dafür will sich der US-Präsident zum einen aus Einsparungen im Staatsaushalt, einem größeren Beitrag der NATO-Partner zu den gemeinsamen Verteidigungskosten und einer Abkehr vom teuren »Nation Building« beschaffen. Zum anderen soll das Wachstum der amerikanischen Wirtschaft mit Steuersenkungen, einem niedrigeren Dollarkurs und vor allem einer merkantilistischen Handelspolitik angekurbelt werden. Trump wolle, so das Fazit des renommierten Ökonomen Kenneth Rogoff, »ein System schaffen, das die amerikanische Dominanz verlängert«.

Zentrales Element des Trump'schen Merkantilismus ist der Abbau des bilateralen Handelsbilanzdefizits mit China von jährlich rund 350 Milliarden Dollar. Die Abkehr von für die Globalisierung typischen multilateralen Handelsabkommen und deren Ersatz durch bilaterale Lösungen sollen den USA größere Verhandlungsmacht und bessere Konditionen verschaffen. Multilaterale Abkommen mögen die Welt zwar insgesamt fairer und gerechter gemacht haben, für sein Land seien sie jedoch von Nachteil gewesen, so Trump. Denn sie hätten dessen Abstieg und zugleich den Aufstieg Chinas befördert.

Zudem ist Washington der Technologietransfer von den USA und westlichen Ländern nach China ein großer Dorn im Auge. Trump will ihn und damit den von Peking für seine Wirtschaft geplanten nächsten Modernisierungsschub radikal einbremsen. China soll die Übernahme von amerikanischen und wenn möglich westlichen Hightech-Unternehmen insgesamt künftig weitgehend verwehrt und für diese zugleich der Marktzugang in China ohne Technologietransfer erzwungen werden.

Aus »Gründen der nationalen Sicherheit« hat der Präsident schon im September 2017 höchstpersönlich den Kauf von Lattice, eines amerikanischen Herstellers programmierbarer integrierter Schaltkreise, durch eine chinesische Beteiligungsfirma untersagt. Kurz darauf nutzte die US-Regierung die Chicagoer Filiale von Here Technologies, dem Gemeinschaftsunternehmen der deutschen Automobilhersteller Audi, BMW und Mercedes für Standort-Software, um damit NavInfo, einem chinesischen Hersteller von Karten für Navigationsgeräte, den Einstieg zu verwehren.

Robert Lighthizer, Trumps Handelsbeauftragter, untersucht im Auftrag seines Chefs derzeit das Ausmaß des Diebstahls von geistigem Eigentum der USA. Dabei greift er auf ein uraltes Gesetz aus dem Jahr 1974 zurück und verletzt damit die Regeln der 1995 gegründeten Welthandelsorganisation WTO. Lighthizer sieht in dem chinesischen Wettbewerbssystem eine »bisher nie dagewesene Bedrohung für das bestehende Welthandelssystem, der mit den Regeln der WTO nicht beizukommen« sei.

Als China dieser 2001 beitrat, wurde dem Land im Hinblick auf die Liberalisierung des Dienstleistungssektors und seinen Umgang mit ausländischen Investitionen weitgehend freie Hand gelassen. Der Westen und die USA setzten damals darauf, dass das Land, wenn es erst einmal in den weltwirtschaftlichen Güterverkehr integriert ist, auch diese Bereiche von sich aus liberalisiert.

Wie sich inzwischen zeigte, war das ein Irrtum. Das ändert allerdings nichts daran, dass Peking Washington wegen seines einseitigen Vorgehens bei der WTO verklagen kann und dabei vermutlich recht bekommen wird. Die Folge wären Sanktionen der Organisation gegenüber den USA.

Peking hat schließlich niemanden gezwungen, in China zu produzieren. Die ausländischen Unternehmen, die es dennoch taten, wussten, was sie tun. Sie wollten auf eine Präsenz auf dem Riesenmarkt und die möglichen Gewinne nicht verzichten. Und sie setzten darauf, dass ihre Innovationskraft größer ist als das Vermögen der Chinesen, sich die Technologie selbst anzueignen, so dass sie ihnen immer einen Schritt voraus bleiben.

An dieser Rechnung wird Trumps Vorgehen nicht viel ändern

können. Die Chinesen werden die Trumpfkarte ihres Riesenmarkts wohl kaum aus der Hand geben – und die US-Unternehmen auf ihre Präsenz in China nicht verzichten wollen. 2015 haben sie dort nach Angaben des Institute of International Finance (IIF) zusammen 36 Milliarden Dollar Gewinn gemacht.

Verhängt Washington als Ergebnis von Lighthizers Untersuchung Strafzölle auf den Import chinesischer Produkte, um so das bilaterale Handelsbilanzdefizit mit China zu verringern, könnte es sich damit selbst mehr schaden als Peking. Solche Zölle würden den Wohlstand der Amerikaner erheblich schmälern. Vor allem betroffen wären davon gerade weniger gut betuchte US-Bürger, die Donald Trump ins Weiße Haus gebracht haben.

Zugleich würden die Zölle das Wachstum der chinesischen Wirtschaft nur relativ geringfügig einschränken. Die Exporte des Landes in die USA machen nur fünf Prozent des BIP aus. Darin ist noch ein beachtlicher Anteil von vorher vor allem aus den USA selbst sowie aus Taiwan, Südkorea und Japan importierten Vorprodukten enthalten. Die rein nationale Wertschöpfung von Chinas Export in die USA beträgt ganze drei Prozent. Zudem bliebe China die Möglichkeit, die Produkte anderweitig zu verkaufen.

Umgekehrt kann Peking die USA in einem Handelskrieg hart und gezielt treffen. Nach einer Studie des IIF sind die amerikanischen Ausfuhren nach China zwischen 2006 und 2016 dreimal so schnell gewachsen wie die gesamten Exporte und doppelt so schnell wie umgekehrt die Ausfuhren von China in die USA. Die amerikanischen Dienstleistungsexporte nach China haben in dieser Zeit sogar um das Fünffache zugenommen. Der bilaterale Handelsüberschuss mit dem Land war hier 2016 40 Mal so groß wie zehn Jahre zuvor. Das gesamte US-Handelsbilanzdefizit mit China sank dadurch auf 2,7 Prozent des BIP. Diesen für Washington positiven Trend könnte Peking leicht umkehren, ohne gegen WTO-Regeln zu verstoßen.

Außerdem nimmt China Amerika allein über 60 Prozent seiner Sojabohnenproduktion (Umfang 2016: 14 Milliarden Dollar), ein Viertel der Boeing-Flugzeuge, 17 Prozent der Automobile und 15 Prozent der Halbleiter ab. Mit landwirtschaftlichen Produkten, allen voran Sojabohnen, erzielen die USA im bilateralen Handel einen Überschuss von 17 Milliarden Dollar, bei Flugzeugen sind es acht Milliarden.

Beantwortet Peking amerikanische Strafzölle mit entsprechenden Zöllen auf diese Produktgruppen, bekommen die USA das schmerzhaft zu spüren – vor allem Donald Trumps eigene Wähler. Sechs der acht US-Staaten, die im Chinahandel ein Plus aufweisen, haben für Trump gestimmt.

Zudem steht Uncle Sam bei China mit fast 1,2 Billionen Dollar in der Kreide, ein großer Teil davon sind Staatsanleihen. Wenn es hart auf hart kommt, könnte Peking schon mit einem Teilverkauf die Zinsen in den USA in die Höhe treiben und die Konjunktur abstürzen lassen. Zugleich würde China damit allerdings auch seinen eigenen Devisenschatz entwerten. Zwischen beiden Ländern besteht demnach nicht nur militärisch, sondern auch finanziell eine Art **Gleichgewicht des Schreckens**.

Mit der Drohung eines Handelskrieges pokert Trump hoch, aber bei näherem Hinsehen hat er kein überzeugendes Blatt in der Hand. Einen solchen Krieg mit China kann er nicht gewinnen. Anders als zu Zeiten Ronald Reagans ist nicht nur Chinas Wirtschaft ungleich kräftiger als die der Sowjetunion in den 70er und 80er Jahren; Amerikas Wirtschaft hat heute auch nicht mehr dasselbe Wachstumspotential und ist erheblich höher verschuldet. Hohe Finanzierungsverpflichtungen aus dem Schuldendienst des Landes und gesetzlichen Sozialleistungen sorgen für wachsende Budget-Engpässe. So fehlen etwa dem Verteidigungsministerium für die Fiskaljahre 2018-2022 bisher noch rund 275 Milliarden Dollar. Berechnungen des Centers for Strategic and Budgetary Assessments in Washington zufolge wird den beiden größten Sozialprogrammen Medicare und Social Security 2030 bzw. 2034 das Geld ausgehen.

Zudem verärgert Trump mit seiner merkantilistischen Handelspolitik Partner und Verbündete und unterminiert das bestehende globale Handelssystem, für das die USA selbst lange gekämpft haben und das auch ihnen zum Vorteil gereichte. Unter Trumps Vorgänger Barack Obama hat Washington in Handelsstreitigkeiten 16 Mal die WTO als Schiedsrichter angerufen und nicht in einem einzigen Fall verloren.

Der Versuch des britischen Königs George III., das Handelsbilanzdefizit seines Landes mit China zu beseitigen, indem er dieses mit Gewalt zu einer Öffnung seiner Märkte zwang, hat seinerzeit zu einer Serie von Kriegen geführt. So weit wird es diesmal im Streit zwischen den USA und China wohl kaum kommen. Doch schwerwiegende Wirtschaftssanktionen gegen die zweitgrößte Volkswirtschaft der Welt könnten »die gesamte Weltwirtschaft zum Einsturz« bringen, so der bekannte Hedgefondsmanager und Asienexperte Jim Rogers. Amerika würde sich damit zudem selbst am meisten schaden, da es »China mit Russland und anderen Ländern zusammenzwingt«. Und »am Ende«, so Rogers, »verliert es auch seine Monopolmacht über das Finanzsystem«.

Den Dollar als internationale **Leitwährung** zu besitzen, in der ein Großteil des weltweiten Handels mit Gütern und Rohstoffen, insbesondere Rohöl, abgewickelt wird, ist zweifellos der größte und zugleich am schwersten zu überwindende Wettbewerbsvorteil der USA und Fundament ihrer globalen Führungsrolle.

Das Privileg hat es dem Land ermöglicht, sich so hoch zu verschulden und damit seinen hohen Lebensstandard und die gigantische Militärmaschinerie zu finanzieren. Es kann ja (meist) in der eigenen Währung bezahlen und diese selbst drucken. Gleichzeitig sorgt es dafür, dass die USA den leistungsfähigsten Finanzmarkt der Welt haben. Fast alle Länder müssen die

Dollar-Überschüsse, die sie im Handel verdienen, dort anlegen. Auf diese Weise trägt auch China zum Wohlstand der USA bei – und finanziert zugleich deren militärische Aufrüstung mit. Überdies macht es sich damit ein Stück weit von der amerikanischen Wirtschafts-, Zins-, Geld- und Wechselkurspolitik abhängig.

In Gestalt des Dollar hat Washington nicht zuletzt ein scharfes Sanktionsschwert gegen unliebsame Nationen in der Hand: den Ausschluss vom amerikanischen Finanzmarkt und vom internationalen Zahlungsverkehr. Wenn Peking die UN-Sanktionen gegen Nordkorea nicht strikt befolge, drohte US-Finanzminister Steven Mnuchin schon einmal unverhohlen, würde sein Land China »den Zugang zum amerikanischen und internationalen Dollarsystem verwehren«. Auf diesem Weg hat Washington den Iran vom Bau einer Atombombe abbringen können und Russland nach dem Heimholen der Krim arg in wirtschaftliche Bedrängnis gebracht.

Seit geraumer Zeit versuchen die Chinesen denn auch, sich aus der Umklammerung durch den Dollar sukzessive zu befreien und die eigene Landeswährung Yuan zu einer wichtigen internationalen Reservewährung zu entwickeln. Als Instrument dient ihnen dazu bisher hauptsächlich ihre Handelsmacht.

Als größter Ölimporteur der Welt fordert China von seinen Rohöl-Lieferanten, statt nur in Dollar auch in Yuan bezahlen zu können. Mit Russland, dem Iran und Qatar konnte Peking bereits entsprechende Vereinbarungen treffen. Im Herbst 2017 stieß auch Venezuela zu diesem Kreis hinzu. Mit Rücksicht auf die Amerikaner sperrt sich Saudi-Arabien bisher noch dagegen. Deswegen und um zugleich dem unter den westlichen Sanktionen leidenden Nachbarn Russland zu helfen, hat Peking einen beträchtlichen Teil der saudischen Lieferungen schon durch russische ersetzt. Deren Anteil am chinesischen Erdölimport stieg von fünf auf zuletzt 15 Prozent, während der saudische von 25 auf unter 15 Prozent absackte.

Die Frage ist, wie lange Riad sich das noch leisten kann und will. Saudi-Arabien lebt derzeit von der Substanz. Sein Haushaltsdefizit beläuft sich auf 16 Prozent des BIP, und die in der Vergangenheit angesammelten stattlichen Devisenreserven schrumpfen im Jahr um gut 100 Milliarden Dollar. Um seiner jungen Bevölkerung (die Hälfte davon ist unter 27 Jahre alt) eine gute Zukunft bieten zu können, braucht das Land stabile Ölexporte zu ordentlichen Preisen.

Eine erste Bresche in die saudische Verteidigung ist bereits geschlagen. Im Sommer 2017 erklärte sich Riad erstmals bereit, zur Finanzierung seines Budgetdefizits auch Yuan-Anleihen auszugeben und Yuan-Kredite aufzunehmen. Wenn auch Saudi-Arabien kippt und die Chinesen ihre Rohölimporte mit ihrer eigenen Währung bezahlen lässt, wäre das Dollar-Monopol in dem Bereich endgültig gebrochen, neben den Petrodollar träte der Petroyuan – mit weitreichenden Konsequenzen auch für andere Bereiche des internationalen Handels. Darauf arbeiten die Chinesen zielstrebig hin.

Die Führung in Peking weiß natürlich, dass trotz aller Handelsmacht der Yuan am Ende nur zu einer Weltreservewährung werden kann, wenn es für ihn ausreichende, sichere und flexible Anlagemöglichkeiten gibt. Nicht zuletzt deshalb hat sie sich vorgenommen, ihren Finanzmarkt zu liberalisieren. Bis dieser es international mit dem amerikanischen aufnehmen kann, wird allerdings noch viel Zeit vergehen. So lange wollen die Chinesen offenbar nicht warten.

China ist der größte Goldproduzent der Welt. In den zurückliegenden Jahren hat die Zentralbank des Landes bereits große Mengen Gold gekauft und so ihre Vorräte erhöht. 2017 kündigte die Börse in Hongkong an, künftig Gold gegen die chinesische Währung zu verkaufen und einen Öl-Terminkontrakt in Yuan aufzulegen. Internationalen Investoren in den Öl-Kontrakt wäre es damit ebenso wie Warenlieferanten Chinas, die in Yuan bezahlt werden, möglich, diese innerhalb eines transparenten

Rechtssystems sicher und flexibel anzulegen. Die bisher noch weithin unbeachtet gebliebene Maßnahme habe »das Potential, unser Weltfinanzsystem entscheidend zu verändern«, so das renommierte Finanzanalysehaus Gavekal.

Bei diesem Unterfangen steht Peking besonders Moskau zur Seite. Um China einzuhegen, hatte Donald Trump ursprünglich auch vor, die Russland-Karte zu spielen. Nach dem Vorbild der Triangel-Diplomatie von Henry Kissinger, der einst die Annäherung an China betrieb, um die Sowjetunion besser in Schach zu halten, schwebte ihm umgekehrt eine **Annäherung an Russland** vor. Schon vor seinem Amtsantritt soll er dessen Präsidenten Wladimir Putin eine Rückkehr in die Runde der großen Industrieländer im Rahmen der G8 und eine Lockerung der westlichen Wirtschaftssanktionen in Aussicht gestellt haben, die nach der Besetzung der Krim verhängt worden waren.

Der Mann im Kreml wäre dem wohl auch gefolgt, und sei es nur, um sich der zunehmenden Umarmung durch China ein Stück weit zu entziehen. Die Debatte um ein angebliches Zusammenspiel Trumps mit Russland im Präsidentschaftswahlkampf, die diesbezüglichen Untersuchungen durch den Kongress und einen Sonderermittler sowie die Verschärfung der amerikanischen Sanktionen gegen Moskau haben dies jedoch verhindert. »In seiner immensen Weisheit«, so Charles und Louis-Vincent Gave, die Gründer von Gavekal, in einer geopolitischen Lagebeurteilung, habe das Washingtoner politische Establishment beschlossen, dass Amerikas Interessen am besten durch Sanktionen »für bisher nicht einmal bewiesene Verbrechen gewahrt werden, die die CIA routinemäßig sogar in Ländern begeht, die nominell US-Allierte sind«.

Als Folge davon rücken anstelle von Washington und Moskau jetzt Peking und Moskau immer näher zusammen. In den ersten fünf Jahren seiner Amtszeit hat sich Xi Jinping 20 Mal mit Wladimir Putin getroffen. Bei seinem Besuch in Moskau im Juli 2017 verlieh Putin seinem Kollegen Xi sogar den höchsten russischen Orden. Der so Geehrte pries Russland als den »am meisten vertrauenswürdigen strategischen Partner« und die Kooperation beider Länder als den »Ballaststein für Frieden und Stabilität in der Welt«, der »das Schiff der Menschheit vor dem Kentern« bewahre. China werde an dem gegenseitigen »Vertrag für gute Nachbarschaft, Freundschaft und Zusammenarbeit«, so gelobte er, »unabhängig von allen Veränderungen in der internationalen Landschaft unverbrüchlich festhalten«.

In ihrem bilateralen Handel verwenden beide Länder bereits weitgehend die eigene Währung. Beide denken zudem darüber nach, das russische KartaMir- und das chinesische UnionPay-Zahlungssystem zusammenzulegen, um gegenüber den von den USA dominierten internationalen Zahlungssystemen wie Visa, American Express oder Mastercard unabhängiger zu werden.

China hat nicht nur einen großen Teil seiner Ölimporte von Saudi-Arabien auf Russland umgelenkt, es nimmt von dem Nachbarn in den nächsten drei Jahrzehnten auch über eine 3000 Kilometer lange Pipeline aus Sibirien Erdgas im Wert von über 400 Milliarden US-Dollar ab.

Nie war das Zusammenspiel der ehemaligen Rivalen im sozialistischen Lager enger als heute. China und Russland planen, den Rückgang der Eisdecke in der Arktis infolge der Klimaerwärmung zu nutzen und eine feste Passage für den Schiffsverkehr zwischen Asien und Europa einzurichten. Dies würde den heutigen Gütertransport zur See zwischen beiden Erdteilen durch den Indischen Ozean und den Suezkanal von 35 auf 22 Tage verkürzen. Außerdem könnten dadurch auch die nordsibirischen Erdöl- und Erdgasfelder wie das von Yamal besser erschlossen werden. Beide Staaten veranstalten regelmäßig gemeinsame Militärmanöver, entwickeln gemeinsam Waffensysteme und arbeiten in der Weltraumforschung zusammen. Und sie stimmen sich mittlerweile in allen drängenden geopolitischen Fragen miteinander ab – sowohl in Sachen Afghanistan, Iran, Syrien oder Venezuela als auch besonders Nordkorea. Anders als Washington wollen Peking und Moskau das Land nicht aus der Weltgemeinschaft ausgrenzen, sondern einbinden – und so zähmen. Auf dem hierzulande nahezu unbeachtet gebliebenen Gipfeltreffen mit den nordpazifischen Anrainerstaaten im September 2017 in Wladiwostok sprach Wladimir Putin mit den Vertretern der beiden koreanischen Staaten und Japans über eine verstärkte gemeinsame Entwicklung der Region. Dabei brachte er neben einer Brücke von Japan nach Russland auch den Ausbau nordkoreanischer Häfen ins Spiel. Südkoreas Präsident Moon Jae-in schlug eine transkoreanische Eisenbahn mit Anschluss an die transsibirische Eisenbahn und damit eine Landverbindung mit Europa vor. Der Vertreter Pjöngjangs hatte keine grundsätzlichen Einwände gegen die Pläne, er sah nur den Zeitpunkt für eine Umsetzung noch nicht gekommen.

Während die USA sich innenpolitisch zerfleischen sowie außenpolitisch zunehmend an Glaubwürdigkeit einbüßen und gleichzeitig die EU zerbröselt, arbeitet die chinesische Führung gemeinsam mit dem Kreml systematisch an einer neuen Weltordnung. Geschickt ergreift sie jede Gelegenheit, das Vakuum in der internationalen Politik zu füllen, das durch die Politik von US-Präsident Trump entstanden ist, und hängt sich den Mantel einer verantwortungsbewussten globalen Führungsmacht um. Während die Regierung in Washington etwa ihre Ausgaben für Außen- und Entwicklungspolitik drastisch zurückfährt, hat Peking den Etat in den vergangenen zehn Jahren vervierfacht.

Schon kurz nach Trumps Wahl zum Präsidenten im November 2016 nutzte Staatschef Xi Jinping die Gunst der Stunde und verkündete auf dem Gipfel der Pazifik-Anrainer (APEC) in Perus Hauptstadt Lima ein Kontrastprogramm. »China wird seine Tür zur Außenwelt nicht verschließen, sondern im Gegenteil noch weiter öffnen«, so Xi. In den kommenden fünf Jahren wolle das Land Güter im Wert von insgesamt acht Billionen US-Dollar importieren und 750 Milliarden US-Dollar im Ausland investieren. Auf dem Weltwirtschaftsforum in Davos Anfang 2017 hielt der chinesische Staats- und KP-Chef ein Plädoyer für Freihandel und Globalisierung, wie es flammender kein Kollege aus dem westlichen kapitalistischen Lager hätte tun können.

Und Peking belässt es nicht nur bei Worten. Mit dem Projekt »Ein Gürtel und eine Straße« (*Yidai Yilu*) hat Staatschef Xi Jinping das ehrgeizigste Infrastruktur- und Entwicklungsprojekt der Weltgeschichte gestartet. Eine **neue Seidenstraße** über Land soll China mit Zentralasien, dem Nahen und Mittleren Osten sowie Europa verbinden. Eine maritime Seidenstraße über Südostasien, Südasien sowie den Nahen Osten nach Afrika und über den Suezkanal weiter zu dem griechischen Hafen Piräus, den manche deshalb auch schon als »Drachenkopf« bezeichnen, soll das Vorhaben flankieren. Eine weitere Seidenstraße durch das Eis der Arktis nach Nordeuropa soll hinzukommen.

An die 70 Nationen, die zusammen zwei Drittel der Landmasse der Erde sowie der Weltbevölkerung und ein Drittel des globalen Sozialprodukts repräsentieren, wollen bei dem Projekt mitmachen. Im Rahmen der Initiative könnten bis zu einer Billion Dollar in Häfen, Pipelines, Fernstraßen, Eisenbahnlinien, Kraftwerke und Industriezonen in Asien und Europa fließen, die Hälfte davon schon in den nächsten fünf Jahren. Seitens Peking liegen bereits Investitionszusagen im Umfang von 140 Milliarden US-Dollar vor. Xi Jinping hat das Vorhaben zu einem »Jahrhundertprojekt« erklärt und auf dem 19. Parteitag sogar in die Satzung der KP aufnehmen lassen. Mit einer Serie von Werbe-Videos pries die chinesische Führung im Mai 2017 im Vorfeld des ersten Gipfeltreffens der Seidenstraße-Initiative weltweit deren Segnungen: »Es ist Chinas Idee, aber sie gehört der Welt«, säuselt etwa ein Vater seiner Tochter in einer Gute-Nacht-Geschichte ins Ohr.

Natürlich nutzt eine bessere Infrastruktur jedem Land. Doch

selbstverständlich ist das Projekt Neue Seidenstraße vor allem im Interesse von China selbst. Peking verfolgt damit mehrere Ziele zugleich. Wirtschaftlich betrachtet soll die Initiative neue Märkte für chinesische Produkte schaffen, Überkapazitäten im eigenen Stahl- und Bausektor mindern, die Entwicklung der westlichen Inlandsprovinzen beschleunigen, technologische Standards, etwa im Telekommunikations- oder Schnellbahnsektor, international verbreiten, einen Teil der riesigen Devisenreserven des Landes statt in niedrigverzinsten US-Staatsanleihen nutzbringender verwenden und den Yuan als Finanzierungswährung der chinesischen Kredite international stärken.

Politisch gesehen soll sie Patriotismus, Einheit und Selbstbewusstsein des chinesischen Volkes fördern, vor allem aber Chinas **geostrategische Position** gegenüber den USA verbessern. Mit der maritimen Seidenstraße werden die Öl- und Gasversorgungsrouten zum Nahen Osten, die Rohstoffversorgung aus Afrika und der Handel mit Südostasien über das Südchinesische Meer weniger verwundbar, mit der terrestrischen Seidenstraße das Land von den Handels- und Versorgungsrouten auf See unabhängiger.

Endziel des Projekts, so Wang Yiwei, einer seiner Gründungsväter, in aller Offenheit, sei die »Formierung eines großen asiatisch-europäischen Markts«. Damit solle »das geopolitische Gravitationszentrum wieder weg von den USA und zurück nach Eurasien« geholt werden, der »chinesische Traum« in Erfüllung gehen und China seinen einstigen Glanz als »Reich der Mitte« wiedererlangen.

Über den gemeinsamen Ausbau der Infrastruktur und die beschleunigte Entwicklung der beteiligten Länder soll ein eurasischer Verbund entstehen, der mit der Zeit an die Stelle der transatlantischen Allianz tritt, die im vergangenen Jahrhundert die Weltordnung bestimmt hat. Als Landbrücke nach Europa und alternativer Rohstofflieferant zu den Ländern des Nahen Ostens spielt Russland dabei eine entscheidende Rolle. Nach und nach soll das Seidenstraßenprojekt daher mit der von Wladimir Putin gegründeten Eurasischen Wirtschaftsunion verzahnt werden, der bisher neben Russland Weißrussland, Armenien, Kasachstan und Kirgisistan angehören. Hinzu kommt die bereits 2001 gegründete »Schanghaier Organisation für Zusammenarbeit« (SOZ). Das im Westen bisher kaum beachtete, zunächst reine Sicherheitsbündnis von China, Russland, den zentralasiatischen Staaten Kasachstan, Usbekistan, Tadschikistan und Kirgisistan hat seine Kooperation um immer neue Bereiche erweitert und dehnt sich auch geographisch immer weiter aus. 2017 stießen Pakistan und überraschend sogar Indien dazu. Damit umfasst es heute schon fast die Hälfte der gesamten Menschheit. Als Nächstes dürfte der Iran folgen, der bisher noch Beobachterstatus hat. Danach könnte Afghanistan an der Reihe sein, für das Peking und Moskau schon seit einiger Zeit eine nationale Versöhnung vermitteln wollen. Selbst das NATO-Mitglied Türkei, derzeit noch sogenannter »Dialogpartner«, zeigt Interesse an einer Mitgliedschaft.

Ankara hat in seiner Außenpolitik zuletzt einen radikalen Kursschwenk vollzogen und sich zunehmend von Europa und dem Westen ab- und Asien zugewandt. Die Zeiten, in denen Staatspräsident Recep Tayyip Erdoğan Peking des »Völkermords« an der den Türken ethnisch und religiös eng verbundenen Minderheit der Uiguren bezichtigte und aus China geflohenen uigurischen Widerstandskämpfern bereitwillig Asyl gewährte, gehören der Vergangenheit an. Inzwischen erklärte sein Außenminister Mevlüt Çavuşoğlu, die Türkei betrachte die Sicherheit Chinas wie ihre eigene Sicherheit und werde »Aktivitäten, die gegen China gerichtet sind, auf türkischem Boden absolut nicht dulden«. Sein Land werde auch »jegliche Medienberichte, die auf China zielen, eliminieren«.

Die autoritäre Führung in Ankara verspricht sich für die Zukunft offenbar mehr von einer eurasischen Gemeinschaft an der Seite Chinas, Russlands und des Iran als von einem Anschluss an eine liberale und zugleich vom inneren Zerfall bedrohte Europäische Gemeinschaft. Zum Entsetzen ihrer Verbündeten in der NATO kaufte die Türkei im Herbst 2017 sogar das russische Raketenabwehrsystem S-400. Einige Monate zuvor war Staatschef Erdoğan beim ersten Gipfel der Seidenstraßen-Initiative 2017 in Peking neben Wladimir Putin der prominenteste Gast. Zu den bereits bestehenden nördlichen Eisenbahnstrecken durch die Mongolei, Russland und Kasachstan nach Europa plant Peking auch eine südliche Route über den Iran und die Türkei.

Chinas geostrategisches Ziel ist es, Europa, einst Brückenkopf der USA in der Auseinandersetzung mit der damaligen Sowjetunion und dem von ihr geführten Warschauer Pakt, zum anderen Ende einer eurasischen Achse zu machen, die künftig die zentrale Achse der Weltpolitik sein soll. Die Europäische Union ist schon heute Chinas größter Absatzmarkt. Auf Deutschland, Europas größte Volkswirtschaft, entfällt dabei allein die Hälfte des beiderseitigen Handels. In dem großen weltpolitischen Kalkül der Chinesen spielt es denn auch eine herausgehobene Rolle.

Zwischen mehreren chinesischen und deutschen Städten verkehren bereits regelmäßig Güterzüge. Allein in Duisburg kommen jede Woche zwölf Züge aus China an, und acht gehen in umgekehrter Richtung von dort ab. Zweimal pro Woche werden von den BMW-Werken in Regensburg und Leipzig Fahrzeugteile per Schiene zu der Fabrik in Shenyang gebracht. DB Cargo bedient einmal wöchentlich die Strecke zwischen Hamburg und Hefei. Schon 2020 sollen 5000 Züge im Jahr zwischen China und Europa hin und her rollen. Bis dahin will die Deutsche Bundesbahn über die eurasische Landbrücke 100 000 Tonnen an Fracht befördern, das Dreifache des heutigen Umfangs. Die Transportdauer gegenüber dem Seeweg durch den Suezkanal ist mit zwei Wochen um die Hälfte kürzer.

Washington verfolgt die Dynamik der »Marco-Polo-Strategie«, wie der Politik-Professor Joseph Nye von der Harvard-Universität Xis Seidenstraßen-Initiative nennt, mit großer Sorge und versucht mit aller Macht, das Vorhaben auszuhebeln. Entgegen ihrer ursprünglichen Absicht haben die USA so etwa ihre Truppenpräsenz in Afghanistan wieder verstärkt, machen zunehmend Front gegen Teheran und umgarnen Japan und vor allem auch Indien stärker als je zuvor.

Ex-Präsidentenberater Bannon rief in einem Interview mit dem »Economist« kurz nach seinem Ausscheiden aus dem Amt unverblümt dazu auf, China die Seidenstraßen-Initiative zu »vermasseln«. Außenminister Rex Tillerson verurteilte das Projekt im Herbst 2017 als »**Raubtierwirtschaft**«. Nicht nur trage es nicht zum Wachstum in den beteiligten Ländern bei, da die Projekte von chinesischen Arbeitern realisiert würden; ihre Finanzierung führe zu einer untragbaren Schuldenlast und letztlich einer Abhängigkeit von China, ja einem Verlust an nationaler Souveränität, da Peking die Schulden leicht in Eigentumsanteile umwandeln könne. Die US-Regierung sei daher dabei, den einzelnen Regierungen in der Region zu verdeutlichen, auf welch gefährliches Spiel sie sich einließen, und ihnen alternative Finanzierungsmöglichkeiten für geplante Infrastrukturprojekte anzubieten. Diese seien zwar einige Prozentpunkte teurer, aber die Länder müssten sich entscheiden, ob ihnen ihre Unabhängigkeit den Aufpreis wert sei.

Schon die Regierung von Trump-Vorgänger Barack Obama wollte Pekings geostrategische Absichten durchkreuzen. Dazu hatte sie zum einen das Freihandelsabkommen namens Trans Pacific Partnership (TPP) ausgehandelt, zum anderen Verhandlungen mit der EU über ein Abkommen namens Transatlantic Trade and Investment Partnership (TTIP) aufgenommen.

Deutschland und Amerika »müssen die Gelegenheit ergreifen«, so Bundeskanzlerin Merkel und US-Präsident Obama noch im November 2016 in einem öffentlichen Appell, »die Globalisierung auf der Basis ihrer gemeinsamen Werte und

Ideen zu gestalten«. Das seien sie nicht nur ihren Völkern, »sondern der gesamten Weltgemeinschaft schuldig«. Merkel und Obama hatten dabei vor allem China und die Aussicht vor Augen, dass sonst bald Peking die Standards für den internationalen Austausch bestimmen könnte.

Diese Sorge treibt offenbar auch einige Mitglieder der neuen US-Regierung um, die ansonsten für multilaterale Abkommen dieser Art bekanntlich wenig übrig hat. »Wir haben nicht vor, uns von TTIP abzuwenden«, so jedenfalls Donald Trumps Handelsminister Wilbur Ross.

Die EU ihrerseits beunruhigt, dass Peking mit seinem Seidenstraßen-Projekt in Mittel-, Ost- und Südeuropa zunehmend an Einfluss gewinnt. Mitgliedstaaten wie beispielsweise Ungarn und Griechenland zeigen große Bereitschaft, bei der Initiative mitzumachen, und heißen chinesische Investitionen willkommen. Wenn es Europa nicht gelinge, »gegenüber China eine einheitliche Strategie zu entwickeln«, mahnte der deutsche Außenminister Sigmar Gabriel im Herbst 2017, werde es China gelingen, »Europa auseinanderzudividieren«.

An dem ersten Gipfeltreffen der Seidenstraße-Initiative im Mai 2017 in Peking nahmen aus der EU die Regierungschefs von Spanien, Italien, Griechenland, Ungarn, Tschechien und Polen teil. Die deutsche Regierung schickte dagegen nur Wirtschaftsministerin Brigitte Zypries. Diese beklagte mangelnde Transparenz und Neutralität bei den Projektausschreibungen sowie fehlende soziale und ökologische Nachhaltigkeitsstandards und wollte deswegen zusammen mit den meisten anderen EU-Vertretern das betreffende Abschlussdokument nicht unterzeichnen.

Berlin lag damit ganz auf der politischen Linie der USA. »Amerika und seine Alliierten sollten es vermeiden«, so der Politikwissenschaftler Aaron Friedberg von der Princeton-Universität, »es für China leichter und weniger kostspielig zu machen, seinen ehrgeizigen Plan einer neuen eurasischen Ordnung in die Wirklichkeit umzusetzen.« Sebastian Heilmann, Direktor des Mercator-Instituts für China-Studien (Merics), warnte davor, sich »den Chinesen in die Arme zu werfen«.

In einer geopolitischen Zukunftsschau kamen die Gave-Brüder vom renommierten Analysehaus Gavekal-Research dagegen zu dem Schluss, eine eurasische Union, wie China sie anstrebt, halte gerade für Deutschland verlockende Angebote bereit. Während die EU nur noch schwache Wachstumsaussichten zu bieten habe, warteten mit der Entwicklung besonders der Länder des Vorderen und Mittleren Orients auf die deutsche Wirtschaft noch über Jahrzehnte lukrative Geschäfte. Und Michael Clauss, Deutschlands Botschafter in Peking, beklagte, das Projekt »Neue Seidenstraße« werde in Deutschland und Europa offenbar »etwas unterschätzt«. Es sei »Zeit aufzuwachen«. Die mit China besonders vertraute HSBC-Bank wies in einer großen Werbekampagne auf die Chancen hin, die die Seidenstraßen-Initiative gerade für deutsche Unternehmen biete: von der Lieferung modernster Tunnelbohrmaschinen bis hin zu Turbinen für Windkraftanlagen.

Wie sich Deutschland und Europa am Ende gegenüber dem Projekt verhalten wird wesentlich davon abhängen, ob Peking die derzeitige *Pax Americana* durch eine *Pax Sinica* ersetzen will oder wirklich eine **multipolare Weltordnung** anstrebt, wie es immer beteuert. Deng Xiaoping hatte einst gesagt: »Sollte sich China eines Tages ... in eine Supermacht verwandeln und ... in der ganzen Welt wie ein Tyrann herumkommandieren, ... müssen die Völker der Welt ... es bekämpfen und gemeinsam mit dem chinesischen Volk niederschlagen.«

In einem Weißbuch zum 90. Geburtstag der KP im September 2011 hat die Regierung in Peking feierlich gelobt, an ihrem langjährigen Kurs der »friedlichen Entwicklung« festzuhalten. »China wird niemals nach Hegemonie streben«, so einer der Verfasser dieses Schwurs, der damals oberste Außenpolitiker des Landes und heutige Chairman der Jinan-Universität in

Kanton, Dai Bingguo, »noch wird es dem traditionellen geschichtlichen Muster folgen, wonach eine aufsteigende Macht gezwungen war, nach Hegemonie zu streben.« Dies sei »kein Versuch, das Ausland zu täuschen, sondern eine sorgfältig überlegte strategische Entscheidung«. Die Welt sei heute »kein Dschungel« mehr, sondern »ein globales Dorf«, eine »Schicksalsgemeinschaft«. In einer solchen Welt nach Hegemonie zu streben, so Dai, »schadet China und führt zu nichts«.

Auch Staats- und Parteichef Xi Jinping, der selbst nie vom »Aufstieg« Chinas, sondern nur von seiner »Erneuerung« oder »Renaissance« spricht, hat diesen Standpunkt immer wieder persönlich unterstrichen: Bei der großen Militärparade zum 70-jährigen Jahrestag des Sieges über Japan im Zweiten Weltkrieg versprach er 2015 ganz im Sinne des konfuzianischen Imperativs, China werde »niemals einem anderen Land antun, was es selbst erlitten hat«.

Zu diesen Versicherungen passt auch das Prinzip des »zweifachen Führens« (*Er Yindao*), das Xi im Februar 2017 in einer Rede vor der Nationalen Sicherheitskommission zur Grundlage der chinesischen Außenpolitik erklärte. China wolle erstens eine führende Rolle beim Bewahren der internationalen Sicherheit und zweitens beim Herausbilden einer gerechteren Weltordnung spielen. Es gehe um einen «neuen Typ der internationalen Beziehungen, der gekennzeichnet ist durch Win-win-Kooperation und die Arbeit an einer Weltgemeinschaft mit einer gemeinsamen Zukunft für alle«.

Auf der internationalen Seidenstraßen-Konferenz im Mai 2017 in Peking forderte der chinesische Staatschef die ganze Welt auf, sich »wie eine Schar Wildgänse« zu vereinen, um gemeinsam in eine bessere Zukunft zu ziehen.

Bei der Feier des 90. Geburtstags der Volksbefreiungsarmee im Juli 2017 schwor er, China werde zwar »niemandem jemals erlauben, ein Stück seines Territoriums aus ihm herauszubrechen«, aber auch »nie jemals einen Kurs der Aggression oder Expansion verfolgen«. Dieses Versprechen wiederholte er mit ähnlichen Worten auf dem Parteitag im Oktober 2017: »Niemand darf erwarten, dass China etwas schluckt, das seine Interessen untergräbt. Aber egal, welche Entwicklungsstufe es erreicht, wird es auch niemals Hegemonie anstreben oder eine expansive Politik betreiben.« »Der Pazifik«, so Xi auf der APEC-Tagung in Vietnam im November 2017 mit Blick auf die USA, sei »groß genug, um China wie den USA Platz zu bieten.«

Neben der grundsätzlich defensiven Einstellung der Chinesen und ihrem geringen Sendungsbewusstsein sprechen eine Reihe weiterer gewichtiger Umstände dafür, dass Peking es mit dem »**friedlichen Aufstieg**« ernst meint. Der beste Schutz für die enormen Investitionen, die das Land im Ausland bereits getätigt hat und etwa im Rahmen seiner Seidenstraßen-Initiative noch tätigen will, ist eine prosperierende und friedliche Welt. Auch die enormen Reform- und Entwicklungsaufgaben, die China zu Hause zu bewältigen hat, sind nur in einer solchen Welt zu lösen. Probleme wie Klimawandel oder Terrorismus erfordern eine globale Zusammenarbeit. Hinzu kommt nicht zuletzt die Stärke der USA. »Der chinesische Traum«, so Xi Jinping in seiner Rede auf dem Parteitag 2017, »kann nur in einer friedlichen internationalen Umgebung und unter einer stabilen internationalen Ordnung Wirklichkeit werden.«

Peking verfolgt eine Doppelstrategie. Einerseits strebt es mehr Mitsprache i n n e r h a l b der bestehenden Ordnung an, z. B. in Institutionen wie IWF und Weltbank. Beim jüngsten Gipfeltreffen der BRICS-Staaten im September 2017 ermutigte Xi Jinping alle Teilnehmerländer etwa dazu, auf eine stärkere Vertretung in internationalen Organisationen und eine »gerechtere und vernünftigere Weltordnung zu drängen«. Daneben baut Peking a u ß e r h a l b der bestehenden Ordnung auf neue multilaterale Organisationen wie den Schwellenländerzusammenschluss BRICS, das eurasische Sicherheitsbündnis SOZ oder die asiatische Infrastrukturinvestitionsbank AIIB.

Alles in allem ist die Erwartung berechtigt, dass China auf eine friedliche Revision der heute von den USA bestimmten Weltordnung und auf eine neue multipolare Ordnung zielt, in der nicht e i n Land die Regeln für alle vorgibt und China von niemandem daran gehindert werden kann, nach seiner Fasson zu leben und sein Potential zu entfalten. Soll heißen: erneut die dominierende Position in Asien und eine führende Rolle in der Welt einzunehmen und so den chinesischen Traum zu verwirklichen. »Die chinesische Regierung will nicht herumgeschubst werden«, so der Politogieprofessor David Goodman von der Universität Sydney, »aber es spricht nicht viel dafür, dass sie die Absicht hat, wie frühere Kolonialmächte andere Länder zu beherrschen oder auch nur so, wie die USA dies tun.«

Der Meinung war schon der ehemalige Staatschef von Singapur, Lee Kuan Yew, der die Herrscher in Peking wie wohl kein zweiter ausländischer Politiker kannte und verstand. China werde es »nicht akzeptieren, einen Platz in einer von den USA gemachten und von ihr geführten internationalen Ordnung« einzunehmen. China wolle »China sein und als solches akzeptiert werden – nicht als Ehrenmitglied des Westens«. Es wolle »die größte Macht der Welt« werden, aber dieses Ziel auf friedlichem Wege erreichen. »Die Chinesen sind zu dem Entschluss gekommen«, so Lee, »dass sie nicht verlieren können, solange sie an dem Konzept des ›friedlichen Aufstiegs‹ festhalten und nur die wirtschaftliche und technologische Führungsposition anstreben.« Xi, so Bob Hormats von Kissinger Associates, sehe sein Land »als Anführer der nächsten Phase der Globalisierung und der Evolution der globalen Weltordnung«.

Michael Pillsbury, Direktor des Zentrums für Chinesische Strategie am Hudson Institute, der China jahrzehntelang als Pentagon-Berater aus der Nähe studiert hat, bleibt dagegen skeptisch. Xis »chinesischer Traum«, so Pillsbury, sei es, »die e i n z i g e Supermacht in der Welt zu sein – sowohl militärisch wie wirtschaftlich und kulturell ohne seinesgleichen«.

Selbst wenn dies tatsächlich Xis Traum sein sollte – es müsste wohl ein Traum bleiben. Denn es würde eine Kapitulation der USA voraussetzen. »Keine Seite«, so Lyle Goldstein, Professor am US Naval War College, angesichts der bestehenden Kräfteverhältnisse, »kann darauf hoffen, der anderen Seite ihren Willen aufzuzwingen.«

Die Chinesen kennen nicht nur die Schwächen, sondern auch die Stärken Amerikas genau und wissen, dass dem Land schon Ende der 80er Jahre des vorigen Jahrhunderts der Niedergang vorhergesagt wurde. Und natürlich kennt auch Pillsbury die realen Kräfteverhältnisse. Seine Warnungen dienen ebenso wie die von Bannon, Navarro und anderen vor allem als Weckruf und dazu, die Widerstandskräfte der USA gegen den Herausforderer zu mobilisieren.

Die größte Gefahr für den Frieden geht denn auch nicht von einem chinesischen Nationalismus, Chinas Aufrüstung oder seinen politischen Absichten aus, sondern von der Fehleinschätzung dieser Absichten aufgrund eines mangelnden Verständnisses chinesischen Denkens und Fühlens. Sie kann schnell eine Spirale der Eskalation in Gang setzen, aus der es am Ende kein Entrinnen mehr gibt.

Sowohl für die USA wie für China bestehe »die größte strategische Herausforderung der Zukunft darin«, so Michael Swaine von der Carnegie Friedensstiftung in Washington, »einen für beide Seiten sinnvollen Weg zu finden, sich von der heutigen maritimen US-Vorherrschaft weg hin zu einem stabilen Machtgleichgewicht im Westpazifik zu bewegen, bei dem keine der beiden Nationen die eindeutige Fähigkeit besitzt, einen bewaffneten Konflikt siegreich zu beenden«.

Amerika besitzt kein gottgegebenes Recht darauf, den Machtstatus, den es im Zweiten Weltkrieg errungen hat, auf ewig behalten zu können. Und China ist nicht verpflichtet, sich mit einer Rolle in der zweiten Reihe zufriedenzugeben. Amerika muss die veränderte Wirklichkeit anerkennen und China den ihm gebührenden Raum lassen. Aber dieses darf seine Ambitionen auch nicht übertreiben. Ob die politischen Führer der beiden Mächte sich um diesen Mittelweg ausreichend bemühen und ihn auch finden werden, ist offen. Selbst »die zivilisiertesten Völker«, so Antoine de Rivarol, der Schriftsteller des Ancien Régime, »sind von der Barbarei nicht weiter entfernt als das glänzende Eisen vom Rost«.

Gerade im Verhältnis zwischen China und den USA ist daher gegenseitiges Wissen und Verständnis von herausragender Bedeutung. Donald Trump glaubt die Chinesen gut zu kennen. In einem Interview mit der chinesischen Nachrichtenagentur Xinhua im Jahr 2011 behauptete er einmal, »Hunderte von Büchern über China« gelesen zu haben, und ratterte auf Nachfrage aus dem Kopf tatsächlich 20 Titel herunter, darunter Henry Kissingers gerade erschienenes Werk »On China«.

Auch auf einem Foto zu dem hierzulande vielbeachteten Interview der »Bild-Zeitung« mit dem gewählten Präsidenten Anfang 2017 war auf dessen Schreibtisch ein Buch über China zu sehen: «Beautiful Country« von J.R. Thornton. »Beautiful Country« (*Mei Guo*) – so nennen die Chinesen die USA.

Leider haben die Interviewer Donald Trump nicht gefragt, worum es darin geht, warum er gerade jetzt dieses Buch lese und wie er es finde. Hätten sie gefragt oder sich auch nur nachher über das Buch erkundigt, hätten sie erfahren, dass sein Thema China und der Autor der Sohn eines alten Bekannten der Familie ist, des Wallstreet-Bankers John Thornton, ehemals zweiter Mann bei Goldman Sachs.

Dieser ist vor vielen Jahren als Management-Professor an die Tsinghua-Universität in Peking gewechselt. Sohn J.R. hat in seinem Erstlingswerk die eigenen Jahre in der chinesischen Hauptstadt schriftstellerisch verarbeitet und dafür viel Lob geerntet. »Authentisch, pur und herzzerreißend« nannte es der Literaturnobelpreisträger Mo Yan. Das Buch verkörpere »die Komplexität der zeitgenössischen Begegnung von China und

Amerika«, befand der bekannte Historiker und Autor Niall Ferguson.

In jedem Fall hebt es sich deutlich von den Büchern ab, die Trumps Berater Peter Navarro geschrieben hat, und zeigt viel Verständnis und Sympathie für China. Tochter Ivanka und Schwiegersohn Jared Kushner hatten es Trump empfohlen – in der Absicht, die bekannt negative Einstellung des frisch gewählten Präsidenten gegenüber dem »Reich der Mitte« abzumildern. Kushners Unternehmen und das seiner Frau verbindet vielfältige geschäftliche Interessen mit China; ihre kleinen Kinder, Arabella und Joseph, lernen Chinesisch.

Die Aktion blieb nicht ohne Wirkung. Neben der Peitsche griff Donald Trump gegenüber China plötzlich auch zu Zuckerbrot. Bei Xi Jinpings Besuch im Wochenend-Weißen-Haus in Florida im April 2017 trugen seine Enkel dem Gast und seiner Gattin das bekannte chinesische Lied »Jasminblume« vor. Und nach seinem Amtsantritt betraute er seinen Schwiegersohn unter anderem mit der Pflege der Beziehungen zu Peking. Kushner sucht vor allem Rat und Hilfe bei Henry Kissinger, der die »gemeinsamen Interessen« beider Länder für »größer« hält als ihre Differenzen. Beim Gegenbesuch Trumps in Peking im November 2017 spielte der Gast dem Gastgeber ein Video vor, in dem seine Enkelkinder Xi Jinping erneut ein Ständchen brachten.

An Trumps strategischem Vorhaben, China auf Dauer in die zweite Reihe zu verweisen, ändert das alles gleichwohl nichts. Der amerikanische Präsident hat sich in seiner China-Poltik offenbar auf das 10. Strategem verlegt: »Hinter Lächeln den Dolch verbergen«. »Die Überzeugungen, die führende Politiker vor Übernahme eines hohen Amts gewonnen haben, schrieb Henry Kissinger in seinen Memoiren, seien »ihr intellektuelles Kapital«, das sie dann »während ihrer Amtszeit verbrauchen«. Auf die Frage, wen er als Präsident als Erstes konfrontieren würde, hatte Donald Trump schon in einem Fernsehinterview mit Fox News 2011 »China« geantwortet.

»America first« bedeutet für den Präsidenten nicht nur »Amerika zuerst«, sondern mehr noch »Amerika auf dem ersten Platz«. Der Schwenk, den er in der China-Frage gegenüber seinen harschen Positionen von früher nach dem Treffen mit Xi Jinping in Mar-a-Lago vollzog, war rein taktischer Natur, sein Angebot, Peking in Handelsfragen entgegenzukommen, wenn es ihm in der Nordkorea-Frage hilft, von Anfang an vergiftet. »Die Flitterwochen sind vorbei«, so der China-Kenner Bill Bishop schon im Juni 2017 über das Verhältnis zwischen Xi und Trump. Beide hätten sowieso von Anfang an »in getrennten Betten geschlafen«. Die Indo-Pazifik-Offensive und das Quad-Bündnis haben diese Einschätzung seitdem eindrucksvoll bestätigt.

Die Regierung in Washington weiß genau, dass Nordkorea, selbst mit einigen atomaren Interkontinentalraketen ausgestattet, die zuverlässig die USA erreichen könnten, keine realistische Bedrohung darstellt. Das Kim-Regime ist nicht lebensmüde, es betrachtet den Besitz solcher Raketen vielmehr als seine Lebensversicherung. Sie sollen verhindern, dass es ihm einmal genauso ergeht wie einst dem irakischen Gewaltherrscher Saddam Hussein und dem libyschen Diktator Muammar al-Gaddafi. Beide wurden durch eine militärische Intervention der USA zu Fall gebracht und danach von feindlichen Landsleuten hingerichtet.

Donald Trump hat der chinesischen Führung den Schlüssel zur Lösung des Nordkorea-Problems zugeschoben, um sie so vor den Augen der Welt unter Druck zu setzen und zu zwingen, bei immer neuen Sanktionen gegen Pjöngjang mitzumachen. Die Kosten dafür hat vor allem China zu tragen, auf das fast 90 Prozent des Außenhandels mit dem Nachbarstaat entfallen. »Mit Nordkorea testen wir unsere Beziehung zu China«, so US-Außenminister Rex Tillerson in aller Offenheit. Washington überfordert Peking bewusst, um dann mangelnde Kooperation beklagen und ein harsches Vorgehen gegen China, das eigentliche Ziel, rechtfertigen zu können.

Denn anders als große Teile des politischen Establishments in Washington, betrachten die wirtschaftliche Führungsschicht des Landes und die Mehrheit des amerikanischen Volkes China bisher nicht als Feind. Zwischen den USA und China bestehen seit Jahrhunderten viel mehr und viel intensivere geschäftliche wie auch persönliche Beziehungen, als es sie jemals zu Russland gab. Mit China verbinden Amerika die Erfahrungen zahlreicher Missionare, Millionen Mitbürger chinesischer Abstammung und auch die Adoption Zehntausender Kinder aus chinesischen Waisenhäusern. Ich selbst kann mich noch gut an die vielen glücklichen amerikanischen Ehepaare erinnern, die ich in den 90er Jahren im Hotel »Weißer Schwan« in Kanton mit ihren frisch adoptierten kleinen Kindern gesehen habe.

So vermag denn auch das Ergebnis einer Umfrage des Meinungsforschungsinstituts YouGov von Anfang 2017 nicht zu verwundern. Danach zählten nur elf Prozent der US-Bürger China zu den gefährlichsten Gegnern ihres Landes. Außer Nordkorea (Platz 1) und Russland (Platz 6) fanden sich auf den ersten zehn Plätzen ansonsten nur Länder aus dem muslimischen Kulturkreis.

Eine andere Umfrage des Meinungsforschungsinstuts Gallup vom Frühjahr 2017 ergab, dass die Hälfte der Amerikaner eine positive Meinung von China hat. So viele waren es zuletzt vor fast drei Jahrzehnten, vor der gewaltsamen Auflösung der Studentendemonstration auf dem Platz des Himmlischen Friedens.

Gegen ein solches Land aus dem Stand einen Wirtschaftskrieg zu führen, lässt sich politisch kaum vermitteln. Zumal die Chinesen bisher stets sorgsam darauf achteten, einen »**Sputnik-Moment**« zu vermeiden, der bei einer breiten Mehrheit der Amerikaner einen Schock auslösen und sie zu einer neuen nationalen Kraftanstrengung bewegen könnte, um die Führungsposition in der Welt zu verteidigen.

Trump arbeitet denn auch bisher vor allem daran, zu Hause und in den Augen der Welt die atmosphärischen Voraussetzungen für ein schärferes Vorgehen gegen Peking zu schaffen. Nordkorea dient ihm dabei als wichtigster Hebel. Die Strategie bleibt offenbar nicht ohne Wirkung. Die Berichterstattung der US-Medien über China wurde zuletzt zunehmend negativ. In einer Umfrage von Statista für den Fernsehsender CNN nahmen im August 2017 immerhin schon 20 Prozent der Amerikaner China als »sehr ernste Bedrohung« für die USA wahr.

Je mehr sich herausstellt, dass die bisherigen UN-Sanktionen Pjöngjang nicht in die Knie zwingen werden, desto mehr wird Donald Trump Peking öffentlich unter Druck setzen, mehr gegen das Kim-Regime zu tun. Mit seiner Beteiligung an den bisherigen Sanktionen gegen den Nachbarstaat, der wirtschaftlich fast vollständig von ihm abhängt, dürfte Chinas Bereitschaft zur Kooperation jedoch erschöpft sein. Schon im August 2017 wollte Trump, dass es nicht nur die Kohle-, Eisenerz- und Meeresfrüchteimporte aus Nordkorea einstellt, sondern auch kein Erdöl mehr dorthin liefert. Doch dazu war Peking nicht bereit, denn es hätte den Zusammenbruch des Kim-Regimes bedeutet.

Washington hat damit jedoch für die Zukunft weitere Druckmittel in der Hinterhand. So könnte es einseitige Sanktionen gegen chinesische Großbanken verhängen, die es verdächtigt, nordkoreanischen Tarnfirmen in Finanzierungsfragen zu helfen, und auch gegen die staatliche Ölfirma China National Petroleum Company, die jährlich etwa eine Million Tonnen Rohöl in das Nachbarland liefert.

Je mehr und länger sich China weitergehenden Sanktionsforderungen der USA gegen Pjöngjang verweigert, desto mehr droht es in den Augen der Amerikaner an Sympathie zu verlieren und Präsident Trump den politischen Rückenwind zu verschaffen, den er braucht, um scharfe bilaterale Handelssanktionen gegen das Land durchzusetzen, auf das er es eigentlich abgesehen hat. Dies würde jedoch zwangsläufig entsprechende Gegenmaßnahmen auslösen und in einen Handelskrieg münden.

John Cornyn, republikanischer Senator aus Texas, sieht die USA bereits in einem »Kühlen Krieg« mit China, »nicht ganz ein Kalter Krieg wie einst mit der Sowjetunion, aber dennoch sehr ernst«. Und die Regierung in Peking tut alles, was sie kann, um der wachsenden Anti-China-Stimmung in den USA entgegenzuwirken. Bei Donald Trumps China-Besuch im November 2017 führte Staatschef Xi zusammen mit seiner Frau Peng Liyuan den Gast mit seiner Frau Melanie durch die Verbotene Stadt und gaben für sie dort sogar ein Abendessen – eine Ehre, die in der Volksrepublik bisher noch keinem ausländischen Staatsmann zuteil wurde. Zudem überreichte Xi Trump ein zumindest auf dem Papier über 250 Milliarden Dollar schweres Geschenkpaket in Form direkter Geschäftsabschlüsse chinesischer mit amerikanischen Unternehmen. Auch wenn vieles davon entweder vorher schon verabredet war, nur eine unverbindliche Absichtserklärung darstellt oder sich auf einen langen Zeitraum bezieht, war dies ein geschickter Schachzug, der es Washington schwerer macht, einen Handelskrieg vom Zaun zu brechen. Dies gilt umso mehr als Peking nahezu gleichzeitig ankündigte, 2018 in Schanghai erstmals eine große Import-Messe abzuhalten und vor allem den chinesischen Finanzsektor zu öffen, womit es die einflussreiche Wallstreet-Lobby geschickt für sich einnahm.

Das große geostrategische Spiel der beiden führenden Weltmächte geht damit in die nächste Runde. Sein Ausgang ist offen. Fest steht aber, dass es die Welt auf viele Jahre hinaus in Atem halten wird.

Ausblick

Konvergenz, Koexistenz oder Kampf der Kulturen?

Kulturen sind nicht für die Ewigkeit, sie entwickeln sich mit ihrer Umwelt weiter. Die Chinesen von heute sind nicht dieselben wie die vor 50, 100 oder gar vor 500 Jahren. Und die Chinesen von morgen und übermorgen werden sich wiederum von den heute lebenden unterscheiden. Dennoch werden sie weiter unverwechselbar Chinesen sein.

Als Ergebnis historischer Lern- und Erfahrungsprozesse sind Kulturen von Natur aus träge. Niemand kann sich von seiner Kultur einfach verabschieden, selbst wenn er es wollte. Es ist wie in dem Lied »Hotel California« der Eagles: Man kann auschecken, aber nicht wirklich gehen.

Für keine Kultur dieser Welt gilt dies mehr als für die chinesische. Die konfuzianische Lehre, die ihren Kern ausmacht, ist den Menschen in über 2000 Jahren in Fleisch und Blut übergegangen. Das Ende des Kaisertums bedeutete zwar das Aus für die konfuzianische Orthodoxie als Staatsreligion. Der Alltagskonfuzianismus, der das Denken, Fühlen und Handeln der Chinesen seit Menschengedenken geprägt hat, aber lebte weiter.

Selbst ein so brutaler Gewaltherrscher wie Mao Zedong vermochte ihm nicht den Garaus zu machen. Obwohl er alles daransetzte, blieb ihm am Ende nur die Resignation. In seinem Buch »On China« berichtet Henry Kissinger von der historischen Begegnung seines damaligen Chefs Richard Nixon mit Mao 1972 in Peking, die nach über zwei Jahrzehnten der Feindschaft zu einer Normalisierung der Beziehungen zwischen China und den USA führte. Nixon schmeichelte dem »großen

Steuermann«, er habe es geschafft, sein Land von Grund auf zu verändern. Mao jedoch habe abgewunken: »Ich habe es bloß geschafft, einige Orte in der näheren Umgebung von Peking zu ändern.« Selbst wenn man dabei die chinesische Bescheidenheitsrhetorik in Rechnung stellt – aus Maos Worten sprach die bittere Erkenntnis, dass Konfuzius größer war als er.

Mit der Wiederannäherung Chinas und der USA verband sich damals im Westen die Hoffnung, das Riesenreich in der internationalen Zusammenarbeit und Entwicklung allmählich an die westliche Wertegemeinschaft heranführen zu können. »Liberale Demokratie und Kapitalismus«, so der amerikanische Politologe Francis Fukuyama nach dem Zusammenbruch der Sowjetunion, »bieten den wesentlichen, in der Tat den e i n - z i g e n Rahmen für die politische und ökonomische Organisation moderner Gesellschaften«. Wohlstand, so seine Begründung für das »**Ende der Geschichte**«, führe zu wachsendem Individualismus und der wiederum zu westlichem Lebensstil, Kapitalismus und Demokratie.

China hat sich von der abgeschlossenen Agrargesellschaft, die es über Jahrtausende war, in den vergangenen drei Jahrzehnten mit Riesenschritten zu einer modernen Industrie- und Dienstleistungsgesellschaft gewandelt und in die interdependente Völkergemeinschaft integriert. Globalisierung und neue Informationstechnologien haben zudem das Tempo des Wandels in der gesamten Welt auf ein nie dagewesenes Niveau beschleunigt. Über die neuen Medien verbreiten sich kulturelle Einflüsse schneller und umfassender als je zuvor in der Geschichte der Menschheit. Wird China also mit fortschreitender Modernisierung und wachsendem Wohlstand immer westlicher werden?

Prima facie legen dies manche Entwicklungen in dem Land durchaus nahe. Die strukturellen Veränderungen der Gesellschaft in der Folge von Deng Xiaopings Wirtschaftsreformen, der deutlich gestiegene materielle Wohlstand und die Urbanisierung des Landes haben eine große Mittelklasse von inzwischen an die 500 Millionen Menschen entstehen lassen und diesen mehr individuelle Wahlmöglichkeiten eröffnet. Dies schafft auch Raum für Differenzierung gegenüber den traditionellen Werten. Empirische Untersuchungen zeigen, dass Individualismus und Selbstverwirklichung in China an Bedeutung gewonnen haben.

Mit dem Wegfall von Maos sogenannter »eiserner Reisschüssel« und ihrer Rundumversorgung der Bevölkerung durch den Staat bzw. die Staatsunternehmen ist die Daseinsfürsorge in China mehr dem Einzelnen überlassen, als wir dies aus unserer Sozialen Marktwirtschaft kennen. Mehr junge Chinesen als je zuvor leben heute in der Stadt und in einer eigenen Wohnung getrennt von den Eltern, reisen ins Ausland und lernen fremde Kulturen kennen. Sie kleiden sich wie ihre Altersgenossen im Westen, lassen sich wie diese tätowieren, hängen ständig an ihrem Smartphone, treffen sich bei McDonald's oder Starbucks und heiraten oft nicht mehr im traditionellen Rot, sondern wie im Westen in Weiß.

80 Prozent der chinesischen Elite schickt ihre Kinder auf Schulen und Universitäten in westlichen Ländern. Weit über eine Million Chinesen studieren im Ausland, etwa die Hälfte davon in den USA und England; die meisten bringen ihre Erfahrungen von dort nach Hause zurück.

Architekten aus dem Westen planen die prominentesten Bauten des Landes. Im staatlichen chinesischen Fernsehen werden Bundesliga und Premier League übertragen, in den öffentlichen Verkehrsmitteln der Metropolen die Haltestellen wie selbstverständlich auch in Englisch angesagt.

Die Zahl der Scheidungen nimmt zu. Chinesische Produktwerbung setzt verstärkt auf individuelle Werte; westliche Fotomodelle sind auf Werbeplakaten gang und gäbe. Junge Chinesen machen bereitwilliger Schulden als ihre Eltern. Zwischen diesen und Kindern gibt es heute zweifellos nicht nur Wohlstands- und Informations-, sondern zum Teil auch Wert- und

Einstellungsunterschiede. Chinas Jugend ist risikofreudiger, individualistischer, materialistischer, konsumorientierter, modebewusster und hedonistischer als ihre Eltern. Die Notwendigkeit von mehr Kreativ- und Innovationsgeist für die Weiterentwicklung der Wirtschaft des Landes wird diese Unterschiede tendenziell noch verstärken.

Triumphiert also auch in China am Ende das Individuum? Setzt sich auch dort das autonome gegen das interdependente Ich durch? Nähert sich das Land kulturell somit immer mehr dem Westen an? Geht langsam, aber sicher doch noch in Erfüllung, worauf viele im Westen seit langem bauen? Erweist sich Chinas staatskapitalistisches Wirtschafts- und Gesellschaftsmodell, das viele schon in der Welt des 20. Jahrhunderts als nicht überlebensfähig ansahen, nun mit etwas Verspätung wenigstens für das 21. Jahrhundert als ungeeignet?

Bei solchen Fragen ist der Wunsch Vater des Gedankens. Der vor allem in den USA weit verbreitete Glaube, jedes andere Land wolle letztlich so werden wie sie, ist ein hochmütiger Irrglaube. Mit dem Taoismus gab es immer auch schon ein individualistisches Element in der chinesischen Kultur. Dieses hatte in der Geschichte mal mehr, mal weniger Gewicht. Ein Entweder-Oder ist den Chinesen ohnedies fremd.

Moden sind in der Geschichte stets zwischen den Kulturen übertragen worden. Mal in die eine, mal in die andere Richtung. Sie berühren aber nur die Oberfläche der Kultur, ihre Tiefenstruktur lassen sie unberührt. »Fremdländische Kleider trage ich zwar am Leib, aber mein Herz ist und bleibt chinesisch«, heißt es in einem chinesischen Lied.

Die Anschaffung eines Sitzklosetts ist noch kein Beweis für eine Verwestlichung. Der exzessive Gebrauch des Smartphones macht immer mehr junge Chinesen zu Brillenträgern, Hamburger machen sie dick, aber nicht westlich. »Die Essenz der westlichen Zivilisation ist die **Magna Carta**, nicht der **Magna Mac**«, so Samuel Huntington. »Dass nichtwestliche Menschen in Letzteren beißen, heißt keineswegs, dass sie Erstere akzeptieren.« Auch Länder mit McDonald's-Schnellrestaurants können Krieg miteinander führen.

Bei einer großen Umfrage der Purdue-Universität unter fast 1000 chinesischen Studenten sagten 44 Prozent von ihnen, sie sähen ihr Heimatland nach dem Studium in den USA positiver als zuvor, dagegen hatten nur 17 Prozent danach eine schlechtere Meinung. Nach ihrer Rückkehr in die Heimat heiraten sie vielleicht in Weiß wie im Westen üblich, fügen sich aber meist wie selbstverständlich wieder in den Familienverbund ein. Sie wohnen vielfach nicht mehr bei ihren Eltern und sind im Umgang mit ihnen legerer, aber respektieren sie weiter und sorgen für sie.

Chinas Jugend orientiert sich derzeit sogar zunehmend weniger am Westen als vor einigen Jahren und wendet sich wieder mehr der eigenen Kultur und Nation zu. Einen Ausländer aus dem Westen zu heiraten, hat für sie beträchtlich an Attraktivität verloren. Immer mehr chinesische Kinder und Jugendliche entdecken traditionelle chinesische Musikinstrumente wie die »Guzheng«-Zither, »Erhu«-Stehgeige oder »Pipa«-Laute. Vor allem reiche Chinesen lassen sich immer öfter Häuser im chinesischen Stil bauen.

Einheimische Actionfilme mit patriotischen Untertönen sind Kassenschlager in den Kinos des Landes. 2017 sahen sich binnen drei Monaten über 150 Millionen Chinesen den Film »Wolfskrieger II« an, in dem ein ehemaliger chinesischer Elitesoldat in einer afrikanischen Bürgerkriegszone Landsleuten gegen US-Söldner zu Hilfe eilt. Damit ist er der erfolgreichste Film aller Zeiten in China und der erste aus dem Land, der es mit Platz 55 unter die erfolgreichsten 100 Filme aller Zeiten weltweit geschafft hat.

2017 machte der Fall einer jungen Frau aus der Küstenprovinz Shandong, die an einem Hitzschlag gestorben war, Schlagzeilen. Sie hatte die jahrhundertealte Tradition des sogenannten

»Monatssitzens« (*Zuo Yuezi*) praktiziert. Diese sieht vor, nach der Entbindung mindestens einen Monat lang das Bett bzw. Haus nicht zu verlassen, nicht zu duschen und sich nicht die Haare zu waschen, sich auch im Sommer warm anzuziehen, Fenster und Türen geschlossen zu halten und Ventilatoren und Klimageräte ausgeschaltet zu lassen.

Andere Kulturen wären angesichts der riesigen Lawine fremder Einflüsse, wie sie in den vergangenen andertalb Jahrhunderten über das Land hereingebrochen ist, in ihrer Identität schwer erschüttert worden – nicht so die chinesische.

Die Chinesen sind weiterhin unverwechselbar Chinesen und heben sich deutlich von ihren Mitmenschen in westlichen Ländern ab. Zahlreiche empirische Vergleiche von kaukasischen Amerikanern mit chinesischen Einwanderern belegen das. Es ist wie mit Su Wukong in dem berühmten Roman »Die Reise in den Westen«: Dutzende Male verwandelt er sich in andere Lebewesen oder in Objekte – und bleibt doch immer der Affenkönig.

Gewiss, Chinas Jugend frönt Konsum und Luxus mehr als Eltern und Vorfahren, aber das ist nicht westlich, sondern nur natürlich und menschlich. Schließlich kann sie sich auch mehr leisten. Und in vielen westlichen Verhaltensweisen und Produkten sieht sie schlicht und einfach nur m o d e r n e Verhaltensweisen und Produkte, die der gesamten Menschheit gehören.

Max Weber hat China einst für unfähig erachtet, sich zu modernisieren, wenn es nicht vollständig mit seiner konfuzianischen Tradition breche. Die gelungene Modernisierung Japans, Taiwans, Südkoreas und anderer Staaten des konfuzianischen Kulturkreises sowie schließlich vor allem auch die von China selbst hat diese These historisch eindrucksvoll widerlegt.

Die fulminante Modernisierung ihres Landes schreiben die Chinesen dabei nicht etwa der Übernahme westlicher Werte zu, sondern vielmehr der konsequenten Rückbesinnung auf die Kernwerte ihrer eigenen Kultur. Sie haben zwar in Europa und den USA entwickelte Technologien und dort gewonnene wissenschaftliche Erkenntnisse übernommen, sind ihrer geistigen Tradition jedoch treu geblieben.

In ihren Augen hat China vor allem den entscheidenden Fehler des orthodoxen Staatskonfuzianismus korrigiert, sich zur Welt geöffnet, dem internationalen Wettbewerb gestellt und daraus gelernt. So ist es nach zweihundert Jahren der Zweit- oder sogar Drittklassigkeit wieder erstklassig geworden, was es zuvor über Jahrtausende gewesen war.

Natürlich hatte und hat die Öffnung des Landes auch kulturelle Nebenwirkungen: »Wer das Fenster öffnet«, so Deng Xiaoping, »bekommt mit der frischen Luft auch **Fliegen ins Zimmer.**« Mit den westlichen Investoren, Waren und Besuchern kamen und kommen weiter westliche kulturelle Einflüsse ins Land, die das Regime in Peking als »geistige Umweltverschmutzung« betrachtet.

Doch in ihrer langen Geschichte haben die Chinesen fremde Einflüsse immer wieder aufgenommen und nutzbringend verarbeitet. Die Methode dafür hat Mao Zedong wie folgt beschrieben: »Alles Ausländische (ist) zu behandeln wie eine Speise, die im Munde zerkaut, im Magen und Darm verarbeitet, mit Speichel und Sekreten des Verdauungsapparats durchsetzt, in verwertbare und wertlose Bestandteile zerlegt wird, worauf die Schlacken ausgeschieden und die Nährstoffe absorbiert werden.«

China hat den indischen Buddhismus »verdaut«, die Herrschaft der Dschurdschen, Mongolen und Mandschuren, die Besatzung durch die Westmächte und später durch Japan. Heute verarbeitet der Verdauungstrakt des Landes den Marxismus und die westliche Moderne – und sinisiert sie dabei.

Modernisierung bedeutet nicht zwingend, dass das Alte im Neuen aufgeht. Genauso kann das Neue das Alte verfeinern. Modernisierung führt nicht notwendig zu einer Konvergenz der Kulturen.

Modernisierung, Marktwirtschaft und Globalisierung haben auch nicht zwangsläufig Demokratie zur Folge – obwohl mehr Bildung, Weltoffenheit, Informationsmöglichkeiten, vertiefte internationale Arbeitsteilung, wachsender Wohlstand und zunehmende Interessenpluralität in diese Richtung drängen. Außer den Ölstaaten gibt es in der Welt bisher kein Land mit hohem Pro-Kopf-Einkommen, das autokratisch regiert wird.

Aber es gibt keine Teleologie der Demokratie. China zeigt, dass zunehmender Wohlstand und eine wachsende Mittelklasse nicht zwangsläufig zu liberaler Demokratie und freier Marktwirtschaft führen müssen, wie viele im Westen meinen. Der Sozialforscher David Goodman, der die chinesische Mittelklasse intensiv studiert hat, sieht keine Anzeichen dafür, dass diese sich von dem herrschenden Regime abwendet. Im Gegenteil. Sie unterstütze es. Denn sie habe von ihm stark profitiert und wolle »ihren Wohlstand, Status und ihre Macht nicht riskieren«. Selbst wenn das Wachstum der chinesischen Wirtschaft einbrechen sollte, würde die Mittelklasse weiter zu dem Regime stehen, so Goodman. Sie wolle, »dass dieses ihre Lage verbessert, es aber nicht ersetzen«. Es sei »zu einfach anzunehmen, dass alle sozio-ökonomischen Entwicklungen zum selben Ziel führen«.

Eine im Oktober 2017 veröffentlichte empirische Analyse von Meinungsäußerungen im chinesischen Internet verbunden mit einer eigenen Online-Befragung des Berliner Merics-Instituts bestätigt diese Einschätzung. »Die Unterstützung liberaler Konzepte«, so die Forscher, »scheint auf den tiefsten Stand seit dem Beginn der Reformen und der Öffnung des Landes in den 1980er Jahren gefallen zu sein.« Rund drei Viertel der von Merics Befragten meinten, der Markt habe in China »zu viel Einfluss«, nur etwa ein Viertel sah es genau andersherum. Für rund 60 Prozent war der Begriff »westlich« negativ besetzt, nur 14 Prozent assoziierten damit etwas Positives. Und auf die Frage, ob es in China zu viel oder zu wenig persönliche Freiheit gebe, antworteten 45 Prozent »zu viel« und 55 Prozent »zu wenig«. Selbst die jungen, gebildeten Internetnutzer aus der städtischen Mittelschicht Chinas, die Merics befragte, sind mit dem Maß an Freiheit, das sie derzeit genießen, also mehr oder weniger zufrieden.

Zwar haben die staatlichen Einschränkungen seit der Befragung weiter zugenommen, doch deren Ergebnisse dürften heute nicht wesentlich anders ausfallen. Trotz spürbar gewachsener politischer Kontrolle und Repression ist von einer regimefeindlichen Stimmung in China nichts zu spüren – auch das ist ein Ergebnis der Studie. Die Menschen schließen sich alles andere als *unisono* der offiziellen Propaganda an, aber das heißt noch lange nicht, dass sie deswegen dem Regime gegenüber feindlich eingestellt sind.

Demokratie ist zwar nicht mit einem Einparteienregime vereinbar, wohl aber mit der chinesischen Kultur. Der Konfuzianismus jedenfalls stellt dafür kein unüberwindliches Hindernis dar. Die Entwicklung Taiwans, das die konfuzianischen Lehren sogar ausdrücklich in den Lehrplänen der staatlichen Schulen verankert hat, legt dafür Zeugnis ab.

Allerdings dürfte Chinas »sozialistische Demokratie« kaum je so demokratisch werden wie seine »sozialistische Marktwirtschaft« marktwirtschaftlich. Jede Demokratie in China, auch ohne den Zusatz »sozialistisch«, wird **chinesische Kennzeichen** tragen – das heißt autoritärer, paternalistischer oder zumindest präsidialer sein als die parlamentarische Demokratie, die wir kennen. Und mehr konsultativ als konstitutiv.

Deng Xiaoping hat den Marxismus seinerzeit mit der Marktwirtschaft versöhnt und China in die Moderne geführt. Damit wurde das herrschende Regime vor dem Absturz in den Abgrund bewahrt, an den es sein Vorgänger Mao Zedong gebracht hatte. Xi Jinping, der das Riesenreich heute regiert, will den Marxismus mit dem Konfuzianismus versöhnen und die rote Dynastie so nicht nur an der Basis, sondern auch im Überbau zukunftsfest machen. China hat sich stets als Kulturnation empfunden. Für den Wiederaufstieg des Landes nach den Demütigungen des 19. und 20. Jahrhunderts ist die Renaissance des Konfuzianismus in einer zeitgenössischen Form daher unabdingbar.

Als Deng Xiaoping das Fenster zur Welt öffnete, um frische Luft hereinzulassen, nahm er bewusst in Kauf, dass »Fliegen«, sprich für die Herrschenden unerwünschte Einflüsse, mit ins Land hereinkommen; schon bei der Öffnung rief er deshalb dazu auf, diese Einflüsse zu bekämpfen.

Mit der verschärften Überwachung des Internets, von Medien, Kirchen, Bürgerrechtlern, Nicht-Regierungsorganisationen und nicht zuletzt auch seinem Rekurs auf den Konfuzianismus tut Xi Jinping heute dasselbe. Er will das Vordringen »falscher«, sprich »westlicher« Werte verhindern. 2017 hat die staatliche Medienaufsichtsbehörde die Fernsehanstalten des Landes explizit dazu aufgefordert, während der Hauptsendezeiten kein Programm mit »ausländischen Inhalten« auszustrahlen und stattdessen »die chinesische Kultur« zu fördern.

Die Versöhnung von Konfuzianismus und Sino-Marxismus ist nicht nur geeignet, der Verwestlichung des Landes einen Riegel vorzuschieben und die Akzeptanz des Regimes in der eigenen Bevölkerung zu festigen; Peking will damit zugleich auch Chinas »Soft Power« stärken, seine natürliche kulturelle Strahlkraft, die hinter der wirtschaftlichen Stärke bisher noch deutlich hinterherhinkt, für ein Land aber umso wichtiger wird, je mehr Hard Power, also wirtschaftliche und militärische Stärke, es gewinnt.

Keine Kultur ist undurchlässig, rein und monolithisch. Schon gar nicht in Zeiten einer independenten, globalisierten Welt. Im internationalen Vergleich ist China gleichwohl ein kulturell homogenes Land. Und wird dies auch bleiben.

Den freien Austausch von Waren und Dienstleistungen kann China nutzen, ohne sich damit zugleich den Problemen internationaler Personenfreizügigkeit auszusetzen. Seine autoritäre politische Tradition, sein nur rudimentärer Sozialstaat und seine schwer zu erlernende Sprache verhindern, dass das Land zum Fluchtpunkt für Massenmigration wird. China zählt nur etwa 300 000 Flüchtlinge. Fast alle sind ethnische Chinesen aus Vietnam, Laos und Kambodscha, die schon in den 80er Jahren ins Land gekommen sind. Insgesamt lebt dort nicht einmal eine Million Ausländer. Das sind ganze 0,07 Prozent der Bevölkerung. In Westeuropa sind es meist 10 bis 15 Prozent. Ausländische Zuwanderer werden in dem riesigen China immer eine verschwindend kleine Minderheit bleiben und seine Kultur niemals verändern können.

Im Gegensatz dazu ziehen die demokratischen Wohlfahrtsstaaten des Westens immer mehr Migranten an. Das Ergebnis ist eine zunehmende kulturelle Heterogenität. Vielfalt fördert tendenziell zwar Kreativität. Zugleich wächst damit jedoch auch der Pluralismus individueller Interessen, und die Bindekräfte lassen nach. Irgendwann wird ein Punkt erreicht, an dem die Nachteile die Vorteile überwiegen und es die Gesellschaft nicht mehr schafft, sich noch in hinreichendem Maße auf Gemeinsamkeiten zu einigen, ein harmonisches Zusammenleben zu organisieren und eine stabile und effiziente Regierung zu bilden.

Europa scheint davon nicht mehr weit entfernt. Wachsende innergesellschaftliche Differenz bringt zudem auch die Gefahr einer zunehmenden Differenz nach außen mit sich, sprich: Protektionismus und Fremdenfeindlichkeit.

Kultur ist eben mehr als Folklore. Sie erschöpft sich nicht in Essen, Kleidung und Musik, sondern begründet teilweise fundamental unterschiedliche Gefühlswelten, Denk- und Verhaltensweisen. Diese werden nicht mit dem Abholen eines anderen Passes auf dem Amt abgegeben. Multikulti oder weniger freundlich ausgedrückt: die Bastardisierung seiner Kultur macht ein Land bunter, aber auch komplizierter.

Vielen ist es inzwischen offenbar schon zu bunt und kompliziert geworden. Das Erstarken wert- und nationalkonservativer Parteien in vielen Ländern Europas und des Westens, die Wahl Donald Trumps zum Präsidenten der USA und Großbritanniens Austritt aus der Europäischen Union sprechen eine klare Sprache. Der Brexit steht zuvörderst für die Sehnsucht der Briten nach selbstverständlichen Gemeinsamkeiten, nach Heimat und Identität, kurz: nach Bewahrung ihrer hergebrachten Kultur. In den Wahlslogans der Brexit-Anhänger »We want our country back« und in der Parole »America First« der Trumpisten kommt dies plastisch zum Ausdruck.

Dieselbe Sehnsucht wächst auch in anderen Ländern. Laut einer Bertelsmann-Studie vom November 2016 beklagen 50 Prozent der Italiener und 55 der Franzosen den Verlust traditioneller Werte und Identitäten. Die deutsche Bundeskanzlerin sah sich genötigt, ihr wegen des jüngsten Zustroms von Migranten vor allem aus dem islamischen Kulturkreis weithin verunsichertes Volk per Regierungserklärung zu beruhigen: »Deutschland wird Deutschland bleiben, mit allem, was uns daran lieb und teuer ist.«

Doch genau darüber, was ihnen lieb und teuer ist, tobt auch unter den Deutschen ein heftiger Streit, der teilweise schon Züge eines Kulturkampfs angenommen hat. Viele Bürger fühlen sich vor allem durch die massenhafte Zuwanderung aus fremden Kulturkreisen und die damit verbundenen Tendenzen zu Tribalisierung und Ghetto-Bildung, aber auch infolge immer extremerer Individualisierung in der autochthonen Bevölkerung zunehmend fremd im eigenen Land. Das immer buntere gesellschaftliche Patchwork empfinden sie nicht mehr als Bereicherung, sondern als Verunsicherung, wenn nicht gar Bedrohung für ihre Identität sowie ihr Heimat- und Zugehörigkeitsgefühl. Und/oder sie fürchten um ihren gewohnten Lebensstandard, da sie in der Massenimmigration eine Gefahr für den Fortbestand des heutigen Sozialstaats sehen.

Ob zu Recht oder zu Unrecht, sei hier dahingestellt. Der Frage etwa, ob es nicht besser wäre, die Arbeit (und damit auch den Wohlstand) zu den Arbeitern zu bringen, als die Arbeiter zur Arbeit, kann an dieser Stelle nicht nachgegangen werden. Festzuhalten bleibt im Kontext dieses Buches jedoch, dass die Chinesen sich kulturell in den vergangenen Jahrzehnten in einigen Bereichen zwar auf den Westen zubewegt haben, dieser zugleich aber noch viel mehr wieder von ihnen weggerückt ist. Die Unterschiede zwischen beiden Kulturen sind damit eher größer als kleiner geworden.

Die meisten Chinesen sehen in dem Multikulturalismus des Westens zudem ein Zeichen von Schwäche und Dekadenz sowie einen Beleg für die Überlegenheit des eigenen Systems. Für sie ist die zentrale Lehre aus dem Peloponnesischen Krieg nicht die Thukydides-Falle, sondern die Selbstzerstörung des demokratischen Athens durch gesellschaftliche Zwietracht.

Der westliche Imperialismus hat als Nebenwirkung die Globalisierung hervorgebracht und die Welt wirtschaftlich enger zusammenrücken lassen. Doch zugleich wurde dadurch das **Bewusstsein kultureller Differenz** geschärft und die Notwendigkeit verstärkt, sich täglich mit fremden Kulturen auseinanderzusetzen. Der Glaube, die Globalisierung werde eine mehr oder weniger einheitliche Weltkultur hervorbringen, erwies sich ebenso als falsch wie die Annahme, sie werde zwangsläufig in eine Welt des Friedens münden.

»Eine ›Globalisierung‹ des Denkens sollten wir nicht erwarten«, so der französische Philosoph und Sinologe François Jullien. Selbst der »europäische Mensch«, von dem Walter Hallstein, einer ihrer Gründerväter, einst träumte, hat sich als Illusion erwiesen. Die kulturelle Konvergenztheorie darf als widerlegt gelten.

Globales Bewusstsein und Bekenntnis zu den eigenen Wurzeln schließen sich gleichwohl keineswegs aus. Dafür müssen wir uns allerdings um eine friedliche Koexistenz der Kulturen bemühen und von allen universalistischen Ansprüchen Abschied nehmen. »Der Westen mag seine ehemaligen Kolonien physisch aufgegeben haben«, so Edward Said in seinem internationalen Bestseller »Culture & Imperialism«, »aber er hat sie nicht nur als Absatzmärkte behalten, sondern auch als Orte auf der ideologischen Weltkarte, über die er moralisch und intellektuell weiter herrscht.« Mit anderen Worten: Während der Kolonialismus der Vergangenheit angehört, lebt der Imperialismus in der Form des Kulturimperialismus weiter und muss erst noch überwunden werden. »Die Behauptung«, so der politische Philosoph Michael Walzer, »es gebe für Männer und Frauen, die das Gute wollen, nur eine Marschrichtung, ist eine philosophische Anmaßung.« Allein die Feststellung der modernen Hirnforschung, wonach eine für das westliche Denken so grundlegende Annahme wie der freie Wille ein kulturelles Konstrukt ist, sollte uns allen Überlegenheitsgefühlen gegenüber anderen Kulturen entsagen lassen.

Wir können nicht einfach davon ausgehen, dass die Angehörigen dieser Kulturen, schon gar nicht der ältesten und am tiefsten verwurzelten Kultur der Welt, unsere Erziehungsmethoden, Moralvorstellungen, Lebensformen, unsere Auffassung von Freiheit, Demokratie und Menschenrechten sowie unsere Weltordnung früher oder später übernehmen werden. Und dazu zwingen können wir sie schon gar nicht. Manchmal, so schrieb Lin Yutang, mache sich der Chinese ein Bild von sich: »Dann ist er ein Schwein, und der Europäer ist ein Hund, und der Hund plagt das Schwein, aber das Schwein grunzt nur.«

Die westlichen Demokratien vermögen inzwischen nicht einmal mehr ihre eigenen Bürger so recht zu überzeugen. Nur noch 41 Prozent der Deutschen hegen laut Trust-Barometer der PR-Agentur Edelman Vertrauen in die zentralen Institutionen ihres Gemeinwesens. In China sind es dagegen 67 Prozent. Während in Deutschland 62 Prozent der Bevölkerung der Meinung sind, ihr gesellschaftliches System funktioniere nicht, sind es in China nur 23 Prozent.

Gerade viele junge Chinesen, speziell auch solche, die im Westen studiert haben, sehen in diesem inzwischen kein Vorbild mehr. Sie geben ihrem eigenen Land eine bessere Zukunft. Bei einer Umfrage des Meinungsforschungsinstituts Ipsos im Juli 2017, ob ihr Land sich in die richtige Richtung bewege, bejahten 87 Prozent der Chinesen die Frage – so viel wie in keinem anderen der insgesamt 26 teilnehmenden Länder und weit über dem Durchschnitt aller Befragten von 40 Prozent. Westeuropa erwies sich dabei durchweg als besonders pessimistisch.

Das Vertrauen, mit dem die Chinesen in die Zukunft schauen, kommt nicht von ungefähr. »Das politische und ökonomische System Chinas«, so Ian Bremmer, Politikwissenschaftler und Präsident des renommierten Risikoberatungsunternehmens Eurasia Group, im November 2017 im Magazin »Time«, sei »besser ausgerüstet und vielleicht sogar nachhaltiger als das amerikanische Modell, welches das internationale System seit Ende des Zweiten Weltkriegs dominiert hat«. Zwar wolle er angesichts der eingeschränkten Freiheitsrechte in dem Land nicht behaupten, dass es auch besser sei, dort zu leben; in einer Welt, in der »das Tempo und Ausmaß des technologischen Wandels die wichtigsten Variablen« darstellen, sei Chinas autoritärer Staatskapitalismus jedoch »besser in der Lage«, die dadurch ausgelösten »Schocks aufzufangen«. Sprich: den technischen Fortschritt zu bewältigen und zu seinen Gunsten zu nutzen.

Wie Vertrauen im Inneren für inneren Frieden sorgt, so sorgt Vertrauen im Äußeren für äußeren Frieden. Auf dieses Vertrauen ist unsere interdependente und multipolare Welt in besonderem Maße angewiesen.

Vertrauen kommt von miteinander vertraut sein. Unkenntnis und Unverständnis des anderen dagegen produzieren Unsicherheit, Misstrauen, Abwehr und Aggression. Und die Gefahr eines zerstörerischen Zusammenpralls der Kulturen wächst, vor dem der amerikanische Politologe Samuel Huntington schon vor Jahren gewarnt hat. Wie weitsichtig er damit war, zeigen die gewaltsamen Auseinandersetzungen mit Teilen des islamischen Kulturkreises, die besonders die westliche Welt schon heute einer harten Bewährungsprobe aussetzen. Mit dem Aufstieg Chinas ist die Gefahr eines weiteren Zusammenpralls herangewachsen.

Die USA stünden vor einer »bisher einzigartigen Herausforderung«, meint Aaron Friedberg von der Princeton-Universität. Statt sich zu einer »reifen, mit dem *Status quo* zufriedenen Macht zu entwickeln«, sei China »immer fordernder« geworden und nutze seine wachsende wirtschaftliche und militärische Stärke dazu, »wesentliche Aspekte der bestehenden regionalen wie auch der weiteren internationalen Ordnung in Frage zu stellen«. Und für den Harvard-Politikwissenschaftler Graham Allison stellen »nicht gewalttätige islamische Extremisten oder die Wiederauferstehung Russlands«, sondern der Aufstieg Chinas und der Einfluss, den dieser auf die US-geführte internationale Ordnung hat, »die herausragende **geostrategische Herausforderung unseres Zeitalters**« dar.

Besonders seit Trumps Amtsantritt sind in den USA Kräfte auf dem Vormarsch, die Peking wie einst Moskau niederringen und den endgültigen Sieg als Vormacht des westlichen Lagers und dominierende Weltmacht erringen wollen. »Ich möchte«, so der ehemalige Präsidentenberater Bannon gegenüber dem »Economist«, »dass die Welt in 100 Jahren zurückschaut und sagt, Chinas merkantilistisches, konfuzianisches System hat verloren. Der liberale jüdisch-christliche Westen hat gewonnen.«

In einem Konflikt zwischen den USA und China, und sei es nur in Form eines Handelskrieges, von einer bewaffneten Auseinandersetzung ganz zu schweigen, hätte die ganze Welt viel zu verlieren. Das gilt nicht zuletzt für den größten Handelspartner beider Länder, den Exportweltmeister Deutschland.

Nordkorea, das Ost- und Südchinesische Meer und der Pazifik sind zwar anders als die Ukraine und die Halbinsel Krim für uns geographisch weit entfernt. Deswegen sind sie jedoch nicht weniger bedeutsam. Ganz im Gegenteil.

Chinas (Wieder-)Aufstieg ist für den gesamten Westen, nicht zuletzt auch für Deutschland, eine Herausforderung von historischer Dimension. Es ist an der Zeit, dieser Herausforderung die Aufmerksamkeit zu widmen, die sie verdient.

Herausforderungen bergen Gefahren und Chancen zugleich. Die mit Chinas Wiederaufstieg verbundene Gefahr besteht darin, dass die amerikanische Weltordnung durch eine sinozentrische Ordnung abgelöst werden könnte. In einem Vortrag an der American Academy in Berlin warnte Bundesfinanzminister Wolfgang Schäuble im Juli 2017 bereits vor dem »Ende unserer liberalen Weltordnung«.

Chinas Rückkehr an die Weltspitze eröffnet jedoch gerade Europa und Deutschland auch eine große Chance. Um diese wahrzunehmen, muss Berlin zusammen mit seinen Partnern in Europa der chinesischen Herausforderung mit einer **Fernost-Politik** begegnen, die ebenso an den längerfristigen eigenen Interessen ausgerichtet ist wie seinerzeit die Ostpolitik des sozialdemokratischen Bundeskanzlers Willy Brandt. Diese hat einst wesentlich zu einer Entspannung zwischen NATO und Ostblock beigetragen.

Ziel einer solchen Fernost-Politik muss es sein, den geopolitischen Konflikt zwischen Peking und Washington zu entschärfen und zu verhindern, dass die Thukydides-Falle zuschnappt oder es auch nur zu einem offenen Handelskrieg bzw. neuen Kalten Krieg kommt. Europa darf bei dem Ringen um die Weltordnung der Zukunft nicht an der Außenlinie verharren und dessen Ausgang abwarten, sondern muss Partei ergreifen. Partei für eine wahrhaft multipolare Ordnung: kein US-Monopol mehr, kein neues China-Monopol, auch kein Duopol von China und den USA, sondern eine Ordnung, die global für mehr Mitbestimmung, Wettbewerb und Gerechtigkeit sorgt und in der auch Deutschland und Europa weiter einen wichtigen Platz einnehmen.

Die Geschichte und das Beispiel der USA lehren, dass Monopolmacht schädlich ist, in der Wirtschaft wie in der Politik. »Die Dominanz des Dollar«, so Lin Yifu, der einstige Chefökonom der Weltbank, »ist die tiefere Ursache globaler Finanz- und Wirtschaftskrisen.« Und damit auch so mancher politischer Krisen. Den besten Schutz dagegen bietet auf der Ebene der Weltpolitik eine multipolare Ordnung.

Federica Mogherini, Vizepräsidentin der EU-Kommission und dort für Außen- und Sicherheitspolitik zuständig, scheint die Chance, die Chinas Aufstieg gerade auch für Europa bietet, erkannt zu haben und ergreifen zu wollen. Sie wisse, dass es Menschen gebe, »die mit einem selbstbewussteren China Probleme haben«, so Mogherini. Sie teile diese Sicht jedoch nicht. Wenn Brüssel und Peking zusammenarbeiten, seien sie »eine unwiderstehliche Kraft für freien und fairen Handel, Multilateralismus und nachhaltige Entwicklung«.

Geopolitik folgt keiner Hydraulik. Der Aufstieg eines Landes muss nicht zwangsläufig den Abstieg eines anderen bedeuten. Erst die Wahrnehmung, dass Chinas Aufstieg zwangsläufig den Abstieg Amerikas und mit ihm des Westens mit sich bringt, schafft die Voraussetzung dafür, dass die Thukydides-Falle zuschnappen kann.

Der chinesischen Herausforderung können wir nur gerecht werden, die Chancen, die damit verbunden sind, nur nutzen und die Gefahren nur erfolgreich abwehren, wenn wir China die Aufmerksamkeit widmen, die es verdient, und lernen, das Land und seine Menschen zu verstehen. Dies ist zwar keine hinreichende, aber eine notwendige Bedingung.

Verstehen bedeutet nicht gutheißen. Sich um Wissen und Verständnis bemühen heißt aber, die eigenen Selbstgewissheiten und Vorurteile zu hinterfragen, und auch, sich auf die Kategorien des Gegenübers einzulassen. Es setzt die Bereitschaft voraus, auch gegen die eigenen Gewohnheiten zu denken.

In seinem »Tractatus Politicus« schrieb der Philosoph Spinoza, er habe sich bemüht, »über menschliches Handeln weder zu lachen noch zu weinen, es nicht zu hassen, sondern zu verstehen«.

Von dieser Haltung hat sich auch das vorliegende Buch leiten lassen.

Dank

Das vorliegende Werk ist das Ergebnis unzähliger Gespräche, Erfahrungen und Erlebnisse mit Verwandten und Freunden, Bekannten und Unbekannten verschiedenster Herkunft und Profession vor allem in China. Sie erstrecken sich über einen Zeitraum von zwei Jahrzehnten und reichen damit zum Teil weit in die Zeit vor unserem Entschluss zurück, dieses Buch zu schreiben.

Es wäre willkürlich, nur die Namen der Gesprächspartner zu nennen, die uns noch erinnerlich und namentlich bekannt sind. Unser Dank gebührt allen gleichermaßen, die uns dabei geholfen haben, die Chinesen besser zu verstehen.

Dazu zählen besonders auch die zahlreichen Verfasser von Büchern und Beiträgen in Zeitungen und Zeitschriften sowie Online-Publikationen aller Art, die wir über die Jahre zu dem Thema mit Gewinn gelesen und von deren profundem Wissen und professionellem Urteil wir profitiert haben.

Da dieses Buch für ein möglichst breites Publikum angelegt ist, haben wir im Interesse leichterer Lesbarkeit auf eine detaillierte, akademische Zitierweise verzichtet; die schriftlichen Quellen, aus denen es schöpft, werden deshalb in der folgenden Bibliographie nur summarisch aufgeführt und sind auch als Anregung für eine weiterführende Lektüre gedacht. Beiträge einzelner Autoren in dort genannten Sammelbänden oder Handbüchern sind nicht eigens ausgewiesen.

Als Quellen hervorzuheben sind auch die Online-Publikationen xinhuanet.com, chinadaily.com.cn, globaltimes.cn, caixinglobal.com, scmp.com, chinafile.com, merics.org sowie der Sinocism Newsletter und SupChina Newsletter mit ihren jeweiligen Links.

Unser Dank gilt nicht zuletzt Jürgen Diessl, dem Verlagsleiter von Econ, der dieses Buch von der ersten Minute an kraftvoll unterstützt, und Silvie Horch, die es vorzüglich lektoriert hat.

Stefan Baron, Guangyan Yin-Baron

In dieses Buch eingeflossene und weiterführende Literatur

Akademie für chinesische Kultur (Hg.)
Die Debatte über die traditionelle chinesische Kultur. Peking 1988 (chinesisch)

Allison, Graham
Destined for War: Can America and China Escape Thucydides's Trap? Boston 2017

Allison, Graham et al.
Lee Kuan Yew: The Grand Master's Insights on China, the United States and the World. Cambridge 2013

Ames, Roger
The Art of Rulership: A Study of Ancient Chinese Political Thought. Albany 1994

Ash, Alec
Wish Lanterns: Young Lives in New China. London 2016

Banfield, Edward C.
The Moral Basis of a Backward Society. Chicago 1958

Bauer, Wolfgang
Geschichte der chinesischen Philosophie: Konfuzianismus, Daoismus, Buddhismus. München 2001

Billioud, Sébastien/Thoraval, Joël
Le sage et le peuple: Le renouveau confucéen en Chine. Paris 2014

Bo, Yang
The Ugly Chinaman And The Crisis of Chinese Culture. Sydney 1992

Bond, Michael Harris (Hg.)
The Oxford Handbook of Chinese Psychology. New York 2010

Bond, Michael Harris
Beyond the Chinese Face: Insights from Psychology. Hongkong 1991
The Psychology of the Chinese People. New York 1986

Bradley, James
The China Mirage: The Hidden History of American Disaster in Asia.
New York 2015

Buck, Pearl S.
The Good Earth. New York 2012

Callahan, William A.
China Dreams: 20 Visions of the Future. New York 2013

Chai, Yuqiu
Abhandlung über strategische List. Peking 1991 (*chinesisch*)

Chang, Gordon G.
The Coming Collapse of China. New York 2001

Chang, Jung/Halliday, Jon
Mao: The Unknown Story. London 2005

Chee, Harold/West, Chris
China – Mythos und Realität: Die Wahrheit über Geschäfte im Reich der Mitte. Weinheim 2006

Chen, Chao/Lee, Yue-Ting
Leadership and Management in China: Philosophies, Theories and Practices. New York 2008

Cheng, Anne
Histoire de la pensée chinoise. Paris 1997

Cheng, Li
Chinese Politics in the Xi Jinping Era: Reassessing Collective Leadership?
Washington D.C. 2016

Chin, Annping
The Authentic Confucius: A Life of Thought and Politics. New York 2007

Chiu, Chi-Yue/Hong, Ying-Yi
The Social Psychology of Culture. New York 2007

Christensen, Thomas J.
The China Challenge: Shaping the Choices of a Rising Power. New York 2015

Chu, Lenora
Little Soldiers: An American Boy, a Chinese School, and the Global Race to Achieve. New York 2017

Chua, Amy
Die Mutter des Erfolgs: Wie ich meinen Kindern das Siegen beibrachte. Zürich 2011

Coase, Ronald/Wang, Ning
How China Became Capitalist. New York 2012

Cole, Michael
Cultural Psychology: A Once and Future Discipline. Cambridge 1996

Dai, Maotang/Jiang, Yang
Traditionelle Werte und das zeitgenössische China. Wuhan 2001 (*chinesisch*)

De Bary, William Theodore/Bloom, Irene (*Hg.*)
Sources of Chinese Tradition, Band I. New York 1999

De Bary, William Theodore/Lufrano, Richard (*Hg.*)
Sources of Chinese Tradition, Band II. New York 2000

De Bary, William Theodore/Tu, Weiming (*Hg.*)
Confucianism and Human Rights. New York 1998

Deng, Xiaoping
Selected Works. Peking 1984 ff.

Diamond, Jared
Collapse: How Societies Choose to Fail or Succeed. New York 2005
Guns, Germs and Steel: The Fates of Human Societies. New York 1997

Doctoroff, Tom
What Chinese Want: Culture, Communism and China's Modern Consumer. New York 2012

Domenach, Jean-Luc
Comprendre la Chine d'aujourd'hui. Paris 2007

Dyer, Geoff A.
The Contest of the Century: The New Era of Competition with China – and How America Can Win. New York 2014

Fairbank, John King/Goldman, Merle
China: A New History. Cambridge 2006

Fairbank, John King (Hg.)
The Chinese World Order: Traditional China's Foreign Relations. Cambridge 1968

Fairbank, John King
Chinese Thought and Institutions. Chicago 1957

Feigenbaum, Evan
China's Techno-Warriors: National Security and Strategic Competition from the Nuclear to the Information Age. Stanford 2003

Ferguson, Niall
Civilization: The West and the Rest. London 2011

Franke, Wolfgang
China und das Abendland. Göttingen 1962

Frayling, Christopher
The Yellow Peril: Dr Fu Manchu & The Rise of Chinaphobia. London 2014

French, Howard W.
Everything Under the Heavens: How the Past Helps Shape China's Push for Global Power. New York 2017

Friedberg, Aaron L.
A Contest for Supremacy: China, America and the Struggle for Mastery in Asia. New York 2011

Fu, Zhengyuan
China's Legalists – The Earliest Totalitarians and Their Art of Ruling. Armonk 1996

Fukuyama, Francis
Political Order and Political Decay: From the Industrial Revolution to the Globalization of Democracy. New York 2014
Konfuzius und Marktwirtschaft: Der Konflikt der Kulturen. München 1995
The End of History and the Last Man. New York 1992

Fung, Yu-lan
A Short History of Chinese Philosophy: A Systematic Account of Chinese Thoughts From its Origins to the Present Day. London 1948

Gernet, Jacques
L'intelligence de la Chine: Le social et le mental. Paris 1994

Gilley, Bruce
China's Democratic Future: How it Will Happen and Where it Will Lead. New York 2004

Goldstein, Lyle
Meeting China Halfway: How to Defuse the Emerging US-China Rivalry. Washington D.C. 2015

Goodman, David S.G.
Class in Contemporary China. Cambridge 2014

Halper, Stefan
The Beijing Consensus: How China's Authoritarian Model Will Dominate the Twenty-First Century. New York 2010

Han Fei
Die Kunst der Staatsführung: Die Schriften des Meisters Han Fei. Leipzig 1994

Harrison, Lawrence E.
Who prospers? How Cultural Values Shape Economic and Political Success. New York 1992

Harrison, Lawrence E./Huntington, Samuel P. (Hg.)
Culture Matters: How Values Shape Human Progress. New York 2000

Hegel, Georg Wilhelm Friedrich
Vorlesungen über die Philosophie der Weltgeschichte. Hamburg 1996

Heilmann, Sebastian (Hg.)
Das politische System der Volksrepublik China. Wiesbaden 2015

Heilmann, Sebastian/Perry, Elizabeth J. (Hg.)
Mao's Invisible Hand: The Political Foundations of Adaptive Governance in China. Cambridge 2011

Herder, Johann Gottfried
Ideen zur Philosophie der Geschichte der Menschheit. Darmstadt 1966

Historische Fakultät der Fudan Universität (Hg.)
Eine neue Einschätzung der traditionellen chinesischen Kultur. Schanghai 1987 (chinesisch)

Ho, Ping-Ti
The Ladder of Success in Imperial China: Aspects of Social Mobility 1368-1911. New York 1962

Hobson, John M.
The Eastern Origins of Western Civilisation. Cambridge 2004

Hofstede, Geert
Culture's Consequences: Comparing Values, Behaviors, Institutions and Organizations across Nations, Thousand Oaks 2001

Holslag, Jonathan
China's Coming War with Asia. Cambridge 2015

Hsia, Hsin-I/Hsü, Fu-Kuan (Hg.)
Das politische Denken des Konfuzianismus im Spiegel von Demokratie, Freiheit und Menschenrechten. Taipeh 1979 (chinesisch)

Hsu, Francis (Hg.)
Kinship and Culture. Chicago 1971

Hsu, Francis
Under the Ancestor's Shadow: Chinese Culture and Personality, New York 1967

Hu, Jichuang
A Concise History of Chinese Economic Thought. Peking 1988

Hua, Shiping (Hg.)
Chinese Political Culture. New York 2001

Huang, Ning
Wie Chinesen denken: Denkphilosophie, Welt- und Menschenbilder in China. München 2008

Huang, Xiting/Zheng, Yong
Forschung zu zeitgenössischen Werten der chinesischen Jugend. Peking 2005 (chinesisch)

Huang, Yukon
Cracking the China Conundrum: Why Conventional Economic Wisdom is Wrong. Oxford 2017

Huntington, Samuel P.
The Clash of Civilizations and the Remaking of World Order. New York 1996

Hwang, Kwang-Kuo
Foundations of Chinese Psychology. New York 2012
Wissen und Handeln: Eine sozialpsychologische Erklärung der chinesischen kulturellen Tradition. Taipeh 1995 (chinesisch)

Inglehart, Ronald
Modernization and Post-Modernization: Cultural, Economic, and Political Change in Forty-Three Societies. Princeton 1997

Ivanhoe, Philip J./Van Norden, Bryan W. (*Hg.*)
Readings in Classical Chinese Philosophy. Indianapolis 2005

Jacques, Martin
When China Rules the World: The End of the Western World and the Birth of a New Global Order. London 2012

Jia, Wenshan et al. (*Hg.*)
Chinese Communication Theory and Research. Westport 2002

Johnson, Ian
The Souls of China: The Return of Religion After Mao. New York 2017

Jullien, François
De l'Etre au Vivre: Lexique euro-chinois de la pensée. Paris 2015
La philosophie inquiétée par la pensée chinoise. Paris 2009
La propension des choses. Paris 2003

Kennedy, Paul
The Rise and Fall of the Great Powers. New York 1989

Kissinger, Henry
On China. New York 2011

Kitayama, Shinobu/Cohen, Dov (*Hg.*)
Handbook of Cultural Psychology. New York 2007

Krieger, Silke/Trauzettel, Rolf (*Hg.*)
Konfuzianismus und die Modernisierung Chinas. Mainz 1990

Kroeber, Arthur R.
China's Economy: What Everyone Needs to Know. Oxford 2016

Ku, Hongming
The Spirit of the Chinese People. Peking 2006

Kuhn, Robert Lawrence
How China's Leaders Think: The Inside Story of China's Past, Current and Future Leaders. Hoboken 2010

Konfuzius
Gespräche. München 1979

Landes, David S.
The Wealth and Poverty of Nations: Why Some Are so Rich and Some so Poor. New York 1998

Laotse
Tao te king. München 1994

Lau, Sing (Hg.)
Growing up the Chinese Way: Chinese Child and Adolescent Development. Hongkong 1996

Lee, Ming-Huei
Konfuzianismus und Kant. Taipeh 1990 (chinesisch)

Leibniz, Georg Wilhelm
Novissima Sinica – Das Neueste von China. Köln 1979

Lemke, Hans (Hg.)
Die Reisen des Venezianers Marco Polo im 13. Jahrhundert. Hamburg 1908

Li, Jiatao et al. (Hg.)
Management and Organisations in the Chinese Context. London 2000

Li, Ling
Ein streunender Hund: Was ich von den Gesprächen des Konfuzius gelernt habe. Taiyuan 2012 (chinesisch)

Li, Zhisu
Ich war Maos Leibarzt. Bergisch Gladbach 1994

Liang, Shuming
Grundzüge der chinesischen Kultur. Taipeh 1982 (chinesisch)

Lin, Yifu
Economic Development and Transition: Thought, Strategy and Viability. New York 2009

Lin, Yutang
Mein Land und mein Volk. Stuttgart-Berlin 1936

Liu, Mingfu
Der chinesische Traum. Peking 2009 (chinesisch)

Lu, Xun
Selected Works I-VI. Peking 1985

Luo, Guanzhong
Three Kingdoms: A Historical Novel. Peking 1994

Maddison, Angus
Chinese Economic Performance in the Long Run. Paris 2007

Mann, James
The China Fantasy: Why Capitalism Will Not Bring Democracy to China. New York 2007

Mao, Zedong
Ausgewählte Werke I-V. Peking 1969-1978
Worte des Vorsitzenden Mao Tse-tung. Peking 1967

McGregor, James
One Billion Customers: Lessons From The Frontlines of Doing Business in China. New York 2005

McGregor, Richard
The Party: The Secret World of China's Communist Rulers. London 2010

Mearsheimer, John J.
The Tragedy of Great Power Politics. New York 2001

Metzger, Thomas
Escape from Predicament: Neo-Confucianism and China's Evolving Political Culture. New York 1977

Meyer, Erin
The Culture Map: Breaking Through the Invisible Boundaries of Global Business. Philadelphia 2015

Michel, Serge/Beuret, Michel
La Chinafrique. Paris 2008

Miller, Tom
China's Asian Dream: Empire Building Along the Silk Road. London 2017

Mo, Yan
Red Sorghum: A Novel of China. London 2003

Mote, Frederick W.
The Intellectual Foundations of China. New York 1989

Mou, Zongsan
Die Charaktere der chinesischen Philosophie. Schanghai 1997 (*chinesisch*)

Munro, Donald J.
The Concept of Man in Early China. Stanford 1969
The Concept of Man in Contemporary China. Ann Arbor 1977

Nathan, Andrew J./Link, Perry (*Hg.*)
The Tiananmen Papers. New York 2001

Nathan, Andrew J./Ross, Robert
The Great Wall and the Empty Fortress: China's Search for Security. New York 1998

Navarro, Peter
Crouching Tiger: What China's Militarism Means for the World. Amherst 2015
The Coming China Wars. Upper Saddle River 2008

Navarro, Peter/Autry, Greg
Death by China: Confronting the Dragon – A Global Call to Action. Upper Saddle River 2011

Needham, Joseph
Science and Civilisation in China. Cambridge 1954 ff.
The Grand Titration – Science and Society in East and West. London 1969

Nisbett, Richard E.
The Geography of Thought: How Asians and Westerners Think Differently … and Why. New York 2010

Nye, Joseph S.
Is the American Century Over? Cambridge 2015

Osnos, Evan
Age of Ambition: Chasing Fortune, Truth and Faith in the New China. New York 2014

Parsons, Talcott
Societies: Evolutionary and Comparative Perspectives. Englewood Cliffs 1966

Paulson, Henry M.
Dealing With China: An Insider Unmasks the New Economic Superpower. New York 2015

Pei, Minxin
China's Crony Capitalism: The Dynamics of Regime Decay. Cambridge 2016

Pillsbury, Michael
The Hundred-Year Marathon: China's Secret Strategy to Replace America as the Global Superpower. New York 2016

Pillsbury, Michael (Hg.)
Chinese Views of Future Warfare. Washington, D.C. 2002

Puett, Michael/Gross-Loh, Christine
The Path: What Chinese Philosophers Can Teach Us About the Good Life. New York 2016

Pye, Lucian
The Spirit of Chinese Politics. Cambridge 1992

Qian, Zhongshu
Fortress Besieged. London 2006

Qiao, Liang/Wang, Xianghui
Unbeschränkte Kriegführung: Krieg und Strategie in Zeiten der Globalisierung. Peking 1999 (chinesisch)

Qu, Chunli
Das Leben von Konfuzius. Peking 1999 (chinesisch)

Rachman, Gideon
Easternization: Asia's Rise and America's Decline From Obama to Trump and Beyond. New York 2017

Ramsey, S. Robert
The Languages of China. Princeton 1988

Redding, Gordon
The Spirit of Chinese Capitalism. Berlin 1993

Rogoff, Barbara
The Cultural Nature of Human Development. Oxford 2003

Ronan, Colin
The Shorter Science and Civilisation. Cambridge 1980-95

Russell, Bertrand
The Problem of China. London 1922

Said, Edward W.
Culture & Imperialism. London 1994

Sandschneider, Eberhard
Globale Rivalen: Chinas unheimlicher Aufstieg und die Ohnmacht des Westens. München 2007

Sawyer, Ralph D.
The Seven Military Classics of Ancient China. Boulder 1993

Schefold, Bertram
Huan Kuans Yantie Lun. Düsseldorf 2002

Schell, Orville
Mandate of Heaven: The Legacy of Tiananmen Square and the Next Generation of China's Leaders. New York 1994

Schell, Orville/Delury, John
Wealth and Power: Chinas Long March to the 21st Century. London 2013

Schluchter, Wolfgang (*Hg.*)
Max Webers Studie über Konfuzianismus und Taoismus. Frankfurt 1983

Seagrave, Sterling
Lords of the Rim: The Invisible Empire of the Overseas Chinese. New York 1995
Die Konkubine auf dem Drachenthron: Leben und Legende der letzten Kaiserin von China. München 1992

Seitz, Konrad
China: Eine Weltmacht kehrt zurück. Berlin 2000

Senger, Harro von
Supraplanung: Unerkannte Denkhorizonte aus dem Reich der Mitte. München 2008
36 Strategeme für Manager. München 2004

Shambaugh, David
China's Future. Cambridge 2016

Shweder, Richard
Thinking Through Cultures: Expeditions in Cultural Psychology. Cambridge 1991

Siemons, Mark
Die chinesische Verunsicherung: Stichworte zu einem nervösen System. München 2017

Sieren, Frank
Der China Code: Wie das boomende Reich der Mitte Deutschland verändert. Berlin 2005

Simms, Brendan/Laderman, Charlie
Donald Trump: The Making of a World View. London 2017

Singer, Wolf
Ein neues Menschenbild? Gespräche über Hirnforschung. Frankfurt 2003

Slingerland, Edward
Trying Not to Try: Ancient China, Modern Science and the Power of Spontaneity. New York 2014
Effortless Action: Wu Wei as Conceptual Metaphor and Spiritual Idea in Early China. New York 2003

Solomon, Richard
Chinese Political Negotiating Behavior: Pursuing Interests Through Old Friends. Santa Monica 1995

Song, Qiang/Zhang, Zangzang
China kann Nein sagen. Peking 1996 (*chinesisch*)

Song, Xiaojun et al.
China ist unglücklich. Nanjing 2009 (*chinesisch*)

Spence, Jonathan D.
The Search for Modern China. New York 2012

Spengler, Oswald
Der Untergang des Abendlandes: Umrisse einer Morphologie der Weltgeschichte. München 1963

Stigler, James et al. (*Hg.*)
Cultural Psychology: Essays on Comparative Human Development. Cambridge 1990

Sun, Lixin
Das Chinabild der deutschen protestantischen Missionare des 19. Jahrhunderts. Marburg 2002

Sun, Longji
The Chinese National Character. Armonk 2002
Das ummauerte Ich: Die Tiefenstruktur der chinesischen Mentalität. Leipzig 1994

Sunzi
Die Kunst des Krieges. München 1988

Tang, Wenfang
Public Opinion and Political Change in China. Stanford 2005

Tao, Yin
An Anthology of Chinese Humour. Hongkong 1987

Taylor, Peter
The Thirty-Six Stratagems: A Modern-Day Interpretation of a Strategy Classic. Oxford 2013

Thornton, J.R.
Beautiful Country. New York 2016

Tsao, Hsueh-chin/Kao, Ngo
A Dream of Red Mansions. Hongkong 1986

Waldron, Arthur
The Great Wall of China: From History to Myth. Cambridge 1990

Wang, Fengyan/Zheng, Hong
Chinesische Kultur-Psychologie, Kanton 2005 (*chinesisch*)

Weber, Max
Gesammelte Aufsätze zur Religionssoziologie, Band I. Tübingen 1988

Weggel, Oskar
China im Aufbruch: Konfuzianismus und politische Zukunft. München 1997

Wei, Jingsheng
The Courage To Stand Alone: Letters From Prison and Other Writings. New York 1997

Wei, Zhengtong
Chinesische Geistesgeschichte. Taipeh 2001 (*chinesisch*)

White, Gordon et al.
In Search of Civil Society: Market Reform and Social Change in Contemporary China. Oxford 1996

Wilhelm, Richard
Die Seele Chinas. Berlin 1926
I Ging: Das Buch der Wandlungen. Jena 1924

Wittfogel, Karl August
Die orientalische Despotie: Eine vergleichende Untersuchung totaler Macht. Köln 1977

World Bank
China 2030: Building a Modern, Harmonious and Creative Society. Washington D.C. 2013

Wu, Chengen
The Journey to the West. Chicago 1977

Wu, Si
Verborgene Regeln der Bürokratie im alten China. Schanghai 2009 (Chinesisch)

Wyer, Robert et al. (*Hg.*)
Understanding Culture: Theory, Research and Application. New York 2009

Xi, Jinping
China regieren. Peking 2014

Xing, Fuyi (*Hg.*)
Kulturelle Linguistik. Wuhan 2000 (*chinesisch*)

Xu, Zhiyuan
Paper Tiger: Inside the Real China. London 2015

Xue, Guoan
Meister Suns Kriegskunst und Vom Kriege – eine vergleichende Untersuchung. Peking 2003 (*chinesisch*)

Yan, Xuetong
Ancient Chinese Thought, Modern Chinese Power. Princeton 2011

Yang, Kuo-Shu
Psychologie und Verhalten der Chinesen. Peking 2004 (*chinesisch*)

Yi, Zhongtian
Plaudern über Chinesen. Schanghai 2003 (*chinesisch*)

Yu, Dan
Confucius From the Heart: Ancient Wisdom For Today's World. London 2010

Yu, Hua
Brothers. London 2010

Yu, Yingshi
Die Intellektuellen und die chinesische Kultur. Schanghai 2003 (*chinesisch*)

Register

Abe, Shinzo 14, 372
Ai, Weiwei 149, 183 f., 191, 314 f.
Allison, Graham 13 f., 162, 419
Amherst, Lord 90
Aristoteles 143, 150, 170, 318

Backhouse, Edmund 54 f.
Bacon, Francis 23
Balzac, Honoré de 245
Banfield, Edward 180
Bannon, Stephen 13, 15, 346 f., 356, 391, 397, 419
Bauer, Wolfgang 146
Bi, Sheng 23
Biden, Joe 367
Bishop, Bill 400
Bland, John Ottoway Percy 55
Blücher, Gebhard Leberecht von 278
Bo, Xilai 323
Bo, Yang 103, 132, 188, 275
Bond, Michael Harris 45 f., 119
Bradley, James 16
Brandt, Willy 420
Bremmer, Ian 418
Brown, Kerry 342
Buck, Pearl S. 28, 234 f., 244, 257

Cai, Qi 245, 326
Cao, Cao 159
Carter, Ashton 375
Çavuşoğlu, Mevlüt 389

Chang, Chien 75
Chang, Daqian 343
Chen, Duxiu 98
Chen, Min'er 325 f.
Cheng, Hanbang 67
Chopin, Frédéric 245
Chruschtschow, Nikita 161
Cixi 55, 95, 220
Clausewitz, Carl von 154, 158, 163
Clauss, Michael 393
Clemens XI. 231
Clinton, Hillary 363
Coleman, James 191
Cornyn, John 403
Coxinga 86

da Gama, Vasco 23, 49
Dai, Bingguo 394 f.
de Gaulle, Charles 318
Delano, Warren 53
Deng, Xiaoping 36, 38, 47, 58, 104 f., 145, 148, 150, 183, 196, 233, 260, 263 f., 277 f., 279, 313 f., 322, 331, 336 f., 339, 347, 396, 405, 410, 412 f.
Descartes, René 85, 146
Dschingis Khan 80
Dulles, John Foster 161
Dunford, Joseph 357
Durkheim, Emile 42

Edison, Thomas A. 139
Einstein, Albert 62
Eisenstadt, Shmuel 336
Empedokles 248
Engels, Friedrich 63
Erdoğan, Recep Tayyip 389
Etzoni, Amitai 356

Fairbank, John King 103
Ferguson, Niall 83, 90, 399
Fortune, Robert 276
Friedberg, Aaron 14, 265, 393, 419
Friedrich der Große 51
Fukuyama, Francis 342, 405
Fung, Yu-lan 64

Gabriel, Sigmar 59, 392
Gaddafi, Muammar al 400
Galilei, Galileo 85
Gao, Xingjian 175
Gave, Charles u. Louis-Vincent 384, 393
George III. 53, 87, 89, 3
Goldman, David 138
Goldstein, Lyle 397
Gomez Davila, Nicolas 150
Goodman, David 340, 396, 411
Gorbatschow, Michail 322
Grouchy, Emmanuel de 278
Gu, Yanwu 191
Guangxu 95
Gutenberg, Johannes 23

Haidt, Jonathan 303
Hallstein, Walter 416
Han Fei Zi 66, 69 f., 109, 191, 312
Harris, Harry 361, 365
Hart, Robert 88, 171
Han Gaozu 71
Han Wu Di 74
Haun, Daniel 114

Havens, Joseph 43
He, Shen 228
Hegel, Georg Wilhelm Friedrich 52, 58, 145, 151, 317
Heilmann, Sebastian 327, 335, 393
Heine, Heinrich 317
Henry V. 83 f.
Heraklit 151
Herder, Johann Gottfried 52, 58
Herodot 48
Hippokrates 245, 248
Ho Chi Minh 154
Ho, Shen 90
Hoffding, Harold 43
Hofstede, Geert 42
Homer 158
Hong, Xiuquan 94
Hongxi 84
Hormats, Bob 284, 396
Hu, Huanyong 119
Hu, Jintao 192, 326, 329, 333, 337, 342
Hu, Yaobang 331 f.
Hua, Guofeng 183
Huan, Kuan 135
Huang, Yukon 195, 265, 291
Hung, Wu 81
Huntington, Samuel 17, 346, 407, 419
Hussein, Saddam 362, 403
Huxley, Aldous 329
Hwang, Kwang-Kuo 67, 110, 206

Jesus von Nazareth 158
Jiang Zemin 133, 276, 320, 326, 329, 332 f., 337, 356
Jobs, Steve 110
Johnson, Alastair Ian 355
Jullien, François 143 f., 152, 416

Kang, Youwei 95, 339
Kangxi 50, 87, 231
Kant, Immanuel 51, 53, 177 f., 317
Ketteler, Clemens August Freiherr von 56
Khublai Khan 48, 80
Kim, Il Sung 160
Kim, Jong-un 367 f.
Kissinger, Henry 63, 152, 159 f., 308, 347, 384, 398 f., 404
Knollys, Henry 57
Kolumbus, Christopher 23, 49
Konfuzius 22, 51, 64, 66–72, 74 f., 100, 103 f., 111, 114, 118, 120 f., 126 f., 130, 133, 136, 139, 170 f., 177–180, 182, 188, 199, 205, 207, 210, 214 f., 227, 230 f., 233 f., 244, 262, 301, 304–307, 312, 317, 328, 336–341, 343, 351
Kong, Li 133
Konstantin 231
Kopernikus, Nikolaus 85
Kroeber, Arthur 279
Kushner, Jared 399

Landes, David 42, 85
Laotse 66, 72, 170 f., 253, 308, 339, 359
Le Bon, Gustave 42
Lee, Kai-Fu 268
Lee, Kuan Yew 396
Lei, Feng 101
Leibniz, Gottfried Wilhelm 50 f.
Lenin, Wladimir I. 278
Li, Bai 242
Li, Keqiang 286
Li, Ling 69
Li, Peng 316
Li, Yinhe 228
Li, Yu 171
Li, Zhanshu 326
Li, Zhisui 227
Li, Zicheng 86
Liang, Qichao 95, 191, 310
Liang, Shanbo 217
Liao, Yiwu 232
Lienhard, Hubert 59
Lighthizer, Robert 15, 378 f.
Lin, Yifu 421
Lin, Yutang 28, 33, 45, 61 f., 74, 111, 144, 171, 185, 200, 215, 227, 235, 243, 251, 298, 334, 417
Lin, Zexu 91 f.
Liu, Bei 158 f.
Liu, Chuanzhi 296
Liu, He 245, 278, 326
Liu, Mingfu 13, 355
Liu, Wei 264
Liu, Xiaobo 303, 327
Liu, Yiqian 233
Lu, Xun 44 f., 98, 106, 187 f., 232, 351
Lu, Zhi 220
Luo, Guanzhong 76

Ma, Huateng 191
Ma, Jack 296
Macartney, Earl George 87–91, 152 f., 300
Machiavelli, Niccolò 158
Macron, Emmanuel 330
Mao, Zedong 33, 36, 44, 57 f., 63, 67, 71, 99–104, 106, 112, 120, 123 f., 128, 142, 144, 149 f., 154, 159 ff., 183, 188, 190, 198, 208, 218, 227, 232, 260, 263, 309, 311 f., 323, 325, 329 f., 334–337, 341, 348, 369, 404 f., 410, 412
Marx, Karl 63, 104, 336
Mattis, James 13, 357
McArthur, Douglas 160

McMaster, H.R. 13 f., 370
Mearsheimer, John 14
Menzius 68, 128, 180, 182, 306 f.
Merkel, Angela 21, 392
Mi, Cindy 220
Mnuchin, Steven 382
Mo, Yan 151, 196, 226, 255, 399
Modigliani, Amadeo 234
Mogherini, Federica 421
Molière 245
Montesquieu 52, 182, 318, 360
Moon, Jae-in 370 f., 386
Morrison, George Ernest 54 f.

Naisbitt, John 296
Napier, Lord 91
Napoleon Bonaparte 53, 154, 278, 345
Nathan, Andrew 306
Navarro, Peter 15, 356, 359, 368, 397, 399
Newton, Isaac 85
Ni, Zan 144
Nietzsche, Friedrich 53, 230
Nixon, Richard 160 f., 404
Nye, Joseph 391

Obama, Barack 367, 375 f., 381, 392
Oettinger, Günther 17
Orwell, George 164, 327
Osnos, Evan 29

Palmerston, Lord 91
Paracelsus 85
Park Geun-Hye 371
Pascal, Blaise 85
Paulsen, Friedrich 188
Paulus, Markus 180
Pei, Minxin 194, 300
Peng, Siqing 203

Perry, Elizabeth J. 335
Petraeus, David 376
Pillsbury, Michael 336, 347, 396 f.
Platon 51, 143, 170
Plinius d. Ä. 49
Polo, Marco 48 f.
Proust, Marcel 62, 245
Puett, Michael 344
Putin, Wladimir 384, 386, 390 f.
Pye, Lucian 260, 353

Qi, Baishi 343
Qian, Xun 340
Qian, Zhongshu 132, 173 f., 182, 204, 212, 241
Qianlong 86–90, 227, 228
Qin Shi Huang Di 69–72, 100, 311
Qu, Yuan 193
Quesnay, François 51

Ratner, Ely 367
Reagan, Ronald 376, 380
Redding, Gordon 298
Remplein, Heinz 42
Ricci, Matteo 50, 231, 235
Rich Chigga 344
Rivarol, Antoine de 398
Rogers, Jim 381
Rogoff, Kenneth 377
Roosevelt, Franklin Delano 53, 99
Ross, Wilbur 392
Rousseau, Jean-Jacques 50 f.
Rudd, Kevin 17, 317
Russell, Bertrand 42, 58

Said, Edward 42, 417
Schall von Bell, Adam 50, 231
Schäuble, Wolfgang 420

Schmidt, Eric 267 f.
Schopenhauer, Arthur 30, 41, 140, 243
Schwarzman, Stephen 17
Seagrave, Sterling 56
Sengcan 149
Senger, Harro von 154
Servan-Schreiber, Jean-Jacques 28
Shambaugh, David 12, 340
Sherer, Klaus 173
Siemons, Mark 18
Sima Guang 152
Sima Yi 159
Simmel, Georg 233
Singer, Wolf 41, 113, 117, 129, 143, 199
Sloterdijk, Peter 188
Smith, Adam 52
Smith, Arthur 57
Sokrates 51
Solomon, Richard 299 f.
Song Gaozong 80
Song Qinzong 80
Soong, Chingling 99
Soong, Mailing 99
Spence, Jonathan 60
Spinoza, Baruch de 422
Squiers, Herbert 56
Sun, Longji 110, 185
Sun, Yatsen 36, 96–99, 122, 191, 313, 328
Sun, Zhengcai 194, 324 f.
Sunzi 31, 66, 73, 82, 152, 154, 159, 163, 175, 252, 351
Swaine, Michael 397

Tang Taizong 255
Thornton, J.R. 398
Thornton, John 398
Tillerson, Rex 375, 391, 401

Tocqueville, Alexis de 113, 192
Trevor-Roper, Hugh 55
Trump, Donald 13, 15, 22, 160, 295, 330, 344, 346, 348, 359, 367 f., 372, 375–381, 384, 386, 392, 398, 399–403, 415, 419
Trump, Ivanka 399
Tschiang, Kaishek 36, 39, 98 f., 161, 193, 260, 323
Tu, Weiming 317
Tu, Youyou 246
Twain, Mark 26

Valois, Catherine von 84
Victoria, Alexandrina 91
Voltaire 50 f.

Waldersee, Alfred Graf von 55
Waldron, Arthur 21
Walzer, Michael 417
Wang, Gungwu 319
Wang, Huning 329
Wang, Qishan 194 f., 278, 287, 325, 333
Wang, Shouchang 338
Wang, Shu 343
Wang, Yang 245
Wang, Yangming 338
Wang, Yiwei 388
Weber, Max 58, 248, 259 f., 310, 409
Weggel, Oskar 107, 336
Wei, Zhongxian 86
Wilhelm II. 54 f., 352
Wilhelm, Richard 67
Wittgenstein, Ludwig 164
Wolf, Martin 344
Wu Aying 194
Wu, Zetian 220

Xavier, Francisco de 50

Xi, Jinping 19, 22, 61, 123, 131,
  192–194, 202 f., 224, 239, 251,
  264, 276 f., 279–284, 287 f., 316,
  319–326, 329–335, 337–342,
  349 f., 356 f., 360, 363, 385 f.,
  394 f., 399 f, 413
Xi, Zhongxun 322
Xu, Caihou 126
Xu, Zhiyuan 340
Xuande 84
Xunzi 68, 128, 307

Yan, Hui 114, 128
Yang, Huiyan 219
Yang, Jisheng 102
Yang, Kueifei 79
Yang, Qingkun 230
Yi, Hsüan 78
Yi, Tian 300
Yongle 82–85, 101, 352
Yu, Dan 337
Yu, Hua 179, 186
Yu, Yingshi 305
Yuan, Shikai 97

Zhang, Yimin 283
Zhang, Ziyi 255
Zhao, Kuangyin 79
Zhao, Leji 245
Zhao, Ziyang 314
Zheng, He 23, 82 f., 351 f., 360
Zhou, Enlai 148, 160 f.
Zhou, Qunfei 219
Zhou, Xiaochuan 280
Zhou, Yongkang 194
Zhu, Rongji 278
Zhu, Yingtai 217
Zhuangzi 72
Zhuge, Liang 159
Zweig, Stefan 278
Zypries, Brigitte 392

Constantin Schreiber

Inside Islam
Was in Deutschlands Moscheen gepredigt wird

Klappenbroschur.
Auch als E-Book erhältlich.
www.econ.de

Ein kontroverser und neuartiger Einblick in eine verschlossene Welt

Was geschieht in deutschen Moscheen? Wer geht dorthin? Wie wird dort über unser Land gesprochen? Acht Monate lang hat Constantin Schreiber Moscheen besucht. Er zeigt, welche Richtung dort vorgegeben wird und wie die Predigten unser Zusammenleben beeinflussen. Schreiber stößt dabei auf ein problematisches Weltbild, das all jenen, die ein echtes Zusammenwachsen der Einwanderungsgesellschaft wollen, nicht gefallen kann.

»*Unter deutschen Journalisten ist Schreiber zurzeit der Integrationsminister.*«
Süddeutsche Zeitung

Econ